鲜活的经济学

解决真问题的 13 堂思维课

Living Economics

Yesterday, Today, and Tomorrow

［美］彼得·贝奇（Peter Boettke）/ 著

吴荻枫 熊越 / 译

中信出版集团｜北京

图书在版编目（CIP）数据

鲜活的经济学 /（美）彼得·贝奇著；吴荻枫，熊越译 . -- 北京：中信出版社，2023.3
书名原文：Living Economics: Yesterday, Today, and Tomorrow
ISBN 978-7-5217-5191-8

I. ①鲜… II. ①彼… ②吴… ③熊… III. ①经济学 – 通俗读物 IV. ① F0-49

中国国家版本馆 CIP 数据核字（2023）第 035689 号

Living Economics: Yesterday, Today, and Tomorrow
Copyright © 2012 by The Independent Institute
Published in cooperation with Universidad Francisco Marroquin
This translation of Living Economics is published by arrangement with The Independent Institute
Simplified Chinese translation copyright © 2023 by CITIC Press Corporation
ALL RIGHTS RESERVED
本书仅限中国大陆地区发行销售

鲜活的经济学

著者：　［美］彼得·贝奇
译者：　吴荻枫　熊越
出版发行：中信出版集团股份有限公司
（北京市朝阳区东三环北路 27 号嘉铭中心　邮编　100020）
承印者：　北京诚信伟业印刷有限公司

开本：880mm×1230mm　1/32　印张：16.5　字数：362 千字
版次：2023 年 3 月第 1 版　印次：2023 年 3 月第 1 次印刷
书号：ISBN 978-7-5217-5191-8
定价：79.00 元

版权所有·侵权必究
如有印刷、装订问题，本公司负责调换。
服务热线：400-600-8099
投稿邮箱：author@citicpub.com

著名经济学家盛赞《鲜活的经济学》

经济学本该如此。《鲜活的经济学》是一本坚实可靠的著作，它既反对现代学术经济学中的过度模拟，又避免了将过度模拟这种逻辑的应用扩展到合理范围外。贝奇专注于经济学的首要目的是传达一种理解：在设计适当的制度的约束下，有效的市场如何产生和分配价值，而不产生明显的冲突。

——詹姆斯·布坎南（James Buchanan），诺贝尔经济学奖得主、乔治·梅森大学公共选择研究中心咨询主任、经济学院杰出荣休教授

《鲜活的经济学》是一部上乘之作。彼得·贝奇（Peter Boettke）对卓越教学的追求，以及对这本书的主题——主线经济学［从亚当·斯密到奥地利学派，再到詹姆斯·布坎南和埃莉诺·奥斯特罗姆（Elinor Ostrom），由这些思想家薪火相传的理念所发展而成的基本经济学推论］的热爱跃然纸上，书中的每一页都熠熠发光。这是典型的贝奇风格：引人入胜、幽默机智且见解深刻。这

本书应该交到每个经济学专业的一年级学生手中，哪怕只是为了让他们看到他们所缺失的东西！

——布鲁斯·考德威尔（Bruce Caldwell），杜克大学经济学研究教授和政治经济史中心主任

贝奇的《鲜活的经济学》不但突出体现了其学识广博、分析扎实、观察敏锐和阐述清晰的特点，而且出版的时机恰到好处。美国正处于总统选举年（2012年），大多数政治发言人依赖的都是极为肤浅和退化的经济诊断，据此开出煽动民心的处方。而大部分专业的经济学家坚持把过度且枯燥的形式主义置于实质性内容之上。现在已经到了加入真正的经济学学者行列的紧迫之时——而贝奇教授认为，还不算晚。名列其中的学者令人印象深刻且影响深远，他们一直在努力提升人们对真实的经济学和对自由且日益繁荣的社会做出贡献的理解和兴趣。

——威廉·R.艾伦（William R. Allen），加利福尼亚州立大学洛杉矶分校经济学荣休教授

《鲜活的经济学》在很多方面都是一本了不起的著作。这本书彰显了贝奇教授惊人的阅读广度和深度，以及他阅读时严密的思考。但该书的真正不同之处不仅仅在于其字里行间对经济的深刻理解和对学术历史的大量深刻见解，还在于其令人愉快的阅读氛围。在这样的氛围中产生的这些思想财富，体现了贝奇思想上非凡的慷慨和热情。这些罕见的品质使他能够在众多经济学家的工作中发现宝贵的理论见解。贝奇被认为是传统奥地利学派的杰出代表，但那些经济学家中的许多人通常被认为与传统奥地利学

派相距甚远。贝奇多产的笔触不是以一般的专业人士的身份，而是作为一名认真诚挚、无私仁慈且才华横溢的学者，以其智识上的完整性来学习和理解的。

——伊斯雷尔·柯兹纳（Israel Kirzner），纽约大学经济学名誉教授

阅读《鲜活的经济学》是一次充满活力、充满激情、令人兴奋的自由市场经济学之旅。我喜欢它的每一页！

——安德烈·施莱弗（Andrei Shleifer），哈佛大学经济学教授、美国国家经济研究局研究员

《鲜活的经济学》的灵感来自贝奇的学生以及伟大的导师们，如博尔丁和柯兹纳，其中心主题是经济学已经危险地偏离了主线，主线强调的是过程和规则，而不是结果。主线的脉络根植于亚当·斯密的《道德情操论》（*The Theory of Moral Sentiments*），并延伸至哈耶克、奥斯特罗姆以及其他贝奇详加考察的当代学者。贝奇对他们与我们这个时代的相关性有着深刻的理解。

——弗农·史密斯（Vernon Smith），查普曼大学法学院乔治·阿吉罗斯金融学和经济学讲座教授、乔治·梅森大学多学科研究中心经济学研究学者

《鲜活的经济学》是一个思想宝库，对于任何有兴趣向学生和更广泛的公众传播经济学的人来说都是如此，作者的热情贯穿始终。贝奇教授向我们展示了他从一些伟大的经济学家身上学到

的东西，以及从他们的研究中所提炼和由他自己阐述的教义。总而言之，这本书不仅与经济学教学有关，还与贝奇和经济学的"爱情故事"有关。

——马里奥·里佐（Mario Rizzo），纽约大学经济学教授

贝奇对经济学的热情和清晰的视野使得阅读《鲜活的经济学》这件事充满了乐趣，因为任何人都会从他博大精深的见解中获益。

——史蒂文·E.兰兹伯格（Steven E. Landsburg），罗切斯特大学经济学教授、《扶手椅上的经济学家》（*The Armchair Economist*）作者

我对贝奇的《鲜活的经济学》非常满意，这本书充分抓住了我和其他人工作的精髓，阐述了什么是好的经济学，以及理解这一点为什么如此重要。

——戈登·图洛克（Gordon Tullock），乔治·梅森大学法和经济学荣休教授

贝奇的《鲜活的经济学》富有见解，内容广泛。它不仅与经济学教学有关，还借助伟大的经济学导师来教授我们一种快乐实践法则。这本著作向我们展示了从斯密、哈耶克、布坎南到奥斯特罗姆等思想家的主线经济学教义，阐述了主线经济学承认经济和政治参与者乃至经济学分析本身具有认知局限性，同时分析经济合作的核心特征。所有道德哲学的学生都需要聆听贝奇的重

要教诲:"我们必须把人理解为容易犯错但仍然有能力的选择者,人们生活在历史偶然形成的制度框架中。"

——杰拉尔德·F. 高斯(Gerald F. Gaus),亚利桑那大学詹姆斯·罗杰斯哲学教授

凭借《鲜活的经济学》一书,贝奇不仅巩固了当代奥派经济学家领军人物之一的地位,还巩固了最有说服力和最有吸引力的经济学思想传播者之一的地位。教师们将从书中获得灵感,而制定政策的官员们可能会因此谦卑些,不再对他们改进非人为设计的经济过程的能力自信满满。这本书的所有读者都很难不去分享贝奇对经济学的热情:"经济学是一门至关重要的学科,它处理的是至关重要的问题——贫和富,生和死。它是思考现实世界中人类行为(包括一切人类活动)了不起的框架,并且令人愉悦,充满乐趣。"

——苏珊·E.达德利(Susan E. Dudley),乔治·华盛顿大学公共政策研究教授、监管研究中心主任,美国管理和预算办公室信息和监管事务办公室前主任

通过学术性和开创性的工作,贝奇将时而敌对、时而中立的经济学现状转变成奥地利学派思想彻底复兴的局面,这一派思想开创的世界如今蓬勃发展。《鲜活的经济学》揭示了贝奇怎样成为对这种转变至关重要的能量催化剂。这本书对这种前景如何成为现实提供了精彩的见解。

——理查德·瓦格纳(Richard Wagner),乔治·梅森大学霍巴特·哈里斯经济学教授

阅读贝奇所著的《鲜活的经济学》一书，让我开始热爱经济学，我相信更多的读者也将受此激励爱上经济学。这令我对真实经济学的回归感到乐观。

——纳西姆·尼古拉斯·塔勒布（Nassim Nicholas Taleb），纽约大学理工学院金融与风险工程杰出教授、《黑天鹅：如何应对不可预知的未来》(*The Black Swan*：*The Impact of the Highly Improbable*）作者

有些著作考察经济学思想，而有些著作为当前经济学面临的挑战提供见解。而这本书不同凡响，它在这两个方面都一次性地大获成功。它以清晰的文字解释和对比经典的经济学文献，并辩明了富有经济学观点的关键政策的含义。贝奇的《鲜活的经济学》从始至终都富有洞见，具有启发性，而且很有趣，无论是对学者、政策制定者、学生，还是对关注经济制度的其他广大选民，本书皆开卷有益。

——帖木儿·库兰（Timur Kuran），杜克大学经济学和政治学教授、伊斯兰研究戈特家族教授

贝奇不仅是经济学学者，还是教育大众和一代代学生的教育家。在《鲜活的经济学》一书中，他反思了在传播主线经济学思想方面，经济学教学和他自己的老师对他的重要性。主线经济学的思想一脉相承，从斯密、萨伊和威克斯蒂德到米塞斯、哈耶克、布坎南、科斯和弗里德曼，乃至他的同代人。这本书是必读的著作，尤其在这个时代，贝奇所关注的合理的经济学传统日益受到古老谬论的威胁和新兴政客的攻击。贯穿本书的对经济学思

想和经济学理论的热情，正是一个人能从一位伟大的老师那里得到的灵感。贝奇其实就是这样的老师。

——史蒂文·霍维兹（Steven Horwitz），圣劳伦斯大学查尔斯·A.达纳经济学教授

《鲜活的经济学》这本真正精彩的著作向学生们和学者展示了为什么贝奇是他那一代中最具独创性的学者和教师之一。贝奇的目标是用他自身思想的形成方式来培养头脑，因此这本书的教义来自各个思想流派。贝奇娴熟地将多种经济学方法融合为一面透镜，以此来观察世界，在经济学分析备受质疑的时代，阐明了这种分析的可能性，并为这门沉闷的学科注入了新的活力。

——斯蒂文·米德玛（Steven Medema），科罗拉多大学丹佛分校经济学教授

贝奇的《鲜活的经济学》的标题十分贴切。这本书阐述的都是他从他的老师（广义的）那里得到了什么，以及他反过来又向学生传授了什么。贝奇深刻的学术研究、严肃的思考和对经济学的热情贯穿书中每一页。因此，与大多数经济学著作不同，《鲜活的经济学》可以在开车前安全地阅读。事实上，《鲜活的经济学》一书充满了惊喜——比如书中有一整章是关于我以前的教授肯尼思·博尔丁（Kenneth Boulding）的，贝奇对这位伟大经济学家的论述一针见血。这本书非常适合任何对经济和金融感兴趣的人，应该成为经济学原理和经济思想史课程的必读补充材料。

——史蒂夫·H.汉克（Steve H. Hanke），约翰·霍普金斯大学应用经济学教授

贝奇的《鲜活的经济学》一书内容丰富，收录了他思想中的瑰宝，值得一读。这本书其实是贝奇与经济学共同生活，享受经济学的个人陈述。但阅读时要小心，贝奇对经济学的热爱具有传染性，你会发现自己欲罢不能。

——布鲁斯·扬德尔（Bruce Yandle），克莱姆森大学经济学荣休教授

《鲜活的经济学》是关于奥派经济学及其主要贡献者的讨论成果。讨论引人入胜，而且人们正日益认识到奥派经济学的重要性。但更重要的是，贝奇的经验不仅局限于奥派经济学教学的重要意义，还体现在应该如何教授经济学上。《鲜活的经济学》对学生和老师来说都是一个有用的工具。

——沃尔特·E.威廉斯（Walter E. Williams），乔治·梅森大学约翰·奥林杰出经济学教授

贝奇写了一本令人着迷的著作——《鲜活的经济学》。这本书一部分是他的思想自传，一部分是关于经济学是什么以及应该如何教授经济学的讨论。贝奇教授对经济学的热爱体现在每一页，书中充满了对经济学本质的见解，以及应该如何向学生阐述经济学的意见。显而易见，他赞同自由市场思想和奥地利经济学派，书中大部分内容讨论的都是对他产生影响的主要学者的思想和工作。这本书读起来很有趣，对经济学的学生和教师都很有吸引力。

——兰德尔·G.霍尔库姆（Randall G. Holcombe），佛罗里达州立大学迪沃·摩尔经济学教授

这本书是贝奇的最佳作品，内容富有启发性、知识性和娱乐性，作者也才华横溢。《鲜活的经济学》不但是当今的经济学家和社会科学家必读的著作，而且非常有趣。

——理查德·斯威德伯格（Richard Swedberg），康奈尔大学社会学教授

在《鲜活的经济学》一书中，贝奇很好地表达了"经济学的快乐"，这是对人人都从社会协作过程中受益的理解的扩展，以及与学生们和其他人交流这种理解的纯粹乐趣。他深入地指导本科生和研究生，积极倡导"主线经济学"（与"主流经济学"相反）。对任何试图理解经济学到底是什么的人来说，这都是一本重要的读物。

——P. J. 希尔（P. J. Hill），惠顿学院经济学荣休教授

源于贝奇超过四分之一个世纪的学识积累和精湛教学，这本书让我们得以进行一种有趣的反思。读完这本书，每个人都一定会重新欣赏从斯密到哈耶克，再到布坎南等人的经济学核心见解。《鲜活的经济学》的每一页都允满了热情，贝奇认为我们的经济学传统在知识上是丰富的、坚固的且令人兴奋的，值得学习。我们要正确理解经济学思维方式，经济学研究的是真实的人。贝奇清楚地表明，如果经济学的教训继续被专家、政客和大部分被误导的经济学专业人士所误解，那么我们的日常生活将处于危险之中。

——戴维·普雷契特科（David Prychitko），北密歇根大学经济学教授

目 录

序　言 / XV
前言　经济学的过去、现在和未来 / XXIII
导读　经济学的新视野 / XXXIX

第一部分　经济学与教育 / 001

经济学教育的任务 _ 003
奥地利学派贴合实际的经济学教学 _ 021
自发秩序下，诞生于大众的经济学如何服务大众 _ 032

第二部分　经济学大师课 / 059

第一课——汉斯·森霍尔茨：追求现实世界中的相关性 _ 061
第二课——穆瑞·罗斯巴德：关于苏联社会主义的理论和实践 _ 069
第三课——肯尼思·博尔丁：以主观主义精神审视市场 _ 094

第四课——沃伦·萨缪尔斯：让"政治"回归政治经济学 _ 107

第五课——戈登·图洛克：最大化利己主义的行为与市场竞争的力量 _ 127

第六课——奥斯特罗姆夫妇：方法论个人主义和经济学思维方式 _ 140

第七课——埃莉诺·奥斯特罗姆：产生合作、避免冲突的自治规则 _ 162

第八课——唐·拉沃伊：读者与作者要实现视野融合 _ 177

第九课——彼得·伯格：以人文主义的视角，而不是科学主义的视角看待经济人 _ 180

第十课——路德维希·冯·米塞斯：分析性叙事方法 _ 199

第十一课——伊斯雷尔·柯兹纳：变化与企业家的行动应被纳入经济学理论的核心范畴 _ 223

第十二课——弗里德里希·哈耶克：经济学思维方式的标识 _ 238

第十三课——詹姆斯·布坎南：古典传统对形式主义的抵制 _ 254

第三部分　经济学与生活 / 281

经济学错在哪里 _ 283
人如机器 _ 343
经济学专业知识的局限 _ 359
高级祭司和低级哲学家 _ 394

第四部分　结　论 / 417

如何教经济学以及为什么教经济学 _ 419

致　谢 / 427
参考文献 / 433

序　言

> 对经济学的无知不是一种罪过，毕竟，经济学是专业领域，而且大多数人认为它是一门"沉闷的科学"。但是，如果既要保持对经济学的无知状态，又要对经济事务高谈阔论、发表意见，那完全就是不负责任的行为。
>
> ——穆瑞·罗斯巴德（Murray Rothbard）[①]

我与经济学的爱情故事始于1979年秋天。在此之前的夏天，我体验了加油时排长队，而我出于各种原因，对这段经历感到困惑和沮丧。经济学消除了我的困惑，并将我的沮丧引向对石油短缺原因的研究。我被经济学吸引了。

自从我开始学习经济学，经济推理的逻辑在很多方面对我而言都是自然而然的。在此领域，首先，我读到的是亨利·黑兹利特（Henry Hazlitt）的《一课经济学》（*Economics in One*

---

① Murray Rothbard, *Egalitarianism as a Revolt Against Nature* (Auburn, AL: Ludwig von Mises Institute, 1974, 2000), 202.

Lesson）和贝蒂纳·比恩·格里夫斯（Bettina Bien Greaves）主编的《自由市场经济：入门读本》[*Free Market Economics: A Basic Reader*，其中包括伦纳德·里德（Leonard Read）的"铅笔的故事"]；其次，我读到的是路德维希·冯·米塞斯（Ludwig von Mises）的大量文章和书籍摘录，其讨论的是社会主义和干预主义的问题以及自由市场经济的益处；最后，我读到的是米尔顿·弗里德曼（Milton Friedman）和罗斯·弗里德曼（Rose Friedman）的《自由选择》（*Free to Choose*）。读完《自由选择》之后，我对周围世界的思考方式就再也不一样了。我以经济学的透视镜观察一切事物，从最平凡到最深刻的人类活动。在我看来，经济学既是最有趣的人类科学，又是最重要的政策科学，因为它就人类生死存亡的根本问题，做出了终极解答。

我希望，本书捕捉到的不仅有我与经济学这门学科30多年来的爱情故事，还有我从经济学研究中获得的纯粹喜悦，以及邀请学生加入这项研究的纯粹喜悦。我认为现代经济学在很大程度上已经迷失了方向，而我在积极努力，试图让经济学教学和经济学活动重归正轨。遵从我一位老师肯尼思·博尔丁的说法，我使用主线经济学一词来描述一系列经济学命题，而这些命题由托马斯·阿奎那（Thomas Aquinas）在13世纪首先明确提出。在此之后，15、16世纪西班牙萨拉曼卡大学的晚期经院哲学家，特别是几位基督教牧师——弗朗西斯科·德·维多利亚（Francisco de Vitoria）、马丁·德·阿斯皮利奎塔（Martin de Azpilcueta）、迭戈·德·科瓦鲁维亚斯（Diego de Covarrubias）、路易斯·德·莫利纳（Luis de Molina）、多明戈·德·索托（Domingo de Soto）、莱昂纳多·莱西奥（Leonardo Lessio）、胡安·德·马里亚纳（Juan de Mariana）以及路易斯·萨拉维亚·德·拉卡列（Luis Saravía de la Calle）从这些命题中发展出新的见解。①这些见解在经济学派中得到了进一步的发展，从古典经济学派——包括苏格兰启蒙运动中的亚当·斯密和有着法国自由传统的让-巴普蒂斯特·萨伊（Jean-Baptiste Say）和弗雷德里克·巴斯夏（Frederic Bastiat），到早期的新古典学派——特别是奥地利学派的卡尔·门格尔（Carl Menger）、路德维希·冯·米塞斯和哈耶克，最后是新制度经济学派——体现在阿门·阿尔钦（Armen Alchian）和哈罗德·德姆塞茨（Harold Demsetz）的产权经济学、道格拉斯·诺思（Douglass North）的新经济史、罗纳德·科斯（Ronald Coase）的法和经济学、詹姆斯·布坎南和戈登·图洛克的公共选择经济学、奥利弗·威廉姆森（Oliver Williamson）和埃莉诺·奥斯特罗姆的治理经济学，以及伊斯雷尔·柯兹纳的市场过程经济学上。主线经济学的核心思想是关于商业社会的两个基本观点：（1）个人追求自身利益；

---

① Rodney Stark, *The Victory of Reason: How Christianity Led to Freedom, Capitalism, and Western Success* (New York: Random House, 2005); Alejandro A. Chafuen, *Faith and Liberty: The Economic Thought of the Late Scholastics* (Lanham, Md.: Lexington Books, 2003); Murray N. Rothbard, *Economic Thought before Adam Smith: An Austrian Perspective on the History of Economic Thought*, vol.1 (Brookfield, Vt.: Edward Elgar, 1995), 51–64, 97–133; Marjorie Grice-Hutchinson, *The School of Salamanca: Readings in Spanish Monetary Theory*, 1544–1605 (Oxford University Press, 1952) and *Early Economic Thought in Spain* 1177–1740 (London: Allen & Unwin, 1978); Laurence S. Moss, ed., *Economic Thought in Spain* (Aldershot, England: Edward Elgar, 1993); Raymond de Roover, *Business, Banking, and Economic Thought in Late Medieval and Early Modern Europe* (Chicago: University of Chicago Press, 1976); and Joseph Schumpeter, *History of Economic Analysis* (New York: Oxford University Press, 1954).

（2）使个人利益符合公共利益的社会秩序是复杂的。

在这条经济学的主线中，假设的"看不见的手"将个人利益与公共利益统一起来，靠的不是用一种利益压倒另一种利益，也不是假设行为人有超人的认知能力，而是特定制度下的和谐交换过程。如斯密所说，正是市场经济中的讨价还价产生了社会秩序。"看不见的手"的解决方案并不像许多批评者所假设的那样，是因为在有着完美结构的市场里，完全理性的个体与其他完全理性的个体互动才出现的。这种理想化的情形与亚当·斯密的看法格格不入，与哈耶克也是一样。相反，坚信亚当·斯密思想的人认为，人是一种非常不完美的存在，在非常不完美的世界上工作。通过关注交换和产生交换的制度，合理的经济学推理解释了复杂的社会秩序是如何在价格和企业家发挥作用的市场过程中出现的。

在我的叙述中，主线经济学是与主流经济学相对照的。主线经济学讨论的是自斯密以来所共同坚持的一系列关于社会秩序的实证命题，而主流经济学则是在当前这一专业科学的精英中流行的社会学概念。主线经济学和主流经济学时常是吻合的，但有时也彼此背离。正是在这些背离的时刻，主线经济学学者亟须由思想企业家精神驱动而采取行动，以重新获得主流经济学的关注，从而使这一学科重回正轨。

我研究的主要领域是比较政治和经济制度，以及这些制度与物质进步和政治自由的关系。在解决这些问题时，我也对20世纪的经济学思想和社会科学的方法论抱有一种特别的兴趣，因为我判断，在20世纪，遍及一些社会主义国家和欠发达世界的苦难是由经济学理论和公共政策中的错误理念导致的。而这些错误理念曾得到广泛宣扬，是因为在社会科学中运用了一些被误解的科学、哲学概念。揭示和探索这一错误的思想路径已成为我研究和教学工作中的重要内容。自我上大学至今，奥地利经济学派——它的思想、历史人物，以及它在经济学专业和公共政策中的命运，一直都是我思想灵感的源泉，这在我所有的著作中都是显而易见的。

2011年6月，我和我亲密的同事、朋友克里斯·科恩（Chris Coyne）一起访问了马洛京大学，这次访问促成了本书。马洛京大学是一所了不起的经济学高等学府，它的整个学术共同体都致力于合理的经济学推理和高质量的经济学教学，这令我们印象深刻。在马洛京大学的校园中，随处可见那些经济学史上伟大经济学家的画像及其著作试图传达的核心思想。本书中的各篇文章，则是我传达主线经济学家的核心思想的尝试，从亚当·斯密到 J. B. 萨伊，从菲利普·威克斯蒂德（Philip Wicksteed）到路德维希·冯·米塞斯，从哈耶克到詹姆斯·布坎南，从弗农·史密斯到埃莉诺·奥斯特罗姆，以及这中间的其他人，还有目前仍然活跃的经济学家。

经济学教给我们许多东西，但其中对我最重要的是如何实现劳动分工下的社会合作。这决定了一个国家是贫穷还是富裕，决定了这些国家的人民是生活在贫困、无知和肮脏之中，还是过着健康、富有、充满各种机会的生活。如果制度能促进劳动分工下的社会合作，那么贸易和创新的收益目标就会实现。但是，如果制度实际上阻碍了劳动分工下的社会合作，那么生活就会退化为为了每一天的生存而挣扎。换句话说，经济学为我们提供了关键的知识框架，让我们知道如何才能生活得更好。

这一主题被米塞斯称为"联合法则",也鼓舞了马洛京大学的创始人曼努埃尔·阿尤(Manuel Ayau),他在自己的著作中强调了这种劳动分工下的社会合作的思想。在本书中,我一再强调财产、价格和损益的作用,它们为经济主体提供激励、信息以及创新的动力,以实现匿名主体(匿名性正是一个和平与繁荣社会的特征)之间复杂的经济协调和社会合作。

本书能由独立研究院和马洛京大学出版社出版,我感到非常高兴,因为我们对经济学的性质和重要性有着共同的认识,并共同致力于经济学教育。我要感谢独立研究院的主席戴维·泰鲁(David Theroux)和马洛京大学的校长詹卡洛·伊瓦尔根(Giancarlo Ibarguen)给了我这个机会。我非常荣幸能与他们一起工作,他们终生致力于在研究机构内外推进合理的经济学推理。我真切期望本书能为传播经济学的思维方式尽绵薄之力。

我要感谢乔治·梅森大学和莫卡特斯中心的同事帮助我准备出版的书稿:彼得·利普西(Peter Lipsey)、利亚·帕拉加什维莉(Liya Palagashvili)、戴维·柯里(David Currie)、卡莉·雷迪格(Carly Reddig)和马修·贝奇(Matthew Boettke)。戴维·泰鲁、罗伊·卡莱尔(Roy Carlisle)和亚力克斯·塔巴洛克(Alex Tabarrok)的编辑意见也让我受益良多。当然,书中若有错误,皆是我的责任。

我还要感谢多年来教过我的那些杰出的经济学教师,从格罗夫城学院的汉斯·森霍尔茨(Hans Sennholz)到乔治·梅森大学的詹姆斯·布坎南、戈登·图洛克和唐·拉沃伊(Don Lavoie)。在我职业生涯的形成阶段,我幸运地得到了这一学科的一些名人的关照和指导,包括沃伦·萨缪尔斯(Warren Samuels)、彼得·伯格（Peter Berger），特别是伊斯雷尔·柯兹纳，我在纽约大学和他一起工作了八年。能在纽约大学（这是路德维希·冯·米塞斯的故地）与柯兹纳密切合作，对我而言犹如美梦成真。

在研究生院学习时，我和两位同学很快就建立了密切联系，他们陪着我一路走过来，他们是史蒂文·霍维兹和戴维·普雷契特科。在职业生涯的早期，我们就设定了一个专业的标准，也一直努力保持这一标准，这使我成为更好的老师和更好的经济学家。我对他们的感激之情无以言表。我真诚地希望，本书中的文章达到了这一标准，即使是在他们与我存在最大意见分歧的领域。我在本书的一篇文章中建议学生明智地选择老师，因为你的老师怎样教你，你就会怎样教你的学生。学生还必须明智地选择读什么书，因为你写的文章就像你读过的文章。我还要补充的是，你必须明智地选择你的朋友，因为你的朋友会帮你设定论证的标准，而你要努力达到这个标准。如果达不到，朋友会直言不讳地告诉你。自从20世纪80年代我们进入这一专业成为教师和学者以来，史蒂文和戴维一直都是我的亲密朋友。

最后，我要感谢我在执教生涯中有幸教过的所有优秀学生，特别是那些我有幸担任其论文导师的学生。我不知道他们是否意识到，我从他们那里学到了多少东西，我为他们感到多么骄傲。他们前途远大，将成为一流的经济学教师，为主线经济学的发展做出重要贡献，而且他们有着令人惊叹的交流能力，不仅将合理的经济学推理传授给学生，还传授给社会大众。

当我写这篇序言时，我们正经历着特别动荡的经济时期，比以往任何时候都需要合理的经济学推理，而不是自2008年以来主导公共政策的"急诊室"经济学。我以前的这些学生掌握了从亚当·斯密到哈耶克的主线经济学所教导的真理，并且拥有强大的交流能力。我相信，掌握合理的经济学推理的高素质人才将不断增加，最终打败对经济学的无知和特殊利益政治群体，将公共舆论的潮流转向合理的经济学。正如米尔顿·弗里德曼和罗斯·弗里德曼在《自由选择》[①]中所言："一旦观点形成了强大的浪潮，就将横扫一切障碍，横扫一切相反的意见。"

想要让经济学重回正轨，我们还有许多工作要做。让我们开始吧！

彼得·贝奇

[①] Milton Friedman and Rose Friedman, *Free To Choose* (New York: Harcourt, Brace & Jovanovich, 1980), 272.

前言　经济学的过去、现在和未来

在我看来，最近的"新经济学"其实是最糟糕的谬论，会造成最严重的恶果，它是由已故的约翰·梅纳德·凯恩斯爵士［John Maynard（Lord）Keynes］所提出的。十年来，他成功地将经济学思想带回黑暗时代……严肃的事实是，经济学所教导的真正重要的东西，大部分是人们如果愿意理解，自己就能够理解的东西……现在是拿出勇气，直面现实的时候了。

——弗兰克·奈特（Frank Knight）[①]

引　言

每次与同行、学生、决策者和关心自2008年以来的大衰

[①] Frank H. Knight, "The Role of Principles in Economics and Politics," *American Economic Review* 41, no. 1（1951）: 1–29, in *Selected Essays of Frank H. Knight*, edited by Ross Emmett, vol. 2（Repr., Chicago: University of Chicago Press, 1999）, 362–363, 364, 365.

退的公众交谈经济问题时，经济学家都应该强调一个显而易见的观点：约翰·梅纳德·凯恩斯对资本主义不稳定性和失业原因的分析都是错误的——1936年，他错了；2008年，他还是错了。凯恩斯在《就业、利息和货币通论》(The General Theory of Employment, Interest, and Money)中提出的观点在19世纪和20世纪一直都是错的，在21世纪同样如此。凯恩斯主义经济学就是糟糕的经济学。糟糕的经济学理念导致糟糕的公共政策，进而导致糟糕的经济结果。在经济学领域，记住这一点非常重要。①这一连串逻辑上环环相扣的糟糕之事要变成现实，可能要经过漫长的时间，呈现不同的情况，但这是不可避免的。凯恩斯在《就业、利息和货币通论》中谈到的经济运行是完全不正确的，更不用说就危机期间经济出现波动提出的解决方案了。而在2008年的全球金融危机之后，凯恩斯主义在专业经济学家、公共知识分子，特别是政治家和决策者之中"复活"，这是我作为一名经济学家，在职业生涯中所见证的最令人失望的事件之一。

　　凯恩斯错了，因为他的分析基于一套有缺陷的前提假设。由马尔萨斯（Malthus）最早提出的关于"有效需求"的早期分析失败了，并遭到了李嘉图和其他古典经济学家的激烈反对。根据凯恩斯的说法，这一理论因此被迫转到"地下，即在卡尔·马

---

① 强调这点很重要，因为经济学中简单且直接的答案不一定是理论上简单的答案，参见http://austrianeconomists.typepad.com/weblog/2008/10/simple-answers.html。而正如我将要在本书中一直强调的那样，唯一的真正经济学是相对价格经济学，因此在讨论"宏观经济政策"时，我们如果不考虑价格的作用，将一无所获。这一论点的基本信息是，虽然可能存在通货膨胀、失业和工业波动等宏观经济问题，但只有微观经济学能提供解释和解决方案：必须允许价格发挥作用，因为价格既能告诉我们实情，又能重新引导资源配置。

克思、西尔维奥·格塞尔（Silvio Gesell）或梅杰·道格拉斯（Major Douglas）的地下世界里"生存。①凯恩斯认为，古典经济学的彻底胜利是个谜，这反映出马尔萨斯之后的经济学家不愿意承认他们的理论与观察的基本事实之间的脱节。"古典理论很可能代表了我们所希望的经济运作方式，但是如果假设实际上就是如此，那么假设的困难也就不存在了。"②

然而，经济学家有充分的理由迫使这些理论进入地下世界，因为这些理论反映的是错误的经济学分析。这些理论隐含的假设中不存在稀缺性问题，并认为相对于物质丰富的贫困是现代社会的根本问题，它们明确否认行为主体的理性和价格的协调作用，也否认价格指导决策的功能，以及由利润和亏损提供的反馈和约束。③如果你假设的是一个后稀缺性世界，那么无论是价格体系的协调作用，还是产权结构的激励作用都不是关键。如果你不允许经济体中的个人从市场发出的信号中获取信息，也不允许这些信号发挥实际作用，那么经济自然不会正常运作！这并不神秘。在令人眼花缭乱的经济可能性中，④如果没有价格和市场不停地

---

① John Maynard Keynes, *The General Theory of Employment, Interest and Money* (1936; Repr., New York: Harcourt, Brace & Jovanovich, 1964), 32.

② Keynes, *General Theory*, 34.

③ F. A. Hayek, *The Pure Theory of Capital* (Chicago: University of Chicago Press, 1941), 374. 哈耶克认为凯恩斯的经济学"基于这样的假设，即不存在真正的稀缺性，而我们唯一需要关注的稀缺性是人为造成的稀缺性，这种人为稀缺性是由人们决定不以某个任意的固定价格出售其服务和产品而造成的"。在第1页的脚注1中，哈耶克补充道，凯恩斯的经济学本质上回归"经济学思维幼稚的早期阶段"，很难被视为经济学思维的改进。

④ Ludwig von Mises, *Socialism: An Economic and Sociological Analysis* (1922; repr., Indianapolis, IN: Liberty Fund, 1981), 101.

指引经济主体走上学习和发现的道路，那么经济的未来确实会被"时间和无知的黑暗力量"所困住。①

需要强调的重点是，正如萨伊在"致马尔萨斯的信"（1821年）中谈到的那样，所有关于生产过剩或消费不足的讨论都与价格体系有关。萨伊认为，解决"供过于求"既不是靠货币印发，也不是靠财政刺激，而是允许价格调整以出清市场。为了回应马尔萨斯的"普遍供过于求"理论，萨伊费心解释了如何通过市场价格的调整来协调一些人的生产计划与其他人的消费需求。萨伊直截了当地指出："只要供给略微超过需求，就足以引起可观的价格变动。"② 萨伊认为，这种对市场价格和价格在市场经济中起到的自我调节作用的关注，构成了斯密对政治经济学恒久贡献的真正基石（而非马尔萨斯所认为的斯密的价值理论）。③

萨伊所谈到的最后一点正是我想要强调的，也就是，斯密经济学的基石是他对价格体系和市场经济自我调节能力的分析。我们发现这才是经济学中的持久之事，而存在于地下世界中并否认这种分析的经济学思想则是速朽之物。不幸的是，虽然哈耶克、布坎南④以及路易吉·津加莱斯（Luigi Zingales）等思想家指出

---

① Keynes, *General Theory*, 155.

② Jean Baptiste Say, *Letters to Mr. Malthus*（1821；repr., New York：Augustus M. Kelley, 1967），59.

③ Say, *Letters*, 20.

④ James M. Buchanan and Richard Wagner, *Democracy in Deficit*, in *The Collected Works of James M. Buchanan*, vol. 7（1977；repr., Indianapolis, IN：Liberty Fund, 2000），4. Buchanan and Wagner argue that "Keynesian economics has turned the politicians loose; it has destroyed the effective constraint on politicians' ordinary appetites."

了这点，但凯恩斯主义却吸引了技术专家和政治家。①

这是长期以来经济学家一直面临的困境。经济学中速朽的思想受到政治的欢迎，而持久的真理却遭到政治的排斥。哈耶克将这种经济学家面临的难题描述为：比起其他任何社会科学家，经济学家更频繁地被要求就公共政策问题与政治家商议，但他们一旦基于经济学的原则提出建议，该建议马上就会被置之不理。不但经济学教义被置之不理，而且相关事件的公共舆论的发展方向似乎与经济学家建议的方向相反。哈耶克认为，这种状况并非他那个时代特有的，因为这同样是古典经济学家面临的困境。②但是，这作为社会变革理论的一个问题，最神奇之处在于，总的来说，经济学家的观点并没有被忽视，因为公共舆论清晰地反映了上一代经济学家的观点。不幸的是，占主导地位的观点是凯恩斯所指的那些被迫转到地下的观点，这正是我们今天的情况。作为经济学教育者，如开头奈特的导语所言，我们必须直面现实，承认我们的专业领域中和政治体系中那些丑恶的和令人不快的事件的性质，并接受挑战，向那些在大多数情况下拒绝学习经济学原

---

① Luigi Zingales, "Keynesian Principles: The Opposition's Opening Remarks," *The Economist*, March 10, 2009.
津加莱斯认为，凯恩斯主义已经征服了政治家和普通人的心灵和思想，因为它为不负责任的行为提供正当性理论。医学科学已经证实，每天喝一到两杯葡萄酒有益长期健康，但没有医生会建议正在戒酒的人这样做。不幸的是，信奉凯恩斯主义的经济学家正是这样做的。他们告诉那些沉迷于花纳税人钱的政客，政府支出是好事。他们告诉那些受严重入不敷出影响的消费者，消费是好事，而储蓄是坏事。在医学上，这种行为会让你被逐出医学界，但在经济学界，这让你得到华盛顿的工作。
② F. A. Hayek, "The Trend of Economic Thinking," in *The Collected Works of F. A. Hayek*, vol. 3 (1933; repr., Chicago: University of Chicago Press, 1991), 17.

理甚至听都不会认真听的人传授经济学原理。

斯密究竟说了什么，没说什么

斯密不是第一个经济学思想家，但是他综合了当时所有的知识，这种方式引起了他之后的知识分子的关注。在西方文明里，他是科学史和文学史上的一座丰碑。即使到了今天，斯密的知识遗产仍处于热烈的争论之中。

新一代学者，比如艾玛·罗斯柴尔德（Emma Rothschild）和萨姆·弗莱施哈克尔（Sam Fleischacker）正在为保护斯密的知识遗产而与同样受斯密影响的保守政策界做斗争。①

他们强调斯密理论中人性和平等的一面，试图反驳将斯密理论解读为专门研究自利与市场效率的观点。这种对斯密理论的漫画式夸张，在他们对平等主义和进步主义的解读中，被认为是一种虚构。斯密从未说过"贪婪有用"，事实就是这样，他的观点绝非如此。但是，罗斯柴尔德和弗莱施哈克尔对斯密的解读也是一种混乱的夸张。斯密不是平等主义的社民主义者，他是平等主义分析者，也是古典自由主义的政治经济学家。《国富论》（*The Wealth of Nations*）发展了政治经济学中的实证科学，而该书的第五卷可以被认为试图提供一套规则，让那些希望产生"良性社会"的开明政治家能在这一实证科学的基础上遵循这套

---

① Emma Rothschild, *Economic Sentiments* (Cambridge, MA: Harvard University Press, 2001); Samuel Fleischacker, *On Adam Smith's Wealth of Nations* (Princeton, NJ: Princeton University Press, 2004).

规则。①

在斯密的著作中，政府的规模和范围是有限的。政府虽然并非不存在，但它基本上局限为古典自由主义政治哲学的"守夜人"：防范外来侵略者，保护人身和财产安全，管理国内司法，提供必要的公共工程。只有对斯密歪曲解读（这是唯一的解释），才能产生斯密要从制度上反对"自利"，或者斯密是现代社民主义福利国家之先驱的观念。这种对斯密更现代的社民主义式解读，是由盛行于我们文化中对斯密的"自利"观点的夸张性解读（对自由放任经济学家的理解普遍如此）所产生的后果。为了让斯密远离这些自由放任的经济学家，他们提供了一种对穷人和被剥夺者更富有同情心的解释。

思想史上有一个非常老的观点，它试图嵌入斯密的《道德情操论》和《国富论》之间，被称为斯密悖论。斯密悖论认为斯密基于人类的同情心建立了他的道德情操论，而"自利"引出了他的经济学理论。前者探讨的是关心他人的行为，而后者探讨的是关心自我的行为，二者如何协调相容？为了解决这个问题有过许多尝试，包括弗农·史密斯的"亚当·斯密的两张面孔"。最终结果是这个问题其实并不是个问题。

《国富论》是关于陌生人之间的社会秩序——在这样的社会秩序中，我们的道德同情的范围远远超出了熟人间的范围。"在文明社会中，"斯密论述道，"一个人每时每刻都需要其他许多人的合作与协助，但他终其一生，也难以得到少数几个人的友

---

① 我最喜欢的两项规则是斯密的四条税收格言以及他对通过贬值来偿还公共债务这一"杂技"的警告。

谊。"①市场经济是匿名者之间的合作，以及陌生人之间的合作。在刚才引用的段落之前的一章中，斯密向读者介绍了经济生活的基本奥秘：即使是生产我们理所当然地认为最普通的产品，其所必须协调的交换关系的数量也超出了所有的计算。②

国民财富源于劳动分工下的社会合作，而为了实现这种社会合作，我们必须建立一定的基本制度——私有财产的界定与执行，以契约来遵守承诺，以及承认以同意的方式转让财产的合法性。慈悲之心无法实现这种劳动分工下的社会合作，这种合作关系处于我们道德同情心的范围之外。但是如果建立了财产、契约和同意的制度，那么其就可以通过引领个人追求私利来实现贸易的双赢，从而使社会上每一种细化分工都能获得好处。当道德同情心的范围从亲密秩序扩大到市场秩序时，我们的道德情操并没有消失。它们无处不在，但我们必须慎重对待，否则我们的道德情操就会与市场秩序的道德要求相冲突。商业社会中的道德情操体现为更普遍的正当行为准则（与财产、契约和同意的制度有关），而不是对一种固定资源禀赋公平分配的具体结果。如果将亲密秩序中的规则转移到市场秩序中，就会牺牲劳动分工下的社会合作收益，而在这种情况下，我们也牺牲了市场秩序本身。

斯密当然没有教导个人应该不惜一切代价追求自身利益，他甚至从来没有委婉地表示，追求的私利将自动转化为公共利益。《国富论》中其实有很多例子表示，追求私利会导致不良的社会后果。一个典型的例子是他对牛津大学和格拉斯哥大学教学问题

---

① Adam Smith, *An Inquiry into the Nature and Causes of the Wealth of Nations* (1776; repr., Chicago: University of Chicago Press, 1976), bk. I, 18.
② Smith, *Wealth of Nations*, bk. I, 15.

的讨论。^①在格拉斯哥大学，教师有强烈的动力提供有价值的教导，因为其工资与学生所支付的费用相关。而在牛津大学，因为有捐款保障教师的工资，教授们就连装装样子的教学都放弃了。斯密的著作里充满了这样的比较制度分析。在一种情况下，追求私利产生有利于社会的结果，而在另一种情况下，追求私利则产生了不利于社会的结果。这关键在于：斯密的分析并不取决于自利的行为假设，而是取决于实际运作的制度规范。私有产权的市场经济制度以价格信号为导向，以盈亏计算为规范，将自利的行为引向社会合作。广泛的劳动分工在全世界范围内进行协调，使得最普通的产品——从斯密时代的羊毛大衣到米尔顿·弗里德曼时代的铅笔——被制造出来提供给个人，不过，这些人永远不知道谁参与了这种商品的生产，而且如果商品要全靠他们来生产，他们都不知如何操作。

这是以另一种方式来表达斯密的"看不见的手"的主张。个人在财产、契约和同意的制度下追求自己的私利，将会产生增加公共利益的总体秩序，虽然这并非他们的本意。如果没有这种制度，那么自利很可能不但不会产生理想的公共结果，实际上还可能走向反面。斯密政治经济学的重要之处在于这种对个体行为的制度过滤器，这种制度过滤器产生了独特的均衡过程。^②

萨伊在他那封致马尔萨斯的信中表达了对斯密的崇敬："他

---

① Smith, *Wealth of Nations*, bk. v, 282–284.
② 罗伯特·诺奇克（Robert Nozick）对"看不见的手"的解释发展了关于制度过滤器和均衡过程的观点。
Anarchy, State and Utopia（New York：Basic Books, 1974）, 18–22.

是我的导师。"① 正如我之前提到的那样,萨伊与斯密如此亲近,是因为斯密阐述了价格在协调经济活动中的基础性作用。如萨伊所言,交换和在个人讨价还价中出现的市场价格形成了斯密政治经济学的基石。斯密的经济学是价格理论经济学,也是制度经济学。价格的抽象功能和斯密的政治经济学所分析的制度的具体作用之间的联系构成了经济学中持久之事的基础。然而,我们如果充分理解了斯密关于市场理论、价格体系和制度作用的启示,就能揭示这种理论在技术官僚和政治家中并不受欢迎的原因。

哈耶克认为,斯密设计的政治经济学制度可以有力地抵挡制度内行为人的愚蠢和自大。② 斯密和他同时代的人(比如休谟)试图寻找一种治理制度,把坏人的危害降到最低,而且这种制度并非只能由最贤明、最睿智之人掌管才能运作。换句话说,他们所寻求的社会治理制度是把人分成好人、坏人、智者、庸众,以利用人类多样性来创造和平与繁荣。18世纪和19世纪的古典政治经济学家发现,私有财产的市场经济为这种制度提供了基础。

斯密在《道德情操论》中曾提到,"制度人"妄想自己英明睿智,但他对政客的傲慢自大做最尖锐的抨击或许是《国富论》中的一段话。这段话紧接着著名的"看不见的手"理论,斯密指出:

> 关于可以把资本用于国内哪个产业,使其生产物能有最大价值这一问题,每一个人处在他所在的位置显然能判断得比政治家

---

① Say, *Letters*, 21.
② F. A. Hayek, *Individualism and Economic Order* (1948; repr., Chicago: University of Chicago Press, 1996), 11ff.

或立法家好得多。如果政治家企图指导私人应如何运用他们的资本，那不但是自寻烦恼地去注意最不需注意的问题，而且是僭取一种不能放心地委托给任何人、也不能放心地委托给任何委员会或参议院的权力。把这种权力交给一个大言不惭、荒唐地自认为有行使资格的人，是再危险不过的。①

这段话预见了米塞斯和哈耶克对于政府计划的计算或知识问题的讨论，以及哈耶克所认为的"知识的僭妄"或"致命的自负"的权力问题。在我的其他著作中，我曾提到过大卫·休谟（David Hume）的格言：当我们设计政府机制时，我们必须假设所有的人都是坏蛋，这意味着，我们既要当心哈耶克所强调的那种傲慢自大的恶行，又要当心布坎南和图洛克发展公共选择理论时所强调的那种机会主义的恶行。在这段话中，斯密预见了现代这些对政府控制经济生活的批评的核心理念，揭示了经济学中另一个持久的要素。

什么恒久不变，什么不是

当我们开始向学生传授经济学原理时，大多数经济学教师很快就会介绍稀缺性的概念。个人是在约束条件下选择，而不会做出不受约束的选择。因此，我们的选择总是涉及得失权衡，于是我们需要一些工具来进行评估。价格体系为我们提供了这样的工

---

① Smith, *Wealth of Nations*, bk. IV, 478.
本段译文引自《国民财富的性质和原因的研究》（上册），亚当·斯密著，郭大力、王亚南译，商务印书馆，1972年版，第314页。

具。更重要的是，价格体系将我们私人的评估转化为有用的公开信息，供他人在他们自己的评估中使用，从而确立市场上的交易条件。

经济学解释交换和发生交换的机制。正如弗兰克·奈特经常强调的那样，要着手经济学分析，必须始终认识到这一基本观点：交换就是交换，就是交换本身，而交换的特点是互惠，否则交换就不会发生。经济学是基础性学科，但人类如果要在生活的各方面一以贯之地坚持应用经济学思维方式，则需要训练和创造力。经济学是至关重要的学科，探讨的是至关重要的主题，而且学习经济学是一种充满乐趣的探索，探索所有的人类活动。作为经济学教师，我们有责任向学生介绍经济学思维方式的这两个方面。

但是，经济学思维方式最有价值的应用之一很可能是解释为什么好的经济学更容易与好的民主政治相冲突。经济分析表明，民主政治是政治企业家针对理性无知的选民和来自特殊利益集团的选民追求选票的过程。这种情势下的逻辑会产生一种偏好，在这样的偏好下，追求选票的政治企业家为了获得选票和竞选捐款，会向特殊利益集团的选民承诺集中的利益，他们消息灵通且组织良好，而将成本分散到理性无知的选民身上，他们缺乏组织且信息不灵。此外，选举周期将影响时间表，产生短视的偏好，并与集中利益或分散成本的逻辑结合在一起。

这是好的政治策略，否则就会有风险，不能获得赢下选举所需的选票。追求选票的政治企业家如果不能获取大量选票，最终将被淘汰出政治市场。但是特殊利益集团得到集中利益，而理性无知（或理性放弃）的选民承担分散成本。那么这种短视的政策将产生好的经济吗？我们必须说"不会"！这反而会产生政治外部性。相反，好的经济会将成本集中在决策者身上，而将收益广泛地分散在众人之中。这是思考亚当·斯密"看不见的手"这一假设所运用的另一种方式——在私有财产和竞争性市场的制度内，追求自身利益的个人将承担其决策的代价，但个人有机会在交换中获利，而这些交换产生了更广泛的利益，惠及整个社会。正如我们在交易机会的扩散和技术创新的获益中所见，这种现代商业生活的好处在于其将带来源源不断的福利。换句话说，这种收益的性质是长期的，而非短期的，这是国家积累财富的核心原因，也是当贸易和创新的收益不能经常得到实现时，国家陷入贫困的核心原因。

好的经济短期内将成本集中在决策者身上，而从长远来看，将收益分散于整个社会。反之，好的政治短期内将收益集中在组织良好、消息灵通的利益集团身上，而从长远来看，将成本分散到缺乏组织、信息不灵的选民大众（包括理性无知和理性放弃）头上。自从经济学这门学科被创立以来，经济学家就已经意识到好的经济与好的政治之间的冲突。

有了这种认识之后，我们就必须记住，我们作为经济学教育者和学者的工作既不是为国家这艘轮船掌舵，指引航向，也不是就开明的政府政策纠正世界上各种社会弊病，向政客和公众提供讨人喜欢的流行信息。相反，我们的工作有双重性：一方面是愉快的，因为我们将学科的基本原则讲授给我们的学生，并运用这些基本原理来理解我们周围的世界；另一方面则是不愉快的，因为我们要扮演社会批评家的角色，从逻辑上和经验上证明政策制定者的最佳意图是如何误入歧途，产生了比这些政策打算消除的情况更糟糕的后果。正如奈特强调的那样，我们不能低估我们提供的负面知识的作用。① 经济学为人们的乌托邦设了界限，而当我们在教经济学原理时，与提供公共行为指南同样重要甚至更重要的是，告诉人们哪些事不要做。

后稀缺性世界的隐含理论不理解财产、价格和损益的作用，或是假设政策制定者是全知的中性人（更传统的说法是仁慈的君主），我认为这些理论不应该在经济学教育中长期存在。我们在学术期刊、课堂讲座、撰写的政策文件或为委员会提供的证词，以及努力普及经济学的杂志文章、报纸社论、推特和博客文章、广播和电视节目中，必须充分曝光这种分析的薄弱之处，并使其接受严厉的批评。亚瑟·玛吉特（Arthur Marget）用角斗士时代的渔网角斗士来比喻他的学术活动：角斗士手持一张渔网、一把三叉戟，先让对手陷入网中，再用三叉戟予以致命一击。据说，玛吉特形容他的大部头《价格理论》（*The Theory of Price*）就是试图把凯恩斯主义的所有谬论都网住，然后再用自己的分析予以致命一击。

令人惊讶的是，面对使它陷入罗网、将它认定为错误学说的各种努力（我要补充的是，在我看来，这些努力在学术上是成功的），凯恩斯主义作为一个政治经济学体系却表现出了抵抗力。我认为是政治因素而不是学术分析因素使它具有吸引力，因此，我们必须继续这场战斗，致力于实现政治化经济学在学术上的破产。

凯恩斯主义确实是民主社会政治体的疾病。它是傲慢自大

---

① Knight, "Role of Principles," 365.

的技术专家的经济学理论，是"知识的僭妄"，并为政客的机会主义行为提供了机会，而这些政客在实践中不受凯恩斯主义的约束。

当我强调价格体系在市场自我调节中的作用时，我提到过萨伊，但也不能遗忘他的法国同胞巴斯夏。[①] 著名的"蜡烛制造商禁止太阳光的请愿书"是他经典的经济学讽刺作品，揭露了诡辩术的愚蠢和荒谬。而呼吁紧急援助、呼吁限制外国竞争者、呼吁建立公共工会（其成员将不受市场变化的影响）等，与蜡烛制造商的请愿有什么不同呢？我想说的是，不仅冷静的头脑要重过热情的心灵，还必须持之以恒地揭露傲慢自大以及不严谨的推理——无疑，首先是通过仔细的推理和实证分析来揭露，但不要忘了嘲笑和讽刺也是有效的教学工具。

结　论

本文关于经济学中持久真理的讨论，是我们——所有认为自己的主要身份是经济学教育者——的集体呼吁。我们有工作要做，我们要向学生传授经济学的基本原理，并培养学生去理解伟大的政治经济学家——从亚当·斯密和大卫·休谟到哈耶克和布坎南——的教导。他们的观点很清楚：建立在私有产权之上的市场经济不但是一个自我调节的体系，以相对价格调整和盈亏计算为指导来进行调节，而且是自由民族的政治秩序的基础。所以，

---

① Bastiat, Frederic. 1964. "A Petition" in *Economic Sophisms*, Irvington-On-Hudson: Foundation For Economic Education, 56–60.

我们必须始终审视干预市场秩序的企图，确定其是否是狂妄自大或机会主义（或兼而有之）的不当行径。即使我们注意到目前的状况是反经济学的恶行肆虐，但我们作为经济学教育者，也绝不要忽略核心信息，并简单明了地传达这一信息：要实现社会合作的互利共赢，起作用的是价格，而不是政治。经济自由胜过政府控制的暴政这一中心理念，是对过去、现在和未来都有效的经济学思想。

彼得·贝奇

导读　经济学的新视野

一

《鲜活的经济学》一书是当代奥地利学派的代表人物彼得·贝奇的代表作。中国读者可能对贝奇和保罗·海恩（Paul Heyne）合著的《经济学的思维方式》（*The Economic Way of Thinking*）较为熟悉，该书是英语世界最为畅销的经济学教科书之一，其中文版也深受国内读者的欢迎。而《鲜活的经济学》则是贝奇多年来的学术精华和教育心得的结晶，收录了他最重要的20余篇论文。这本书荣获2010年奥地利经济学年度最佳图书奖，并得到了詹姆斯·布坎南、弗农·史密斯等诺贝尔经济学奖得主的盛赞。贝奇本人也因其卓越的学术声誉，于2016—2018年担任朝圣山学会主席，2018—2020年担任副主席。

这本书虽然曾荣获奥地利学派经济学年度最佳图书奖，但却不是一本传统意义上的奥地利学派著作，贝奇本人也不是传统意义上的奥派经济学家。贝奇在乔治·梅森大学取得了经济学博士学位，而这所大学不仅是奥地利学派的重镇，还是詹姆斯·布坎南的公共选择学派的基地。用贝奇自己的话来说，他既是哈耶克的学生，又是布坎南的学生。

将其他学派的思想纳入自己的研究范围，乃至纵横捭阖、融会贯通，是新世纪奥地利学派的主要发展成果之一，并非什么新鲜事。但贝奇所做的绝不仅仅是取长补短，用其他学派的成果来补充奥地利学派的理论体系，而是提出了一个整体性的新思路——主线经济学，以此与主流经济学形成对比。

单从术语上看，主线经济学并不是贝奇的首创，而是来自贝奇的老师肯尼思·博尔丁，但贝奇对这个概念做出了清晰的界定，赋予其深刻的理论和现实意义，更以此为标准重新梳理了自亚当·斯密以来各种经济学派的思想，描绘了不同于主流新古典经济学的发展愿景。

贝奇认为，主线经济学的历史源远流长，可追溯到13世纪。但贝奇化繁为简，将主线经济学的特征概括为以下两点：个人追求自身利益；使个人利益符合公共利益的复杂社会秩序。也就是说，主线经济学的出发点是追求自身利益的个人，而要探讨的是什么是使个人利益符合公共利益的复杂社会秩序，以及如何建立这样的秩序。

这本书涉及的内容十分广泛，既与经济学教育相关，也有对众多经济学家的评述；既有对经济学历史的回顾，也有对经济学核心问题的重要分析。而主线经济学的框架却如一条丝带，将一颗颗思想明珠串成一条项链。可以说，这本书是主线经济学的代表作之一，其出版标志着主线经济学正式登陆中国。近年来，主线经济学的概念在贝奇一系列著作和演讲的推动下，逐渐被国内外众多经济学家所了解和认同。国内的奥派名家冯兴元教授早在2017年前后就注意到这一概念，近几年更是不遗余力地推介和宣扬主线经济学。

二

前面所提到的主线经济学的特征，可以浓缩为两个关键词：个人和秩序。下面我便以此为脉络，对书中的内容做一概括性介绍。

贝奇在前言中就由来已久的斯密悖论提出了自己的见解，这可以作为他对个人与秩序二者之间的关系所做的一个总括性回答。斯密悖论认为斯密基于人类的同情心建立了他的道德情操论，而"自利"引出了他的经济学理论。前者探讨的是关心他人的行为，而后者探讨的是关心自我的行为，二者如何协调相容？贝奇认为，商业社会中的道德情操体现为更普遍的正当行为准则（与财产、契约和同意的制度有关），而不是一种关于固定资源禀赋公平分配的具体结果。而个人的行为必须通过这种正当行为准则的过滤，才能产生增强公共利益的总体秩序。换言之，以道德情操为基础的制度过滤器产生了独特的均衡过程。这种社会治理制度不仅是18、19世纪古典政治经济学家的追求，还贯穿米塞斯、哈耶克和布坎南等当代名家的思想。

随后，在这本书的第一部分中，贝奇总结了他多年来的教学经验，特别强调对于经济学初学者而言，必须把握的基本原则包括在限制条件下进行选择，交换的互利性，产权、激励、价格和信息的重要性，利润的诱惑和亏损的惩罚，劳动分工下的社会合作自发产生，而这些基本原则主要是个人行为的基本原则，"根植于有目的的人类选择的逻辑，根植于构成市场经济的交换关系，根植于经济活动的自发秩序"。我们可以看到，在教学中，贝奇强调的仍然是个人与秩序这两个相互关联的主题。

第二部分是这本书的重点，贝奇对众多经济学家的思想和经历进行了评述。这些"名师"都对"个人与秩序"的主题做出了独特的贡献，贝奇的学术生涯也深受他们的影响。如贝奇所说，他研究的主要领域是比较政治和经济制度，以及这些制度与物质进步和政治自由的关系。在解决这些问题时，他也对20世纪的经济学思想和社会科学的方法论抱有一种特别的兴趣。这些学者不仅包括奥地利学派传统意义上的代表人物，比如米塞斯、哈耶克、柯兹纳和罗斯巴德等，还包括布坎南、图洛克、奥斯特罗姆夫妇、萨缪尔斯等新制度经济学和公共选择理论方面的大师。

从主流经济学的角度来看，即使是诺贝尔经济学奖得主哈耶克、布坎南和奥斯特罗姆等人，也是处于边缘地位，但如果让他们的思想在主线经济学的框架下结合在一起，就会形成一股不容小觑的力量。这或许正是奥地利学派经济学，乃至经济学这门学科的未来发展方向。

三

谈到哈耶克和米塞斯，谈到奥地利学派，不可避免地要论及20世纪30年代的经济计算辩论。在很大程度上，这场辩论塑造了当代的奥地利学派。

讨论这场辩论的文献有很多，贝奇虽然也简述了辩论的经过，但他的重点并不在辩论本身，而是经济计算辩论对哈耶克学术研究的影响。

1933年3月1日，哈耶克在伦敦政治经济学院发表了题为"经济学思维的趋势"的就职演说。在这场演说中，哈耶克预见了日益主导经济思想的政策方向，即干预主义和计划主义，但他对导致这种趋势的力量归因错误，认为威胁在于历史主义和制度主义。然而，事情的发展却出乎哈耶克的意料，历史主义和制度主义与哈耶克自己的奥地利学派一起，完全被新古典经济学的形式主义所取代，而新古典经济学却正是哈耶克曾试图捍卫的经济学品牌。

米塞斯在20世纪20年代初发起了对"社会主义中央计划经济"的挑战，他认为，在生产资料公有制的中央计划经济下，由于缺少市场价格，不能进行理性的经济计算，不能实现先进物质生产的目的。哈耶克赞同其老师的立场，并加入了辩论。初期他们面对的是对市场价格的功能缺乏了解的计划经济支持者，但重头戏却发生在30年代以波兰经济学家兰格为首的一批训练有素的新古典经济学家的加入之后。他们提出了"市场社会主义"模型，并以新古典经济学的均衡理论为分析工具，反驳米塞斯的主张。

在此，中国读者需要注意的是，米塞斯和哈耶克论战的"社会主义"或者"市场社会主义"，和中国特色的社会主义截然不同。因为前者的"社会主义"是一些倾向于计划经济的西方经济学家构思的思想模型，即存在消费品市场和消费品价格，生产资料是国有的，生产由中央计划委员会指导，价格也不是由市场决定的，而是由中央计划委员会决定的。中国特色社会主义市场经济则是"坚持和完善社会主义基本经济制度，毫不动摇巩固和发展公有制经济，毫不动摇鼓励、支持、引导非公有制经济发展，充分发挥市场在资源配置中的决定性作用，更好地发挥政府的作用"。这场辩论是奥地利经济学和新古典经济学，以及当时主张计划经济的经济学的学术论战，而不涉及现实中的意识形态，也不涉及当时的实践，因为这场辩论的焦点是如果没有生产资料的市场价格，中央计划者是否能够做出理性的生产决策。了解这场辩论所包含的思想逻辑，对我们理解市场实际运作，比如如何让市场经济发挥资源配置的决定性作用，大有裨益。

然而，当时的经济学界普遍认为奥地利学派输掉了这场辩论，而奥地利学派也从此陷入长达40年的低谷。当然，哈耶克和米塞斯并不承认失败，但他们需要找到让别人理解自己思想的方法。

哈耶克的切入点是知识分工，他从分析均衡状态的条件出发，认为实现均衡需要市场主体之间的知识协调。但"这些知识并不集中于任何一个人的头脑，而是作为千百万人所拥有的分散的知识而存在"。因此由某个人或某个委员会自上而下地开展计划经济并不可行。哈耶克强调，协调市场活动所需的知识出现在，也只能出现在竞争性的市场过程之中。此外，哈耶克认为，从计划者自己的角度来看，追求计划所产生的政治后果是不可预料的，也是不可取的。

米塞斯强调的则是市场过程观和企业家精神。在《人的行为》（*Human Action*）中，米塞斯发展了市场作为一个过程的观念，并表明市场价格即使是非均衡价格，仍然能够提供信息和激励。米塞斯表示，在这种背景下，"最根本的事实是，逐利的企业家之间的竞争不能容忍生产要素的价格一直是虚假的。如果没有进一步的变化，企业家的活动就会带来不可实现的均匀轮转经济的状态"。

米塞斯的学生柯兹纳清晰地界定和完善了企业家精神的概念，他将最优化行为与企业家警觉区分开，由此他能够指出企业家精神和财产所有权之间的差别。与传统的微观经济学相比，柯兹纳对市场过程中企业家功能的观点主要是通过引入"警觉"，将人的选择从传统经济学确定性的结构中解放出来；对未利用的机会的警觉使得市场过程得以进行。企业家的远见是发现他拥有但尚未反映在市场价格中的一些知识的价值。总而言之，市场过程就是企业家的发现过程。这种观点将人的创新性行为和市场中的知识分工联系起来，也从理论上进一步阐述了奥地利学派关于经济计算的观点。

另一位奥派学者罗斯巴德的角度则有所不同，在《人，经济与国家》(*Man, Economy, and State*)中，罗斯巴德给出了一个分析苏联的现实社会主义计划经济的框架。实际上，苏联虽然在理论上确立了社会主义计划经济制度，但在实践中却不是理想的中央计划经济的实例。罗斯巴德指出，市场经济基本要素在苏联计划经济体系中持续存在并维持其运转。对此罗斯巴德提出了三个因素，即世界价格、黑市和贪污贿赂，而这些要素形成了某种有限的市场。罗斯巴德还讨论了苏联制度缺乏创新以及苏联增长率的谬误等问题，这对于我们全面理解苏联社会主义计划经济低效率问题的理论和实践十分重要。

四

在这本书的第三部分中，作者从主线经济学的角度出发，批评了现代主流经济学对经济学性质和经济学家角色的理解。

贝奇在前述社会主义计划经济计算辩论给奥地利学派带来的影响的基础上，分析了这场辩论对主流经济学的影响。经济计算辩论促使（至少是重要的催化因素）主流经济学走上一条形式主义的道路，并由萨缪尔森开创性地综合了新古典经济学和凯恩斯主义经济学，进而扩大了奥地利学派和主流新古典经济学之间的鸿沟。

以萨缪尔森为代表的经济学形式主义者试图将经济学以数学语言来重写，以消除前几代"文字经济学家"进行辩论时的模糊假设。为了使经济行为适合数学语言，经济学家必须抽空现实世界的复杂性，经济主体的问题情境必须极大简化。而这就消除了在充满不确定性的世界中，个人所面对的经济选择中有意识的组成部分。选择被简化为给定的目的—手段框架下的一个简单的确定性练习，而这种练习成了自动机器可以掌握的东西。不仅是发现适当手段的任务，就连发现追求什么目的的任务都被这种方程式排除在外。此外，人们忘记了在很大程度上正是因为与完美市场模型的偏差，才产生了现实市场中的制度和实践。但是制度和个人的复杂性无法被准确地建模，因此就被简化的假设晾到一边。也就是说，从贝奇所关注的"个人与秩序"的角度来看，现代经济学脱离了现实，走上了一条歧路。

贝奇进一步用均衡模型在经济学研究中的作用来分析主要的经济学思想。一种是将均衡模型视为理想类型（比如奥地利学派），另一种是倡导自由市场的芝加哥学派将均衡模型视为对现实的描述，还有一种是持干预主义立场的凯恩斯主义者将均衡模型视为批判的标准，用以指责与这种标准不符的现实。均衡模型在后两种用途中，构成了一种静态的理想，而问题在于现实是否符合均衡。与之相比，在第一种将均衡模型视为理想类型的用途中，问题是偏离理想类型的情况如何构成不完全意义上的成功，而芝加哥学派否认现实偏离了均衡，凯恩斯主义者则将偏离均衡等同于市场失灵。第一种观点既不是为了描述现实，也不是为了指责现实。相反，它是一种理论建构，旨在阐明现实中可能会发生的某些事情，而实证调查会确定这些现象是否真的存在，以及是如何出现的。就这种观点看来，不均衡不一定是市场失灵，不完美的东西可能仍然比任何能获得的替代方案更好。而第二种观点倾向于经济上的乌托邦，第三种观点则倾向于政治上的乌托邦。

值得一提的是，在"人如机器"中，贝奇创造性地以一幅简明的四象限图描述了经济学思维的趋势。其横轴是是否承认经济学真理的普遍性，纵轴是是否主要用文字来进行经济学分析。第一种图景来自主要用文字进行经济学分析的亚当·斯密、新制度经济学和奥地利学派，强调行动的人在其研究中的中心地位，并坚持经济学命题的普遍性。第二种图景来自历史主义者和旧制度主义者。他们虽然用文字表达，并且突出行动的人的地位，但他们相信通过研究揭示的经济学真理仅仅是特定的真理，因具体的时空而异。第三种图景来自20世纪的新古典主义经济学。人的因素几乎从分析中被清除掉了，取而代之的是类似于机器人的最优化者。其表述模式是一种纯形式的数学建模和统计检测。虽然这种图景可能缺失了个人,但在认知上信仰独一无二的均衡,因此其决定论为经济规律本质上具有普遍性。第四种图景保持了第三种图景的形式化分析,但抛弃了经济学真理必然是普遍真理的观念。这种图景和第三种图景一样,机器人式的反应主导了分析,而行动的人被边缘化了。

在"经济学专业知识的局限"中,作者回顾了自经济学诞生以来,经济学家角色和经济学地位之间的互动,他将经济学家分为"研究者"和"救世主"两类,将经济学对自身地位的认知分为"认知谦虚"和"认知狂妄"两类,由此产生了"快乐的警世先知""失意的警世先知""失意的工程师""实践的工程师"四种类型。在过去的350年里,我们可以看到,关于经济学的科学地位及其对经济政策的影响,存在一种认知谦虚和认知狂妄之间的来回振荡。进入19世纪末和20世纪初,经济学日益模仿和借鉴自然科学,强调预测和控制的哲学观,以及强调建模和实证检验等一系列理论工具,新古典经济学越来越像是工程学的延伸。这种新发现的经济学的科学自信,完美地匹配上试图成为救世主的经济学家,他们希望成为实践的社会工程师,运用经济学拯救世界。

贝奇还探讨了国家在其间扮演的角色,回顾了重商主义和历史学派的代表李斯特以及社会学先驱马克思·韦伯(Max Weber)的思想。在谈到韦伯的思想时,贝奇所强调的是韦伯试图将物质资源和非经济因素结合起来分析,以解决为什么工业资本主义出现在西方,特别是西北欧,而不是中国的问题。需要注意的是,关于韦伯对中国古代法律制度的评价,作者并不持赞成或反对的态度,他着重介绍的是韦伯侧重制度与经济之间互动关系的研究方法。在这一节的后半部分,作者认为苏联和一些第三世界国家的经济困难,是受到计划经济和凯恩斯主义影响的结果,换言之,是受到国家(或作为救世主的经济学家)能够有效地控制经济这种经济学观念影响的结果。

除了上述提到的内容,书中还有许多有趣且深刻的论述,有待读者自行探索。这本书涉猎广泛,但皆统一在"主线经济学"这一创新性框架之中,作者相信只要始终把握个人与秩序的互动,学习经济学便如庖丁解牛,顺理成章。

毛寿龙

第一部分
经济学与教育

经济学教育的任务

> 学术经济学主要是作为预防流行性谬误的良药,对学生和政治领导人都大有益处。
>
> ——亨利·西蒙斯(Henry Simons)[①]

引 言

每年秋天,全国各地的父母都在与将要上大学的孩子告别。许多孩子将要远行,很多人会发现离家生活是一种新体验。其中一些满怀渴望的年轻新生将坐在经济学的课堂上,花差不多100美元购买一本教材(或至少得到它的在线版本)。

他们所用的教材最有可能是格里高利·曼昆(Gregory

[①] Henry C. Simons, *Simons' Syllabus*, edited by Gordon Tullock(Fairfax, VA: Center for the Study of Public Choice, 1983), 3.

Mankiw）所著。如果教授的年龄较大，那么他可能会选择坎贝尔·麦康奈尔（Campbell McConnell）编写的教材。教授如果有一定的意识形态倾向，就可能会选择詹姆斯·格沃特尼（James Gwartney）和理查德·斯特鲁普（Richard Stroup）编写的教材，也可能会选择E. K.亨特（E. K. Hunt）或约瑟夫·斯蒂格利茨（Joseph Stiglitz）编写的教材。如果教授自诩为偏左的非意识形态或技术专家型经济学教授，那么学生们可能需要学习威廉·鲍莫尔（William Baumol）和艾伦·布林德（Alan Blinder）编写的教材。如果学生们非常幸运，那么他们将被要求购买我的同事泰勒·考恩（Tyler Cowen）和亚历克斯·塔巴洛克所著的《现代经济学原理》(*Modern Principles of Economics*)。如果他们极为幸运（在此我无疑存有偏见），遇到了品味和判断均属上乘的教授，那么他们可能会选择保罗·海恩的《经济学的思维方式》[①]。

每年秋季，在第一次进入经济学课堂的成千上万的学生中，很少有人能够选择他们想要的被教授经济学的方式，或者选择由谁来教，或者从什么角度来教。对绝大多数人来说，进入某一特定的课堂只是一个随机行为，或者是权衡时间所做的决定。某个学生可能会遇上一位授课生动有趣的经济学教授，或者遇上一位授课乏味无聊的老师，老实说后者更有可能。这位教授可能对时事耳熟能详，也有可能完全不知道现实世界发生了什么，或者对

---

① 在保罗于2000年英年早逝之后，戴维·普雷契特科和我修订并更新了他的这本教材的第10版、第11版和第12版（以及最新的第13版——译者注）。
Paul Heyne, Peter J. Boettke, and David L. Prychitko, *The Economic Way of Thinking*, 12th ed.（Upper Saddle River, NJ: Prentice Hall, 2010）.

此漠不关心。

因为经济学教学通常都很糟糕，所以当人们知道我是经济学家时，我几乎可以判定他们的反应不外乎以下三种：（1）"呃！那是我最不喜欢的课程，你怎么学习这个的呢？"（2）"哦！有意思，你知道利率会怎么变吗？"（3）"我真的很喜欢我的经济学课程。"说完这句话后，人们通常会就经济政策提出一系列问题和发出一系列声明，这些政策声明往往是左中右随机的。①自2008年以来，我经常遇到一些人，在得知我是经济学家时，他们就责怪我和我的同行应对当前的金融危机负责，并坚持认为经济学家对价值一无所知。在极少的时候，我的意思是这种情况真的很罕见，有人说："啊！真是令人激动。我爱我的经济学老师，他真的改变了我的生活，改变了我对世界的看法。"表达这种意见的少数人很可能是研究生，或者是经济学的同行，前提是研究生院尚没有耗光他们的热情。他们不大可能是你的左邻右舍或是在教堂、社区偶遇的人。

我一直对这种差异感到迷惑。直到今天，我仍然满怀喜爱地记得经济学之外的许多大学课程，记得教授的教导和我所学到的

---

① 在最近的一场高尔夫比赛中，我和一位退休的公立学校历史老师搭档。当他发现我是经济学教授时，他问我是否遵循托洛茨基的教导。起初我以为他在开玩笑，然而随后他又提出了他的"大萧条"理论，即资本主义是不道德的，以及关于当前危机的理论——资本家是小偷。然后我面临着一个选择：要么在还没有输球前去重新开球，要么试着纠正这个人50年来的错误想法，而他观点鲜明且非常轻易就与人分享。我选择打高尔夫球，而不是就经济和公共政策的实质问题与他辩论。我对自己说，有时候，你必须选择性作战。

知识。①但是在经济学中，情况却不是这样。你如果理解经济学，就会从事这一领域的工作；你如果理解不了，就会讨厌经济学家（印象中流行的经济学家）的主张。这是为什么呢？

我认为，这是因为我们在教授经济学时，未能把它当作一门闪耀着激动人心的智慧光芒，并能够照亮世界的学科。我经常说："经济学是一门至关重要的学科，它处理的是至关重要的问题——贫与富的问题，生与死的问题；经济学是一个了不起的框架，供我们思考现实世界中的人类行为（包括一切人类活动）；经济学充满了乐趣。"②不得不承认的是，关于经济学似乎有些奇怪并违反直觉的东西：经济学研究的是自由选择，却又强调约束条件；经济学研究人的意图，但也研究人的行为的非目的性后果。正如哈耶克所说："经济学的奇特任务就是要证明人们对自以为能够设计的事物其实是多么无知。"③然而，同样的事实是，最佳的经济学实践也不过是常识应用而已。如弗兰克·奈特所指出的那样："严肃的事实是，经济学所教导的真正重要的东西，大部分是人们如果愿意理解，自己就能够理解的东西……而如果人们拒绝学习经济学，甚至对经济学不屑一顾，那对他们讲再多

---

① 我在格罗夫城学院受到的教育非常出色。我对哲学、政治史、宗教研究、法律研究和心理学理论课程都记忆犹新。我甚至喜欢商业课程。我曾假设同龄人普遍都是这样，但之后我从事高等教育25年以上的经历不断地挑战我过去的假设。
② 一个证明经济学具备解决极其严重问题的力量的例子参见下文。
Chris Coyne's *After War*: *The Political Economy of Exporting Democracy*（Stanford, CA: Stanford University Press, 2007）.
以一种引人入胜的、有趣的方式，对不同寻常的主题进行研究的学术案例参见下文。
Peter T. Leeson's *The Invisible Hook*: *The Hidden Economics of Pirates*（Princeton, NJ: Princeton University Press, 2009）.
③ Hayek, 1991, 76.

也没什么用。"① 经济学中这种紧张关系主要是因教学方式不当而产生的，也是因将经济学教义以一种矛盾的、最终不过是权宜之计的方式应用于公共政策领域而产生的。②

保罗·海恩的经济学教育基本方法是将KISS原则（保持简单、愚蠢）与对该学科某些核心原则的深刻解读相结合，而这两者都有助于保持信息简明。但一位追求简单和专注的教授也必然坚信，简单的经济学并不是理论简单的经济学。不相信这点的教授倾向于在本科课程中讲授研究生课程中那些玄妙的理论命题，尽管这样做并不恰当。甚至那些并不是不喜欢基础经济学的人，也试图平衡教学责任和出书的要求以促进专业进步，这种动机可能会让他们就像教授稀释版本的研究生课程那样教授经济学的基础课程。

这种讲授经济学的方法不能有效地传达其基本原则，这也是以最不恰当的方式把这门学科的原则抛给在意的听众的做法。如果在讲授原则的层面，教师强调的是原则的特例，那么学生学的就是特例，而不是原则。于是，学生们偏离原则去考虑垄断、外

---

① Frank H. Knight, "The Role of Principles in Economics and Politics," *American Economic Review* 41, no. 1 (1951): 1–29, in *Selected Essays of Frank H. Knight*, edited by Ross Emmett, vol. 2 (repr., Chicago: University of Chicago Press, 1999), 364.

② 哈耶克还假定，我们在小团体环境中进化的历史，使我们天生具有道德直觉，而这些直觉往往与"大社会"的道德要求不相符。"大社会"指的是劳动分工下的社会合作，这种社会合作是现代商业社会的特征。因此，经济学可以作为常识来应用，但是人们一旦听到经济学的教义就会拒绝，其中至少有两个原因：（1）基于亲密秩序的道德直觉，人们用之来判断市场秩序下的行为；（2）利益集团政治，违背经济逻辑而追求政治逻辑，即短期内将利益集中于组织良好且消息灵通的利益集团，而长期内将成本分散于缺乏组织且消息不灵的选民。

部性、公共产品、收入不平等、宏观经济的不稳定性,以及政府为解决这些问题而采取的矫正性政策等因素。他们从经济学中学到的主要是市场失灵,而不是私有财产、相对价格和损益核算在经济体系中的作用(其作用是构建激励机制,产生指导决策的信息,鼓励创新并为决策提供惩戒性的反馈)。

简而言之,以稀释博士生课程的方式来讲授经济学原理,并不能培养学生理解贸易和创新带来的收益,从而理解一个国家富裕或贫困的原因。相反,这只是传授了一套社会控制的模式和技术。经济学和政治经济学凭借其在全世界通用的"哲理"成了关于最佳税收、最佳监管和最佳宏观调控的沉闷学科。讲授经济学思维方式及展示其现实相关性的拙劣尝试误导了这门学科及其应用。或许更重要的是,学生们被教员们极为乏味又(讽刺的是)极为傲慢的讲课方式所误导了。

基本的经济学思维方式

讲授基础经济学的最大乐趣之一就是让那些对经济学思维方式完全陌生的学生明白,他们"都在做某件事,但没人懂得自己在做的事"。[1]

---

[1] 在他经典的著作《政治经济学常识:包括以人为基础的经济法的研究》(*The Common Sense of Political Economy: Including a Study of the Human Basis of Economic Law*)中,威克斯蒂德引用了德国诗人歌德的原话,我将它改写为他这本书的题词。阅读泰勒·考恩最近一本《发现住在你内心的经济学家:使用激励措施来坠入爱河,在下一次会议中幸存下来,并激励你的牙医》(*Discover Your Inner Economist: Use Incentives to Fall in Love, Survive Your Next Meeting, and Motivate Your Dentist*)的一种方式是把它作为向那些基本不懂经济学的人讲述这种经济推理方式的现代范例。

在入门课程中介绍关于边际收益和边际成本计算的基本思想时，我绘制了曲线并做了正确的标记（当边际收益下降时，边际成本上升），然后我问："在这间教室里有多少位年轻女士有过约会经历？"好几个人举起手。我继续问："你们中有多少人和约会对象结婚了？"这时通常会听到咯咯的笑声。我又问："有多少人只和他有一次约会？"我看见有人举手，也听见有人议论。于是我说："好吧，我明白了。和他再出去一次的边际成本超过了边际收益。"我阐述道："初次约会后，在大多数情况下，你既不想和他结婚，又不是余生都不想看到他。相反，就这个人而言，你可能会与他约会三次、五次或十次。"然后，我通常会模拟他们如何分手："唔，你是个很好的人，只不过不适合做我的男朋友。"在这种情况下，她与他的经历在五次约会后达到了最佳点，她选择不去第六次约会，否则这种经历的边际成本将超过边际收益。我虚构的约会对象或我的学生就这方面而言都不是特例，就经济行为而言，他们都会这样做，但没人知道他们的行为遵循了经济学原理。经济学的思维方式为我们提供了一种语言，以此系统地分析他们的行为。

经济学的思维方式始于理解人类始终是在约束的背景下做出各种选择。根本的约束是稀缺性的事实——不是物质的稀缺，也不是资金的稀缺，而是逻辑事实的稀缺。贫穷并不等同于稀缺，强调这点很重要。比尔·盖茨也必须像你我一样做出选择。他也是在约束的背景下做出选择，他的选择同样反映了他的成本—收益权衡。不过，我们确实常常会加上其他的约束条件，包括财务约束、技术约束、时间约束和资源约束。

在约束条件下，选择的现实意味着我们在决策时面临权衡的取舍问题，但还是有许多替代方案。我们总是在不同的行动方案中选择，而在做出这些选择时，我们需要各种工具来帮助我们评估权衡。我们为了预期收益而选择某条路径，而我们放弃的替代方案则是预期成本。我们需要辅助措施来评估我们行动的机会成本。市场上所确立的交换比率以相对货币价格的形式出现，我们可以用它来比较方案。以这种方式介绍货币价格，一方面强调某人的主观评估怎样成为客观的市场信息，而其他人在做经济决策时可利用这些市场信息进行主观评估；另一方面强调财产、价格和损益在协调类的经济决策中所起的作用。

如果学生要理解市场理论和价格体系，理解市场在协调买卖双方计划中的力量，理解在集体所有制和不存在资本市场的情况下理性经济计算的不可能性，以及价格管制、规定和限制的干预措施所造成的经济不稳定，那么以上两方面的精妙道理都必须被传授给他们。学生也必须获得同样的洞察力，以知道自己在市场中如何参与——作为消费者买或不买；作为商人或企业家对互利机会保持警觉；作为企业家、管理者和有进取心的企业所有人表现创造力（发现创新性的生产过程以节约成本，或者设计新产品以更好地满足消费者的需求）。

基础的经济学告诉我们，个人虽然不是疾如闪电的苦乐得失计算器，但确实是有目的的行动者，他们在决策时衡量成本与收益，并在给定的情况下（这不仅包括他们所受的约束和具体环境，还包括他们的认知局限）努力做到最好。简而言之，这就是经济学家所说的个人进行理性选择的含义，或个人以自利方式行事的含义。但这并不意味着他们决策时犹如机器人，也不意味着他们是原子化的、自私的行动者。这意味着他们有目的，并且会运用可动用的手段来达成这些目的。他们追求与其他经济主体进行互利的交换，通过专业化和交换获得巨大收益的前景将引导他们。他们专注于以较低的机会成本提供可生产的商品和服务，用来交换他们只能以较高的机会成本才能生产的商品和服务。这样的交换实现了贸易的双赢，社会分工的结构就由此出现了。

在限制条件下进行选择，交换的互利性，产权、激励、价格和信息的重要性，利润的诱惑和亏损的惩罚，劳动分工下的社会合作自发产生——这些基本原则是初学者必须把握的核心，也是更为全面地理解市场经济如何运作的前提条件。

伟大的经济学家亨利·西蒙斯认为（如本部分的题词所言），经济学作为一门学科的主要目的是预防流行性的谬误。西蒙斯主张，打击流行性谬误所需的见解必然与价格的作用有关，与相对价格调整的作用有关。相对价格调整引起必要的市场调整，以此实现经济主体之间的互惠互利并将经济体系推向市场出清的状态（市场出清是指在任何时间点上都实现了交换和创新的全部利益）。如弗兰克·奈特经常强调的那样，交换就是交换，就是交换本身。[1] 交换的特点是互惠，否则交换就不会进行。在自由市场经济中，经济互动是正和博弈。也就是说：一方面，各方的利益未必冲突，一方的收益不会导致另一方的损失；另一方面，政治最多是零和博弈，其中各方的利益的确是冲突的，一方的收益是另一方的损失。不过，政治也可以是负和博弈，如果勾兑和寻租型国家不受约束的话，那么各方就会相互伤害。

---

[1] Frank H. Knight, *Intelligence and Democratic Action* (Cambridge, MA: Harvard, 1960).

大多数流行性谬误的根源就是混淆了交换关系这个基本点。而且即使在民主制度内，对政治诡计缺乏了解也会导致许多人认为情况恰恰相反，即市场是零和或负和博弈，而政治代表着一种正和博弈。就这种观点看来，政治被视为对市场失灵的矫正，它提供基本的法律框架，颁布财政政策以刺激总需求，以及设计政策来促进经济的增长和发展。在此意义上，政府是问题的解决之道，而市场制度却是问题所在。

这些流行性谬误由对经济学基础知识的无知所产生，利益集团的诡辩也助长了这些谬误。基本原则层面的经济学教学要这样做才是有效的：向学生传达个人之间必须进行协商的得失权衡无处不在的性质、私有产权在构建激励机制中所起的作用、价格在向经济主体传递信息方面所扮演的角色、利润的诱惑促进创新的功能，以及亏损如何规范决策并将稀缺资源重新配置于价值更高的用途。合理的经济政策体现了这些基本原则，流行性谬误否认或忽视这些原则。

经济主体所使用的工具，以及经济学家如何理解它们

把经济主体与经济学家区分开很重要，经济学家只是试图理解经济主体的行为。这是我最喜欢的一个思想实验，我经常与学生分享它：设想你住在纽约或华盛顿，是所有的经济学家都罢工了对你的影响大，还是所有的清洁工都罢工了对你的影响大呢？学生们立刻（毫无例外）都明白了。清洁工比我们这些以研究经济学为生的人对日常生活更重要。不过，这个思想实验也传达了一个更普遍的观点：没有经济学家，经济生活照样存在。就算没

有经济学家，仍然会有交易、专业化生产、对经济优势的不断追求，以及避免亏损的强烈愿望。个人仍然想要低买高卖，也知道应该如何避免高买低卖，而不需要经济学家来教这些。

经济学家是随着人们试图理解为什么存在这些经济现象而出现的。换句话说，在理解既存实践的哲学性努力中产生了经济学家。这一点对经济学的性质有着广泛的影响，尽管我们通常不会在入门课程中介绍它。①

在市场经济中，经济主体从事的一项至关重要的活动就是对稀缺资源的各种替代性用途进行理性计算。同样，这种理性计算实践的演变仍然没经济学家什么事，只要有私有财产和自由定价即可。经济制度如果不允许私有财产和自由定价，就会扭曲经济计算的过程，最终使经济主体无法从事计算活动，而这是反对社会主义作为一种经济制度的决定性意见。社会主义必然会放弃经济中的知识分工，因为经济主体对基本问题都是一无所知，不知道要生产什么、怎样生产，以及为谁生产。经济学家不能抽象地回答这些系统性问题，但是对经济学的系统研究有助于我们理解，这些问题的答案其实是千百万人努力改善命运的副产品——追求互利的交换机会，运用创造力来追求艺术、商业和科学的创新。现代经济增长和发展的"奇迹"并不是哪个天才拍拍脑袋就有的，而是制度环境改变的结果。这种改变鼓励贸易，使有进取心的企业能够套利和创新。如经济史学家乔尔·莫克尔（Joel Mokyr）所说，关键是各种思想变革和制度变革的融合，它鼓

---

① 要理解米塞斯和哈耶克与经济学的数学和统计方法这二者之间方法论的不同，有一个简单的办法，那就是强调经济学的起点和贯穿经济生活的人性维度。

励了批判性思维,并将科学创新转化为有用的商业知识。^①工程科学的进步转化成商业创新,让消费者的需求以更低的成本得到从前无法想象的满足。西方经历的经济增长的"曲棍球棒曲线"——从一条水平线突然转为近乎直线的上升——由此得到了解释,这也暗示了西方之外的国家为什么没有经历类似的增长。

我重申一次,经济学家并没有精心策划西方的经济增长。而在"计划经济者"大规模地设计经济增长的地方——苏联、非洲和拉美,其结果并不是普遍的繁荣,而是系统性的贫困和暴政。[②]经济学教师最重要的任务之一就是把这段历史以初学者可以理解的方式传授给他们。在迪尔德丽·麦克洛斯基(Deirdre McCloskey)引人入胜的著作《资产阶级的美德》(*Bourgeois Virtues*)和《资产阶级的尊严》(*Bourgeois Dignity*)中,主要信息之一就是许多错误的思想正是源于对这段历史缺乏了解。

经济学家对国家的财富没有功劳,但他们可能对国家的贫穷负有责任。学生必须明白这种颇有讽刺意味的对比。如果经济学家忘记了经济生活先于他们存在,而且在大多数时候,经济生活的运作也独立于经济学家,那么他们就会犯错误。如果经济学家在工作中将不同领域的知识密封在不同的箱子里,科学和哲学的探索与市场的实验和创新毫不相干,那么他们也会犯错误。

同样,这是一种微妙的立场,尽管它未必是基础经济学课程中一个合适的话题,但哈耶克和罗伯特·卢卡斯(Robert Lucas)

---

① Joel Mokyr, *The Enlightened Economy: An Economic History of Britain 1700–1850* (New Haven, CT: Yale University Press, 2010).

② Peter J. Boettke, ed., *The Collapse of Development Planning* (New York: New York University Press, 1994).

都分别在他们获得诺贝尔经济学奖的作品中强调了这一点。哈耶克强调经济体中蕴含的知识与经济学家研究经济体系所得的知识之间的差异。对经济体中蕴含的知识的理论认识，并不一定意味着这些知识能以可用的形式提供给经济学家或政策专家。哈耶克的观点是，经济主体所拥有和利用的环境知识在协调经济活动的重要性和相关性上，远远超过了经济学家运用的来自最优控制模型的抽象理论知识。

卢卡斯强调了一个稍微不同的观点。他谈论的是经济学家和经济主体的知识约束。哈耶克强调的要点是经济学家不具备经济主体所拥有的环境知识，而卢卡斯强调的要点是假定经济学家在知识方面优于经济主体的方法论是错误的。无论经济学家拥有什么理论知识（例如经济体中的货币数量与价格水平之间的关系），经济主体也都懂得这些知识，即使这些知识不那么明确，也是默会的知识。因此，在进行政策设计时，如果假定经济主体不理解理论公式（那些如果他们知道，就会有经济上的好处的公式），那将是一个根本性错误。这实质上就是理性预期假说以及产生了宏观经济学中新古典范式的不变命题的核心论证。

一方面，经济主体使用市场经济为他们提供的推理工具：产权为经济主体提供激励；相对价格指导经济主体的决策；而盈亏引导资源利用，鼓励创新，促进经济增长。另一方面，经济学家掌握了关于这些工具如何被经济主体利用的理论知识。因此，我们最好将经济学家看作社会的研究者。相反，如果我们竭力将他们视作社会救世主，认为他们装备全面的计划和政策设计，则常常会导致政府改善公民经济福利的谋划落空。①

我的老师布坎南曾对我说过:"迫使不情愿的人接受外来观点需要以不同的形式重申观点。"所以,请你原谅我重复经济学的基本教义:得失权衡无处不在;必须发挥财产权、价格和利润在协调经济活动中的作用;贸易自由让每个人都能从专业化生产和交换体系中获得收益;政治虽然提供了法律和秩序的基本框架,但却不能被视为治疗经济弊病的良药。关于经济学知识,最具讽刺意味的一点是:要体验自由交换和生产所带来的好处,我们并不需要懂得经济学,但是如果要维持和维护让我们能够从自由交换和生产中获益的这一制度框架,那么我们可能非常需要理解经济学。科学主义助长的经济学无知和不受限制的民主释放的特殊利益集团的诉求,证明了经济自由主义容易遭受似是而非的批评。流行性谬误受到公众关注,代替了基本的经济学。我们作为教育者的任务是反对无知,并揭露特殊利益集团的诉求。从亨利·西蒙斯在芝加哥大学执教之时到现在,我们作为经济学教育者的任务变得更复杂了,并非更简单了。

实证经济学、规范经济学以及政治经济学的艺术

世界上存在经济学这门科学。老师让学生理解这点很重要。经济学不仅仅是意见和看法。经济学的思维方式有助于个人形成有根据的意见和看法。我发现,讲解经济分析的科学性和客观性

---

① Peter J. Boettke and Christopher J. Coyne, "The Role of the Economist in Economic Development," *Quarterly Journal of Austrian Economics* 19, no. 2 (2006): 47–68.

的最好方法是"魔鬼考验"。以最低工资法或租金控制为例，我向学生证明，不论是天使还是魔鬼都会同意这个分析过程，但天使和魔鬼在理解规范的含义上有所不同。这两种情况都是通过限制市场定价来分配资源（工作和住房），而经济分析表明，最不利于人的状况都不成比例地恶化了。当然，天使讨厌这种结果，而魔鬼却非常高兴。但是，既然双方都一致同意对这两种情况的分析，那么在讨论价格管制的经济学时，你就知道讨论的是一种客观分析，而不是经济学家的主观政策偏好。

因此学生们不会认为我在耍什么诡计，而我经常紧跟着就会举下面这对好朋友的例子。从很多方面来看，这对好朋友都是政治经济学的共同创始人，他们就是休谟和斯密。我举的例子是他们对国家支持宗教和宗教教育的经济分析，以及他们的分析所产生的看似违反直觉的结果。斯密注意到，在一些国家中，宗教机构得到政府的大力支持，宗教领袖从政府那里领取工资和经费，但这些国家宗教信仰的虔诚程度比宗教机构不得不争取信徒资助的国家要低。斯密论证道，资金有保障的宗教领袖所得到的激励，与那些不得不争夺资金的宗教领袖所得到的是不同的。宗教竞争会产生更有趣的布道，以及牧师与社区教友之间更多的接触，甚至更虔诚的信仰。休谟观察到同样的事实，并提供了类似的分析来解释这种情况。然而，休谟是一个宗教怀疑论者，希望减少社会上的宗教信仰，因此他主张国家资助宗教。斯密不是宗教怀疑论者，因此他主张宗教之间的竞争。值得注意的是，他们都是借助理性选择理论和激励机制，以及竞争和自发秩序的理论来分析这种情况，但是他们的规范性评价却有所不同，尽管经济学思维方式所提供的分析独立于分析者的规范性立场。教师在引导学生理解经济学的思维方式时，如果不能明确地表达这一点，就会犯下严重错误。

约翰·内维尔·凯恩斯（John Neville Keynes）是更知名的经济学家凯恩斯的父亲，将经济学分为实证经济学、规范经济学和政治经济学。从老凯恩斯那里，我们得到了一种有用的二分法，即实证经济学讨论"是什么"，而规范经济学讨论"应该是什么"。[①]福利经济学和效率等概念是（或者至少可以成为）实证经济学的子命题。但是当我们进行事态的比较评估时，规范性要素必然会发挥作用。无论我们是将"理性"作为基准概念（行为经济学中的通常情况），还是将"竞争均衡"（传统经济学中的通常情况，尤其是在产业组织、反垄断立法和经济监管方面）作为基准概念，都是如此。

实证经济学和规范经济学在公共政策领域的应用中诞生出了政治经济学的艺术。如这一标签所暗示，在这一层面，政治经济学更多的是一门艺术而非科学。但是，从价格管制、国际贸易和宏观经济的不稳定性等普通政策问题，到剥削、不公正和选择资本主义还是社会主义等深奥的意识形态问题，政治经济学仍然涉及科学知识的应用。为了描述经济学与社会哲学之间的知识关系，我试图向学生表明，只有当经济学能为政治经济学提供价值中立的分析时，政治经济学才能成为有价值的学科。

对经济学的一种常见的批评是，经济学家知道所有东西的价格，却不知道任何东西的价值。这种批评虽然表达得很文艺，却

---

① John N. Keynes, *The Scope and Method of Political Economy*（Cambridge, MA: C.J. Clay M.A. & Sons at the University Press, 1891）.

并非事实。①经济学家明白，增长率不能拿来当饭吃，而且更重要的是各种有关人类福祉的衡量指标的稳步改善。人们想要的是个人过上富足生活的机会。人类的繁荣既要考虑人类选择的主观因素，也要考虑为选择提供可靠基础的客观因素。最后，我们有必要讨论一下自由社会的制度与个人自由选择之间的关系。还有，在与学生打交道的过程中，我认为重要的是强调经济分析本身不是一门规范科学，而是一门实证科学。我一遍又一遍地重复：经济学不能告诉你是否应该追求利润，但在你回答了这个问题之后，经济学可以告诉你这一答案的后果。相关分析经过了经济学思想数百年的演变，已经取得了与富裕和贫困以及人类福祉等大问题有关的重要经验成果。迄今为止的分析和结果都是如此，因此入门阶段的学生在上完经济学课程后，就应当对经济学科的现状有所理解。②模型是经济推理的工具，不是经济学的主题。但今天，在大多数情况下，学生在经济学课程中学习的是模型，考的也是模型，学完这门课程后，他们知道了各种模型的明

---

① 参见我的《计算与协调》（*Calculation and Coordination*）的最后一章和附录，以了解经济增长与人类福祉的各种衡量指标之间的相关性。
② 在纽约大学，我教过一门经济学原理培优课程，是专门为纽约大学最优秀、最聪明的学生设计的。这确实是一个非常优秀的学生群体，他们毕业后的职业生涯证明了当时的评价是正确的，因为他们后来在金融、法律和计算机科学等领域取得了重要的成就。在这门课上，我使用了斯密的《国富论》、阿尔弗雷德·马歇尔（Alfred Marshall）的《经济学原理》（*Principles of Economics*）和约瑟夫·斯蒂格利茨的《经济学》（*Economics*）。我的想法是鼓励学生思考经济学学科在历史上的连续性和不连续性。

细清单，但却对经济学作为一门学科是什么毫无概念。①强化模型的经济学教学方式筛选出特定类型的学生去追求严肃的经济学研究，却排除了其他人。

在谁会成为下一代的研究者和教师这一点上，我们教授一门学科的方式并不是中立的。教学方式与对研究者和教师的培养之间的关系产生了一个永恒的循环。我认为，现在的结果是那些具有强大的数学才能，而且或许有一种工程思维（提出问题—解决问题）的学生被选中来学习这门学科，而那些拥有更多解释能力和哲学思维（提出问题—回答问题）的人被淘汰出局。这样的循环贯穿了20世纪，政治经济学的世界哲学被弃置一旁，而受青睐的是社会物理学的经济学。

在任一方向上绝对排他都会扭曲经济学论述，最终无所建树。换句话说，经济学和政治经济学既需要逻辑和解释，需要抓住问题并提供解决方案的能力，又需要在构建进步文明的持续性对话中思考更深入的问题，并提供试探性答案的能力。我力图传授给学生的重要一课是经济学在政治经济学和社会哲学的交互中所起的作用。经济学家必须愿意向历史学家、哲学家、政治学家、社会学家和其他学者学习，与他们合作共事。经济学家必须终身学习。可能除了根本不懂经济学的道德哲学家，没有比经济学家只懂经济学更糟糕的事了。

---

① 我最近听说，在一所顶尖的高等学府里有一门大型的经济学原理课，期末考试的平均分是68分（满分为200分）。这门课的教授对自己的淘汰能力感到非常自豪，但他显然没有意识到，如果最优秀、最聪明的学生的平均分只有满分的34%，那么在三种相互竞争的可能原因中——（1）教材对学生来说太难了；（2）老师对教材的讲解很糟糕；（3）针对教材所设计的考试也很糟糕——最不可能的恰恰就是第一种，即用于经济学原理课的教材对学生来说太难了，因为所有这些学生的SAT成绩都在1 500分以上。

结　论

我将经济学教学视为我的使命召唤。在许多方面，我们作为经济学家获得报酬的主要理由是我们在社会上发挥的教育作用。作为教师，我们的工作不是传授某种政治意识形态，更不是培养学生对一系列特定的公共政策的偏好。相反，作为经济学教师，我们的任务是有效地向学生传达经济学的基本原理，使这些学生在民主自治过程中成为知情的参与者。这些基本原则根植于有目的的人类选择的逻辑，根植于构成市场经济的交换关系，根植于经济活动的自发秩序（自发秩序产生于私有财产市场经济中个人的自由选择）。我们如果有效地完成了教育任务，就会提高人们的经济素养。在由自由且负责的个人组成的社会中，我们就为培养自治公民所需的能力做出了自己的贡献。如果我们未能完成教育任务，那么我们的理论和经验对于理解人类状况就几乎没有价值，更不用说改善人类状况。

奥地利学派贴合实际的经济学教学

经济学不仅仅是聪明人玩的游戏。

——加里·贝克尔（Gary Becker）①

---

① 这句话出自贝克尔2003年在达拉斯联邦储备银行为纪念米尔顿·弗里德曼和罗斯·弗里德曼而举行的晚宴上的开场致辞。贝克尔认为，这是他作为一名经济学教师从米尔顿·弗里德曼那里学到的最重要的东西之一。

引 言

在我的整个执教生涯中,我一直都在指导研究生,特别是博士研究生。教导研究生与试图激发完全没有(或只有极少)经济学思维方式的年轻人有根本性的不同。这两种教育任务实质上都是经济学研究的公开演讲,但讲课的水平和讨论的主体发生了改变。然而,有时候高级讨论还有很多不足之处,因为关注的重点往往是我所说的"黑板"经济学,而不是"窗外"真正进行的经济活动。但是研究生对学习理论和其他经济学家的方法都很感兴趣,这也是我对他们的期待,而初学者最多是好奇身边的世界。

如果我们更多地关注"窗外"而不是"黑板",这将有助于研究生层面的指导和教育。但是"黑板"经济学也很有吸引力。对我们这些以经济学为业的人而言,让我们着迷的不仅有经济活动,还有经济学作为一门学科,我们也想加入其中,进而展开谈话。这部分内容介绍了多年来,我在追求一种非主流的研究和教学计划的同时,从指导博士研究生如何加入这类谈话中所得的经验。

课堂教学

在课堂上,我开设的博士课程是为那些志在成为经济学者的学生设计的。博士学位是研究类学位,博士生的教学必须因此做出相应的安排,而这不仅仅是本科的加强版。相反,博士生教学的重点是必须帮助学生找到他们的研究方向,并鼓励他们掌握自己的研究计划。可以这样说，他们必须发现自己的声音，并想办法加入专业的谈话。

这就要求学生熟悉必要的文献，能够对文献进行明智的讨论，并为学科做出自己的贡献。课堂讨论是基于特定课程的相关文献进行的，而不是只有老师讲课。例如，我的奥派经济学课程主要是围绕米塞斯的《人的行为》、哈耶克的《个人主义与经济秩序》(Individualism and Economic Order)、柯兹纳的《竞争与企业家精神》(Competition and Entrepreneurship)，以及罗斯巴德的《人，经济与国家》展开的。① 这些著作向学生们展示了方法论问题和经济学问题，比如奥地利学派发展出来的货币理论、资本理论和市场过程理论。学生们还要阅读不符合奥地利学派的传统，但符合奥地利学派思想的现代学者的著作。我的课程专注于思想，而不是不同经济学家的个人经历和个性。而其主导思想是，在经济学和政治经济学范围内，当前的学术对话中存在哪些从奥派角度进行研究的机会，以及在目前的文献中存在哪些知识交流所带来的互利机会。我试图让那些对奥地利学派感兴趣的学生不但要看到他们怎样才能在当代科学文献中推进奥派传统下既有的知识体系，而且要看到当代的文献能以什么方式改进奥派经济学的传统思想。

科学研究计划的推进至少需要三件东西：思想、资金和学术

---

① Ludwig von Mises, *Human Action*: *A Treatise on Economics* (1949; Indianapolis, IN: Liberty Fund, 2010); F. A. Hayek, *Individualism and Economic Order* (1948; repr., Chicago: University of Chicago Press, 1996); Israel M. Kirzner, *Competition and Entrepreneurship* (Chicago: University of Chicago Press, 1978); Murray N. Rothbard, *Man*, *Economy*, *and State* (Auburn, AL: Ludwig von Mises Institute, 2009).

地位。当这项研究计划与当下的主流在方向上有所不同时，高阶的博士研究生必须在科学界中有明智的自我定位，否则会有事业不畅的风险。因此，当我们从课堂授课转到论文指导时，我和学生的互动交流也必须考虑这些专业或职业的因素。

研究生的安排：奥地利学派学者在学术职业中的角色

我要说的第一件事是，我不知道在学术上有任何靠秘诀取得成功的实例。① 你是由你的作品代表的，而我们是在与训练有素的人竞争，而在竞争中你无法投机取巧。一旦你离开奥派经济学和古典自由主义的政治经济学，你就离开了这种竞争。最成功的人是那些在某个领域做出重大贡献，并因其立场而闻名的人——罗斯巴德的无政府资本主义、柯兹纳的企业家精神和市场过程理论、拉沃伊的批判社会主义、考德威尔的哈耶克和方法论、里佐的法和经济学以及经济学哲学、塞尔金（Selgin）和怀特（White）的自由银行、加里森（Garrison）和霍维兹的宏观经济学、瓦格纳的公共财政和财政社会学、科普尔（Koppl）的"大玩家"、斯特林汉姆（Stringham）的无政府资本主义、利森（Leeson）的自治、科恩的战后重建、鲍威尔（Powell）的血

---

① 思想运动在纯粹的追逐名利和纯粹的不问世事之间找到了前进的道路。兰德尔·柯林斯（Randall Collins）的《哲学社会学》（The Sociology of Philosophies）可能是关于这种思想运动的特征（进步的、退化的和自我毁灭的特征）的最好著作。我认为，现代奥派经济学有太多退化和自我毁灭的因素，而进步的因素不足。我真诚地希望现在从事研究和教学事业，并为当代奥派经济学做贡献的个人，已经从他人的不足中学到了经验、教训，并具备适当心态和所需技能，能让门格尔、米塞斯和哈耶克最先倡导的观念在经济学界被广泛接受。

汗工厂等。①第二件我需要清楚表明的事情是什么是在学术界的成功？我认为，并且我们都同意，作为职业经济学家，我们的目标是发表具有开创性的成果，以此在高知名度的专业杂志上取得一席之地，并被大量引用。此外，我们也认为，作为经济学教师的目标之一是有机会教授每一代最优秀的学生。正如时任纽约大学系主任的安德鲁·肖特（Andrew Schotter）在雇用我时所说："嗨，你是想为纽约扬基队效力而不是为托利多泥母鸡队效力，

---

① Murray N. Rothbard, *For a New Liberty: The Libertarian Manifesto* (Auburn, AL: Ludwig Von Mises Institute, 2006); Rothbard, *Man*; Kirzner, *Competition*; Israel M. Kirzner, *The Meaning of the Market Process: Essays in the Development of Modern Austrian Economics* (New York: Routledge, 1996); Don Lavoie, *National Economic Planning: What Is Left?* (Cambridge: Ballinger, 1985); Don Lavoie, *Rivalry and Central Planning* (New York: Cambridge, 1985); Bruce Caldwell, *Hayek's Challenge: An Intellectual Biography of F. A. Hayek* (Chicago: University of Chicago Press, 2004); Mario Rizzo, "The Problem with Moral Dirigisme: A New Argument against Moralistic Legislation," *NYU Journal of Law & Liberty* 1, no. 2 (2005): 790–844; George A. Selgin and Lawrence H. White, "How Would the Invisible Hand Handle Money?" *Journal of Economic Literature* 32, no. 4 (1994): 1 718–1 749; Roger Garrison, *Time and Money: The Macroeconomics of Capital Structure* (New York: Routledge, 2000); Steven Horwitz, *Microfoundations and Macroeconomics: An Austrian Perspective* (New York: Routledge, 2000); Richard E. Wagner, *Fiscal Sociology and the Theory of Public Finance: An Exploratory Essay* (Northampton, UK: Edward Elgar Publishing, 2009); Roger Koppl, *Big Players and the Economic Theory of Expectations* (New York: Palgrave Macmillan, 2002); Edward P. Stringham, "The Extralegal Development of Securities Trading in Seventeenth Century Amsterdam," *Quarterly Review of Economics and Finance* 43, no. 2 (2003): 321–344; Peter T. Leeson, "Trading with Bandits," *Journal of Law & Economics* 50, no. 2 (2007): 303–321; Peter T. Leeson, *The Invisible Hook: The Hidden Economics of Pirates* (Princeton, NJ: Princeton University Press, 2009); Christopher J. Coyne, *After War: The Political Economy of Exporting Democracy* (Stanford, CA: Stanford University Press, 2007); Benjamin Powell, "In Reply to Sweatshop Sophistries," *Human Rights Quarterly* 28, no. 4 (2006): 1 031–1 042.

是吧?"1990年他说的这句话,对我而言有非常重要的意义。尽管在1997年,我未能得到终身教职和晋升,被送回了"托利多",但这句话对我同样有重要意义。① 直到今天,这句话仍然有着重要意义。② 我们都希望跻身"大联盟"联赛,只有这样才能最终满足我们的科学野心。我们的目标与现实状况在当下并不一致,而这意味着我们还有大量工作要做。我们必须始终记住弗兰克·奈特所强调的:"我们说某种情况是理想的,其实就是说它是没有希望的。"我们显然远未达到理想状态,因此并非没有希望。

某个人是不是奥地利学派学者,主要不是看他是否愿意把自己的著作贴上奥地利学派的标签,而是看他是否认同他的经济学

---

① 我于1997年离开纽约大学,前往曼哈顿学院任教,后者是一所优秀的本科院校,也设有MBA课程。我与纽约大学保持着联系,那个学年我在纽约大学的办公室里编写了《奥派经济学进展》(*Advances in Austrian Economics*)。但我得到了一个很重要的教训,那就是不能教经济学研究生给我带来了多大的损失啊!所以当我收到乔治·梅森大学的邀请,再次有机会加入研究生教学部门时,我跳槽去了那里,放弃了其他选择——在迦太基大学担任讲座教授并在曼哈顿学院过着一种相当舒服的生活,同时与纽约大学保持科研联系。这段经历教会我很多东西,当我迁居到乔治·梅森大学时,我与研究生的合作方式与我在纽约大学做助理教授时大有不同。

② 迈克尔·刘易斯(Michael Lewis)的《魔球:赢得不公平游戏的艺术》(*Moneyball: The Art of Winning an Unfair Game*)对我考虑要如何在乔治·梅森大学建设院系和研究中心产生了非常重要的影响。乔治·梅森大学并不类似于托利多泥母鸡队,而类似于奥克兰A队。芝加哥、哈佛、麻省理工、普林斯顿和斯坦福等学校类似于纽约扬基队、波士顿红袜队和洛杉矶道奇队。换句话说,小球队如何与有钱的大球队在大联盟中竞争?这需要一种不同的雇佣、留任和晋升策略,不同于占据主要市场的经营方式。正如詹姆斯·布坎南草创乔治·梅森大学的博士项目时所说:"你必须要敢于不同",或者如弗农·史密斯转到一个在传统观念看来档次较低的院系继续他的学术事业时所说:"在我看来,任何支持我工作的部门当然就是一流的院系。"乔治·梅森大学有着独特的教育环境,即正是因为我们敢于不同,才产生了我们自己的方向。除了微观经济学、宏观经济学、数学和计量经济学的常规训练,我们还支持奥地利学派实验经济学、经济思想史、法和经济学、公共选择经济学等方向的研究和教育工作。

实质性命题。[①]这些实质性命题与经济学和政治经济学中的方法和方法论的问题都有关。而一旦我们认识到这不是一个标签，而是你采取的方法和你所持有的立场，我们就不得不承认，好的经济学与好的政治经济学并不是那些愿意给自己贴上奥地利学派标签的人的专属领域。

相反，在我们学科的整个历史中，有许多我们可以学习的经济学家和政治经济学家，如果不利用这个机会，这在智识上简直是荒谬的。

在同行中，我们没有比米塞斯和哈耶克更好的不断学习的知识分子榜样了。他们都反对被贴上奥地利学派标签，虽然他们都为继承了维也纳的教育和知识遗产而自豪。不过，公认的是，就我们对现代奥派经济学的理解而言，他们比任何其他学者所做出的贡献都大。米塞斯在《人的行为》和哈耶克在《个人主义与经济秩序》中所做的工作，为20世纪后半叶及以后的奥派经济学和古典自由主义政治经济学的发展设定了议题。

我对研究生的告诫是学习米塞斯和哈耶克进行经济学和政治经济学研究和教学的方式。而这意味着，除非你从事思想史的研究工作，否则你撰写论文的目标应该是应用他们的观点，使其成为自己的观点，并在你自己独特的知识背景下发展这些观点，以

[①] 参见我2008年的论文《奥地利经济学派》(The Austrian School of Economics)，刊载在戴维·亨德森（David Henderson）编辑的《简明的经济学百科全本》[*A Concise Encyclopedia of Economics* (http://www.econlib.org/library/Enc/AustrianSchoolofEconomics. html)]。另参见我编辑的文集，如下。
The Handbook of Contemporary Austrian Economics, Cheltenham, UK: Edward Elgar, 2010)。

此吸引你的同行。一篇论文要对奥派经济学做出有价值的贡献，不是看你是不是忠实地引用了大师的作品，当然更不是看你引用他们作品的数量，而是要看你论证的质量，以及它是否与解决经济或政策领域中的重大问题有关。迪尔德丽·麦克洛斯基说得对，每篇论文都应该能轻松回答"那又如何"的问题，否则这篇文章可能就没必要写。①

给奥地利学派研究生的建议

对于奥地利学派研究生而言，想要走上正确的道路，从而建立成功的研究和教学事业，以下是我发现的重要五点②：

1.当你用"奥派经济学"这个词时，你要强调什么，关键在于你与谁互动和如何互动。如果你强调的是"奥地利学派"经济学，那么你就要强调其哲学基础和方法论立场；如果你强调的是奥地利学派"经济学"，你就要强调经济学推理及其应用的实质性命题。如果你研究经济学，那么与经济学的同行交流就比较容易；如果你研究哲学和方法论，那么与其他社会科学家及哲学家交流就比较容易；而与历史学家交流则是"五五开"。底线是，不管你的研究侧重于哪一边（"奥地利学派"或"经济学"），你都要努力与相关领域最优秀的人才一起工作，而不要把时间全都用来与那些既研究"奥地利学派"又研究"经济学"的人讨论。

2.学术生涯太短暂，而你的专业同事太热衷强调差异而不是

---

① McCloskey, Deirdre. *The Writings of Economics*（New York：Macmillan, 1987）.19.
② 这些也适用于在其他学术领域争取成功。

共性。你要不断寻求共同点，以此为基础来解决相关问题。对经济学进步最有害的不是作为之罪，而是不作为之罪。① 米塞斯和哈耶克的知识遗产对解决不作为之罪非常重要，但这只有极优秀的少数人能懂。我们的任务是与我们的同事和学生交流，而不是被隔离和孤立。如果米塞斯和哈耶克的确如我们所声称的那样睿智，提出的都是最重要的观点，那么我们应该努力确保世界上每一位在职的经济学家和经济学学生对他们的工作都达成同样的评价。

3.你需要掌握经济学思维方式的基本逻辑，也需要学习现代经济学的"语言"②，但你不要试图在这方面竞争，因为这不是你的比较优势。作为学生你需要"敢于与众不同"，但这并非学习这一学科的必备要求。但是，你也永远不要忘记，为什么你最初选择进入经济学这一领域，以及你对该学科最初的这种激情（如此强烈的一种激情让你决定终身为之工作）为更广泛的经济学和政治经济学谈话带来了什么。

4.追求你的激情，任何时候都不要追求你认为文献中所流行的东西。你要注意"窗外"，不要专注于黑板上的东西。在追求你的激情时，你要像米塞斯那样思考，像波普尔（Popperian）

---

① 这是曼瑟·奥尔森（Mancur Olson）在读了我的论文《经济学错在哪儿了》（Where Did Economics Go Wrong?）后在某一天吃晚餐时给我的建议。他强烈鼓励我减少在传道方法论上的努力，而专注于比较政治经济学方面的工作。在那之后的几年里，我越来越多地采纳了他的建议，但我对方法论仍保持着高强度的学术投入，这主要是因为方法论不但决定了经济学中哪些问题会被认为是好问题，或许更重要的是，还决定了什么会被认为是这些问题的好答案。

② 我强烈鼓励我的学生在研究生期间去教中级价格理论，并且在得到他们第一份大学教学工作时，作为志愿者去教中级价格理论。

那样写作。换句话说，像经济学家那样思考，就是只考虑选择的逻辑和"看不见的手"的解释，但在与其他经济学家交流时，你通常最好以定理和命题、假设和检验、推测和反驳来进行谈话。你不要害怕提出大胆的猜测，而要邀请你的同伴来批评它。你要努力融入你能从别人那里学习的研究环境，不断地清除更高级的讨论障碍。此外，你要不断延伸和检验你的舒适区，直到你能够与经济学和政治经济学领域中目前活跃着的最优秀和最聪明的人对话。简而言之，你要野心勃勃，同时当你看到真理时，也要疯狂地追求它。

5.有一个学术成功的基本公式。首先，你得成为博士研究生班级中最优秀的学生。其次，在读博士的第三年里建立你的学术网络（例如，私人企业教育协会是奥派经济学家的天然网络，奥派经济学发展协会以及它与南部经济协会一起召开的年会）。再次，我教过的每一个想要从事学术工作的学生如果完成了以下公式，都在这项事业中取得了巨大成功：[1]

取得博士学位＋在专家评审的期刊上发表论文＋良好的教学评价－午餐税＝优质的工作

你要利用好各种自由市场机构和期刊提供的机会，在职业生涯的早期学习如何清晰地写作、有效地谈论。但是你不要停留在这个舒适区，要通过努力工作和讲课来推动它。你要拥抱你作为经济学教师的角色，努力在课堂上脱颖而出。你要参加专业学术

---

[1] 参见网页（http://econfaculty.gmu.edu/pboettke/students.html）上我以前学生的名单以及他们各自的职务，点击链接到他们的网页就可以看到他们的出版物样章。

会议，永远不要成为你朋友或敌人的"午餐税"①。

你读什么就会写什么，因此要明智地阅读。你接受怎样的教育就会怎样去教别人，因此模仿你遇到过的最好的老师。除此之外，你还要努力成为一位优秀的同事，对本系同事的论文做出深思熟虑且及时的评论，并为你所在大学和学院服务，当个好公民。你如果这样做，就会成为你所在的机构中不可或缺的人。以上就是我打算与两代博士生交流的五点经验。

结　论

在我过去教授经济学的25年间，经济学家这一职业变得更加有趣了。对从事经济学研究而言，这是一个极其激动人心的时代，而这种激情和热情应该体现在你对待这个职业的方式中。

最后，我真诚地相信，经济学教学是对我们这些已投身其中的人更高的召唤。你要拥抱你作为经济学教师和学者的角色。它正专注于研究人类最重要的知识学科（或许有些时候我会说它是唯一的学科）。对经济学有益的理解是：（1）经济学是至关重要的学科，探讨的是至关重要的主题；（2）经济学是对人类生活的各个方面和各种历史情况进行研究的最具有启示意义的知识框

---

① "午餐税"是减少而不是增加同事之间合作的简称。回顾一下你这些年来遇到的各种不同的同事，你会发现很多种方式都是"午餐税"，比如过度地发号施令。太多学者以这种讨厌的和社交上让人尴尬的方式行事，因为他们认为这代表着高智商。其实这不是，这只是代表着社交上让人尴尬的情形，在最糟糕的情况下会让他成为"混蛋"。你最好不要发出这样的信号，而是做一位热情的老师，一位富有成效的研究员，一位积极的、有能力的同事。

架。人类文明的命运与我们传达经济学基本教义的能力息息相关。违背某些经济学定律，不可能不为人类的命运带来后果。认识到经济学作为一门学科的意义，米塞斯和哈耶克的重要贡献便会显现于世。

自发秩序下，诞生于大众的经济学如何服务大众

> 鉴于自由原则，比如积极的结社自由，科学地控制社会明显是一个矛盾的概念……在民主国家，控制的概念不仅不道德，就民主本身的性质而言，也应该被排除在外……如果某人或某群人要求权力以行善，我的想法是去掉最后三个字，只留下"要求权力"。这更容易让人相信。
>
> ——弗兰克·奈特[1]

引　言

布坎南喜欢讲这样一个故事，当他进入芝加哥大学攻读经济学博士学位时，他有社会主义思想倾向，但是，仅仅上了六周弗兰克·奈特的价格理论课程，布坎南就不再是社会主义者了。奈特教了他些什么呢？他的课程竟然对布坎南和其他几个同学（但

---

[1] Frank H. Knight, "The Role of Principles in Economics and Politics," *American Economic Review* 42 (March 1951): 1–29, in *Selected Essays of Frank H. Knight*, edited by Ross Emmett, vol. 2 (repr., Chicago: University of Chicago Press, 1999), 361–391.

不是全部）产生这种变革性的影响。在布坎南作为经济学教授的整个职业生涯中，这个问题都鼓舞并困扰着他。

奈特向学生介绍了经济学的基本原则：稀缺性的概念、选择的必要性、相对价格在指导适应不断变化的环境中所起的作用，以及竞争对市场经济中自组织的重要性。奈特认为，经济学的原则不过是自由这唯一原则更普遍的含义，也就是，在某个活动领域里个人和社会的结社自由。① 奈特所指的结社自由是指交换的自由，这是社会秩序的基础。如他在《智慧与民主行动》（*Intelligence and Democratic Action*）中所强调的，必须不断强调的基本点是交换就是交换，就是交换本身。② 交换是自愿的，也是互惠的。除非双方都从交换中受益，否则就不会有交换，因为没人会自愿地接受并同意这种不受益的交换。正是交换产生社会分工，也正是交换在指导生产计划，满足消费需求。经济学的最终主题是关于自由选择的个人之间的交换关系，以及交换得以发生的制度。

不幸的是，由于无知和既得利益，向学生和公众传达这一基本观点的任务并非总是那么容易。如奈特所说：

> 严肃的事实是，经济学所教导的真正重要的东西，大部分是人们如果愿意理解，自己就能够理解的东西。而如果人们拒绝学习经济学，甚至对经济学不屑一顾，那对他们讲再多也没什么用。③

---

① Knight, "Role of Principles," 367.
② Frank H. Knight, *Intelligence and Democratic Action* (Cambridge, MA: Harvard University Press, 1960).
③ Knight, "Role of Principles," 361.

但是，我们必须发现，而且确实能够发现试图教授经济学的用处，即使这只能在我们的能力范围内起解毒的作用，来对抗在学院和大学、教堂和街道、法院和议会中包围着我们的反经济学的毒素。

受奈特教导的鼓舞，亨利·西蒙斯在他芝加哥大学的课堂上教导下一代学生："作为预防流行性谬误的良药，经济学对学生和政治领导都大有益处。"[①]在一个产权私有、契约自由和货币稳定的体系中，市场经济将通过相对价格调整和盈亏核算来发挥作用，指导个人在其经济决策中考虑相对稀缺性和交换机会的相关信息。互惠的交换创造财富，而市场经济可以通过相对价格进行调整，从而实现自我修正。

从奈特那里，布坎南理解了经济过程，理解了通过财产、价格和损益的激励和信息运作的市场经济为什么是自发秩序的最佳例证。在芝加哥大学，奈特指导了六周，布坎南就转变为市场秩序的热忱倡导者。如他所说："理念的力量，以及对市场模式的理解转变了我的倾向。这段经历塑造了我对经济学教学的目的和用处的态度。如果我的倾向能转变，那么其他人的也能转变。"[②]

我要探索的正是布坎南职业生涯的这一面——最广泛意义上的经济学教育家。但我关注的不是他在建立研究中心以促进弗吉尼亚大学、弗吉尼亚理工大学和乔治·梅森大学的公共经济学

---

① Henry C. Simons, *Simons' Syllabus*, edited by Gordon Tullock (Fairfax, VA: Center for the Study of Public Choice, 1983).

② James M. Buchanan, "Better than Plowing," in Buchanan, *The Collected Works of James M. Buchanan*, vol. 1 (1986; Indianapolis, IN: Liberty Fund, 1999), 15.

和公共选择领域高级研究上所做的努力；也不关注他作为博士生高级导师的角色——他指导了四十多位学生，其中包括在实验经济学、法和经济学、公共金融、健康经济学、工业组织，以及公共选择和宪政经济学等领域卓有建树且富于创新的学者；我也不会强调他在组织专业协会如非市场决策委员会、公共选择协会以及创办科学期刊《公共选择》(*Public Choice*)和《宪政政治经济学》(*Constitutional Political Economy*)中所起的作用。[①]相反，我真正关注的是布坎南对初级经济学或基础经济学的重视、"老师"这个角色在向学生和公众传达这些原则中所起的作用，以及这些原则如何影响和改善集体决策的民主过程。[②]坦白地说，布

[①] 有关布坎南在公共选择和宪法政治经济学方面为专业化的研究生教育和研究活动所做的制度建设工作的精彩讨论，请参见斯蒂文·米德玛在《犹豫的手》(*The Hesitant Hand*)中的讨论，另参见理查德·瓦格纳在论文《价值与交换》(Value and Exchange)中对公共选择学术企业及其在乔治·梅森大学、弗吉尼亚大学和弗吉尼亚理工大学的教学经验的讨论。

[②] 这种对基本原则的强调也解释了布坎南的整个职业生涯与奥地利学派的密切关系。尽管如布坎南在《成本与选择》(*Cost and Choice*)一书中所说，现代经济学家的问题在于，他们往往"一头扎进错综复杂的分析之中，而忽视了基本经济逻辑的某些观点"，但吸引布坎南产生兴趣的不仅仅是奥地利学派彻底的主观主义。在这种情况下，布坎南始终强调一以贯之地应用机会成本推理。总的来说，重要的是自始至终都要记住，布坎南除了是一个主观主义者，还是一个方法论个人主义的社会科学家，市场与政治的交易理论家，法学、政治学和社会学的制度理论家，市场自发秩序的理论家，公共财政领域的实证政治经济学家以及政治学中的社会契约论家。但是在这些方面，布坎南要求我们回到基本经济学逻辑，并在整个分析过程中始终坚持这一点。布坎南指出，关于现代经济学经验性的奇事之一是，在向学生传达基本经济学逻辑方面，奥派经济学家似乎具有比较优势。从20世纪70年代起，人们对奥派经济学的兴趣开始复苏，布坎南对此的反应大体是积极的，参见下文。
James M. Buchanan, "Politics without Romance," in Buchanan, *Collected Works*, vol. 1, 47–48.

坎南认为，我们作为经济学教育者的主要目的，也是公众支持我们努力的唯一理由，是教给我们的学生（和公众）经济学的基本原理，并教导他们对经济活动中的自发秩序充满尊重和赞赏，只有这样他们才能成为民主进程中的知情参与者。

经济学家应该做什么

经济学家一旦观察商业社会，立刻会惊讶于两个基本事实：个人追求自身的利益，同时，存在大量劳动分工的现代商业社会仍井然有序。我们能吃上晚餐不是因为屠夫、面包师和酿酒师的慈悲。尽管市场上的经济主体追求的目的各有不同，但是"巴黎被喂饱了"。简而言之，经济学家的首要任务是解释商业生活的这两大事实——自利和社会秩序——如何协调一致。如果不能说明这种一致性，那么他就没能完成身为经济学家的首要任务。

强调这点很重要，但并不是说经济学家就是盲目乐观的。社会可以从集体行动中获益，这往往是错误的，我将在下文讨论这个问题。但是，理解"看不见的手"的经济学命题是必须完成的第一项任务，否则其他所有问题都不能得到充分的解决。

我们不仅要理解"看不见的手"或"自发秩序"的命题，还必须从动态而非静态的角度来理解。只有这样才能有所裨益。我们不能将经济体的整体秩序理解为某个仁慈的社会计划者为社会选择的最优的资源配置。相反，我们应该理解的秩序是众多个体的综合结果，他们每个人都在努力实现自己的那些经常彼此冲突的计划，并使其通过交换过程得到协调。

布坎南的经典论文《经济学家应该做什么？》(What Should

Economists Do?）的核心内容是交换理论而非资源配置理论应该位居经济学舞台的中心。① 布坎南认为，经济学家必须正视他们的基本学科责任，理解他们的主要问题。这个主题是"人在市场关系中的行为反映了交易的倾向，以及这种关系在结构上可能产生的多种变化"。② 这种特殊的人类活动形式以及由这种活动而产生的制度安排，才是经济学家研究的合适主题。另外，将经济学视为解决资源配置问题的主流方法，误导了经济学家将社会中的经济问题视为一种应用数学问题，并使其认为这个问题可以由掌握了政策调控杠杆的社会工程师解决。

但是社会经济问题绝不是分配稀缺资源来实现某个特定目标的问题。③ 经济学教师如果在基础经济学教学中，用这种实现最

---

① James M.Buchanan, "What Should Economists Do?" in Buchanan, *Collected Works*, vol.1, 29.
参见《奥派经济学评论》的专题讨论会"价值与交换"，以了解关于这一问题的当前看法。
② James M. Buchanan, "What Should Economists Do?" 29.
③ F. A. Hayek, "The Use of Knowledge in Society," in *Individualism and Economic Order* (1944; repr., Chicago: University of Chicago Press, 1948), 77–78, 80, 82, 91.
"因此，社会经济问题就不仅仅是如何配置'给定'资源的问题——假如'给定'就是指，对于有意解决由这些'数据'所设定的问题的某个单独的头脑而言，资源是给定的。社会经济问题更是这样一个问题，即如何让社会中任何成员所知晓的资源都得到最佳利用，用于只有这些个体才知道其相对重要性的那些目的。或者说，简而言之，它是一个知识利用的问题，而这些知识就其总体而言，对任何人都不是给定的。"哈耶克后来强调，他所谈论的知识不仅是抽象的和技术性的知识，还是"关于特定时间和地点的情况的知识"，而这种知识只有在市场过程的背景下才会显现出来。此外，他特别强调，这种知识在不断变化，以反映经济生活环境的变化。社会所面临的经济问题并不适合用联立方程组的最优解来表示。哈耶克说："也许值得强调的是，经济问题总是且只是在变化的结果中出现。"价格体系在应对、反映并最终指导日常生活调整的背景下创造了奇迹。哈耶克不否认经济学均衡分析的有益作用，但是他确实认为这种方法存在某些根本性的错误，即"习惯地忽视了我们必须处理的现象中的一个基本部分：人的知识不可避免的不完美，以及随之而来需要一个不断交流和获得知识的过程"。

优配置的方式来解释经济学，就容易向学生传达这样一种信息，即必须由某个人或某群人掌握社会调控杠杆，管理经济系统。学生们经常学到的是，所有的经济体制都必须回答如何生产、生产什么和为谁生产的问题。然后学生们被告知，市场制度（通过明确界定和严格执行产权私有制所产生的激励，以及价格和损益核算报表的指导力量）如此有效地回答了这些问题，让交换效率与生产效率同时达到最高。所有的交换收益都得以实现，价格将反映生产的全部机会成本，而实现成本最低的技术将被运用于生产。市场上不可能有任何经济计划能进一步改善这样的结果。当然，市场机制中存在由垄断、信息不完全或外部性导致的缺陷，而这些缺陷阻碍了市场实现有效的资源配置，使得贸易收益不能获取，价格不能反映机会成本，生产不会采用成本最低的技术。

虽然改善社会的机会比比皆是，但它们由于市场缺陷而不能在市场中得以应用，因此必要的改革必须来自市场制度之外。当面对这些缺陷时，标准的教导是：政府的经济作用就是通过公共政策来解决市场结构和资源使用之间的冲突问题。政府为市场经济的缺陷提供了矫正措施。反垄断经济学中的结构—行为—绩效范式就是把政府视为矫正手段的一个例子，庇古的福利经济学也是一个例子，消费者保护又是一个例子。在大多数经济学课程中，学生都被这样教导，市场经济只有在能发挥作用时才是好的，它只能在一系列极具限制性的假设条件下发挥作用。如果资源配置偏离了理想模式，那么政府会积极主动地权衡价格和成本，权衡决策中的私人成本和社会成本。

这个经济学体系入门故事中的很多内容都是学生要学习的重要内容。要实现市场活动自发且复杂的协调，市场的因变量（价格和损益)和市场的基础变量(偏好、技术和资源的可用性)必须表现出相互吻合的强烈倾向,否则市场的秩序就不会那么有序。换句话说,当谈论私人选择和公共选择时,重要的是理解价格和成本及私人成本和社会成本之间的关系。正是因为经济体系中的个人努力实现贸易收益和创新收益(以人们的一般动机以及相对价格和损益核算所提供的价格信号为指导),才产生了劳动分工下的社会合作。在极限情况下,当所有这些收益实际上已经实现时,资源确实分配给了评价最高的使用者,并且所有最低成本的技术都得到了运用,但效率不是市场的目标或宗旨。市场经济本身并没有目的,尽管市场参与者有各自要努力实现的目标和计划。①

正如布坎南所强调的那样,市场或市场组织并不是实现任何目标的手段。相反,它是个人以其自身能力参与的自愿交换过程的制度体现。这就是市场的全部。在市场中我们可以观察到个人彼此合作,达成协议,进行交易。从这种交易过程中显现或演化出的关系网络,也就是制度框架,被称为市场。② 市场的秩序限

---

① 有关市场经济非目的论性质的最新阐述,参见下文。
James M. Buchanan and V. Vanberg, "The Market as a Creative Process," in Buchanan, *Collected Works*, vol. 18.
要理解自发秩序,必须记住哈耶克所强调的:"自发秩序是人的行为的结果,但不是人设计的结果。"参见下文。
"The Results of Human Action but Not of Human Design," in *Studies in Philosophy, Politics and Economics* (Chicago: University of Chicago Press, 1967), 96–105.
秩序本身没有目的,但秩序中的参与者追求各种目的。这是人类社会的自发秩序的关键特征,恰恰与自然世界相反。

② Buchanan, *Cost and Choice*, 38.

定在其出现的过程之中，我们不能够独立于市场过程本身来定义秩序。不管是资源配置还是分配，都不是能够脱离它的交易行为和交换关系的产生背景进行定义的经济体系的结果。[①]

经济主体在做出决定时所面临的一系列相对价格，为他们提供了激励和信号，这对他们在做选择时评估形势至关重要。换言之，现有的一系列价格提供了相对稀缺性的事前信息，经济主体可据此推断资源的替代用途和生产方式。而商品或服务的市场价格，以及因提供这些商品或服务而在市场中披露的损益报表，为经济主体提供了经营决策是否适当的事后评估的依据。正是事前预期与事后评估在市场中的差距，促使经济主体发现或学习更好的方法，以使其生产计划与消费需求相适应。如果这个生产和交换的过程没有发生，那么产生复杂的市场协调所需的知识和激励就不存在了。这不仅仅是指信息难以推测，还指信息实际上不存在。

就市场显现出秩序的性质而言，布坎南强调的基本观点是，离开市场过程，就谈不上经济秩序。正是买和不买、讨价还价、交易、以物易物、交换产生了市场秩序。总之，作为经济学家，我们必须总是回头来强调经济学的主体是交换以及产生交换的制度。

将强调交换的经济学方法与强调由仁慈的社会计划者提出的最优社会配置和公平分配的经济学方法并列，为布坎南区分经济和政治并强调规则和制度的框架奠定了基础。公平分配的问题从

[①] James M. Buchanan, "Order Defined in the Process of Its Emergence," in Buchanan, *Collected Works*, vol. 1, 244–245.

来不是资源的特定分配问题，而是选择游戏规则的问题，而这种规则产生了交换、生产以及由此而来的分配的模式。关乎公平的是规则，而不是结果；关乎正义的是过程，而不是最终状态。

同样地，市场经济不是假定其具有竞争性，而是变成具有竞争性的。

这种变化过程，这种由人类交换行为持续不断带来压力的变化过程，而非无本之木的完美市场假设，才是我们经济学科的核心部分。一般均衡方程组的解不是由外部确定的规则预先规定的。如果存在一般解的话，那也是不断演变的交换、讨价还价、贸易、单边支付、协议和合同的整个网络最终在某一时刻不再自我更新，由此而产生的一般解。在向最终解演化的每一个阶段，都会产生收益，都有可能发生交换，而这确实会改变运动的方向。[①]

经济学作为交换科学，不能精确地预测在某一确切时间点会发生什么，而是对变化趋势和方向做出模式预测。市场是一种自发秩序，并且该秩序的一致性源于过程本身，因此任何尝试构建独立于该过程的秩序都没有意义。我们作为经济学家，不知道市场会在这个过程出现之前选择什么，如布坎南所说，它将选择的是它将选择的东西。[②] 经济学探讨的是关于自由缔约主体之间的社会关系，而政治学探讨的是个人以强制或潜在强制的方式对待

---

① Buchanan, "What Should Economists Do?" 37.
② James M. Buchanan, "Social Choice, Democracy and Free Markets," in Buchanan, *Collected Works*, vol. 1 101.

彼此的社会关系。不过，布坎南对政治的独特看法是，在强制性或准强制性的制度内，治理规则变化的可能性可以为改善政治—经济博弈提供基础。经济学家的任务是研究市场过程中演变的交换关系，政治经济学家的任务是提议改变规则，而这些规则将在当前市场过程中产生更大的贸易收益和创新收益。正是在这个层面，布坎南认为，市场中的企业家理论及其强调的交换过程持续演化，与国家契约理论及其强调的前宪政阶段的规则选择和后宪政阶段在给定规则下开展的政治活动是一致的。

经济学家和政治经济学家在社会中起到什么作用

布坎南倡导的交换范式挑战了狂妄的社会工程师。经济学家绝不能像给仁慈的社会计划者提供建议那样主动给政治家提供建议，也绝不能以仁慈的社会计划者自居。古典政治经济学的智慧就在于其抵制这种宏大的妄想。[1]正如亚当·斯密警告的那样，试图控制经济的政治家不但不了解商人和企业家所拥有的当地情况的信息资源，而且必然要让他们自己掌握控制社会中其他人的权力。这种权力如此之大，使他们不能放心地将其交付给任何个人立法者、委员会或议员，而最危险的事莫过于这种权力落入那

---

[1] 我的同事戴维·利维（David Levy）认为，"拯救思想"是布坎南和沃伦·纳特（Warren Nutter）在弗吉尼亚大学和托马斯·杰斐逊政治经济学中心致力于制度建设的一个重要动机。布坎南和纳特在学生时代曾共同发誓，如果他们有机会在同一院系工作，那么他们将努力"拯救古典政治经济学思想"。从各种传统标准来看，他们在弗吉尼亚大学的努力取得了巨大的成功。

些"愚蠢和狂妄到自认为适合行使这种权力"的人手中。① 在布坎南的框架中,显而易见的是,斯密所谓的"妄想自己英明睿智"的"制度人"也是布坎南嘲笑的对象。②

政治不能被视为实现"真理判断"的过程,除非我们想要冒险,最终使得那些相信真理在握的自负"精英"实行暴政。③ 20世纪的经济学和公共政策的很多发展就是为了适应这种渐进的精英思想计划。政府单位的巩固和官僚机构的集中化,与受过训练的专家统治相结合,确定了现代治理和公共行政的专业化。④

经济学家在进步主义的思想计划中所扮演的角色必然是被授予社会控制工具的技术专家。"良性社会"是这些社会控制工具得以运用的最佳结果。作为社会工程师的经济学家自然会遵循这种进步主义思想和公共政策。主流经济学在"大萧条"后的发展,和"二战"后新凯恩斯主义结合达成的共识,常常在无意识中直接融入了这一进步主义的主题,但有些时候却是有意识地这

---

① Adam Smith, *An Inquiry into the Nature and Causes of the Wealth of Nations* (1776; repr., Chicago: University of Chicago Press, 1976), bk. IV, ch. 2 478.

② Adam Smith, *The Theory of Moral Sentiments* (1759; repr., Indianapolis, IN: Liberty Fund, 1982), 233.

③ 布坎南对奈特和波兰尼(Polanyi)之间辩论的讨论参见下文。
James M. Buchanan, "Politics and Science," in Buchanan, *Collected Works*, vol. 1, 234–237.
他在政治科学中进一步阐述暴政的可能性参见下文。
James M. Buchanan, "The Potential for Tyranny in Politics as Science," in Buchanan, *Collected Works*, vol. 17.

④ 文森特·奥斯特罗姆(Vincent Ostrom)在《美国公共行政的知识危机》(*The Intellectual Crisis in American Public Administration*)中,以及阿里吉卡(Aligica)和贝奇在《挑战制度分析与发展:布卢明顿学派》(*Challenging Institutional Analysis and Development: The Bloomington School*)中概述了公共管理和政治经济学领域的市政改革辩论的内容。

样做。据说市场的无形之手已被证明是一只失灵的手,因此需要国家的有形之手来完成指导经济的任务。经济监管机构将利用国家的工具来纠正微观经济的无效率,而财政和货币政策将被用于纠正宏观经济的不稳定。阿巴·勒纳(Abba Lerner)的《控制经济学》(*The Economics of Control*)和保罗·萨缪尔森(Paul Samuelson)的经典教材《经济学》(*Economics*)传达的观点是,经济学家扮演的是潜在救世主的角色,他们配置了适当的科学及工程工具,来纠正社会弊病,并为国家导航。但是,只有当国家被当作经济领域中的积极参与者,并且将经济学当作工程学而非哲学时,经济学家的这种角色才有意义。在政府的规模和范围都受到限制的世界里,这种将经济学家当作社会救星的观点是被嘲笑的对象,正如将经济学家视为哲学家和社会研究者的观点一样,与他们是否在一个指望政府在经济游戏中扮演积极角色的世界里无关紧要。表3-1可以说明以上情况[1]:

表3-1 经济学家的角色

	国家是裁判	国家是运动员
经济学家是研究者	古典自由主义	不稳定
经济学家是救星	不稳定	积极政府

---

[1] Peter J. Boettke and Steven Horwitz, "The Limits of Economic Expertise," annual supplement, *History of Political Economy* 37 (2005): 10–39; Peter J. Boettke and Christopher J. Coyne, "The Role of the Economist in Economic Development," *Quarterly Journal of Austrian Economics* 19, no. 2 (2006): 47–68; and Peter J. Boettke, Christopher J. Coyne, and Peter T. Leeson, "High Priests and Lowly Philosophers: The Battle for the Soul of Economics," *Case Western Reserve Law Review* 56, no. 3 (2006): 551–568, for a further elaboration on these ideas about the role of the economists in society.

布坎南的观点是由表3-1中左上角的单元格来描述的，在那个单元格中，经济学家没有被赋予任何社会特权。经济学家作为社会研究者，作为传授从他的研究中所获知识的教师，以及在公民的权限内有时作为社会现状的批评者，处于很低微的地位。他从未被允许宣称与上帝般的真理有直接联系，更不用说拥有上帝般的权力，以此正当地将他的观点强加给同胞。相反，如前所述，经济学家的主要作用是向学生传达经济学的基本原理，使他们成为民主程序的知情参与者。现在请记住的是，在这种语境下，"教师"的定义更为广泛，远远超出课堂本身的各种活动范畴，包括向同行介绍精妙的研究、向决策者提供政策分析、在报刊上就时事公开发表评论，以及指导从入门课程到博士生高级研讨课程等不同层次的课堂教学。总之，我们总是从事研究和教学，而不是布道，更不是强加观点。

尽管在布坎南的框架中，即使是作为谦虚的、世俗的哲学家，政治经济学家也确实在改革方面发挥了重要的作用，但经济学的改革动力超过了经济学家的能力范围。[①]同样，这一角色与把经济学家设想为救世主大不相同。布坎南强调，政治经济学家是在规则的层面工作，而不是在规则范围内积极参与。布坎南在他的经典论文《实证经济学、福利经济学和政治经济学》（Positive Economics, Welfare Economics, and Political Economy）

---

① 谦逊并不意味着绝望。布坎南的老师弗兰克·奈特说："认为一种情况是绝望的，也就是说它是理想的。"世界还很不理想，形势也必然不是绝望的。谦逊与政治经济改革不必冲突，但我们如果想避免改革努力被建构主义破坏，就必须时刻警惕傲慢野心的悄悄潜入。

中阐述了他所发展出来的关于这种微妙立场的观点。① 布坎南认为,经济学作为一门学科的知识困境是,为了符合经济学的科学地位,纯粹的经济学家必须保持严格的价值中立,将他们的分析限于手段—目的评估,以及推导可检验的假设。专业的经济学家在政策制定过程中所起到的作用非常小。但是,由于学科的性质及其在政治辩论中的核心重要性,该专业将持续吸引影响政策制定过程的年轻人参与其中,并借助经济学来这样做。

布坎南重述政治经济学,并尝试为这个思想计划提供解决方案:吸引年轻的、雄心勃勃的社会改革者,引导他们对不违反实证经济学中的价值中立约束的政策进行分析。这一努力的关键一步是抛弃福利经济学所默认的政策分析者无所不知的假设。② 观察社会的经济学家并不处于高高在上的特权地位,依据某种理想

---

① James M. Buchanan, "Positive Economics, Welfare Economics, and Political Economy," in Buchanan, *Collected Works*, vol. 1, 191–201.

② 米塞斯说过一段精彩的话,预测了经济学和政治经济学关于社会主义和社民福利国家分析的许多后续发展。米塞斯认为,一旦认为政府官员不但在道德上是完美的,而且在智识上也是完美的,那么不可避免的推论就是政府应该控制经济[参见 *Human Action: A Treatise on Economics* (1949; repr., Indianapolis, IN: Liberty Fund, 2010)]。一旦我们假定政府不仅有最好的意愿,还无所不知,那么很明显,在指导商业和日常生活方面,绝对正确的国家将比犯错的个人做得更好。理解米塞斯—哈耶克—柯兹纳所发展的奥派经济学之中的关系的一种方式是,他们都挑战经济学分析中无所不知的假设,但为了价值中立的目的,保留了善意的假设。而20世纪50年代和60年代,公共选择理论的许多后续发展却恰恰相反,它保留了新古典经济学的全知假设,但挑战善意的假设。正如我们在布坎南关于政治经济学家角色的经典论文中所看到的,他同时挑战这两种假设,这也是那些致力于发展强有力的政治经济学的人所遵循的分析路径。
Peter J. Boettke and Peter T. Leeson, "Liberalism, Socialism and Robust Political Economy," *Journal of Markets & Morality* 7, no. 1 (2004): 99–111; and Peter J. Boettke and Christopher J. Coyne, "Best Case, Worse Case, and the Golden Mean in Political Economy," *Review of Austrian Economics* 22, no. 2 (2009): 123–125.

化的"效率"标准评判制度优劣。一旦抛弃了这种特权地位，经济学家可以讨论的效率概念指的就是过程参与者之间的自愿协议。让我们重温奈特的话，交换就是交换，就是交换本身。那么经济学家还可以说些什么呢？

如布坎南所说：

> 人们经常认为，政治经济学家有能力推荐政策A，而不推荐政策B。如前文所论证，如果不存在客观的社会标准，那么作为科学家的经济学家就没有能力推荐某种政策。因此，他对政策的任何讨论似乎都具有规范性的含义。但是，在政策制定过程中，经济学家也确实可以发挥实证的作用。他的任务是诊断社会制度，并向特定的人提供一系列可能的变化分析。他不推荐政策A或政策B。他将政策A作为假设来检验，其假设是实际上能证明政策A是帕累托最优。而概念上要检验的是被选群体的成员之间是否达成了共识，而不是某些可衡量的社会总量的目标改善。[①]

经济学家的政策任务是提供经济博弈规则的可能变化分析，这些变化分析都能被各方接受并将产生帕累托改善。因此，政治经济学涉及的是一种社会变化的特殊形式，即集体行动的形式，或社会群体的成员之间对规则的审议。为了更好地在一起生活，这些规则指导他们彼此之间的互动。在生产和交换活动中，因品位、技术和资源的可用性改变而产生的自发调整，不是集体

---

① Buchanan, "Positive Economics," 195.

行动审议规则的主题。在存在一套能得到执行的产权规则的大背景下，市场上的这些变化由相对价格和盈亏核算指导，并不断发生。经济学家是这种适应性的动态过程的研究者，该过程以相对价格为指导，并受到损益报告反馈的约束，而经济学家还是市场自发秩序的研究者。经济学家作为社会批评家，可以指出现有的产权结构和政府政策可能存在的问题，以及因为激励不相容和信息的处理和反馈被扭曲，现有的权利和政策制度实际上可能妨碍了对贸易收益的实现或对创新收益的追求这一点。而作为政治经济学家，基于自发秩序的科学知识和经济学提供的手段—目的分析工具，可以提出规则结构可能产生帕累托改善的假设，而帕累托改善受集体行动成员之间共识的约束。

正如我之前强调的那样，经济学家的角色并不是社会的救星，也不是技术专家，因此我们不可以依赖他们通过社会工程学来解决社会问题。经济学家的作用要"谦卑"得多，他们是社会的研究者和经济学基本原则的传授者。他们的首要任务是向学生和公众传达对市场自发秩序以及约束下的选择和互惠交换的核心思想的基本认识。经济学的知识非常重要，有助于他们的"学生"成为集体选择的民主过程中的知情参与者。

为什么宪政技术与自发秩序是一致的

亚历山大·汉密尔顿（Alexander Hamilton）在《联邦党人文集》第一卷（*The Federalist Papers # 1*）中提到，他们那一代美国人所面临的关键问题是：好政府能否是反思和选择的结果，或者说永远都只能是意外和暴力的结果？① 汉密尔顿提出的这个政治问题至今仍是必须回答的问题。在现代，探索美国宪政经验成了政治经济学家（比如哈耶克和布坎南）的研究计划。② 在他们看来，这是发展"强有力的政治经济学"理论的努力，而这也是在发展宪政政治经济学。③ 简单地说，我们能否在给定人们只有普通动机和有限知识的情况下，发现一套能够有效地约束统治者，允许他们管理，但不允许他们滥用受托的权力，并创造条件让社会成员可以自由地参与经济活动的复杂协调，以实现贸易和创新的收益的规则。④

至于哈耶克和布坎南在各自著作中强调的重点，哈耶克集中于抽象层面人类知识的局限，以及具体层面经济体中知识的局部

---

① Alexander Hamilton, *The Federalist Papers #1* (1787), http://thomas.loc.gov/home/histdox/fed_01.html.

② F. A. Hayek, *The Constitution of Liberty* (Chicago: University of Chicago Press, 1960); James M. Buchanan and Gordon Tullock, *The Calculus of Consent*, in Buchanan, *Collected Works*, vol. 3.

③ Boettke and Leeson, "Liberalism, Socialism."

④ F. A. Hayek, "Individualism: True and False," in *Individualism and Economic Order* (1946; repr., Chicago: University of Chicago Press, 1996), 11–14.
哈耶克认为，毫无疑问，斯密的主要关注点是，与其说让最好的人偶尔可能会实现什么，不如说尽量让最坏的人没有机会做坏事。苏格兰启蒙运动的哲学家寻找一种"社会制度，其运作不取决于我们要发现好人来当政，或者让所有的人都变得比现在更好，而是利用人们所有的多样性和复杂性——有时好，有时坏，有时聪明，但更多的时候愚蠢。他们的目标是建立一种制度，在这种制度下，所有人都应当享有自由，而不是像同时代的法国人所希望的那样，只限于'善良和聪明的人'享有自由"。18世纪政治经济学家和社会哲学家的伟大思想发现确实能提供这样的诱因（引导人们的普通动机，通过为他人的进步做贡献来追求自己的利益），但这种诱因在很大程度上尚未被理解。虽然如此，但有着自利的普通动机和有限认知能力的个人，通过私有财产和市场自由竞争的制度设置，仍然被引导去追求产生公共利益的行为。

相关性质，而布坎南强调的则是政治的制度性或组织性逻辑，以及不同环境所产生的系统性激励。然而，两者的中心思想（在不同的规则下，相同的参与者会产生不同的博弈）始终贯穿他们的比较政治经济学的研究工作。哈耶克提出的难题则是如何限制人类理性主义的狂妄自负，布坎南提出的难题是如何限制人类机会主义的冲动。两人都在宪政契约蕴含的他们所称的"普遍性规范"中找到了希望——绝不应该通过任何法律（或确立任何规则）授予社会中某一群体以特权。哈耶克似乎依赖规则制度试错的演化过程，因为这一过程选择出那些能让群体获得成功的规则，而淘汰那些让群体脱离发展进程的规则。[1]布坎南则提出了采用"无知之幕"构造宪法"公约"，以确保社会契约的公平性，并争取实现一种体现概念一致性的社会契约。在实际运作中，我们看不到纯粹的演化过程或社会契约，而是建立在演化的社会规范之上的宪政契约。如果想要这些宪政契约适合某个特定社会的话，[2]那么我们将看到的是创造性的宪政技术与将现有规范编纂为正式法律之间的互动。宪政从属于文化规范的禁止状态和社会制裁方式中找到其合法性。如果正式的治理规则不是建立在以规范和社会公约来体现的非正式规则的基础之上，那么执法成本就

---

[1] Hayek, *Constitution of Liberty*.

[2] Peter J. Boettke, Christopher J. Coyne, and Peter T. Leeson, "Institutional Stickiness and the New Development Economics," *American Journal of Economics & Sociology* 67, no. 2（2008）: 331–358.

会高到阻碍宪法实施。①

古典政治经济学的规范性主旨是细致地制定规则，既约束政府权力，又能建立一种促进劳动分工下的社会合作的环境。我们在思考这种宪政契约时，运用布坎南对国家做划分的观点是有益的。布坎南将国家分为保护性国家（法律和秩序）、生产性国家（公共产品）和再分配性国家（寻租）。而我们看到，基本的难题就是我们能否找到一套治理规则，使我们的国家不是再分配性国家，而是保护性和生产性国家。②

规则必须约束政治家的行为，尽管规则不能改变人性。换句话说，我们仍然认为人是坏蛋，③但是在良好的治理规则之下，人们之间的互动会约束他们的恶性，乃至消除恶行。良好的治理规则也能限制政治家理性主义的狂妄，而这种狂妄明显地表现在

---

① 关于经济发展的基础设施，参见下文。
Peter J. Boettke, "The Political Infrastructure in Economic Development," in *Calculation and Coordination* (1994; repr., New York: Routledge, 2001).
关于非正式和正式的制度，参见下文。
Claudia Williamson, "Informal Institutions Rule," *Public Choice* 139, no. 3 (2009): 371–387.

② James M. Buchanan, *The Limits of Liberty: Between Anarchy and Leviathan*, in Buchanan, *Collected Works*, vol. 7.

③ 大卫·休谟建议，当政治经济学家设计治理规则，提出宪法约束和权力制衡方案时，他们应该假设所有人都是坏蛋。只有这样，规则才会发挥作用，将坏人造成的伤害降到最小。
Essays Moral, Political, and Literary (1758; repr., Indianapolis, IN: Liberty Fund, 1985).
另请参见下文。
Geoffrey Brennan and James M. Buchanan, *The Reason of Rules*, in Buchanan, *Collected Works*, vol. 10, 53–75.

他们指挥和控制经济的企图中。

强调我们当前目的的重要一点在于：运用宪政技术与尊重（有着明确且强制实施的财产权和契约自由的）市场经济中的自发秩序完全没有冲突；运用宪政技术也与承认在任何社会中发生的演化过程没有冲突。这些社会演化过程产生了规范和习俗，使得群体中的个人能够相互合作，即便有时处于非常困难的情形中。对此正确的理解是，宪政技术不能通过超越历史、空想情境来提出全新规则。布坎南对政治经济学全知性的批评削弱了建构主义的冲动，就像他对政治经济学中"现状"的重要性所做的研究为我们提供了指导方针，指导我们从何处着手运用宪政技术一样。

在布坎南的框架中，现状不具有规范性的权重，但却具有分析性的权重。现状是什么样就是什么样。我们从此时此地开始，而不是从某种假想的起始状态开始（在这种假想的起始状态中，可以安全地去掉困扰现存权力结构的问题）。政治经济学家在宪政技术方面的任务仍然是提出假设的规则变化，这些变化必须得到集体行动的成员的一致同意，包括那些从现状中受益的人。作为交换的政治寻求指向的是那种能产生一致同意的帕累托改善方案，而补偿原则是集体选择过程中的重要指导原则。

从此时此地开始运用宪政技术，意味着宪政技术受历史的约束，但并不意味着它是历史的奴隶。文化和政治经济学的关系是微妙的，文化既非完全刚性的，也非完全可塑的，但文化无处不在，我们无法逃避。用埃里克·琼斯（Eric Jones）的话说，我们看到，在整个历史进程中，文化与制度变迁和经济增长相融合。①

哈耶克在《自由宪章》(*The Constitution of Liberty*)的附录"为什么我不是一个保守主义者？"中试图传达的信息是，当可以运用适当的反思和选择来改善人类的状况时，他不愿意默认可以使用意外和暴力。②《自由宪章》作为哈耶克思想中关于"理性的滥用"这一更宏大项目的一部分，③确实试图消除知识分子的傲慢。如哈耶克所说，他试图"以理性来减少理性的主张"。不过，我要再次说明，哈耶克这本书的重点是要强调，西方文明如果要继续沿着和平和繁荣的道路前进，那么必须改变规则。这既包括关于政府性质的一般规则，也包括货币政策或劳工政策等特殊规则。哈耶克的主要见解也是布坎南进一步发展的一个观点，那就是如果我们要进步的话，那么特殊的政策规则必须与一般的治理规则一致。政府受规则约束，而不是靠利益运作。

但是，在做出这一批判性的评价时，哈耶克承认，在通过可取的社会变革以获得良好的治理规则的努力中，有一个重要的认识论观点：虽然社会科学家应该批评所有的社会规范和现有的社会规则，但他不能同时批评所有这些规则。一方面，哈耶克认为，一个人采取批判的理性主义立场时，必须坚持现有的一系列行为，而不能从根到枝彻底地批判所有的社会规则。理性的建构

---

① Eric Jones, *Cultures Merging* (Princeton, NJ: Princeton University Press, 2006).
另参见下文。
Peter J. Boettke, Review of Eric Jones's *Cultures Merging*, *Economic Development & Culture Change* 57 (January 2009): 434–437.

② Hayek, *The Constitution of Liberty*.

③ Bruce Caldwell, *Hayek's Challenge: An Intellectual Biography of F. A. Hayek* (Chicago: University of Chicago Press, 2004), 232–260.

主义者提议彻底的社会转型，但哈耶克认为，这种企图是狂妄的，注定要遭遇挫折和失败。另一方面，哈耶克并不认为宪政技术注定会遭遇这样的挫折和失败（不管有些人，包括不同时期的布坎南，对此有什么解读）。布坎南也是一样，否则他怎么会写出《自由宪章》这样的著作呢？更不用说《法律、立法和自由》（*Law, Legislation and Liberty*）的第三卷了。[①] 对于哈耶克而言，正如布坎南那样，他认为自由存在于宪政契约之中。宪政契约约束统治者，但却建立了让我们能更好地在一起生活的制度框架。正是宪法提供的制度框架将社会冲突转变为社会合作的机会。

布坎南在反思后社会主义的政治经济学时，遇到了这种哈耶克式的社会变革认识论问题。[②] 布坎南认为，"政治经济学的默认预设"必须得到明确的承认，并根据社会主义政权下人民截然不同的历史经验进行检验。在进行制度分析时，历史很重要。正如布坎南所说："历史及它所塑造的历史想象很重要。"[③] 正是一个民族活生生的历史构成了现状，所以通过宪政技术实现社会变革，必须从这一现状出发。

彻底的宪法建构会因为其"致命的自负"而被抛弃，但是从现状出发的宪政技术以及在持续的集体行动过程中的谈判是建立

[①] F.A. Hayek, *Law, Legislation and Liberty*, vol. 3 (Chicago: University of Chicago Press, 1979).

[②] James M. Buchanan, "Asymmetrical Reciprocity in Market Exchange," in Buchanan, *Collected Works*, vol. 12, 409–425.

[③] Buchanan, "Asymmetrical Reciprocity," 422.

自由秩序的精细复杂的部分。①而正是通过这一持续的过程,对自发秩序的赞赏不但不与宪政技术冲突,而且为规则结构提供了经济内容。我们如果想要更好的生活,生活得更有意义、更自主,就必须努力在宪政技术中建立这样的规则结构。②摆在个人面前的生活方式确实有很多种,但如果他们要在共同生活的同时,还要实现个人自治、和平的社会关系和普遍的繁荣,其实并没有多少道路供他们选择。③

结 论

我们看到,布坎南着重强调经济学家作为社会研究者和经济

---

① 如布坎南所说:"哈耶克对理性建构主义者的批评指向了那些假想的学者型改革家,认为他们忽略了由那些文化演进而来的行为抽象规则所建立的边界。毫不夸张地说,他们寻求创造'新人类',将推翻18世纪发现的人性本质上的同一性,而对社会互动的任何理解以及由此而来的任何改革都必须建立在这种发现之上。"
"Cultural Evolution and Institutional Reform," in Buchanan, *Collected Works*, vol. 18, 317.
② 我认为,这些规则不仅必须具有约束力,还必须具有特定内容,才能产生朝着和平与繁荣方向发展的社会变革。
Peter J. Boettke, "Institutional Transition and the Problem of Credible Commitment," *Annual Proceedings of the Wealth & Well-Being of Nations* 1 (2009): 41–51.
③ 在《一种经济学,多种药方:全球化、制度与经济增长》(*One Economics, Many Recipes: Globalization, Institutions, and Economic Growth*)一书中,丹尼·罗德里克(Dani Rodrik)可能想坚持"存在一种经济学有多种烹饪方法"的观点,但是如果参照人类有记载的历史,实际上是"一种经济学只有很少几种'烹饪'和平与繁荣的方法"。私有财产、贸易自由、契约自由、货币稳定和财政责任是基本的烹饪要素。当然,这一烹饪方法必须根据当地情况加以采纳和修改,而不是由华盛顿的技术官僚从远处强加,从这个意义上讲,罗德里克的中心观点没有偏离。改革的唯一途径是源自当地的途径,但并非所有源自当地的途径都是富有成效的途径。发展辩论同所有现代经济政策辩论一样,受到"凯恩斯主义分歧"的不利影响,并持续受到这种总量分析和社会控制政策的思想遗产的影响。

学基本原理的教师的角色。他从来都不认为，经济学家和政治经济学家的任务等同于社会工程师的任务，掌握着政治和经济领域的社会控制手段。如奈特所说，将经济学家视为社会工程师的概念与民主治理的理念本身相冲突，而且在民主制度下，这实际上是不道德的。究竟是谁同意经济学家在政治话语中享有特权？相反，在自由社会中，经济学家扮演着谦卑得多，但仍然至关重要的角色。作为经济学家，我们教授学生（广义的学生）学科的基本原理，让他们在现实中可以成为民主程序中的知情参与者。布坎南明确指出：

> 我经常争论道，经济学中只有一个值得强调的原则，而经济学家的教导职能就是将这一原则的某些理解传达给广大公众。如果没有这个原则，那么公众对经济学作为合法的学术科目的支持就失去了依据，经济学也就不再适合作为自由教育课程中的一部分了。当然，我所指的基本原则就是市场自发秩序的原则，这是18世纪伟大的思想发现。[1]

如前文所论证，政治经济学家提出规则结构的假设性变化，而这种变化在集体选择的范围内需要接受他人是否一致同意的检验。秩序不是强加的，而是来自协议。

市场的秩序是自发的，来自现有财产权、游戏规则和执行机制结构下的个人交换行为。这是规则之下的一个持续过程。在

---

[1] James M. Buchanan, "Law and the Invisible Hand," in Buchanan, *Collected Works*, vol. 17, 96.

一种不同层面的分析中存在对规则的选择,而规则构成了自发秩序持续形成过程的框架,并帮助这种秩序不断地自我定义和重新定义,这是有意识地审视的结果。布坎南对政治经济学和社会哲学的重大贡献是协调对经济过程的强调和经济博弈中个体的策略性行为,对游戏规则的选择和强制执行,以及一般的宪政层面的分析。布坎南的做法表明了只有通过利用价值中立的经济学,我们才能构建价值相关的政治经济学和社会哲学。换句话说,经济学关注的是任何既定规则下的游戏,而社会哲学反映的是正义和"良性社会"的问题。政治经济学家坚持认为,如果不承认政治学绝不是对资源进行特定分配,而始终是与社会游戏规则有关,是规则产生了交换、生产和分配的模式,那么正义和"良性社会"的问题就不能得到独立解决。公平和正义的问题与分配结果和最终状态无关,而与规则和规则之下的社会互动有关。从根本上说,社会哲学家可能会问"什么是一种好游戏?",但经济学家回答的是"在给定的游戏规则下,玩家如何玩游戏"的问题。

政治经济学是一门在规则和策略之间来回切换的学科,我们要认识到,除非我们审视在给定的规则下,玩家如何玩游戏这一问题,否则就不能给出"什么是好游戏"的答案。经济学为社会哲学提供必要(不充分)的信息,否则社会哲学话语将无法回答有关"良性社会"的问题。

在两种意义上,经济学是公共科学。如果该学科生产的知识能带来更好的法律、规则和制度,那么我们称之为公共科学就是合理的。但布坎南强调的是经济学是公共科学的另一种意义。经济学教学是一项教育工作,即将该学科的基本知识传授给学生,提高学生的能力,使其成为不断进行的民主程序的知情参与者,并通过民主程序选择经济互动的约束参数。①

在经济学作为公共科学的上述两种意义上，自发秩序理论与宪政技术的思考都并不矛盾。实际上，与其说这两者是矛盾的，倒不如说它们存在于依靠彼此共生的思想关系之中。在市场中，经济博弈的自发秩序是由既定的法律和秩序构成的，而这种自足的法律和秩序的框架又在一个民族的历史和文化中得到了合法化。如汉密尔顿暗示的那样，我们应该确认我们的宪法是反思和选择的结果，而不是意外和暴力的结果。但历史和文化确实很重要。正如布坎南在不同的背景下认识的那样，历史和文化代表了现状，而所有政治谈判都必须从现状开始。"此时此地"就是现实，没有被赋予规范性的权重，它就是这样，但这意味着所有的谈判都必须从此开始，而不是从某种神秘的状态开始。

宪政技术始于对先前演化的这种认识，并提出能让我们更好地共同生活的假设性规则，但这取决于集体行动的各方的同意，而以这种方式建立规则会通过创建一种经济环境来实现假设的帕累托改善。在这样的经济环境下，市场的自发秩序促进劳动分工下的社会合作，进而实现了贸易和创新的收益。宪政契约中不仅有自由，还有和平与繁荣的承诺。这是经济学必须给我们的同胞上的重要一课，因为他们参与了民主自治的持续性实践。而且，布坎南的著作或许比经济学史上其他任何作家的作品都更清楚地阐述了这一经验教训。

---

① James M. Buchanan, "Economics as a Public Science," in Buchanan, *Collected Works*, vol. 12, 48.

第二部分

经济学大师课

第一课——汉斯·森霍尔茨：追求现实世界中的相关性

高级经济学研究致力于学习其他经济学家的思考方式，学习他们使用的语言、他们创建的模型，以及他们提供的证据。你所学习的经济学很少致力于研究现实的经济，以及对给定问题的适当政策做出回应。总之，你研究的是其他经济学家的著作，并非现实的经济本身。

作为一名经济学教师，我常常想起自己在格罗夫城学院受教育的经历，想起为什么我最终会选择成为经济学家和经济学教授。我意识到，森霍尔茨博士所用方法背后的力量在于他所传达的经济学对于理解现实世界的相关性是重要的。我们在凯恩斯身上花的时间很少，在马克思身上花的时间更少，在弗里德曼身上会花一些时间。在大多数情况下，森霍尔茨博士都把他的精力倾注于运用奥地利学派的经济学观点来解释经济史上的工业革命、"大萧条"、金本位的运作，以及法西斯主义、干预主义和社会主义（在某些国家）的失败。他颂扬自由贸易的好处，揭露保护主义的坏处。

在森霍尔茨博士的课堂上，奥派经济学者是阐述私有财产和自由企业制度逻辑最一致、最清晰的倡导者。但是，和困守学术象牙塔的其他经济学思想派别一样，奥地利学派也容易脱离现实。大约在1983年，我开始倾向于成为一名职业经济学家，森霍尔茨博士这样向我描述当代奥地利学派：柯兹纳是个方法论者，他研究了其他学者却没有认真地研究这个世界；拉赫曼（Lachmann）写了本关于资本的好书，但别无他物；罗斯巴德满足于当一名激进的自由意志主义者，但这与公共政策的现实世界无关；而奥地利学派的森霍尔茨分支却在华盛顿（他会读成"华盛"）不断地就公共政策进行战斗。当时（直到今天），我赞同罗斯巴德的自由意志主义，所以我倾向于忽略森霍尔茨对罗斯巴德的特征描述，认为他的说法过于保守。此外，随着我对当代奥地利学派学术成果研究的深入，我也不同意他对柯兹纳和拉赫曼的评价，并且比起他们的政策立场，我更看重这些人的纯学术贡献。但是现在，在我职业生涯的中期，我比30年前做他学生以来的任何时候都更欣赏森霍尔茨博士对不断参与公共政策领域的要求。我们经济学家应该铭记我们与公共政策辩论的相关性。当我们所做的工作与解决现实世界的问题有关时，我们就能更好地进行经济学研究。当然，科学和哲学的问题与真理应该是我们的终极目标。但是，我们希望这种真理能让我们了解世界如何更好地运作，并且基于这种正确的理解，我们应该能够更直接地参与这个世界。我们必须避免经济学家（奥地利学派或其他学派）的这种恶习：仅仅关注其他经济学家而不关注经济。①

森霍尔茨博士的学术研究就是追求相关性的典范

毫无疑问，正是在教室里、在报告厅里，森霍尔茨博士做出了自己职业生涯中最有意义的贡献。森霍尔茨是一位充满活力的演讲者（他知道如何用自己的德国口音来突出要点），他在格罗夫城学院执教，以及后来担任经济教育基金会的主席期间，曾面向数以千计的大学生和外行听众进行演讲。他连续不断地就公共政策发表评论，其中许多文章都不是人们所说的学术论文，而是对经济新闻领域实践的总结。有的其实更像是道德说教而非经济学评论——关于私有财产秩序和稳健货币政策的说教。除了几乎每天都这样致力于谈论当代公共政策问题，森霍尔茨确实还出版了一些力图做出更持久贡献的著作。然而，他学术兴趣的特点是，每一本书都致力于谈论公共政策问题——20世纪50年代欧洲在第二次世界大战之后的发展，70年代的通货膨胀，80年代早期的失业问题，80年代晚期正在迫近的债务和赤字问题以及

---

① 关于经济学家能在社会中扮演什么重要的角色，参见下文。
Dan Klein, ed., *What Do Economists Contribute*? (New York: New York University Press, 1999), and Dan Klein, *A Plea to Economists Who Favour Liberty: Assist the Everyman* (London: Institute for Economic Affairs).
经典陈述参见下文。
W. H. Hutt, *Economists and the Public* (1936; repr., New Brunswick, NJ: Transaction Publishers, 1990).

恢复货币自由的热议。①

森霍尔茨在他的每一本书中都力图运用奥派经济学的重要见解,特别是他老师路德维希·冯·米塞斯的那些见解,来揭露管理经济体系的政府政策的失败。米塞斯和威廉·勒普克(Wilhelm Röpke)是对森霍尔茨影响最大的经济学家。森霍尔茨对私有财产安全、开放贸易、自由劳工、稳健货币和财政责任的强调体现了他们对他的影响。米塞斯的功利主义体现在森霍尔茨所提出的反对政府干预的结果主义论证之中,而勒普克的道德主义则表现在森霍尔茨的著作很少排除道德伦理的维度。贯穿森霍尔茨所有著作的基本信息是,自由市场经济不但有效率,而且在道德上也是正确的。政府对经济自然运行的干预不仅无效率,还是一种必须予以抵制的罪恶。通胀政策不仅扭曲了经济计算,还从根本上打破了政府与其公民之间的信任。工会不但阻碍了劳动市场,而且那些有利于工会却阻挠契约自由的法律把冲突引入了市场,否则市场将通过自愿选择,使劳资双方的利益趋于均衡。债务和赤字不仅排挤了私人投资,从而耗散了未来的生产力,还摧毁了保证政府受国民控制所需的财政纪律,避开了民主进程中固有的权利意识,而这会带来社会冲突和种族冲突。

森霍尔茨尽量避免使用职业经济学家常用的术语,用通俗易懂的语言来阐述这些论点。他的听众主要是对公共政策感兴趣的

---

① Hans F. Sennholz, *How Can Europe Survive?* (Princeton, NJ: D. Van Nostrand, 1955); Hans F. Sennholz, *Age of Inflation* (Belmont, MA: Western Islands, 1979); Hans F. Sennholz, *The Politics of Unemployment* (Spring Mills, PA: Libertarian Press, 1987); Hans F. Sennholz, *Debts and Deficits* (Spring Mills, PA: Libertarian Press, 1987); and Hans F. Sennholz, *Money and Freedom* (Spring Mills, PA: Libertarian Press).

外行，而不是其他经济学家。不过，他在自己的论述中确实加入了大量对其他经济学家著作的评论，尤其是对约翰·梅纳德·凯恩斯、A. C. 庇古和米尔顿·弗里德曼等人的评论。他总是将经济学界中这些经济思想的演化过程，与他更广泛的使命——揭露错误公共政策背后的流行性误解——联系在一起。森霍尔茨坚持认为，经济学家这个角色要以勇敢的姿态来反对"指错了方向的所谓公共利益守护者"。[1]

从他的第一本书到他最近的著作，森霍尔茨试图传达给读者的这种基本信息贯穿始终。比如，从他的第一本书《欧洲何以生存》(*How Can Europe Survive?*) 中摘录出的一大段话：

> 如果全世界都奉行干预主义，那么各个主权国家之间的和平共处就将是不可能的。政府干预市场经济的运作有利于某些生产者，却损害其他生产者和消费者的利益。这种"有利"和"保护"通常以影响和调控价格的形式进行，而这又基于对进出口的限制。然而，进出口限制是经济民族主义的措施，会引起国际经济冲突。通货膨胀政策加上武断的平价管制会带来外汇短缺，从而导致对外贸的进一步限制。各种其他形式的政府干预和保护——对竞争和投资的限制，对所生产商品的数量和质量的控制，对所用生产方法的监管，消耗资本并将流动资本驱往别处的税收，以及对各种贸易和职业组织的保护——要么是经济民族主义的直接行动，要么是依赖经济民族主义的补充行动。无论我们如何分析干预主义制度，其固有的国际方面的本质都是劳动分工

---

[1] Sennholz, *Age of Inflation*, vii.

的解体。经济民族主义的每一个行动都要求那些和违规国家打交道的国家做出痛苦的调整。归根结底，所有国家通过外贸互相依存的生产结构，都会因为经济民族主义的某一个行动而被迫做出调整。只有个人自由的制度和不受阻碍的世界经济才能提供国际劳动分工的巨大优势，并为各国提供和平的环境。①

一次干预如何招致另一次干预，由此破坏了平静的市场秩序的主题在森霍尔茨的书籍、文章和讲座中被一再重复。他在课堂上抛出的比喻20年后仍在我的耳边回响。例如，他把现代福利国家描述为一个巨大的圆圈，我们所有的人都把自己的手伸进邻居的口袋里。但森霍尔茨不只会有效运用修辞手法来激励年轻人思考经济学和自由社会的政治经济学。如前面的摘录所言，他的分析与现实持久相关。他在1955年写的东西在今天和在当时一样与现实有关。在1998年亚洲金融危机之后，许多经济学家（最引人注目的是约瑟夫·斯蒂格利茨）都呼吁实施资本管制。②但正如森霍尔茨所说，对资本的限制政策消耗了今天的资本并把流动资本驱往别处。对于当代欧盟的形成，他的论点仍然是与现实有关的（主要是警告）。各个产业的特殊利益集团和工会并没有在欧洲创造出一种资本自由和劳动自由的环境，而是行使政治权力来维持各种限制。但正如森霍尔茨博士在20世纪50年代所

---

① Sennholz, *How Can Europe Survive*, 31.
② 斯蒂格利茨在2001年因其对信息经济学的贡献获得了诺贝尔经济学奖。然而，因为他在2002年出版了一本批评近期全球化努力的书并挑战市场导向的政策，他的名声变坏了，参见下文。

Joseph Stiglitz, *Globalization and Its Discontents*（New York：Norton, 2002）.

指出的那样，欧洲人可以采用的最重要的举措是建立贸易自由市场和人员与资本流动的自由市场。如果大多数欧洲人在政治倾向上都是古典自由主义者，那么统一是可行的，但如果大多数欧洲人都倾向于干预主义和社会主义，那么一个经济统一的欧洲的承诺将无法兑现。统一需要劳动力的自由流动，而福利国家需要通过移民法和限制劳动力供给，以维持特权劳工团体的工资高于市场出清水平。一方面，统一需要各国政府废除所有的进入障碍，使得本国企业的外国竞争者可以自由进入，以确保这些企业为了能有效竞争而不断最小化生产成本。另一方面，福利国家为了保证实现安全目标和社会目标，提高了进行商业活动的成本。这意味着，福利国家必须保护国内企业免受国外竞争对手的影响，否则它们的竞争地位将受到威胁。总之，福利国家滋生保护主义。统一需要稳定的通货，而福利国家导致信贷扩张，并为社民主义政策提供资金。统一需要资本自由迁移，但福利国家需要政府控制资本投资和资本流动。正如森霍尔茨所指出的那样："很明显，福利国家与国家间的统一不兼容，而这需要欧洲各国做出重大的决定。它们必须在福利国家和国家间的统一之间做出选择。它们不能两者兼得。"①

除了对干预主义和信贷扩张的经济分析，正如我之前所说，森霍尔茨的著作中还有一个一致的主题是，道德因素不应该被遗忘。只有改变私人道德和公共道德，才能产生必要的变革。他认为："归根结底，重大的改革都是道德的改革，是对正确行为的

---

① Sennholz, *How Can Europe Survive*, 318.

看法的改变。"①

结 论

我在格罗夫城学院接受的经济学"布道"改变了我的人生方向。我没有一天不深情地怀念森霍尔茨博士授课的方式和内容。作为每年几百位学生的基础经济学老师，我大量地借用那些回忆，以努力传播经济学原理及其对自由社会的影响。对于在课堂上讨论道德因素的做法，我并不那么支持，但我从根本上相信森霍尔茨博士是正确的，持久的改革需要道德上的改变。在过去十年中，处于转型期的经济体在建立自由市场过程中经济方面的困难，凸显了价格体系正常运作所需要的复杂制度结构。即使不涉及转型经验，在一定的分析层面，政治经济学原则上也需要采取一个道德立场。②

森霍尔茨博士成功地将他的经济学知识与对（支配自由且负责任的个体所组成的社会的）道德原则的坚定承诺结合起来。他的著作和演讲明确传达的正是这条信息。对那些思想开明的学生来说，森霍尔茨的这条信息是革命性的。在20世纪的那些日子里，社会主义似乎已经抢占了高地，却仍然有少数人在抵制这一思想趋势。他们中有些人把自己的精力倾注在纯学术上，比如F. A. 哈耶克、米尔顿·弗里德曼、乔治·斯蒂格勒（George Stigler）、詹姆斯·布坎南、罗纳德·科斯和道格拉斯·诺思等

---

① Sennholz, *Debts and Deficits*, 163.
② Peter J. Boettke, *Calculation and Coordination*: *Essays on Socialism and Transitional Political Economy*（New York：Routledge, 2001）, 7–28.

诺贝尔经济学奖获得者，他们努力推动经济学向新的方向发展，并为捍卫自由市场经济提供了新的弹药。其中有些人，特别是米尔顿·弗里德曼，也凭借公共知识分子的身份成为名人。其他人如穆瑞·罗斯巴德追求一种兼顾学术活动和政治活动的混合策略，而伊斯雷尔·柯兹纳则试图开创纯学术的奥地利学派运动的局面。但是，在奥地利学派20世纪中后期开创的历史中，汉斯·森霍尔茨博士作为教师和通俗作家的贡献也必须被计算在内。在米塞斯不再被经济学家所认可的时代，他为大量年轻人提供了学习奥派经济学的机会。30多年间，森霍尔茨博士一直在宾夕法尼亚州的一所偏远的文理学院执教，他以一贯有力的方式传递自由的原则和自由企业的原则。

第二课——穆瑞·罗斯巴德：关于苏联社会主义的理论和实践

穆瑞·罗斯巴德对我们理解苏联社会主义的理论和实践做出了重大贡献。罗斯巴德在20世纪50年代、60年代的著述中，预测了苏联经济问题相关的经济分析的所有重大后续发展，以及比较政治经济学中关于苏联现存的社会主义的所有主要研究。

至于当今世界各国实行社会主义的程度，美国等国家的被低估了，同时苏联的被高估了。之所以说美国的被低估了，是因为政府向私人企业贷款的扩张普遍被忽视了，而我们知道，贷款人不论其法律地位如何，都同样是企业家和部分所有者。之所以说苏联的社会主义程度被高估了，是因为大部分作者忽视了苏联的社会主义程度，只要它依然能够参考世界其他地方相对自由的市场（的价格），它就不是某种意义上的社会主义。简而言之，单个社会主义国家或者阵营尽管在计划中不可避免地遇到巨大的困难和浪费，但仍然可以参考世界市场（的价格）进行买卖。它们通过外界市场的情况进行推算，从而得出接近生产品价值的某种理性定价。①

经济学家坚持认为苏联阵营在1989年的解体是20世纪政治经济中的决定性时刻，这已是老生常谈。对经济学家来说，坚持没有人预言过苏联阵营的解体几乎是必须的。但是，这样的谦虚是被许多经济学家所穿的知识紧身衣②所强加的。穆瑞·罗斯巴德一生都在拒绝受主流经济学思想的方法和方法论的这种约束。他拒绝瓦尔拉斯价格理论的形式主义，拒绝计量经济学的实证主义和凯恩斯主义的加总方法。毫无疑问，从历史的角度来看，罗斯巴德在经济学思想的主流认知里被认为是一位地位突出的成员，但结合20世纪90年代初苏联的解体，经济学的正统分支对此有独特的见解。因为早在20世纪的社会主义革命之前，这些经济学家便已提出警告，背离私有财产制度，并试图让政府控制经济将会带来这些问题。

---

① Murray N. Rothbard, *Man, Economy, and State*, 2 vols.（Princeton, NJ: D. Van Nostrand, 1962), 830–831.
② 一种常用于束缚疯子或罪犯的上衣。——译者注

罗斯巴德这类经济学家必须面对的难题是：在他们已经发现其理论体系存在的所有问题的情况下，社会主义凭借什么在实践中维持这么长的时间？幸运的是，罗斯巴德并没有对这个现实的社会主义问题避而不谈。简而言之，他在自己的作品中解释了社会主义经济在理论上不可能，而在实践中又得以发展的原因。在《人，经济与国家》里，罗斯巴德不仅为读者提供了关于经济学和政治经济学基本原理的透彻阐述，还为认真的学生提供了一个分析苏联的社会主义现实主义的框架，而这个框架远远优于当时（说实话也优于今日）苏联制度研究和比较经济制度领域中的主导性框架。就像在经济学和政治经济学的其他大多数领域中一样，罗斯巴德让辩论的逻辑把他带到由其指引的任何地方，而不受传统观点的束缚。

我们必须记住20世纪50年代和60年代关于社会主义的经济学和社会科学的知识背景。虽然当时也存在一些对社会主义的批评，但多数学者不仅认为社会主义是一种道德理想，还认为社会主义计划经济在经济增长方面有超越资本主义市场经济的潜力。许多人认识到苏联政权所犯下的反人类暴行，但并不认为这是社会主义计划经济所固有的困难。苏联的问题在于缺乏一个民主的政治制度。苏联的经济制度使其避免了"大萧条"，刺激了产业投资并打败了希特勒。在"二战"之后，从官方数据来看，苏联取得了显著的经济增长，并于1957年发射了人造卫星。1961年4月尤里·加加林进入太空，标志着苏联在征服太空的技术竞赛中击败了美国。当赫鲁晓夫在联合国大会的讲台上猛敲自己的鞋子时，他所暗指的并不仅仅是军事优势。①

罗斯巴德对苏联制度实践的分析挑战了所有这些假设。当经济学家的流行观点集中于经济增长时，罗斯巴德却认为这是不可持续的；当流行观点集中于经济效率时，罗斯巴德认为那里存在着无效率；当流行观点集中于集体财产和中央计划时，罗斯巴德却看到被削弱的财产权、世界价格和黑市活动。除了寥寥几位经济学家的著作，直到20世纪90年代，比较经济制度的研究才赶上罗斯巴德在《人，经济与国家》中做出分析的脚步。而且，正如我将在本书中指出的那样，尽管越来越多的学者开始理解罗斯巴德的分析背后的概念性问题，但与这些概念打交道的绝大多数经济学家在很大程度上仍然不了解这一论证的全面含义。

对社会主义各种问题的理论贡献

罗斯巴德分析的出发点是米塞斯的论证：严格来说，在一个社会主义国家内部不可能进行经济计算。由于缺少理性的经济计算标准，经济生产将沦为黑暗中的摸索。在选择生产项目A或生产项目B时，经济计划者没有任何经济标准来帮助他决策。举个更实际的例子，设想有一位社会主义计划者，他需要决定用铂金还是用钢来制造铁轨。铂金是技术上更优越的金属，可以确保火车长期平稳地行驶。在资本主义经济体中，生产资料市场上的铂金价格将反映它的替代用途，从而为投资者提供一些指导，让他

---

① 据说，在1960年10月的联合国大会上，当时的苏联领导人赫鲁晓夫被一名菲律宾代表的言论激怒。在举手请求发言却未被理睬之后，赫鲁晓夫用脱下了的皮鞋敲桌子，用敲击声抢回了为自己辩护的发言权。——译者注

们能依据成本效益来做出决定。但在社会主义的假设中，生产资料市场将被废除。某种意义上的社会主义社会不能参考世界市场的价格，因为先前市场配置的记忆也被清除了。计划者将面临这样的局面：价格体系（被废除了）不能再作为相对稀缺性的指示器，为决策者的计算提供必要的知识。简而言之，经济计算标准将会消失。无法进行理性的经济计算在某种意义上意味着社会主义经济是不可能运作的。[1]

罗斯巴德简明扼要地阐明了这一点：米塞斯在这场争论中第一个发言、最后一个收声，无可辩驳地证明了在社会主义经济制度内不能进行计算，因为没有市场，所以它缺乏生产者所需的价格，特别是资本品的价格。[2]实际上，罗斯巴德认为，矛盾的是，米塞斯对社会主义的批评并没有指向集体财产本身的问题（尽管这种计划方案存在行为人激励的问题），而是指向由于制度安排，必须要有一个代理人来指导经济体中所有资源的使用这一观点。在资本主义经济中存在增加企业纵向一体化的自然趋势，从而增加市场经济中的垄断权力。在这样的背景下，罗斯巴德提出了米塞斯式的论证。自由市场的批评者经常认为，经济的自然趋势是

---

[1] 米塞斯的这一观点是其对20世纪政治经济学做出的最重要的贡献，参见下文。
Peter J. Boettke, "Economic Calculation: The Austrian Contribution to Political Economy," *Advances in Austrian Economics* 5 (1998): 131–158.
这篇文章解释了为什么奥地利学派对社会主义下经济计算的不可能性的这一观点是其对现代政治经济学的贡献。关于社会主义辩论的九卷本参考资料，以及为什么米塞斯的贡献是整个辩论的核心的介绍，另见下文。
Peter J., Boettke, ed., *Socialism and the Market: The Socialist Calculation Debate Revisited* (London: Routledge, 2000).

[2] Rothbard, *Man, Economy, and State*, vol. 2, 548.

向一个大卡特尔组织发展,这个大卡特尔组织将控制经济体中的所有生产性资产。但是,罗斯巴德认为,市场经济的发展不可能倾向这个方向,因为企业无法在不面对计算问题的情况下垂直整合。经济学的法则对市场上任何特定公司的规模都设定了限制,但该限制是由计算上的限制所确定的。①

假设一家企业试图垂直整合,从而消除生产品的外部市场。罗斯巴德指出:

> 在这种情况下,它就没有办法知道在哪个阶段经营可以获利,而在哪个阶段不可以。因此,它没有办法知道如何将要素配置给各个阶段,也没有办法估算资本品在某一特定阶段的任何隐含价格或机会成本。任何估算都将是完全武断的,而且与经济状况没有任何有意义的联系。②

罗斯巴德在讨论中预见了他以后所进行的研究——关于公司内部组织、转让定价问题和多部门企业为了克服集中化的这些困难所做的变革。③需要强调的重要问题是,罗斯巴德认为,随着

---

① 这篇文章详细讨论了罗斯巴德对这个观点的发展,参见下文。
Peter Klein, "Economic Calculation and the Limits of Organization," *Review of Austrian Economics* 9, no. 2 (1996): 3–28.

② Rothbard, *Man, Economy, and State*, vol. 2, 547.

③ 关于公司内部组织中的集中化问题的讨论,参见下文。
Frederic Sautet, *An Entrepreneurial Theory of the Firm* (New York: Routledge, 2000), 85–132.
关于奥地利资本理论对企业组织的影响的讨论,参见下文。
Peter Lewin, *Capital in Disequilibrium: The Role of Capital in a Changing World* (New York: Routledge, 1999), 134–174.

交换和生产的社会制度变得越来越先进,经济计算的问题实际上在增加。罗斯巴德写道:

> 随着市场经济的发展和进步、生产阶段的增加,以及资本品类型与多样化的复杂性的增加,经济计算变得愈加重要。因此,对于维持一个先进的经济体而言,保留所有资本品和其他生产资料的市场就变得更加重要了。①

最后一点是至关重要的,因为这涉及马克思主义者关于社会主义经济计划的目标的主张。在罗斯巴德后来的著作中,他做出了这个看似一目了然,实则一针见血的评论,即"卡尔·马克思(1818—1883年)所创造的复杂和庞大的思想体系的本质很简单,即马克思是一个共产主义者"。② 马克思是一个千禧年主义者,③ 认为共产主义将会结束人类的苦难。这一论点的关键在于,未来的共产主义社会将是一个后稀缺性的世界。其中,所有的经济问题都会消失,不需要解决在相互竞争的目的之间配置稀缺资源手段的问题。在共产主义社会中,合理化的生产将导致生产力

---

① Rothbard, *Man, Economy, and State*, vol. 2, 548.
② Murray N. Rothbard, *An Austrian Perspective on the History of Economic Thought: The Classical Economists* (Cheltenham, UK: Edward Elgar, 1995), 317.
③ 千禧年主义是某些基督教教派的信仰,这种信仰相信将来会有一个黄金时代:全球和平来临,地球将变为天堂。

的爆发，因此从"必然王国到自由王国"①的转变就成为可能。②正如罗斯巴德在对马克思的详尽描述中所说，马克思承诺，共产主义的更高阶段将根除劳动分工，人类将从一切限制中解放出来。③

与这种马克思主义的主张相反，米塞斯20世纪20年代和30年代的主张论证了社会主义下经济计算的不可能性将带来毁灭性的后果。生产资料集体化不会产生理性，而是混乱。生产非但不会极大丰富，反而会停滞不前，饥荒将随之发生。在此，我不打算仔细研究马克思主义者和其他社会科学家的各种尝试，来回应米塞斯的经济计算的观点。④不过，阐述罗斯巴德对社会主义计

---

① 在认识论上，必然王国是指人们在认识和实践活动中，对客观事物及其规律还没有形成真正的认识，从而不能自觉地支配自己和外部世界的一种社会状态；自由王国则是指人们在认识和实践活动中，认识了客观事物及其规律并自觉依照这一认识来支配自己和外部世界的一种社会状态。——译者注

② 关于这种意识形态假设如何形成布尔什维克革命的阐述，有一个最清晰的讨论，参见下文。

A. Walicki, *Marxism and the Leap into the Kingdom of Freedom: The Rise and Fall of Communist Utopia* (Stanford, CA: Stanford University Press, 1995).

③ Rothbard, *Austrian Perspective*, 323ff.

④ 对于回应米塞斯论点的所有传统尝试的总结，参见下文。

David Ramsey Steele, *From Marx to Mises* (La Salle, IL: Open Court, 1992).

更近期的回应米塞斯的社会主义挑战的尝试，参见下文。

Pranab Bardhan and John Roemer, "Market Socialism: A Case for Rejuvenation," *Journal of Economic Perspectives* 6, no. 3 (1992): 101–116; F. Adaman and Pat Devine, "The Economic Calculation Debate: Lessons for Socialists," *Cambridge Journal of Economics* 20, no. 5 (1996): 523–537; Allin Cottrell and W. Paul Cockshot, "Calculation, Complexity and Planning," *Review of Political Economy* 5, no. 1 (1993): 73–112.

从米塞斯—哈耶克的观点来看，为了重新阐述社会主义论证的一些尝试，参见下文。

Steve Horwitz, "Money, Money Prices and the Socialist Calculation Debate," *Advances in Austrian Economics* 3 (1996): 59–77; and Bruce Caldwell, "Hayek and Socialism," *Journal of Economic Literature* 35, no. 4 (1997): 1 856–1 890.

算辩论的解释是很重要的，因为它预见了对该辩论的重新诠释。20世纪80年代，这种重新诠释在凯伦·沃恩（Karen Vaughn）、彼得·穆雷尔（Peter Murrell）和唐·拉沃伊的著作中获得了广泛传播，我们由此得出的结论是奥地利学派确实证明了计算辩论。①以下引文说明，罗斯巴德在1962年的表述中，就已经暗示了均衡经济学未能充分解决社会主义计算辩论的问题，这也是沃恩、穆雷尔和拉沃伊在其后来的论文中所强调的。

在此次经济计算的辩论中，社会主义一方的阵营中流行着一个奇特的传说，这个传说是：米塞斯在其最初的文章中声称"理论上"社会主义中不可能存在经济计算；而巴罗内（Barone）从数学上证明这一点是错的，计算是可能的；哈耶克和罗宾斯（Robbins）起初承认这一证明的有效性，但随后又宣称计算"实际上"是做不到的。最后得出的结论就是，米塞斯的论点已经被驳倒，社会主义所需要的只是一些实际装置（也许是计算机）或经济顾问以促成经济计算和"求解方程"。

这个传说几乎从头到尾都是错的。"理论"和"实际"的二

---

① Karen I. Vaughn, "Economic Calculation under Socialism: The Austrian Contribution," *Economic Inquiry* XVIII (1980): 535–554; Peter Murrell, "Did the Theory of Market Socialism Answer the Challenge of Ludwig von Mises? A Reinterpretation of the Socialist Controversy," *History of Political Economy* 15, no. 1 (1983): 92–105; Don Lavoie, *Rivalry and Central Planning* (New York: Cambridge University Press, 1985).
20世纪70年代学界的标准观点是，奥地利学派参与了计算辩论，但是奥地利学派关于计算辩论的学术尝试已经被击败了。沃恩、穆雷尔和拉沃伊经常被认为是重新阐述了这一事件，但是在阅读罗斯巴德之后，我们发现很明显他的作品在20年前就预见了他们的重新诠释。

分法就是错误的。在经济学中，所有的观点都是理论性的。此外，由于经济学讨论的是真实的世界，因此这些理论观点就其本质而言也是"实际的"。

在驳倒了错误的二分法后，巴罗内"证明"的真实本质也就显而易见了。它并非理论证明，其实它与主题无关。罗列数学方程式的证明根本不是证明。它至多适用于稳态循环的经济。显然，我们对计算问题的整个讨论只适用于真实世界。稳态循环的经济中不可能存在计算问题，因为计算毫无必要。如果未来所有数据从一开始都是已知的，而且不存在利润与亏损，那就没有计算利润与亏损的需要。在稳态循环的经济中，资源的最优配置是自动进行的。巴罗内证明了计算难题不存在于稳态循环的经济中，但这并不是一个解决方案，只不过是在数学上对显而易见的事进行多此一举的表述。计算的困难只适用于真实世界。[①]

泰勒—兰格—勒纳的均衡经济学不能抓住经济计算的本质，因为它通过假设来解决问题，而这根本就不是解决办法。正如罗斯巴德在对企业经济组织的讨论中所说，经济计算对维护先进经济体中的投资项目至关重要。构成先进经济体的资本结构的协调问题是一个现实世界的问题。现实世界中生产要素既不是专用的，又不是非专用的。在要素专用的世界中，这些资本品只能用于生产一种产品，而在要素非专用的世界中，这些资本品可以用于生产任何产品。[②] 之所以存在资本结构协调问题，是因为资本

---

① Rothbard, *Man, Economy, and State*, vol. 2, 549–550.
② Rothbard, *Man, Economy, and State*, vol. 1, 280–284.

品具有多重用途，必须在竞争性的投资项目之间进行分配。经济主体必须决定稀缺资本品的分配，以生产符合消费者需求的产品。个人的生产计划必须与其他人的消费需求相结合。如果这些计划不能与消费需求契合，那么资源就会被错误分配，从而被浪费——生产的东西没人想要，想要的东西没人生产。正是在这个异质资本品具有多重用途的现实世界里，进行理性经济计算的能力对经济体系的成败才会至关重要。没有市场价格和盈亏会计准则的指引，经济计划者就会在充满各种可能性的汪洋大海中随波逐流。

罗斯巴德揭示现代经济体中经济计算的重要性的见解，被隐藏在奈特的循环流动模型、阿罗—哈恩—德布鲁（Arrow-Hahn-Debreu）的一般竞争均衡模型、收入支出的凯恩斯模型以及新凯恩斯主义的ISLM模型中。简而言之，在罗斯巴德提出这个见解之前，所有已经建立的经济模型都不适用于解决经济计算问题。所有这些模型都通过建构，以假设计算问题的不存在。

罗斯巴德在《人，经济与国家》中提出的与分析社会主义的理论和实践相关的最后一个理论观点，是他对集体或公有制的看法。[1]罗斯巴德说："所有权的重要特征并不在于法律形式，而在于实际的规则，在政府所有权的制度中，实施控制和指挥的是政府官僚，他们因此'拥有'财产。"[2]虽然政府官员在控制权意义上拥有所有权，但是他们并没有充分的现金流权[3]，并且他们

---

[1] Rothbard, *Man, Economy, and State*, vol. 2, 828–829.

[2] Rothbard, *Man, Economy, and State*, vol. 2, 828.

[3] 现金流权指的是最终控制人参与企业现金流分配的权利，是所有权的直接体现。——译者注

所拥有的权利从长期来看也是不安全的。

> 所以,政府官员往往会把自己看作"公共"资源暂时所有者。……简而言之,除非是世袭君主制那种"私有财产",否则政府官员只拥有资产的当前使用权,而不拥有它们的资本价值。但是,如果一种资源本身不能被拥有,而只能被拥有当前使用权,那么这将迅速导致资源非经济性耗竭,因为长期保存这种资源对任何人都没有好处,而快速将之用尽则符合每个所有者的利益。①

在《人,经济与国家》中,罗斯巴德不仅有力地阐述了米塞斯提出的关于社会主义中不可能进行理性经济计算的观点,还有力地提出了集体财产观念不一致性的观点。

对苏联现实的分析

罗斯巴德并不满足于仅仅提出社会主义理论问题。如上文所说,罗斯巴德认为所有理论的观点也是实践的观点,因此他使用经济学学说来分析他所处的那个时代苏联的现实,揭露当时散布的关于该制度的错误前提。需要再一次强调的是,记住20世纪50年代和60年代是《人,经济与国家》的写作背景是很重要的。当时,经济学界关于苏联的讨论可分为三种不同的文献:(1)计划的理论模型;(2)经济增长的经验模型;(3)批评苏联制度的

---

① Rothbard, *Man, Economy, and State*, vol. 2, 828-829.

保守主义。保守派的批评主要集中于苏联制度中被扭曲的激励机制会导致效率低下。在编写《人,经济与国家》的时代,从经济学的角度批评社会主义的保守派寥寥无几。弗兰克·奈特虽然批评社会主义,但并不是从经济学的角度来批评。事实上,他认为社会主义没有任何经济问题,只有政治问题。①米尔顿·弗里德曼在20世纪40年代批评了阿巴·勒纳的《控制经济学》,但弗里德曼的学术研究主要集中于微观经济学的技术问题和宏观经济学的实证问题。②在1962年《资本主义与自由》(Capitalism and Freedom)出版之后,他才开始在其著作中更加明显地表现出对古典自由主义的研究。沃伦·纳特关于苏联制度的著作出版于1962年,布坎南和图洛克也是在20世纪60年代才发展出公共选择学派。在20世纪50年代末和60年代初期,学界缺乏自由市场经济学家,而且他们普遍名声不佳。

20世纪50年代,从经济学角度批评社会主义的人基本上仍仅限于米塞斯、哈耶克和他们的追随者,而经济学界继续发展,就好像米塞斯和哈耶克在关于社会主义经济计算的辩论中被彻底击败了一样——在先前引文中提到的"奇特传说"。摆脱了米塞

---

① 对奈特就社会主义问题的讨论及其与米塞斯和哈耶克在著作中所陈述的反对社会主义的论点的关系,参见下文。
Peter J. Boettke and Karen I. Vaughn, "Knight and the Austrians on Capital and the Problems of Socialism," *History of Political Economy* 34, no. 1 (2002): 155–176.

② 弗里德曼对勒纳的批评是敏锐的,因为他攻击勒纳在制度真空中发展自己的理论。因此,弗里德曼认识到,在20世纪中叶,得出一种关于经济过程的超然制度的理论的希望将会搁浅,最终会导致经济学的反作用,由此产生现在新制度经济学领域中的文献。
Milton Friedman, "Lerner's Economics of Control," *Journal of Political Economy* 55, no. 5 (1947): 405–416.

斯和哈耶克等唱反调的人之后，经济学文献要么集中于对计划的微观分析，要么集中于对增长率的宏观经济学估计。在理论层面，苏联的计划据说是遵循物料平衡法来进行的。如图5-1所示，该图简述了苏联中央计划经济。

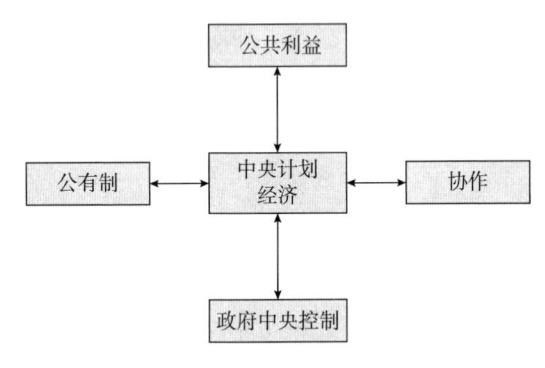

图5-1 中央计划经济

经济计划的物料平衡法被认为能确保规划的各个阶段得到协调，从而确保资源得到最大限度的利用来实现计划目标。苏联制度中被认为能够运作的计划流程如图5-2所示。

当然，现实与这幅图中经济体系自上而下相协调的计划大相径庭。[①] 由于经济计算的问题，即使在理想的现实世界中，计划也不能如此有效地协调一致。此外，一旦我们认识到这种制度的"欠缺"，我们就必须重新调整我们了解苏联式经济运作的方式。

---

① 我讨论了这种制度在理论上如何运作与实际运作情况的对比。
Peter J. Boettke, *Why Perestroika Failed: The Politics and Economics of Socialist Transformation* (New York: Routledge, 1993), 57–72.

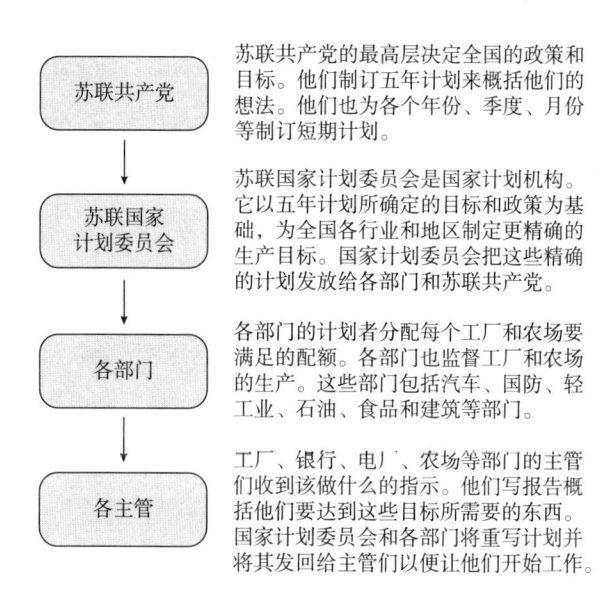

苏联共产党	苏联共产党的最高层决定全国的政策和目标。他们制订五年计划来概括他们的想法。他们也为各个年份、季度、月份等制订短期计划。
↓	
苏联国家计划委员会	苏联国家计划委员会是国家计划机构。它以五年计划所确定的目标和政策为基础,为全国各行业和地区制定更精确的生产目标。国家计划委员会把这些精确的计划发放给各部门和苏联共产党。
↓	
各部门	各部门的计划者分配每个工厂和农场要满足的配额。各部门也监督工厂和农场的生产。这些部门包括汽车、国防、轻工业、石油、食品和建筑等部门。
↓	
各主管	工厂、银行、电厂、农场等部门的主管们收到该做什么的指示。他们写报告概括他们要达到这些目标所需要的东西。国家计划委员会和各部门将重写计划并将其发回给主管们以便让他们开始工作。

图5-2 计划流程

  如果苏联不是中央计划经济的理想例子,那么该如何描述苏联制度的特征?在此,罗斯巴德领先于其经济学同行,他指出,市场经济的基本要素在苏联体系中持续存在并维持其运转。保罗·克雷格·罗伯茨(Paul Craig Roberts)发展了一种对苏联制度多中心理解的观点,而其与中央计划解释相反。此外,他的著作有助于说明罗斯巴德对后来的那些经济学家的观点的预见。[①]
不幸的是,罗伯茨的著作,就像罗斯巴德的见解一样,在很大

---

① Paul Craig Roberts, *Alienation and the Soviet Economy* (New York: Holmes & Meier, 1971).

程度上被学界所忽视。① 然而，对于我们当前的目的来说，重要的一点是，正如罗斯巴德预见了拉沃伊在其对理论文献的批判中所发展出的论点的主线，罗斯巴德对现实社会主义的分析也预见了罗伯茨理解黑市和其他不同颜色的市场在苏联经济中所起的作用。

罗斯巴德清楚地认识到生产过程中存在的激励问题。以总量而非市场价值的形式衡量产出是荒谬的，但会激励金额和数量更大的产出，而不考虑资源的配置。尽管这些激励问题很严峻，但是苏联经济制度还存在更深刻的问题。计划经济制度试图通过调整以适应这些结构性问题，但实际上却产生一种完全不同于教科书所描述的、试图塑造的制度。②

罗斯巴德指出了三个关于现实社会主义的要素，这对理解苏联经济现实明显地偏离教科书上的中央计划模型既直观又重要。第一个要素是存在世界市场价格，苏联的计划者可以依靠它来制订他们的计划。一个社会主义国家存在于由市场确定价格的世界

---

① 罗伯茨的著作是我关于苏联历史和苏联解体的著作的基础。
Peter J. Boettke, *The Political Economy of Soviet Socialism: The Formative Years, 1918–1928* (Boston, MA: Kluwer, 1990); Boettke, *Why Perestroika Failed*; Peter J. Boettke, *Calculation and Coordination: Essays on Socialism and Transitional Political Economy* (New York: Routledge, 2001).
正如罗斯巴德预见了罗伯茨的著作，他也预见了我在这方面的工作。

② 这并不是说激励扭曲的问题不严峻，它们严峻。但是，米塞斯指出，问题比管理者所面临的激励更为深刻。在《人的行动》中，米塞斯写道：我们的问题不涉及经理的活动；它们是关于资本在不同的产业部门之间配置的问题。这些问题是：哪些部门的生产应该增加还是减少，哪些部门的生产目标应该改变，应该创设什么样的新产业部门？这些问题不是忠实的公司经理和他的高效工作能够解答的。凡是把企业家精神与经理才干弄混淆了的人，都是看不清楚经济问题的人。

之中，可以在世界市场中进行买卖，应该参考世界市场价格。这反过来又让经济计划者能够"模糊地接近生产品的某种理性定价"。①正是这种依靠世界市场价格的能力，避免了当前任何全面中央计划的尝试沦为彻底的计算混乱。

但苏联制度并不单单建立在世界市场价格的基础上。生产失败和消费者受挫也促成了国内市场的产生。正如罗斯巴德所说：

> 另一个减少了社会主义国家计划经济程度的被忽视的因素是"黑市"活动，尤其是容易隐藏的"黑市"商品（糖果、香烟、药品、袜子等）活动。即便是对于更大宗的商品，伪造记录和大量的贪污受贿都会催生某种有限的市场——违背社会主义计划经济的市场。②

直到苏联解体之后，黑市对于理解苏联经济的重要性仍被大大忽视。20世纪80年代后期，尽管有证据表明黑市广泛性的一面——既在计划内部试图助力完成产出目标，又在计划外部满足消费者需求，该领域的主要教科书对黑市的讨论仍然只有寥寥几页。而贪污腐败作为苏联经济的重要组成部分，却在20世纪80年代和90年代初详细论证了短缺经济模型之后才得到讨论，尽管我们可以在文献中找到印证——"走后门"甚至比斯大林还

---

① Rothbard, *Man, Economy, and State*, vol. 2, 831.
② Rothbard, *Man, Economy, and State*, vol. 2, 831.

管用。①

罗斯巴德对大约20年后这一领域的进展预见了多少,以他对中央禁止经济、苏联制度缺乏创新以及苏联增长率的谬误的研究为证。罗斯巴德关于为什么苏联制度不是一个真正的中央计划经济制度的研究值得详细引述。

此外,应当注意的是,中央计划经济是中央禁止经济。"社会工程学"是一个欺骗性的比喻,因为在社会领域,被计划的更多是人,而不是工程蓝图中没有生命的机器。由于每个人本质上(如果法律上不总是这样)是自我所有者和自我发动者,即自我激发器,这也就意味着中央命令有效地禁止个人做他们最想做或

---

① 在1956年赫鲁晓夫"解冻"之后,出现了一个机会窗口让西方学者可以进行更多的"实地"研究,一个政治科学和经济学的研究生小组利用这个机会写出了具有突破性的博士论文。在经济学中,关于苏联公司的代表作有《苏联的工厂和经理》(Factory and Manager in the USSR)、《苏联的管理与工业企业》(Management and the Industrial Firm in the USSR),参见下文。
Joseph Berliner, Factory and Manager in the USSR (Cambridge, MA: Harvard University Press, 1957), and David Granick, Management and the Industrial Firm in the USSR (1954; repr., Westport, CT: Greenwood Press, 1980).
尽管这些作品中有重要的实证研究结果,但作者缺乏适当的理论框架来充分挖掘这些发现。因此,当窗口关闭,失去实地研究的机会时,这一时期的主要见解也就付之东流,最优规划模型和/或增长率的统计估计占据了关于苏联经济的文献的主要位置。格雷戈里·格罗斯曼(Gregory Grossman)等学者的流亡之作指出苏联体制如何真正运作,以及如何与中央计划模型相去甚远,但这并没有得到教科书式的认可。
"The 'Second Economy' of the USSR," in The Soviet Economy, ed. Morris Bornstein (1977; repr., Boulder, CO: Westview, 1981).
即使是被广泛接受的亚诺斯·科尔奈(Janos Kornai)关于过度管理和短缺经济的著作,虽然其提供的概念(例如调整阶段)进入了所有的教科书,但也不会影响到基础教科书上关于中央计划的模型。
The Political Economy of Communism (Princeton, NJ: Princeton University Press, 1992).

者说他们认为自己最适合做的事情。①

显然，苏联经济本质上是一种禁止经济。在分析禁止经济时，我们可以强调的是当局实施法令时所必须使用的武力和暴力、强行阻止个人设法追求他们的计划的失败，以及禁止的环境如何影响这种追求。一方面，我们有武力和暴力；另一方面，我们有黑市和贪污，因为个人会承担因追求自己的计划、实现自己的欲望而被当局任意惩罚的风险。在这种禁止环境中，人们仍然追求自己的计划，但是他们被迫以一种不同于在不受限制的市场环境中的方式来做。20世纪20年代的禁酒令并没有减少酒精消费，但它确实创造了一个仿造杜松子酒和艾尔·卡彭（Al Capone）②横空出世的环境。同样，整个苏联的禁止市场并没有减少市场交换——它只是被迫转到了地下。③

---

① Rothbard, *Man, Economy, and State*, vol. 2, 831.
② 前者是禁酒令时期的一种私酿酒，后者是臭名昭著的黑手党头目。——译者注
③ 对这些影响的讨论，参见罗斯巴德关于三元干预的讨论。在罗斯巴德提出的关于干预主义的经济后果的许多重要见解中，他预见了20世纪90年代由加里·安德森（Gary Anderson）和彼得·贝奇发展的苏联经济寻租理论，参见下文。
"Perestroika and Public Choice: The Economics of Autocratic Succession in a Rent-Seeking Society," *Public Choice* 75, no. 2（1993）: 101–118; "Soviet Venality: A Rent-Seeking Model of the Communist State," *Public Choice* 93, nos. 1–2（1997）: 37–53; David Levy（"The Bias in Centrally Planned Prices," *Public Choice* 67（1990）: 213–226; Andrei Shleifer and Robert Vishny [*The Grabbing Hand*（Cambridge, MA: Harvard University Press, 1998）].
当时他说："那么，产品管制的直接受益者就是管制这些产品的政府官僚：他们的利益一部分源于因管制所创造的食税职位，另一部分也许源于对他人施加强制手段而取得的满足。""黑市"不可避免地出现在禁令之后，也产生了一种情况，"即管制很容易演变成向黑市商人授予垄断特权，使得黑市商人很有可能与本会在合法市场同一行业里取得成功的企业家有很大的不同"。罗斯巴德还提出，由于需要保密以避免合法性检测，黑市产生的投资时间限制是短暂的。

罗斯巴德指出，这种禁止性环境对苏联经济的长期表现产生的一个最具破坏性的后果就是中央计划的经济尝试对发明创新所产生的不利影响。发明、创新、技术发展，就其根本性质、定义而言，是不可能事先预测的，因此也不可能由中央和官僚来计划。① 为无法预见的可能性留下空间不是计划工作的本质。在一个自由市场社会里，将发明什么、何时发明出来以及由谁来发明，在最终确定之前我们对此无从知晓。② 中央计划的任务要做到连贯一致，就需要事先了解并开展技术创新的计划。然而，计划创新是一个典型的矛盾说法。一旦我们认识到中央计划不能计划技术创新时，就必须完全放弃经济理性化的主张。罗斯巴德总结道：

显然，中央禁止经济在任何时间，对于给定的目的和给定的手段及技术来说，都是非常不理性的、无效率的，尤其是当社会希望出现发明和新发展时，它更加力不从心。官僚主义在计划静态经济时就已经足够差劲了，更不用说去计划一个进步的经济了。③

---

① Rothbard, *Man, Economy, and State*, vol.2, 831.
② 在《自由宪章》中，哈耶克指出，假如真有无所不知的人，假如我们真能知道影响我们实现现时愿望的一切因素，并了解我们将来的需求和愿望，我们就没有理由倡导自由了。反过来说，个人自由会使预见一切变得不可能。为了给不可预见和不可预言的事情留有发展的余地，自由是必不可少的。我们渴望自由是因为我们已经学会通过自由获得实现许多目标的机会。正因为每个人知道的东西都很少，尤其是我们不清楚谁知道的最多，所以我们相信人们独立的、竞争性的努力会产生我们一见到就想拥有的东西。
③ Rothbard, *Man, Economy, and State*, vol.2, 832.

在20世纪60年代初期，不理会已知的苏联反人类罪行和所谓的苏联经济无效率是很正常的，因为中央计划机构声称苏联实现了经济增长，在不到一代人的时间里从一个主要由农民组成的社会变成了一个工业社会，而这一转变是他们在"二战"中击败希特勒的原因。无论在人权上造成了什么样的牺牲，怎样让消费者受挫，苏联的经济增长都给出了正当的理由。罗斯巴德不想全面讨论"近年来对所谓苏联经济高速增长的吵闹争论"。[1]但他预料到苏联经济增长的批评者后来提出的主要论点，并有效地挑战了实证记录。最重要的问题是对增长的计算不正确，这是因为生产的投入是计算在内的，而产出的价值不是。纳特是最早试图对苏联的经济表现进行现实分析的人之一，但他在降低夸张的数字上收效甚微，并且他的估计最终也被罗伯茨证明偏高。[2]罗斯巴德清楚地意识到增长数据的夸张，他指出：

有意思的是，我们发现，苏联的"增长"似乎仅仅是资本品（比如钢铁、水电大坝等）的增长，而这个增长成果很少惠及普通苏联消费者的生活水平。然而，消费者的生活水平是整个生产过程最重要的也是最终的目的。生产如果不是作为实现消费的手段，便没有意义。资本品投资的意义不外乎增加消费。[3]

---

[1] Rothbard, *Man, Economy, and State*, vol. 2, 835.

[2] G. Warren Nutter, *The Growth of Industrial Production in the Soviet Economy* (Princeton, NJ: Princeton University Press, 1962); Paul Craig Roberts, "My Time with Soviet Economics," *Independent Review* 7, no. 2 (2002): 259–264.

[3] Rothbard, *Man, Economy, and State*, vol. 2, 835–836.

苏联制度是一种"炫耀性生产",政府投资不是为了给消费者带来实实在在的利益,而是政府官员铺张浪费型"消费"的一种特殊形式。①

根据某些中央计划,政府强制分配的稀缺资本品要么被浪费掉,要么被耗散掉,因为这种投资不依赖消费者的需求和市场上的盈亏信号。这些投资是不良投资,因为如果政府停止补贴,那么投资不太可能持续下去。罗斯巴德这样总结了苏联的情况:

> 资本是资本品复杂的、精致的、相互交织的结构。这个结构中每一条精致的分支都必须相互契合,并且要精确地契合,否则就会出现不良投资的问题。自由市场是一种内部几乎自动契合的机制;而纵观全书我们可以看到,自由市场如何通过它的定价体系和盈亏标准来调整不同生产部门的产量和产品种类,以防止任何一方偏离队伍。但在社会主义或者大规模政府投资的情况下,并不存在这种契合与和谐化的机制。没有自由的价格体系以及盈亏标准,政府只能一直犯错,盲目地投资,而不能投资到正确的领域、正确的产品或正确的地方。也许政府会建造一条漂亮的地铁,但列车却没有车轮可用;建造了一座大坝,但却没有输电电缆等。这些突兀的过剩和短缺是政府计划的鲜明特征,也是政府大规模不良投资导致的结果。②

因此,苏联的经济增长既被高估又不可持续。令人惊讶的

---

① Rothbard, *Man, Economy, and State*, vol. 2, 836.
② Rothbard, *Man, Economy, and State*, vol. 2, 836–837.

是，对苏联经济表现的明显夸大持续到20世纪70年代末期及以后。① 事实上，直至1989年，在萨缪尔森和诺德豪斯（Nordhaus）的畅销教科书中，仍然可以找到关于苏联经济的正面讨论。②

当看到由安德烈·施莱弗和罗伯特·维什尼（Robert Vishny）所做的关于现实社会主义最好的现代分析和保罗·格雷戈里（Paul Gregory）进行的最好的历史研究时，读者很容易发现，这些作者正是在罗斯巴德的观点上论述的，哪怕这一点没有被承认。③ 施莱弗和维什尼的分析侧重于"掠夺之手"和计划制度对短缺的偏见。格雷戈里则在档案馆里深挖，并运用现代政治经济学的框架，对斯大林主义的政治经济学进行了逻辑一致的全面阐释。在这两个例子里，施莱弗和维什尼以及格雷戈里都使用了罗斯巴德最早发展出的概念。然而，这些作者（在近乎普遍的情况下）都不知道罗斯巴德20世纪50年代和60年代的开创性分析。当人们认识到经济学界花了30多年才认识并接受了罗斯巴德在《人，经济与国家》中所写的东西时，他对政治经济学真正伟大的贡献才显现出来。不幸的是，即使这些观念得到了承认，它们也很少（如果有的话）被归功于罗斯巴德。

---

① Roberts, "My Time," 260.
② Paul A. Samuelson and William D. Nordhaus, *Economics*, 13th ed.（New York: McGraw-Hill, 1989）.
③ Shleifer and Vishny, *Grabbing Hand*; Paul Gregory, *The Political Economy of Stalinism*（New York: Cambridge University Press, 2003）.

结 论

正如我们所看到的，罗斯巴德不但在《人，经济与国家》中对社会主义提出了理论批判，而且扩展了这种分析，将之应用于理解苏联经济的失败中。在20世纪60年代初期，罗斯巴德预见了20世纪80年代和90年代分析社会主义理论和实践的所有重大发展。罗斯巴德首先提出了对社会主义计算辩论的重新阐释，后来由拉沃伊证实了这种阐释，其强调动态的市场过程，而不是专注于均衡。① 罗斯巴德还阐明了对集体财产权的批评，他指出，这一概念没有认识到控制权必然落到被授予决定权的人手中。② 同时，罗斯巴德挑战了中央全面经济计划的观念，提出了与计划经济相对立的观念——禁止经济。③ 罗斯巴德将对所谓集体财产制度中的"所有者"的识别与对禁止经济的主要恩主的澄清相结合，预见了后来由公共选择学派相关文献所发展出的对苏联计划的寻租解释。④ 罗斯巴德还挑战了对苏联经济增长的解释，并认为它既被高估，又是不当投资。⑤

根据我们提供的文本证据，毫无疑问，罗斯巴德在论述苏联制度的失败上领先于他的时代。他的分析如此有创见，而且我们必须记住，《人，经济与国家》写于20世纪50年代，并且在这些年的再版过程中没有大的改动。但是，即使我们认识到他预见

---

① Rothbard, *Man, Economy, and State*, vol. 2, 549.
② Rothbard, *Man, Economy, and State*, vol. 2, 828.
③ Rothbard, *Man, Economy, and State*, vol. 2, 831.
④ Rothbard, *Man, Economy, and State*, vol. 2, 786.
⑤ Rothbard, *Man, Economy, and State*, vol. 2, 835.

了研究文献的后续发展，我们还有一个问题，那就是他的分析是否对其他社会主义国家有所帮助？对这个问题的回答必然是毫不含糊的"是"。转型时期最大的问题之一是原始制度的错误设定。教科书上所说的苏联式制度是一个在当前状态下任何人都不拥有财产权的制度。而现实情况当然就像罗斯巴德所描述的那样——这个制度的主要受益者是政治领袖。此外，苏联的投资结构是由不良投资所组成的。因此，罗斯巴德分析的政策影响有两个主题：（1）消除政府对市场活动的禁令；（2）消除政府对市场调整的限制，以消除不当投资并重新将资本分配至更合适的用途。简而言之，罗斯巴德在《美国大萧条》(America's Great Depression)中就繁荣—萧条周期提出的政策建议，便和苏联解体后得到的建议相同。① 除了扩展《美国大萧条》中提到的政策影响，罗斯巴德还在《去社会主义化中要做什么，不要做什么》(How and How Not to Desocialize)一文中为转型经济提供了一幅蓝图。② 在这篇文章中，罗斯巴德为从社会主义到市场的转型提供了10个"要"和"不要"的指导方针。不幸的是，苏联式经济体的政治联盟抵制了罗斯巴德提出的许多政策药方。

罗斯巴德的《人，经济与国家》是奥派经济学公认的里程碑。除了米塞斯的《人的行动》，罗斯巴德的著作是对该领域唯一的系统性论述。罗斯巴德引导读者从该学科的基本原理出发，对干预主义的经济后果做出了精细的解释。能体现这本著作的思想力量的一个主要例子便是他对社会主义理论问题的研究，以及

---

① 参见贝奇的《改革为何失败》，来全面了解罗斯巴德关于苏联解体后的政策药方。

② Murray N. Rothbard, "How and How Not to Desocialize," *Review of Austrian Economics* 6, no. 1 (1992): 65–77.

应用对这些理论的认识来分析苏联现实。

第三课——肯尼思·博尔丁：以主观主义精神审视市场

> 真实世界是一团糨糊。而如果真实世界是一团糨糊，那么要把它弄清楚就是一个巨大的错误。
>
> ——肯尼思·博尔丁[①]

引 言

博尔丁无疑是20世纪最多产的经济学家和社会学思想家之一。博尔丁在他的学术生涯中出版了近40本著作，发表了数百篇文章。从资本理论的技术问题到和平研究和国防经济学，再到进化社会理论，他的学识也是学术界最令人感兴趣的话题之一。博尔丁是一位大胆的社会学思想家，他不仅试图建构统一的社会科学理论体系，还试图建构统一的一般知识理论体系。

他是一位蔑视门户之见的折中的思想家。确切地说，他属于他自己的学派，可惜的是这个学派只有"顶级大厨"，而没有"普通厨师"。他的经典理论教材——《经济分析》(*Economic*

---

① 博尔丁的课程讲义，参见下文。
Great Books in the History of Political Economy（George Mason University, September 10, 1985）.

Analysis）牢固地树立了博尔丁在主流经济学思想领域中的地位。该教材的修订本是首批将凯恩斯主义的思想引入经济学主流教学的尝试之一。然而，博尔丁并不是传统意义上的凯恩斯主义者，尽管他接受了这个标签。① 博尔丁也在一定程度上受约瑟夫·熊彼特（Joseph Schumpeter）的影响，实际上，他是在去美国的船上第一次遇到了熊彼特，并且1932年他与熊彼特一起在哈佛大学共事。他与熊彼特一起研究资本理论，似乎发现了庞巴维克理论中有一个根本性的缺陷。②

博尔丁经常对其他人试图将他归入某一派别表示惊讶。他在其文集第一卷的引言中写道：

> 尽管事实上我认为自己并不是一个激进分子，我的思想接近从亚当·斯密到李嘉图、穆勒、马歇尔和凯恩斯的"主线"经济学思想，但就感受而言，我觉得我更接近"异端"，特别是接近美国的制度经济学者——索斯丹·凡勃伦（Thorstein Veblen）、韦斯利·米切尔（Wesley Mitchell），尤其是约翰·R. 康芒斯

---

① 比如，他在《经济学的重构》（A Reconstruction of Economics）的序言中对凯恩斯主义的接受和保留。在《经济学家的技能》（The Skills of the Economist），博尔丁一方面称自己是一位古典经济学家（尽管他从制度主义和历史主义中学到了很多），另一方面称自己是一位温和的凯恩斯主义者（尽管他必须承认米塞斯和哈耶克提出了一些重要且令人不安的问题）。

② 博尔丁曾说："我和他（熊彼特）一起研究资本理论，发现了我认为的庞巴维克理论中的一个根本缺陷，我现在不太记得是什么了，看来是我把自己的论文弄丢了。"
"My Life Philosophy," *The American Economist* 29（Fall 1985）: 6.
博尔丁的论文很可能并没有对熊彼特产生影响，因为熊彼特在《经济分析史》（*The History of Economic Analysis*）中讨论庞巴维克时，并没有引用博尔丁的批评。

（John R. Commons）。康芒斯卓尔不群，他可能是20世纪最有影响力但又最被忽视的美国思想家。①

在此我不打算再对博尔丁归一次类。他同时是主流经济学家和激进的批评家、经典理论家和现代技术员、科学家以及神秘主义者。相反，我的目的是要引起人们关注博尔丁的这些特点，以表明他是后奈特时代最重要的（不用说也是最有创造力的）美国主观主义者之一。

博尔丁的影响之一就是他与奥地利学派或经济分析中主观主义传统的深厚联系，而谈到博尔丁时，人们常常忽视这点。例如，他早期的技术论文就是对奥地利学派和费雪的资本理论的探索。②而当他的研究方向从技术经济学转向社会科学中更为广泛的问题时，这种影响仍在继续，特别是《意象》(The Image)代表了主观主义传统中被忽视的部分。

博尔丁与各种主观主义者共享的一个基本主题是，人类社会是一个混乱而复杂的系统，不适合对其进行整齐划一的解释。事实上，形式优美的、旨在提供客观知识和严格可预测性的解释即使不是教条，也是一种幻觉。博尔丁认为，这种社会制度决定论的观点可能是，甚至完全是灾难性的，因为它可能让我们"忽略适应性、试探性以及不断修改意象的愿望，而这些是在不确定的

---

① Kenneth E. Boulding, "Introduction," In *Collected Papers*, vol. 1 (Boulder: Colorado Associated University Press, 1971), viii.

② Kenneth E. Boulding, "The Application of the Pure Theory of Population Change to the Theory of Capital," *Quarterly Journal of Economics* 48 (August 1934): 645–666; Boulding, "Time and Investment," *Economica* 10 (May 1936): 196–220.

世界中生存的必要条件"。①

博尔丁的背景

1910年，博尔丁出生于英国利物浦市。后来他加入了牛津大学新学院的一项始于1928年的科学奖学金计划，并打算研究化学。但博尔丁发现，科学并没有他当初认为的那么有趣，于是决定转而关注社会问题。博尔丁回忆道，1929年6月，他去拜访了莱昂内尔·罗宾斯（Lionel Robbins）。罗宾斯刚刚离开牛津大学，到伦敦政治经济学院担任教授。博尔丁想知道，他如果要学经济学的话，那个暑假应该读些什么。罗宾斯给他开了一份书单，包括阿尔弗雷德·马歇尔的《经济学原理》和菲利普·威克斯蒂德的《政治经济学常识》（*Common Sense of Political Economy*）。1929年秋天返校回牛津后，博尔丁在经济学考试中取得了近乎满分的成绩，而虽然他进入了有名的政治学、哲学和经济学学院，但学校仍然保留了他的科学奖学金名额。

博尔丁还是个本科生时，就在《经济学杂志》（*The Economic Journal*，凯恩斯是该杂志当时的编辑）上发表了他的第一篇专业论文《审视置换成本的理论角色》（An Examination of the Theoretical Role of "Displacement Costs"）。从牛津大学毕业后，博尔丁获得了英联邦奖学金，之后前往美国学习经济学。他开始在哈佛大学和约瑟夫·熊彼特共事了一段短暂的时间，然后到芝

---

① Kenneth E. Boulding, "Systems Research and the Hierarchy of World Systems," *Systems Research* 2 (1985): 11.

加哥大学，和弗兰克·奈特一起共事。事实上，博尔丁对奥地利学派资本理论的研究让奈特感到相当厌烦，因此后者发表了一篇名为《博尔丁先生与奥地利人》(Mr. Boulding and the Austrians)的文章。

博尔丁并未完成经济学博士学位。他经常说，这个经历差点要了他的命。尽管博尔丁没有得到学术界的"入场券"，但他仍然获得了职业机会，他将之归因于两个因素：他在牛津大学所受的教育和奈特给他的学术上的背书。①

在博尔丁的教学生涯中，他曾任教于爱丁堡大学、费斯克大学、科尔盖特大学、艾奥瓦州立大学、麦吉尔大学、密歇根大学和科罗拉多大学等。自1980年从科罗拉多大学退休后，20世纪80年代，他曾担任多所大学的客座教授。作为学者，博尔丁有着巨大的贡献。如前所述，他的著作《经济分析》是20世纪40年代主要的经济学教科书之一。博尔丁与路德维希·冯·贝塔朗菲（Ludwig von Bertalanffy）在20世纪50年代一起创建了一般系统研究协会，并就任该协会的第一任主席。基本上可以说是他开创了国防经济学和冲突解决这一研究领域，而他的著作《冲突和防御》(Conflict and Defense)被认为是该领域的经典之作。

在职业生涯的早期，博尔丁就变得不满足于只研究标准经济学。例如，在《经济学的重构》中，他写道，没有经济学，只有适用于解决经济问题的社会科学。博尔丁对标准经济学的幻灭源自他对完美知识、完美市场和静态均衡等假设的深刻不安。实际

---

① 博尔丁给奈特留下了深刻的印象，尽管他们在技术经济学上存在分歧。事实上，博尔丁描述奈特为"没有离合器的创造引擎"，或许这也是适合他自己的一个标签。

上技术经济学的要求迫使经济学家穿上了思想紧身衣，并且这样做所得到的好处并没有明显超过创造性和批判性分析所带来的损失。博尔丁强调，现代经济技术确实是有益的，但不应忽视人类在理解力上为之付出的代价。①

然而，我们如果认为博尔丁反对经济学中的形式主义，那就错了。他年轻时技术上与最好的形式主义者一样老练。从他最初关于资本理论的那些文章开始，特别是《经济学的重构》，他想要做的是为牛顿式世界观技术补充适合于动态和异质世界的形式工具。

除了非正统的经济学观点，博尔丁还是一位虔诚的贵格会教徒和和平主义者。他是职业理性主义者中非常虔诚的人一个。对现代经济学的批判和深刻的精神使博尔丁成为一位反传统的人。

博尔丁虽然是圈外人，却在他职业生涯中获得了许多业内的荣誉。1949年，他获得了美国经济协会颁发的约翰·贝茨·克拉克奖章，该奖章每两年颁发一次，颁给被认为对经济学思想做出最重大贡献的40岁以下的经济学家。获得克拉克奖章后，博

---

① 请参见博尔丁对保罗·萨缪尔森的《经济分析基础》(*Foundation of Economic Analysis*)的评论。博尔丁认为，逻辑和判断对科学目的是必要的，但数学技能并不能帮助我们判断。相反，它仅仅有助于逻辑。博尔丁说："通用性和数学优雅性的约定，可能与满足特殊性和文学模糊性一样，都会成为知识获取和传播的障碍……在未来，经济学和社会学之间的那些不整齐的文学性的边缘地带，很有可能将成为最富有建设性成果的领域，而数理经济学过于完美、没有缺点，因此无法取得非常丰硕的成果。"
"Samuelson's Foundations: The Role of Mathematics in Economics," *Journal of Political Economy* 56 (June 1948)： 247.
Boulding, *Economics as a Science* (New York： McGraw-Hill, 1970), 115.
他认为数学推理可以成为非常好的仆人，但却是非常糟糕的主人。

尔丁的研究方向进一步从主流经济学跨向社会科学和社会哲学。尽管如此，1968年他仍然当选为美国经济协会的主席。[1]

博尔丁经济学中的主观主义主题

自从卡尔·门格尔在《国民经济学原理》(*Principles of Economics*)中第一次系统地介绍了主观主义经济学以来，[2]主观主义经济学因其对知识、时间和过程问题的强调，而与其他学派区分开来。在非常有限的意义上，所有新古典经济学派都接受主观价值理论。但在一个重要的方面，新古典革命代表了边际主义而不是主观主义的胜利。例如，阿尔弗雷德·马歇尔的《经济学原理》很快就在市场行为分析中再次引入站不住脚的客观成本。[3]

主观主义知识观的一个基本主题是，人类社会就是对现实所做的社会建构，不多也不少。正是个人的价值观、认知和期望指导着对可替代行动方案的判断。换句话说，我们的世界被分割为

---

[1] 我们相信，博尔丁创造了一项担任主要学术团体主席的记录。除了美国经济协会，他还曾担任美国科学促进会、国际研究协会、和平研究协会、一般系统研究协会和资助经济研究协会的主席。

[2] Carl Menger, *Principles of Economics* (1871; repr., New York: New York University Press, 1981).

[3] Alfred Marshall, *Principles of Economics*, 9th ed. (New York: Macmillan, 1961).
1914年威克斯蒂德在英国经济学会进行批评性演讲中明确阐述了这一点。威克斯蒂德解释，供给和需求不是剪刀的双刃，而是由同样的东西构成的，即消费者的主观评价。Philip Wicksteed, "The Scope and Method of Political Economy in Light of the 'Marginal' Theory of Value and Distribution," in *The Common Sense of Political Economy*, 2 vols.(1914; repr., London: Routledge, 1938).

许多关于事实和价值的体系。社会体系所包含的知识分散在不同的参与者身上。对主观主义者而言,价值的冲突和知识的分散都会使他们把学术注意力集中于让参与者能以合适的方式彼此协调行事的制度和实践。经济学家和社会科学家试图解释的正是这些制度和实践,而正是它们架起了唯我论与社会秩序相通的桥梁。①

主观主义者不是用标准的牛顿式概念,而是用赫拉克里特式概念看待时间。时间不可逆转,代表着无休无止的意识流动。正如G. L. S. 沙克尔(G. L. S. Shackle)所言:"就人类而言,存在包含着无尽的新知识。"②以这种方式看待时间,意味着接受未来具有的内在不确定性,而这种不确定性公然挑战未来被简化为数学公式的可能性。

对知识和时间的关注导致将人类社会看作动态变化的复杂图景的看法。传统上,主观主义者认为,过程分析和演化分析是理解动态系统和现实结构之间相互依存关系的最合适方法。③标准的均衡模型充其量也就为解释行为相互调整的倾向提供了有益的启发。

博尔丁在其庞大的作品库中反复强调这些主题。即使是在博尔丁的思想最主流的时期(就技术和论证方式而言),他的形式分析(无论是图形分析还是方程式系统)也都试图检验逐周期调

---

① 关于社会理论研究的激励问题的讨论,可参见下文。
 Georg Simmel, "How Is Society Possible?" in *On Individuality and Social Forms*, edited by Donald N. Levine(1908;repr., Chicago: University of Chicago Press, 1971).
② G.L.S. Shackle, *Epistemics and Economics*(Cambridge: Cambridge University Press, 1972), 156.
③ 过程分析检验的是在任何现有参数集合内的行为的调整和变化,而进化理论检验的是参数本身变化的结果。

整,而他在写作中,则时常强调系统的进化动力。博尔丁从不仅仅专注于均衡状态。事实上,他对多重均衡可能性的认识,以及更重要的是,对均衡经济学的不均衡基础的必要性的认识,导致博尔丁从职业发展初期,就开始寻求通过生物学中发展出来的人口理论与生态学交互的形式模型来辅助其进行社会研究。例如,《经济学的重构》和《冲突和防御》(都是高度技术性的著作,特别是考虑到它们成书的时代)反映了博尔丁对过程分析和演化动力的关注。

《经济学的重构》的基本写作思路是以资产负债表的方法研究经济学,但其检验的是状态的变化序列,而不是传统均衡模型分析时所限的特定状态。博尔丁认为,在传统的标准公司理论中似乎不可能引入不确定性的基本概念。这是因为最大化理论的基础是关于未来的确定性知识。这也不能检验公司的资产结构。然而,如果从一开始就没有引入不确定性的概念,那么就不可能分析资产负债表的结构,特别是资产的流动性和灵活性。未来的不确定性,以及对不确定性的防范措施,都是公司资产结构的组成部分。博尔丁担心,如果我们试图在确定性概念的情况下,建立一种形式优雅的公司利润最大化理论,那么我们就再也没有办法将不确定性重新纳入分析的范畴。这样的话,我们的公司理论将有严重缺陷。①

此外,在《冲突和防御》中,博尔丁采用理查德森(Richardsonian)的过程概念来检验面临冲突时出现的多重均衡(这是产生自我论证和非生产性效应的过程)。他的目的是发展一

---

① Boulding, *A Reconstruction of Economics*, 26–38.

种冲突理论，以表明"冲突进程既不是随心所欲的，又不是难以理解的"。①他的希望是人类理解冲突的逻辑后，就能在核时代找到改善人类福利的办法。而我们想强调的积极分析的观点只是博尔丁关注均衡之间的过程和运动，而不是均衡本身的那种虚构理论。

随着博尔丁的思想越来越偏离主流经济学思想，最终他提出社会科学的任务是解释人类知识的演化和进步。②均衡经济学是智力资源在经济学中错误配置的一个例子。③

主观主义传统中的个人不是疾如闪电的苦乐得失计算器，也不是完全盲目的。相反，个人穿行于希望的诱惑和恐惧的困扰之间。博尔丁在《意象》中试图告诉他的社会科学家同行，如果因为接受了某些实际操作的假设，比如完美的知识和完美的市场，

---

① Boulding, *Conflict and Defense*, 328.
② 博尔丁有几句著名的妙语，与他对主流经济学日渐幻灭的态度有关。当被问及为什么在20世纪中叶逻辑实证主义占据了经济学的主导地位时，博尔丁简单地回答道："当然没有人反对逻辑实证主义，因为没有人想被认为是一个不讲逻辑的消极主义者。"此外，博尔丁经常把瓦尔拉斯（Walras）称为"经济学的彻底灾难，因为他对食物链没有概念"。换句话说，动态演化的概念与主流的均衡分析完全不同。最后，博尔丁还指出，现代经济学家的主要问题是，他们用17世纪的数学来解决20世纪的问题，而且他们认为这些问题很复杂。这出自我在乔治·梅森大学1985年秋季的政治学经济史课程中就博尔丁的重要著作所做的课堂讲稿，以及个人对话。
③ 博尔丁认为，智力资源可能被错误配置，因为在缺乏思想的流动资本市场中，我们没有关于智力资源使用回报率的可靠信息。相反，有关智力资源使用的信息是由资助经济或智力的时尚所提供的。在博尔丁看来，真正的问题是，现代大学系统的权力结构（特别是博士生的教育系统）可以用来生成一个"时尚的暴政"，而我们不清楚系统内部是否有"力量"提供必要的反馈，以"纠正"错误配置，参见下文。
Kenneth E. Boulding, "The Misallocation of Intellectual Resources in Economics," in *Collected Papers*, vol. 3（Boulder: Colorado Associated University Press, 1973）; Kenneth E. Boulding, *The Impact of the Social Sciences*（New Brunswick, NJ: Rutgers University Press, 1966）, 102–114.

而在分析中省略了不确定性、无知和动态变化，那么我们的分析会有很大的欠缺。"理性的意象不仅不完美，即使在最好的情况下也是有缺陷的。我们对自身行为的后果的意象充满了不确定性，甚至我们都不能确定我们对什么东西不确定。"[1]传统经济学处理这种不确定性问题的办法是，假定人类是在各种可替代方案之间选择，而摆在抉择者面前的这些可替代方案带着已知的效用标签和概率分布。这使得经济学家能够非常灵活地计算其选择的期望价值。但这并不能解释人类在面对不确定性时做出的决定，也不能帮助我们理解我们的意象如何进行调整以引导行为，以及如何协调我们的行为与他人的行为。

主流经济学的这种计算导向为完美市场理论奠定了基础。在关于完美市场的分析中，个人决策者只需要依赖价格信息，便可恰当地调整行为。但是，一旦将"缺陷"引入市场理论，价格信息就不是唯一的相关信息。这时关于数量、质量和经销商信誉等信息提供了至关重要的反馈。决策者只能模糊地看到他面对的可能性，而他必须在这样的环境中选择他的行动方案。

博尔丁认为："通过信息重组经济形象的过程是理解经济动态的关键。"[2]经济生活是通过知识的传播来重组我们的形象的。因此，解释知识在任何社会系统中的使用情况，就成为理解进化动态的关键科学问题。

演化主要是通过"过程知识"的能力来指导其进行的，进而引导人类做出决策。"过程知识"嵌入我们的意象。博尔丁写

---

[1] Boulding, *Image*, 84.
[2] Boulding, *Image*, 90.

道:"演化的设想对任何简单的还原论或唯物主义都是不友善的。它在信息、过程知识和程序指令等领域中体现出了演化过程的本质,引导人类意识,以及通过'事实知识'——有意识的知识——的发展极大地扩展了'过程知识'。"[1]个人能够通过语言交流才使"过程知识"到"事实知识"的转变成为可能。"过程知识"嵌在动物的基因结构中,例如,一只鸡蛋知道怎样变成一只鸡,但是人类的发展既涉及"过程知识",又涉及"事实知识"。

那么,对经济学家而言,关键的一个问题恰好就落在新古典均衡理论的范围之外:在一个复杂的先进社会中,在实际上不存在中央权威,也不存在记载这些知识流动信息的数据库的情况下,人们怎样才能将普遍的"过程知识"转化为"事实知识"?"经济生产的一个非常重要的原则就是构成其基础的'过程知识'并非由任何单独的头脑所掌握,"博尔丁认为,"而是分散在许多头脑之中,并且必须通过交流的过程来协调。"[2]从门格尔到哈耶克,不确定性问题一直是主观主义经济学的指导性问题之一,而博尔丁的方法(虽然他的结论并非总是)与主观主义经济学的研究计划一致。另外,从瓦尔拉斯开始的新古典一般均衡模型通过完美信息的假设基本上忽略了这个问题。即使最近一代的经济学家引入了不完全信息的模型,也假设对可能性的统计分布有客观的知识。即使是最先进的信息经济学模型,仍不能处理真正的不确定性问题。从根本上说,这是因为主流模型只能包含"事实知识"——客观数据,而对"过程知识"只能保持沉默。

---

[1] Kenneth E. Boulding, *Ecodynamics* (New York: Sage, 1978), 20.
[2] Kenneth E. Boulding, *Evolutionary Economics* (New York: Sage, 1981), 186.

新古典经济学家认为对市场制度的效率的信心似乎是随着外部事件而升降的。在"大萧条"和"二战"之后，经济理论经常强调现实世界的市场经济与理想的完全竞争模型不相符。换句话说，不完善的客观数据不能指导资源的有效利用，因此政府采取纠正措施是必要的。特别是在东欧剧变和苏联解体之后，新古典经济学家倾向于强调分散化的价格体系有相当的能力，可以产生有效率的结果。不管在哪种情况下，其主张与知识运用有关的主观主义问题的相似之处都只是表面现象。

博尔丁太尖锐了，不论是从价格体系的优点还是缺点来看，他都不能完全接受新古典主义的形式化观点。当新古典经济学家警告价格体系存在问题，或者捍卫市场经济具备产生有效率的结果的优势时，我们不能说这些观点是错误的，然而这套理论错在对市场制度如何实现它的目标阐述太少，对如何利用社会上其他社会系统来协调人们的计划和意象也阐述太少。[1]

博尔丁更多地强调跨学科方法，并确认社会上至少有三个协调个人的系统——价格、政治和布道，即他所说的三P系统。[2] 对复杂社会进行协调需要的不仅仅是市场价格。政治制度（法律制度、产权保护和威慑力量）以及综合体系（道德、伦理、爱情和血缘体系）对于合法的经济体制同样重要，并为面对面互动以

---

[1] 这是博尔丁对辉格经济思想史理论的部分批判，这种理论主张古时一切优秀的东西都已经被融入现代。而博尔丁与之相反，他认为，早期的作家，比如亚当·斯密，可能掌握了我们现代技术所忽略的智慧，参见下文。
Kenneth E. Boulding, "After Samuelson, Who Needs Adam Smith?" *History of Political Economy* 3 (Fall 1971): 225–237.

[2] Boulding, *Ecodynamics*, 2–24; Boulding, *Evolutionary Economics*, 177–180.

及更多的社会匿名互动提供了一种信任。他的《权力的三张面孔》(*Three Faces of Power*)是一本社会理论的入门读物,该理论试图进行一项艰难的思想创举,即将现代社会中相互依存、但在概念上又有区分的几种协调系统融合在一起。

结论:学科侵入者——博尔丁

20世纪很少有学者具有博尔丁那种跨学科发表意见的非凡能力,从经济学、生物学到社会学和生态学,再到数学和系统研究,他都能够发表某些合理且有见地的观点。这一点几乎没人做得到。

将博尔丁研究范围广泛的分析联系在一起的一条方法论线索是他激进的主观主义,这起自他20世纪30年代和40年代的早期技术经济学的文章,显现于20世纪50年代所著的《意象》之中,而在之后的大部分社会分析中,主观主义或明或隐,长盛不衰。我希望,此处将博尔丁限定于现代主观主义经济学的美国分支之内是恰当的,并鼓励具有批判性传统的其他人进一步探索博尔丁理论贡献的成果。

第四课——沃伦·萨缪尔斯:让"政治"回归政治经济学

沃伦·萨缪尔斯在其学术生涯中,考察了政府经济角色的相关论点的思想史和内部逻辑。他的方法相当折中,并深入研究了帕累托、奈特、哈耶克、科斯和布坎南等古典和现代经济学家的思想，以及那些从事制度经济学传统和政治经济学学术研究的学者思想。尽管他研究的范围相当宽泛，但他的基本思想很一致。萨缪尔斯强调各种经济过程都不可避免地嵌入政治和法律关系。这是一个值得强调的重要观点，特别是20世纪50年代以后，经济学家努力发展一种与制度无关的经济过程理论。萨缪尔斯通过强调所有经济活动发生的框架，试图将政治放回政治经济学中，因此他理所应当被认为是20世纪下半叶复兴政治经济学最重要的学者之一。

为了说明萨缪尔斯对现代政治经济学研究的贡献，我考察了他在20世纪70年代与布坎南的辩论。这场辩论不仅在《法和经济学杂志》(*Journal of Law and Economics*)上进行，这两位学者还通过私人信件交流意见，后来这些信件被发表在《经济学问题杂志》(*Journal of Economic Issues*)上。我相当理解萨缪尔斯在文章和信件中阐述的关于经济行为中嵌入了某种政治和法律关系的观点，我也欣赏他提出的所有国家行为（仅仅指的是与追求所谓自由放任政策相关的行为）的本质具有非中立性的观点。但是，我并不赞同他论点的全部含义。在此，我将回顾布坎南在政治经济学分析中强调的现状的相对位置的观点，而萨缪尔斯在与布坎南的交流中没有充分认识到这一点。这是一个具有规范性含义的分析经济学观点，但并不是对我们开始分析时存在的任何事物的规范性认可。此后，我将引用对苏联转型的政治经济学的讨论，来说明这个受布坎南启发、对萨缪尔斯立场提出警告的观点。

萨缪尔斯不喜欢被贴上学派的标签，而随着我事业的蒸蒸日上，我越来越欣赏他对知识界的这种习惯的抵制。因此，我认为这一小部分的副标题应该是"从旧制度经济学者到新奥地利学派学者的经验教训",其传达了一些至关重要的信息,因为萨缪尔斯的贡献是对传统政治经济学中的制度经济学进行批判,而他的观点超越了康芒斯和海尔(Hale)等学者早期的观点,虽然这些观点中有他的思想根源。另外,我与传统奥地利经济学派和弗吉尼亚政治经济学派的研究关系最为密切。也许某天,我们可以不带学派标签,只谈论政治经济学,并且能够互相理解。萨缪尔斯与布坎南的交流表明,两位诚实而理性的学者从根本不同的角度讨论基本问题,仍然能够发现与对方的共同之处。虽然我只愿意就萨缪尔斯与布坎南的交流向萨缪尔斯敬上两杯,而不是完整地敬上三杯,但我仍然希望这种共同之处能得到认可。一位师从哈耶克和布坎南的学生可以从一位师从康芒斯和海尔的学生那里学到很多东西,而我利用了这个机会。萨缪尔斯从来没当过我正式意义上的老师,虽然我在费尔法克斯郡,而他在东兰辛市,但从研究生一年级起,我就受到了他的影响。从那以后,这种影响一直伴随着我。我们结缘于我研究生一年级时所写的一篇论文,这篇文章讨论奥地利学派与制度经济学之间的关系,特别是在演化变迁对经济理解的重要性方面,这两个经常对立的学派之间所存在的共同之处。在写这篇论文时,我读过萨缪尔斯关于该题目的一篇类似的工作论文。这两篇论文最终发表于《经济思想史和方法论研究年鉴》(*Research in the History of Economic Thought and Methodology*)上,并附上了他人的评论。[①]而我们的联系不仅限

---

① Warren J. Samuels, "Austrians and the Institutionalist Compared," *Research in the History of Economic Thought & Methodology* 6(1989), 53–72.

于这两篇论文。他到乔治·梅森大学来讲解他的一篇论文，此后多年，我们互相通信，并在经济史学会举办的会议上相会，讨论各方面的问题。当我在密歇根州罗切斯特市的奥克兰大学谋得我的第一份教职时，萨缪尔斯邀请我参加他每周在密歇根州立大学（距罗切斯特市很短的车程）举行的研讨会。他也到奥克兰大学演讲，两年后我从奥克兰大学来到纽约大学，他又到纽约大学演讲。我的许多想法都是由萨缪尔斯塑造的，既有风格方面的（包括对与你有思想分歧的人的专业态度、推动政治经济学对话所要求的学术价值，以及在专业演讲开始时对新同事表达的善意），又有经济理论以及方法论和政治经济学的一些实质性命题。他并没有动摇我所珍视的一些信念，但他让我意识到，这些信念中有多少是出于信仰而不是理性。我试图提供一些理由，以说明为什么纳入萨缪尔斯的嵌入性理论仍然可以加强某些被珍视的信念：私有财产、法律的持久性和可预测性，以及现实主义改革的契约性质。

雪松锈病和苹果园

萨缪尔斯选择了米勒等人诉舍尼一案来检验有限政府的本质的非中立性，因为这是对经济、法律和政治相互依存的基本原则的简单说明。[1]该案涉及1914年弗吉尼亚州立法的合宪性，于1928年由联邦最高法院审理。案情涉及红雪松和苹果树及其各

---

[1] Warren J. Samuels, "Interrelations between Legal and Economic Processes," *Journal of Law & Economics*, in *Essays on the Economic Role of Government: Volume 1—Fundamentals* (1971; repr., New York: New York University Press, 1992), 139–155.

自的所有者。雪松锈病是一种易发生的植物病害。虽然雪松锈对宿主红雪松树无害，但这种真菌对苹果树却是致命的。1914年，弗吉尼亚州立法机构通过法律，允许苹果树所有者拥有通过政府法律机构来保护他的苹果树免受雪松锈真菌破坏的权利。该案的原告，即米勒等人，质疑立法机构违宪，为了苹果园所有者的利益剥夺了他们的财产。他们认为，私有财产在没有赔偿的情况下被剥夺，不是用于公共目的，而是为了让另一群私人所有者受益。

萨缪尔斯认为，该案说明了政府做出的抉择反映了支持一种权利而牺牲另一种权利的抉择必然性。如果立法机构没有制定法律，使得苹果树种植者能够请求政府的昆虫学家来调查果园周围两英里半（1英里约等于1.61千米）的范围内的红雪松，那么法律将有利于红雪松所有者，而牺牲了苹果园所有者的利益。法院最终裁定表明，如果这种选择是不可避免的，那么政府决定破坏一类所有者的财产，以挽救另一类所有者的财产，而这并不超越其宪法权力。萨缪尔斯关注的并非是该特定案件的结果。相反，如他所言，他关注的是该案所凸显的"抉择不可避免的必然性"与探索政治经济学的基础的关系。"国家不得不决定哪类财产所有者的合法权利不但在形式上受到保护，而且实际上也是得到保护的。"[①] 如果没有国家行动来保护苹果树种植者，保护他们免受树木被毁的价值损失，那么相比红雪松所有者而言，现有的财产法会使苹果树种植者处于劣势。换句话说，一个群体的权利将得到保护，而另一个群体的则得不到保护，而政府必须选择其中之一。萨缪尔斯希望读者理解这样的普遍性命题：要选择的从来就

---

① Samuels, "Interrelations," 142.

不是政府或无政府,政府干预或自由放任。从根本上说,自由放任的概念是破产的。"只有在由法律做出选择的模式之中,尤其是在相对权利、受损的相对风险和强制性的相对优势和劣势的模式之中,市场力量才会出现、形成和发展。"[1]一旦我们摆脱受意识形态控制的思维交锋,我们可以冷静地认识到,政府无所不在,而这也是所有经济活动得以发生的框架。在这个特定案件中,"这是政府支持哪一方利益的问题"。[2]

萨缪尔斯的观点很有道理,尽管他对所有经济活动在政治与法律环境中的嵌入性本质的强调是一个重要的观点,但公共选择与法和经济学并不总是明确地承认这点。公共选择与法和经济学倾向于强调经济推理的工具(最大化和均衡)可以用来解决政治和法律关系中的问题。而反方向地检验政治和法律如何塑造经济结果,尚未成为研究计划的一部分。当时的政治经济学要么是用来描述马克思主义的一个术语,要么是新兴的(但在发展中的)关于政治、法律和社会的理性选择方法。因此,萨缪尔斯强调经济活动在政治和法律关系中的嵌入性代表了政治经济学的另一个重要视角,并且是对经济过程空洞而无背景的观点的纠正。诺贝尔经济学奖委员会已经承认布坎南(政治)和科斯(法律)是发展出这种政治经济学的理性选择方法的先锋。具有讽刺意味的是,虽然两人都正确地被认定为公共选择与法和经济学运动的奠基人,但他们都对这些领域的发展方式持严重的保留态度(这种保留态度持续存在)。两人的保留态度都是因为这些研究计划对萨

---

[1] Samuels, "Interrelations," 144.
[2] Samuels, "Interrelations," 145.

缪尔斯所强调的嵌入性产生了挤出效应。我将把我的评论局限于布坎南就米勒等人诉舍尼一案与萨缪尔斯的交流，强调他们关于嵌入性的共识，不过如果读者对科斯的情况感兴趣，我推荐去阅读斯蒂文·米德玛的思想传记《罗纳德·科斯传》(*Ronald Coase*)。

谈判解决方案和现状

  布坎南选择回应萨缪尔斯对米勒等人诉舍尼一案的解释，是因为在布坎南看来，萨缪尔斯的立场反映了20世纪70年代初期的"公认智慧"，而这导致了"我们生活中无处不在的国家之手"。①对萨缪尔斯来说，选择这个案子是因为他认为，该案不是体现个体容易情绪化或意识形态化的案子；②对布坎南而言，萨缪尔斯的阐述是建立在社会秩序的不同视角之上的。布坎南认为，萨缪尔斯的论述并没有充分考虑到伴随外部环境变化而可能出现的交易机会。一旦因为雪松锈病的引入，红雪松和苹果树之间的相互影响变得明显，那么用布坎南的话说，潜在的交换收益应该已经存在，并且可以消除这种新的相互影响。③布坎南认为，萨缪尔斯的论述并不信任交换过程，而是信任立法或司法过程，并假设这种立法或司法过程能够衡量某种新的产权安排的利益优先情况，而这种产权安排将在没有必要补偿的情况下实施。布坎

---

① James M. Buchanan, "Politics, Property and the Law," *Journal of Law and Economics*, in *Freedom in Constitutional Contract* (1972; repr., College Station: Texas A&M University Press, 1979), 94–109.
② Samuels, "Interrelations," 139.
③ Buchanan, "Politics," 97.

南的主观主义不允许他赞同这种观点。

然而，重要的是要认识到，布坎南并不否认经济过程总是在某种产权安排的背景下进行。正如他所说："然而，要强调的原则是，明确权利的某种结构（可以是任何结构）是消除新出现的相互影响所需的潜在交易的必要起点。"①经济行为必然嵌入某种法律和政治环境，是布坎南和萨缪尔斯的共同立场。但他们对交易行为在解决当事人之间的冲突中扮演的角色存在分歧。布坎南认同的一般规则是通过谈判解决冲突，以此内部化成本和收益的方式优于司法判决，而通过产权安排来增加交易机会的司法判决优于立法。立法应该局限于即使努力尝试了谈判这一解决方式之后仍然存在公共物品问题的情况。②正如布坎南所指出的那样，即使公共物品问题让集体干预有了正当的理由，可也还存在如何组织集体行动的问题。我们现在都理解，布坎南遵循的是维克塞尔（Wicksell）的一致同意原则，遵循这一原则的集体选择类似于私人进行的互惠交换的选择。换言之，共同同意是私人行动的标准，也是集体行动的标准。布坎南的分析唤醒了对共同同意的关注，而没有唤醒像萨缪尔斯描述的那样，在米勒等人诉舍尼案中依赖通过国家机器和专家规则来解决相互冲突的权利主张。解决方案不是通过其中任何一种，而是通过妥协和协议。社会环境发生外在变化之后，产生了先前并不是问题的相互影响的关系，

---

① Buchanan, "Politics," 97.
② 布坎南认为，立法程序（一种调和不同利益的工具）必须从根本上区别于司法程序（一种澄清现有权利结构中模糊之处的工具）。布坎南认为，萨缪尔斯的论证中缺少这种区分观点。
"Politics," 103.

对此利益双方都同意调整他们的期待和行为。

通过直接求助于国家，苹果种植者缩短了本来通过交换机会解决苹果树和红雪松之间冲突的过程。相反，这要求政府来评估、比较由雪松锈病感染造成的苹果树的损失和由雪松锈病感染造成的红雪松树的损失，与过早砍伐红雪松树造成的损失。在米勒等人诉舍尼这一特定案件中，政府依靠弗吉尼亚大学昆虫学家的专家意见来做出决定。不过，有一些重要方面需要考虑。首先，一个昆虫学上的决定不一定是经济学上的决定，因为从经济学角度来看，我们关心的是追求帕累托最优。其次，我们应该认识到，引入专家的意见破坏了米勒一案的普遍性。如布坎南所说："在大多数互相影响的经济关系中不存在'专家'，而且任何成本—收益估计都可能会产生重大错误。"①

当然，正如前面所说，布坎南承认，面对真正的公共物品问题（比如，存在去除雪松锈病的情况可能就符合真正的公共物品问题的标准）或者高昂的交易成本，可能不得不用政府立法机构的集体决策来取代通过谈判进行利益协调。布坎南指出，实际上《弗吉尼亚州雪松锈法案》的颁布标志着政府可能已经认识到需要解决的是这种大数量的问题，因此法案规定在政府与昆虫学家有权采取行动之前至少有十名不动产所有者提出请求。

布坎南和萨缪尔斯都认为，经济活动不可避免地嵌入政治和法律环境。但是从这个基本点出发，他们的研究方向有了分歧。可以这样描述，萨缪尔斯挑战的是自由主义思想中国家中立的神话。无论是否决定干预，国家都必然保护一类权利而不保护另一

---

① Buchanan, "Politics," 98.

类权利。对此萨缪尔斯没有做出规范性的判断，因此我们并没有理由相信他倾向于维护苹果树种植者或红雪松种植者。规范性的判断是对政治、财产和法律的纯粹描述以及分析这种描述的含义的一种练习。对布坎南而言，这种描述一定是有条件的。毫无疑问，政府被调用来支持一方而反对另一方，但是布坎南想问的是，这样做的理由是什么。既然没有有说服力的衡量标准，布坎南的建议是限制国家的行为。布坎南并没有把国家行为描述为中立（或非歧视）的，而是认为制度设计应该尽一切可能达成中立的目标。

也就是在这里，布坎南将现状纳入了分析系统。"对以前存在的权利有一种明显的偏见，不是因为这种结构具有某些内在的伦理属性，也不是因为变革本身不受欢迎，而是出于更基本的原因，即只有这种偏见会给各方自愿协商达成的解决方案提供激励。"[1]

正如这段话所阐述的那样，现状的相对地位在很大程度上成为萨缪尔斯和布坎南之间充满思想交流的信件的讨论焦点，最终他们将这些信件以《论政治经济学的一些基本问题：往来通信》（On Some Fundamental Issues in Political Economy: An Exchange of Correspondence）为名发表。[2] 萨缪尔斯指责布坎南出于保守的目的将维持现状作为一种规范性的理想，而布坎南反驳，说萨缪尔斯才是现状的捍卫者。萨缪尔斯回应道，的确，他和布坎南对

---

[1] Buchanan, "Politics," 109.

[2] Warren J. Samuels and James M. Buchanan, "On Some Fundamental Issues in Political Economy: An Exchange of Correspondence," *Journal of Economic Issues*, in *Essays on the Methodology and Discourse of Economics* (1975; repr., New York: New York University Press, 1992), 201–230.

这个世界都有主观的认知，但是布坎南对现状有一种内在的假设，而他只是为对现状的批判性讨论提供一个描述性的起点。他们之间就这个问题的通信始于1972年，结束于1974年，共包含13封信件。[①] 信中有一些不可避免、需要彼此交流的事情，但两人也通过重申论点对各自立场做出进一步澄清。然而，对于读者而言，关于现状的问题从未得到满意的解决，因为在通信中，关于现状的实证的、规范的和实用的各种要素混在一起。

虽然在布坎南的作品中，现状具有实证的、规范的和实用的因素，但分析中的规范性因素并不是如萨缪尔斯所说的那样。就现状的地位而言，其并没有被赋予任何规范性的考虑。相反，现状主要是实证的（这是我们发现自己身处的世界）和实用的（真实的改革不能不从既有的现状开始）。换句话说，布坎南在不同的作品中强调，政治经济学的现实（他称之为"政治没有罗曼蒂克"）必须从此时此地开始，而不是分析者打算施加给该制度的某种想象中的理想状态。在红雪松种植者和苹果树种植者的案件中，布坎南的分析始于雪松锈法案之前的财产法，因为需要调整的正是这种财产安排。萨缪尔斯在与布坎南的通信中逐渐明白了这一点，但他坚持认为"问题在于，就变革的机制而言并没有达成一致"。然而，正是在这一点上，他并没有完全领会现状的实用价值。萨缪尔斯坚持认为布坎南常常试图"用逻辑来模拟现实中权力、知识和心理的功能"，而在他看来这是正确的。[②] 布坎南的这一动向在他关于无知之幕（或不确定性之幕）的基本社会

---

① Samuels and Buchanan, "Fundamental Issues," 205.
② Samuels and Buchanan, "Fundamental Issues," 209.

契约的作品中最为明显。但即使在这里，难道布坎南的观点真的不是一种实用性的观点，而是一种正当性的观点吗？我选择将布坎南的观点解释为他并不否认权力、知识和心理的功能，而是将既存的现实作为分析的必要出发点。让我们回到具体的案例，布坎南并没有否认在原先的财产安排下，雪松锈法案的引入带来了不同所有者之间的冲突。正是新的相互影响的出现驱动了双方的交换机会，从而通过谈判来消除冲突。换句话说，布坎南从两种层面否认了萨缪尔斯提出的"二者取其一"命题，即交换双方之间的分析层面和社会理论层面。因此，萨缪尔斯的主张——"既然没有社会控制的无政府状态是自相矛盾的，那么问题就归结为什么样的（谁的）社会控制系统"，[①] 对布坎南而言就有了不同的含义。建立具备游戏规则的社会"控制"制度是布坎南所有著作的主题，但是在这样的规则框架内，他认为，从一种状态到另一种状态的驱动力是共同同意，要么通过经济交换机制，要么通过由一致性原则建立的民主共识。

补偿原则是布坎南关于路径变迁分析的核心。我们从既存的权利主张以及权力、知识和心理的社会安排开始，不是因为这种情况在规范意义上是可取的，而是因为它代表了"此处"。如果"彼处"非常值得追求，那么分析的出发点就必须从"此处"转变到"彼处"。如前所述，这混合了实证的（就准确地描述"此处"而言）、规范的（就设想为什么"彼处"会"更优越"而言），以及实用的（就分析从"此处"到"彼处"的潜在路径而言）各种要素。萨缪尔斯认为这种立场最终会是让人困惑的，正

[①] Samuels and Buchanan, "Fundamental Issues," 209.

如他在信中所说,他很难同意布坎南的论点,因为"论点部分反对改变,部分支持改变,而支持改变的部分反对此后签订了契约的改变之外的所有改变"。①

为了捍卫立场,布坎南对萨缪尔斯做了以下回复:

但是,我赞同维护现状是源于我不愿意,其实也是没有能力讨论契约性质以外的其他变化。当然,我可以放下我自己的想法来思考上帝会如何倾听我的想法,并将这些变化施加于你、我及其他每个人。在我看来,大多数社会科学家一直都是这样做的。但对我而言,这只是浪费精力,并导致了许多挫折。就我看来,我们的任务和他们的确实完全不同,我们的任务是试图定位、找到、发明能够得到一致或准一致同意的改变方案并提出这些方案。由于人们的分歧太多,这样的方案可能是一个非常有限的集合,而这对你来说,可能意味着几乎没有什么改变的可能。因此,现状间接地得到了维护。现状除了是现状,完全没有任何正当性的含义,它指的就是现存的一切。我一直强调的一点就是,我们从这里开始,而不是从别处开始。作为一名经济学家,我所能做的就是试着从概念上讨论并解释契约性改变的方式,仅此而已。这确实让我向规范性的判断或假设迈出了有限的一步,也就是说,暗示这些变化似乎可能适用于每个人。帕累托最优的变化当然也必须包括补偿。我的标准方案是协议,我认为怎么强调这一点也不为过。在此我的方法完全是维克塞尔式的。②

---

① Samuels and Buchanan, "Fundamental Issues," 213.
② Samuels and Buchanan, "Fundamental Issues," 215.

萨缪尔斯回应时指出，虽然布坎南的方法可能假定的是没有任何正当性来保留现状，但一致性同意的标准却赋予了既存状况以特权，我以为这是正确的。"改变或保持现状是一个规范性的问题，而你的方法建立在现状的保持之上。"[①] 在我看来，萨缪尔斯的这种说法是正确的。当布坎南发展出这种方法时，保守主义便嵌入他的分析。但是，替代方案又是什么？我们必须从某处开始着手我们的分析，而政治经济学的现实主义要求我们从既定的一套社会安排开始。此外，在政治中，到底什么能够替代相互同意模型？而为什么它又会有规范性的权重？一种由双方同意来驱动的模型并非必然否认萨缪尔斯的观点，即事件的非中立性或事实上必然在（不同的）权利主张中进行选择的观点，但它确实表明我们可以努力将非中立性的影响降到最低（这是一个目标而不是对现实的描述），我们可以提供一个环境，并在其中尽人力之所能追求通过谈判来解决双方之间的冲突。

对转型政治经济学的启示

苏联式经济模式往往被描绘成一种中央计划经济模式。这种描述仅仅考虑经济组织在法律上的称谓，而忽略了这个社会生产体系实际的组织原则。然而，我们还必须愿意探究"地下"的特定机制，并探索管理社会经济的实际做法。从根本的意义上看，市场存在于苏联计划经济的漫长历史之中，只是被迫进入"地下"状态。比如，西方市场经济的基本制度与拥有市场的苏联人

---

① Samuels and Buchanan, "Fundamental Issues," 217

民的生活经验不一致。但在苏联的"地下"环境中，定价和讨价还价机制仍有着具体的形式。不过，在黑市（或其他有颜色的市场）中是这样做的：缺少对产权的明确界定和相应规则的强制执行，以及伴随着商品短缺的替代的供应网络。我们只要看看这种短缺经济形势的最简单的描述（见图7-1），就能明白转型政治经济学必须要解决的问题。

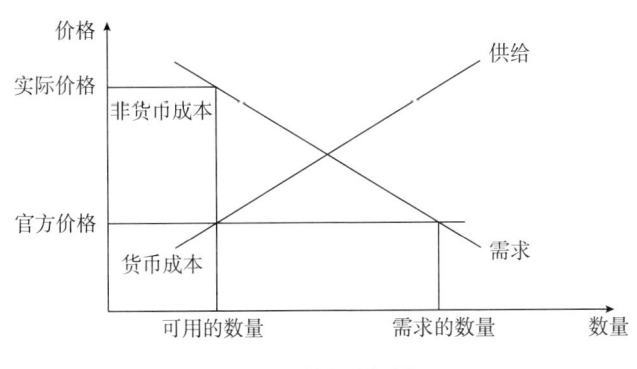

图7-1 基本供求分析

这种非常简单的供求分析图表明了商品短缺情况下的基本事实，即在短缺经济体中，获得商品的实际价格高于官方价格。需求量和供给量之间存在差距造成了购买者获得商品时需付出非货币成本。

在"正常"的市场条件下，买方的成本同时是卖方的收益。但是在人为造成商品短缺的情况下（由限价导致的短缺），因为非货币成本不是卖方的直接收益，所以卖方有强烈的动机将这些买方所付出的非货币成本转化为自身的（货币或非货币）收益。换句话说，这张简单的图揭示的是那些能够利用短缺情况的人所得的租金，即受统治精英特别青睐的人所得的租金，包括货币贿赂、黑市利润和非货币特权等形式。

改变这种状况的方法不仅仅是放开价格，让价格调整到市场出清水平。"让价格正常化"是不够的。那些能够将买方的非货币成本转化为自身利益的人，在现有安排中，基本算是拥有"产权"的，例如苏联的要职人员、萨缪尔斯和布坎南所讨论的米勒等人诉舍尼一案中的红雪松所有者。

在萨缪尔斯对此案的解释中，国家需要做出选择：要么支持现有的安排，这有利于红雪松种植者；要么支持一种新的产权制度，这有利于苹果园所有者。因为外生突发的雪松锈病产生了以前并不存在的相互依赖性，所以旧有的产权安排才出现了问题。在布坎南的解释中，这种相互依赖性为互惠的交换提供了一种机会，但这种互惠的机会并没有得到追求，因为当事人选择诉诸国家法律机构解决争端而不是诉诸谈判。

我认为，在关于苏联解体后的背景下改变财产权的这些争论，凸显了布坎南关于现状的政治经济学的观点的重要性。在米勒等人诉舍尼一案中，布坎南反对产权的立法性变化，因为这没有遵循赔偿原则。萨缪尔斯却认为这体现布坎南对现状的偏爱——在此案中，先前的财产法有利于红雪松种植者，而不利于苹果园所有者。分析前要做的是在苏联解体后的情况下，布坎南的分析也意味着将补偿原则作为改革的指导原则。分析前要做的是认识到该社会中的一些成员拥有租金产权（图7-1中名为"非货币成本"的框）。换句话说，他们可以控制某种资产（地位）并保护该资产以确保他们从所有权主张中获益。他们只有在获得补偿的前提下才会放弃该财产权（在他们产权的未来收入流的现值范围内）。

从我分析的角度来看，苏联的情况并没有什么可取之处，我也不认为通过补偿苏联的要职人员而让他们放弃特权地位有任何可取之处。问题在于（布坎南也持同样的观点），改革如果要照顾或尊重所有人意愿的话，就只能按照补偿原则完成。有时这种改革的成本相当高。实际上，如果你仔细观察图7-1，补偿先前的租金持有者所损失的未来收入流的成本可能会高于购买者因消除了人为稀缺性而获得的收益，而这取决于供求曲线的斜率。此外，高昂的交易成本可能会阻止这种交易成功实现。这些担忧是重要的，但其重要性次于需要被强调的重点——现实主义改革必须从现有权利开始，并讨论该如何采取行动以确保从一套财产安排到另一套财产安排的转变。

如果外部冲击（比如雪松锈病传入）的解决方式没有遵循补偿原则，那么新的财产所有者在面对下一次外部冲击时，他们会做出什么样的预测呢？如果他们的预测基于之前的经验，那么他们就会预计其财产权将在没有同意或补偿的情况下被重新分配。因此，他们将缩短投资的时间，并通过阻止市场扩大来限制专业化和互惠交换。总之，进一步的互利机会将不会被开发出来，也不会得到利用。

这个近乎抽象的讨论在最近关于苏联的私有化的辩论中呈现出了具体的形式。我在拙作《为什么"新思维"会失败：社会主义转型的政治学和经济学》（*Why Perestroika Failed：The Politics and Economics of Socialist Transformation*）中就私有化提出一个观点：由要职人员来进行私有化。这一立场受到了布坎南（和图洛克）关于现状的相对地位和关于改革寻租社会问题的观点的影响。鉴于补偿先前的"财产所有者"的一次性转移交易的成本相当高,我提出一个观点:政府应该直接正式承认这些所有者的产权,然后承诺实行自由进入和零补贴的政策。我认为,通过这种补偿,即除了他们对这些资产享有控制权,还被正式赋予资产的现金流权,将有效地买断现有所有者的所有产权。与此同时,国内和国外的威胁将确保现有的产权制度不享有特权,相反,由于其他方面出现新机会,将使得通过相互协议和渐进调整实现权利结构的变化。

但我的这种论点过于乐观了。当时有两种反对意见——要么推迟私有化,要么在不承认原产权所有者的情况下追求私有化。我认为这两种论点都没有(到现在都没有)说服力。之所以说过于乐观,与俄罗斯政府希望设立准入条件有关。在大规模私有化的过程中,俄罗斯政府一定程度上遵循了补偿原则,但后期并没有遵循自由进入和零补贴的原则。苏联时期经济上的补贴基本上在俄罗斯时期得到了延续。[1] 政府不鼓励进入大型产业,而歧视性的税收和繁重的监管已将小规模生产的新进入者导入地下经济。对于地上经济,涉及改制(或半改制)的前国有工业企业仍然可以通过政治行为获得租金。因此,俄罗斯走向私人产权市场经济的道路依然遥远。

我对俄罗斯改革努力的具体诊断并不是这条论点支线的重点。相反,我希望强调萨缪尔斯和布坎南所讨论的问题。萨缪尔斯强调经济行为嵌入政治和法律的关系,这非常有意义。还很有

---

[1] B. Ickes and Clifford Gaddy, "Russia's Virtual Economy," *Foreign Affairs* (Fall 1998), vol. 77 (5), 53–67.

意义的是，他坚持认为国家是一个机构，可以被某些人利用来剥削另一些人。就此而言，国家在本质上是非中立的。但是，布坎南强调的是改革必须从此时此地开始，我认为这也是正确的。此外，布坎南强调，改革既然是从此时此地开始，就必须通过补偿原则引导从"此处"到"彼处"的行动，除非我们想诉诸共同同意之外的手段，我认为这种观点也是令人信服的。

结　论

萨缪尔斯提高了我们对经济在政治、法律和社会中的嵌入性的理解水平。事实上，他不仅强调了这些不同领域之间的相互关系，还强调它们本质上的结合性，可以通过相互作用产生和繁殖。经济只有在法律和政治的背景下才能体现出其具体的形式，而一旦改变权利的结构，经济就会重新调整。

萨缪尔斯还提高了我们对社会中的权力（包括经济中的权力）的认识水平。他认为，在社会建设中，关键的政策问题始终是谁的利益会得到考虑，谁的利益可以忽略。这个问题的答案总是在政治与法律的发展过程中不断改变，并由政府、经济和社会中现有的权力关系所决定。萨缪尔斯通过强调意识形态和信仰体系在社会系统和分析模式中的作用，进一步推动了我们对这些问题的理解。正如萨缪尔斯所说：

> 权利不是在被称为政府的黑匣子中产生，经济也不会自动运作。法律与经济的关系是在两者同时被确定（或被重新确定）的过程中形成的。社会和社会变化（包括法律变化）的核心是控制

和利用法律与经济的关系，而控制和利用法律与经济的关系的核心是政府、权力和信仰体系的动作。法律与经济的关系的基本原理并不像我们认为政治体和经济体是预先存在的、自足的领域这一观点那样简单、明显。①

我们必须感激萨缪尔斯提出的关于政治经济学本质的深刻见解，以及他在整个卓越的职业生涯中对这一主题的论证所做的贡献。但是我担心，他对相互胁迫的制度的关注经常（尽管并不总是）分散了他对相互同意的制度的注意力。萨缪尔斯并不是意识不到，人类的想象力有能力在市场、科学和文化传播中产生互利的机会。只是他的著作没有强调人类社会互动的这一方面。他在对法律变革的分析中，比如米勒等人诉舍尼一案，对互利的机会视而不见，而这导致了他偏爱国家行为，而不重视通过谈判解决冲突。但是，如果萨缪尔斯对经济在政治中的嵌入性和现有利益的力量的实证性描述是正确的，那么我认为他的分析必须补充这样的认识：讨论一种状况到另一种状况的转变必须从此时此地开始。研究必须赋予现状适当的位置，不是因为它有什么特别之处，而仅仅是因为它是现状。一旦将现状纳入分析之中，补偿原则就成为我们在这个世界上进行任何改进行为（无论大小）的指导方法。总之，萨缪尔斯对社会控制的描述性分析会成为（可能必须成为）我们分析的开端，但是就解决社会变革的政治经济学问题的分析框架而言，它还不够。权力、知识和信仰体系必须成

---

① Warren J. Samuels, "The Legal-Economic Nexus," *George Washington Law Review*, in *Essays on the Economic Role of Government: Volume 1—Fundamentals* (1989; Repr., New York: New York University Press, 1992), 162–186.

为我们分析的核心,但连续性、可预测性和补偿性也必须成为核心。由此产生的布坎南与萨缪尔斯的混合分析框架将描述性、实用性和规范性融为一体,形成了一种配得上前辈大师的政治经济学。

第五课——戈登·图洛克:最大化利己主义的行为与市场竞争的力量

引 言

戈登·图洛克对政治经济学的贡献是记录在案的。由图洛克详加探讨的那些概念,比如"投票交易"、"投票动机"和"寻租"等,现在都已成为经济学家和政治经济学家专业语言的一部分。正如布坎南所言,图洛克是一名"天生的经济学家"。[①]天生的经济学家就像天生的运动员一样,在正式训练之前就显示出了他在这一领域的杰出天分。就运动员而言,他们通常显示出爆发性的速度、高超的敏捷性和惊人的手眼协调性。经济学家的天分则与此不同,通常表现为透彻分析难题并迅速提供逻辑上合理的论点的能力。[②]天生的经济学家则能敏捷、熟练地像一位经济

[①] James M. Buchanan, "The Qualities of a Natural Economist," in *The Collected Works of James M. Buchanan: Ideas, Persons, and Events*, vol. 19 (Indianapolis, IN: Liberty Fund, 2001), 95–107.

[②] 几年前,在乔治·梅森大学的一次研讨会后,图洛克问我,我认为他在研讨会上提出的一个经验主义难题的答案是什么。我回答说,我的步子没那么快。图洛克用他特有的方式,指着我旁边的椅子说:"那就坐下吧。"他想要一个答案。

学家那样思考。换句话说，天生的经济学家将所有情境中的个人都视为理性行为人，他们在做决策时衡量得失，并会选择效用最大化的路径。道德伦理的准则不会影响他们的分析。图洛克坚持从这种视角思考，甚至将其运用于不知这种方法为何物的领域，由此开辟了法律、政治、科学和社会生物学（这一领域直到现在也只得到了部分探索）的新天地。非市场环境中的个人，与竞争性市场经济中的个人一样，也都遵循着同样的激励—行为原则，因此经济学家可以预测各种活动和环境中的行为模式。

图洛克对经济学思维方式的创造性应用常常遵循从结果推断意图的分析路径。这对所谓的人类行为的非意图性后果这一概念产生什么样的影响呢？非意图性后果的概念是关于"看不见的手"或"自发秩序"的经济分析的核心。如果流向特殊利益集团的"租金"是故意设计的产物，这是否意味着图洛克的经济学观点与非意图性后果之间并没有什么关系呢？

基于对"看不见的手"的深刻理解来论证图洛克的经济学观点，是我的任务。如诺奇克所言，解释"看不见的手"需要阐明过滤过程和均衡过程。[①] 而仅凭自利的激励—行为模型不能提供这样的解释。它可能是一个必要条件，但肯定不是充分条件。如果不明白环境的重要性，不明白个人选择与社会结果之间存在差距（这是选择的制度环境所起的作用），那么天生的经济学家就不那么天才了。制度环境提供了过滤过程，而结合动机—行为模型对过滤机制的识别，我们就能理解形成均衡状态的调整过程（如果没有引入其他变量的话）。

---

① Robert Nozick, *Anarchy, State and Utopia* (New York: Basic Books, 1974), 18–22.

图洛克坚持运用的远不止市场竞争和货币计算领域的经济学思维方式，因此才能更深刻地理解产生社会合作或社会冲突的条件。在私有财产和交换自由的体制环境中，自利行为（"看不见的手"）可以带来公共效益。然而，在私有财产制度之外，过滤过程和均衡过程的运作会将自利行为导向公害（公地悲剧）。关于图洛克的研究与非意图性后果之间的关系的另一种看法是，社会博弈的参与者总是自私自利的人，但图洛克的研究表明，博弈的规则将决定是正和博弈、零和博弈或负和博弈。我将论证的是，对于鉴别天牛的经济学家而言，这种洞察力与他们对人性做出的动机—行为假设同样重要。

《西蒙斯的教学大纲》(Simons' Syllabus)与经济学家的培养

就个人经历而言，图洛克接受的经济学训练很少，因为他很快就成为一名经济学家。但是他接受的训练是一个人能得到的最高水平的训练。图洛克曾是芝加哥大学法学院的学生，从亨利·西蒙斯那里接受了基础的经济学教育。图洛克欣然承认，这门课程改变了他的人生，为他注入了对经济学的好奇心，并让他有了足够多的背景知识，由此可以自学成才，成为一名职业的经济学家。[①] 他从西蒙斯的经济学课程中学到了什么？第一，"作

[①] 在《西蒙斯的教学大纲》的前言中，图洛克描述了他在西蒙斯课堂上的经历所带来的"戏剧性转变"。图洛克直截了当地声称，这门课程"显然改变了我的生活"。
Gordon Tullock, preface to *Simons' Syllabus*, by Henry C. Simons (Fairfax, VA: Center for the Study of Public Choice), v.
他还表示，尽管他可能是唯一一个仅仅通过上西蒙斯的课程就成为经济学家的学生，但他还知道，有几位著名的经济学家也是通过西蒙斯而开始了解经济学的。

为预防流行性谬误的良药,经济学对学生和政治领导人都非常有用"。[1]第二,经济分析始于对政府政策辩论的系统性研究。第三,经济学的首要任务是理解市场经济的运作,并通过假定私有财产、契约自由、选择自由和货币体系的情况来分析它。此外,必须强调的是,阐明在这些假设下出现的社会秩序,不是出于对资本主义制度失望的一种规范性练习,而是对资本主义制度如何运作进行一种实证性分析的目的。第四,经济分析必然会做出简化的假设,但简化假设是为了精简分析而不是让分析与实际情况不相关。第五,假设存在私有财产、契约自由、选择自由和货币体系的制度环境,那么价格体系将指导生产和消费达到有效配置的均衡状态,并且对状态中的任何偏离情况都将启动让系统趋于均衡的机制。事实上,图洛克从西蒙斯那里学到的就是,价格理论的基本任务就是解释由相对价格运动所引导的均衡调整过程。

在西蒙斯讲授的模型中,引起经济变化的原因是:给定条件下的调整所产生的变化;基础条件的变化,比如品位、技术和资源所有权的变化。给定条件下的均衡调整是由相对价格的运动和损益信号来指导的。但是,西蒙斯认为,经济学家也可以运用这种方法,合理地预测在其他变量不变的情况下基础条件的特定变化(比如立法的变化)所产生的后果。"因此,静态分析再加上一点判断,就可以使我们有把握断言,由于特定的变化,经济状态在特定的方面会与原本的情况有所不同。"[2]正如西蒙斯所理解的那样,静态假设不是限制性的条件,而是必要的智力工具,来

---

[1] Simons, *Simons' Syllabus*, 3.
[2] Simons, *Simons' Syllabus*, 6.

帮助学生理解市场经济和政治经济学的社会复杂性。

西蒙斯的经济学思维方式让图洛克信服，而且这种影响贯穿了他的教学和学术生涯。在竞争条件下，价格运动引导经济生活中协调生产计划和消费需求的错综复杂且相互依赖的关系。① 在《西蒙斯的教学大纲》中，尽管竞争条件下的市场力量是分析的主要焦点，但其也探讨了偏离这些条件的垄断和卡特尔情况。② 西蒙斯在讲课时强调的主要问题是：（1）在现实世界中，除非受到政府法令的保护，否则垄断组织在利用其有利地位时会面临困难，这是因为不利于立法的危险和/或以消费者抵制形式呈现的敌对舆论，以及维持对潜在竞争对手的垄断权力的成本；（2）对垄断权力进行理论分析是重要的，因为它直接表明了特殊利益集团的诉求对市场竞争施加限制，从而给整个社会造成损失。

图洛克最有名的经济学论文《垄断、关税和盗窃的福利成本》(The Welfare Costs of Monopolies Tariffs, and Theft) 可以说是对西蒙斯的垄断和政府政策相关主题的论点一次更全面（更丰富）的探索。③ 在《政治准入壁垒》(Entry Barriers in Politics) 中，图洛克以西蒙斯提出的处理潜在竞争者的命题为基础，预见了后来关于工业组织领域可竞争市场理论的许多论点，并将这些论点运用于理解政治的困惑和悖论。④ 在这两篇文章中，图洛克的天

---

① Simons, *Simons' Syllabus*, 17–18.

② Simons, *Simons' Syllabus*, 42–50.

③ Gordon Tullock, "The Welfare Costs of Monopolies, Tariffs, and Theft," in *The Selected Works of Gordon Tullock: Virginia Political Economy*, edited by C.K. Rowley, vol. 1 (Indianapolis, IN: Liberty Fund, 2004), 169–179.

④ Gordon Tullock, "Entry Barriers in Politics," in Tullock, *Selected Works*, vol. 1, 69–77.

才都表现为探求从基本价格理论中发展出来的论证结构，并用这种推理方式理解市场之外的现象。正如我们将看到的那样，图洛克在处理市场和非市场决策方面做出的所有贡献都说明了这一点。价格理论贯穿了他的研究工作，即使研究的问题不在市场经济范围之内，也不存在可供研究的价格。

理解市场力量，阐释非市场现象

图洛克理解了竞争经济中市场力量的运作模式，以及个人的自利怎样受到相对价格和利润的引导，从而产生一个错综复杂的社会合作网络。他以此为武器，开始着手解释早年间他在美国国务院所发现的经验世界。图洛克生活在官僚主义和政治的世界中，而非市场的世界中。二者所采用的动机—行为模式是一样的，但环境却不一样。在图洛克选择探索的这种环境中，合作不是通过价格运动，而是通过投票、官僚规则或博爱的冲动来实现的。一个简单的问题是，在这样的制度环境中运行的过滤过程和均衡过程是什么？

一个关于图洛克论证风格的经典例子是他对这种明显的结果的分析——安全带和安全气囊反常识性地不能增加公路安全性。[1] 与汽车事故相关的死亡很大比例是因为鲁莽驾驶。道路上既有鲁莽的司机，也有谨慎的司机。不幸的是，强制性的安全带和安全气囊降低了鲁莽驾驶的私人成本，但却增加了社会成本。

---

[1] R. McKenzie and Gordon Tullock, *The New World of Economics* (Homewood, IL: Irwin, 1989), 39–42.

论证很简单——在衡量快速行驶、不允许掉头的情况下掉头、变道等行为的预期成本和收益时，司机不仅要考虑事故的潜在成本，还要考虑更快到达目的地的好处。简言之，鲁莽可被视为理性考量的结果，正如谨慎也是如此。安全装置降低了事故伤亡的概率。当政府强制要求安装这些安全装置时，这会降低车内人员的事故预期成本。通过降低了与鲁莽驾驶相关的成本，这一法令实际上增加了事故的可能性（假设其他条件不变）。如果政府的政策目标是减少鲁莽驾驶，从而减少事故概率，那么更有效的政府政策可能是强制性地要求在方向盘上安装一把匕首，并正对着司机的胸口。司机在这种情况下显然有强烈的动机去安全驾驶。

这个例子说明了将经济学的逻辑持续一贯地应用在政策问题上是冷酷无情的，也反映了图洛克的观察结果，即自利不足以解释经济学方面的社会后果。自利是一种贯穿所观察到的结果的激励—行为假设，但是结果是动机—行为假设与特定制度环境相结合的产物，而这种特定的制度环境提供了成本—收益的结构。保证行车安全诱使理性的选择者以一种方式行事，而在车内设置不安全的环境以增加鲁莽驾驶的成本，诱使理性的选择者以另一种不同的方式行事。在图洛克的叙述中，违背直觉的讽刺之处在于增加车辆的内部安全设施为何反倒产生更多的危险驾驶，而一定程度上缺乏车内安全设施却会产生更多的谨慎驾驶。图洛克讨论的是当司机自己承担成本时，自利的行为如何产生一种更好的社会效果。这让人联想到斯密在讨论屠夫、面包师和酿酒师的自利行为时采用的论证方式。

驾驶、约会、投票、给教堂捐款和抚育孩子都是具体背景下的理性考量。比如，个人在决定是否投票时，不仅要考虑与投票相关的好处，还要考虑投票行为的成本。在公共选择理论中，关于理性无知、理性弃权和特殊利益集团投票的著名案例都是将经济学的逻辑持续一贯地应用于市场经济以外的环境。自利无所不在，竞争无所不在，但自利和竞争的表现方式与制度有关。图洛克以相当传统的方式论证（正如西蒙斯和20世纪40年代、50年代的芝加哥学派的价格理论所定义的那样），在具有明确界定和严格执行的私有财产权的市场经济背景下，自利行为将导致成本降低、产品质量提高，而这是因为生产者需要通过满足消费者的需求来追求利润。在市场经济中运行的过滤机制是利润的诱惑和亏损的惩罚，损益不断地重组资源的使用模式和所有权，并激励企业家创新。均衡过程则是通过相对价格调整和企业家的套利行为来进行的，而这推动着系统趋向让所有贸易都能实现收益的最佳状态。

图洛克将经济学的逻辑扩展到市场领域之外，而这面临的挑战是确定在政治、法律和秩序、人类性行为，以及非人类的生物生命行为等领域中所运行的相应的过滤过程和均衡过程。在这些领域并不存在以财产权、价格和损益来约束行为人的现象，并像在市场经济中那样，将自利行为努力导向与公共利益一致的方向。[①] 个人在决策时仍然要考虑边际成本和边际收益，并追求边际收益大于边际成本的行为，但是边际收益曲线和边际成本曲线的位置和斜率是决策时制度环境的函数。

---

① 图洛克并非对"市场失灵"视而不见，事实上，他的许多工作都始于对偏离理想状态的承认，而这产生了对政治和慈善解决方案的需求。但在检验所建议的解决方案的过滤过程和平衡过程时，图洛克经常给出悲观的结论：政府和慈善的纠正"治疗"可能比它们要着手解决的市场"疾病"更糟糕。

协调自发秩序和公共选择

公共选择经济学的一个核心假设是我们可以从结果推断意图。[1]如果通过立法将最低工资提高到超出市场平均工资的水平，那么像经济学理论所预测的那样，其结果就是低薪工人失业。这时，公共选择领域的经济学家就会大胆推断，高薪工人和立法者必然会合谋通过立法来减少低薪工人带来的竞争。政治就是把收益集中在组织良好、消息灵通的利益集团手中，而将成本分散到无组织且信息不灵的大众头上的一种手段。斯蒂格勒对从结果推断意图的假设阐述如下：

> 公开宣称的政策目标有时候与政策的实际效果无关甚至相反，而真正企图实现的效果应该从实际效果中推断出来。这不是为了掩盖棘手的问题而故作同义反复，而是一个关于政治生活本质的假设。错误的政策当然可能被采用，因为错误是人类行为的一种固有特征，但人类不是靠错误生活。如果某项经济政策已被许多社区所采用，或者一个社会在很长的一段时间内一直在追求这一政策，那么就可以假设决策者明白该政策的实际效果并渴求这种效果。用错误或混淆来解释某项政策根本就不是解释——任何情况都可以产生这样的"解释"。[2]

---

[1] R. Wagner, *To Promote the General Welfare* (San Francisco: Pacific Research Institute, 1989), 56.

[2] George Stigler, *The Citizen and the State* (Chicago: University of Chicago Press, 1975), 40.

从表面来看，这种将意图和结果联系起来的推断假设与将非意图性后果理论化的自发秩序相冲突。

但这只是表面的冲突。斯密详细地介绍了无形之手的力量，认为它能将自利行为导向公共利益。但他也认识到，商人还有一只隐藏起来的手，可以与政府官员勾结，从而为少数人带来特权。而这种做法会损害普罗大众的利益。图洛克在微观经济学和政治经济学中的研究都根植于斯密的这一传统。

一些自发秩序理论的批评者错误地理解了该理论的立场，认为其分析中完全没有意图的一席之地。需要提醒这些人注意的是，哈耶克的措辞是，结果是人的行动的结果，而不是人为设计的结果。正如诺齐克所言，无形之手的解释始于个人对某一行动过程的思考，而这个过程是由选择的环境所决定的特定过滤过程，其行为模式和交互行为的结果呈现出均衡属性。斯密提出的无形之手的命题遵循着同样的论证结构。需要强调的是，斯密并非假设自利行为就足以保证会出现良好的社会秩序。相反，正是利己主义让政治家不堪重负，也正是利己主义导致牛津大学的教授们不能满足学生的教育需求，同样是利己主义使得那些得到国家支持的教派与那些完全依靠教众自愿捐款的教派相比，传教士们不那么热情和勤奋。[1]利己主义也导致商人与竞争对手合谋定价，并寻求保护以免于与外国对手竞争。[2]追求垄断地位的商人

---

[1] Adam Smith, *An Inquiry into the Nature and Causes of the Wealth of Nations* (1776; repr., Chicago: University of Chicago Press, 1976), bk. IV, ch. II, 478; Smith, *Wealth of Nations*, bk. V, ch. 1, 284; Smith, *Wealth of Nations*, bk. V, ch. 1, 309

[2] Smith, *Wealth of Nations*, bk. 1, ch. 10, 144; e.g., Smith, *Wealth of Nations*, bk. IV, ch. 2, 489–490.

和生产者的诡辩也是利己主义的表现,正如教授和传教士在哲学和宗教教义的掩护下寻求收入稳定和免于竞争一样。

利己主义也推动了分工细化,促成经济中由相对价格变动所引发的合作行为,以及企业家的创新。利己主义并非自由放任政策的特征,但一个自由放任的政权(在特定的天赋自由的制度下,也就是休谟所说的"财产、契约和同意"的制度下)将利己主义引向能够最大限度地实现和平与繁荣的社会秩序。斯密宣称,如果不存在天赋自由的制度,或者政府试图阻碍这些制度的发展,则会产生暴政和贫困。

图洛克在自发秩序的理论研究上类似于研究非市场决策行为的其他现代政治经济学家,比如托马斯·谢林(Thomas Schelling)。他经常强调人类行为的意料之外且不受欢迎的后果。① 大多数传统经济学的研究都集中在市场体系(市场用现成的胡萝卜加大棒来奖励和惩罚个人行为),以及利己主义可以产生公共利益的这种反直觉命题上,而专注于非市场领域的学者倾向于研究利己主义可能将人导入歧途,或者公益意识可能产生不受欢迎的悲剧性结果的命题。人的行为产生非意图性后果的逻辑有好的一面,也有坏的一面,而它的结果是什么取决于个人追求自身利益时所处的制度环境。

图洛克的论文《亚当·斯密和囚徒困境》(Adam Smith and

---

① Thomas Schelling, *Micromotives and Macrobehavior* (New York: Norton, 1978).
哈耶克倾向于强调人类行为的意想不到的但可取的结果。
F.A. Hayek, *The Constitution of Liberty* (Chicago: University of Chicago Press, 1960);
Hayek, *Law, Legislation and Liberty*, 3 vols. (Chicago: University of Chicago Press, 1973).

the Prisoners' Dilemma），可以作为他从传统的良性意义角度来赞赏自发秩序的一个经典案例。①图洛克论证了市场中重复交易的规则诱使匿名的陌生人进行合作，并促进合作与贸易的过程。因为存在信誉市场，所以不合作的成本太高。图洛克总结道，如果你选择不合作，那么你很快就会发现，你连不合作的对象都找不到了。通过重复交易和增强信息在市场上的流动性，以形成信誉过滤机制，从而将囚徒困境转变成创造贸易和财富的正和博弈。如果没有这种过滤机制，囚徒困境的局面就会显示出非合作的均衡趋势。政治作为寻租行为，要么是零和博弈，要么是负和博弈，而这将引导决策者做出利于自身利益的行动，但却会产生不可取的社会后果：财富要么被重新分配，要么在最坏的情况下被摧毁。

从这个角度来看，政治上的失败不仅是因为无知和不正当的激励，还是因为缺乏能够解决无知问题的制度，相反，既有的制度常常增加了对行为人决策的不当激励。政治制度有自己的过滤过程和均衡特性，因此所呈现的非理想模式有很强大的生命力。这点直接指向了"宪法"视角，虽然这种视角通常与布坎南联系在一起，但图洛克对政治经济学的研究也为此做出了巨大的贡献。成功的改革是改变宪法规则的结果，而不是提供更好的信息或由选择更好的政治家所产生的结果。图洛克就此提出的一个重要的例证是，合适的联邦体制能够提高政府制定公共政策的水平，而这种联邦体制以权力分散和州政府间的竞争为特征，并

---

① Gordon Tullock, "Adam Smith and the Prisoners' Dilemma," in *The Selected Works of Gordon Tullock: Economics without Frontiers*, edited by C.K. Rowley, vol. 10 (Indianapolis, IN: Liberty Fund, 2006), 429–437.

赋予公民用脚投票的权利。[①] 在图洛克的叙述中,他展示了不同辖区之间的竞争如何使政府制定出更好的公共政策,以满足公民的广泛需求,其中有对利己主义的追求、相应的制度环境,以及起作用的过滤过程和均衡特质。图洛克再次以斯密的方式推导结果,而这是最初在他唯一的正式经济学课程中从西蒙斯那里学到的。

结　论

芝加哥学派的著名经济学家奈特经常说:"我们说某种情况是理想的,其实就是说它是没有希望的。"图洛克在公共选择政治经济学方面的研究工作中并不像他的同行布坎南那样走改良路线。但图洛克并不是一个真正的悲观主义者,也不是乐观主义者,而是一个现实主义者。人们是什么样就是什么样,政治是什么样就是什么样。市场能够发挥作用,就是因为市场实事求是地对待人们,也利用人们的基本动机实现合作。政治尽管说是要通过公共服务造福人类,然而基于利己主义的运作却一点也不比市场少。但是,做出政治决策的制度环境与私有财产、合同自由和损益核算的市场环境迥然不同。虽然奖惩结构不同,政府的自利表现形式也与市场经济的不同,但利己主义驱动人的行为却是相同的。正因为如此,我们作为政治经济学家,可以合理地辨别制度结构的改变可以把行为引向何方。

在分析政治时,图洛克运用的是与检验市场秩序一样的分析

[①] Gordon Tullock, *The New Federalist* (Vancouver: Fraser Institute, 1994).

工具，这对于我们理解人类行为所产生的自发力量做出了重大而持久的贡献。我们在市场上、法庭上、国会大厅里，甚至夫妻两人在卧室里的关系中所呈现的交换模式，都可以用图洛克深刻的观点来阐释。他倾向于强调特殊利益集团操纵政治的隐藏起来的黑暗一面，而不是市场过程中"看不见的手"的光明一面。

但在他的分析中，图洛克坚持不懈地将理性选择理论应用于人类（和非人类）生活的各个方面，识别起作用的过滤过程，以及在他所研究的社会环境中显示出来的均衡特征。当我们谈论斯密和他"看不见的手"的推理方式在20世纪的继承时，图洛克对政治经济学的大量贡献，让他能够与哈耶克和布坎南相提并论。

第六课——奥斯特罗姆夫妇：方法论个人主义和经济学思维方式

引　言

20世纪社会科学领域最激动人心的发展成果之一是经济学中常见的推理方式和测量技术迅速地应用于其他学科。在20世纪50年代和60年代，历史、法律、政治学和社会学通过所谓的"理性选择"的革命而实现转型。这些学科的发展都源于这样一个观念，即分析任何社会生活时，行动者都必须处于中心地位。换句话说，采用方法论个人主义是最初的科学革命者迈出的关键一步。这与19世纪末20世纪初划分社会科学科目的方式形成了鲜明的对比。就研究领域而言，历史关注过去，人类学关注异域，法律关注法庭，政治关注国家，而经济学关注市场。面对这种知识分工的局面，涂尔干（Durkheim）坚持认为社会无所不在，社会学将胜过所有这些学科。在这个过程中，他将社会学从关注人类行为的一般学科［这是斯宾塞（Spencer）、韦伯和齐美尔（Simmel）所认为的社会学］转变为关注社会现实背后的社会力量的学科。尽管涂尔干的这种做法有很多优点，但其结果是忽视了行动者和行动者面对的激励、必须处理的信息以及适应环境变化的能力。

这种方法论整体主义的成功从未影响到作为一门独立学科的经济学。在20世纪早期，一些异端的声音向边际革命的方法论个人主义发出挑战，而且从20世纪40年代到70年代，凯恩斯主义霸权拒绝了经济学的方法论个人主义。但是在此期间，微观经济分析从来没有失去它在经济学中的统治地位，因此方法论个人主义从未失去它在经济学中的强大支点。而其他社会科学学科的情况并非如此。将方法论个人主义重新引入这些学科被认为是所谓"经济学帝国主义"运动的一部分。

在最早的"帝国主义者"输出（比如布坎南）或输入［比如威廉·赖克（William Riker）或詹姆斯·科尔曼（James Coleman）］基本经济学模型后，经济学这门学科的本质就已经发生了变化。运用经济学的模式不仅意味着方法论个人主义，还意味着在社会科学中进行建模和测量。建模意味着最优化行为，而测量意味着发现统计意义。对经济学帝国主义的批评集中在三个靶点上，尽管三者未必相关：（1）方法论个人主义的不当性；

(2)通过最大化模型对人类行为进行描述的非现实性;(3)(a)在统计检验时最大化模型实证上的失败,(b)在希望产生理解而不是预测的学科中统计意义上检测的不恰当性。这些批评中有许多确实可能是正确的。

但是,对经济学帝国主义的这种批评至少存在三个问题。第一,我们尚不清楚方法论个人主义是否必然会指引学者做出最大化模型并检验其统计意义。第二,与现有的方法论集体主义解释相比,即使是令人厌恶的最大化和统计建模练习也可能更好。换句话说,这种简洁的"解释"将战胜更为复杂的分析——对所有影响局势的社会力量的分析。第三,或许可以找到一种社会科学的实证研究方法,其既能够在比最大化模型更广泛的背景下部署人类行为,又能重点关注选择环境对于人类的意义及理解它的问题,而不是重点关注对人类社会的预测。

我要强调的是,在20世纪上半叶,社会科学的观点是统一的,即行动者是核心,并且社会科学的目标是理解而非预测。这个观点是由米塞斯、奈特和哈耶克等经济学家发展出来的。20世纪下半叶,在布坎南的研究和弗吉尼亚政治经济学派的发展中,这种研究方案得到了显著的体现。这种经济学帝国主义与芝加哥学派的主张不同,而人们常常忘记这一点,倾向于认为经济学的思维方式运用于市场之外的领域的各种努力都是一样的。比如,罗纳德·科斯拒绝了理查德·波斯纳(Richard Posner)的法和经济学流派的帝国主义,而大多数人却认为科斯引发了法学革命。道格拉斯·诺思发现自己在计量历史学和经济史研究方面处于同样的窘境。

文森特和埃莉诺以及印第安纳大学的政治理论与政策分析

研究所的研究工作是在新方向上推动和深化20世纪早期方法论个人主义研究计划的最佳例子之一。以奥斯特罗姆夫妇为代表的布卢明顿学派被公认为是公共选择理论发展相关的三大主要学派之一，另外两大学派是罗切斯特学派（代表人物赖克）和弗吉尼亚学派（代表人物布坎南和图洛克）。研究所始建于20世纪70年代。顾名思义，其是建立在教师和研究生之间的学术合作的基础上，强调的是理论问题和公共政策中实际问题之间的联系。在奥斯特罗姆夫妇早期所做的关于市政当局和公共产品的多中心性质的相关研究工作的基础上，研究所继续研究联邦制、公共池塘资源和发展的制度分析。我将要论证的是，奥斯特罗姆夫妇所做的一切努力，都建立在米塞斯、奈特和哈耶克提出的方法论个人主义和自发秩序的社会科学方法的基础上，并对之加以改进。①他们以这样的方式在传统经济学的边界之外有效地运用和扩展了经济学的思维方式，同时避免了学界对经济学帝国主义的大多数批评。

学术前辈

凡勃伦是新古典主义"最大化人"概念的首批主要批评者之

---

① 我们的探讨实际上是一种知识上的考古研究，因为这种探讨的影响并不直接体现在教学谱系中，也不总是体现在学术文献引用的模式中。我们试图挖掘一系列潜在的主题。事实上，有人认为，在知识的考古研究中，对奥斯特罗姆夫妇研究计划产生独立影响的奈特、米塞斯和哈耶克的观点有一个源头，比如托克维尔（Tocqueville）。说句题外话，有一个历史学家告诉我们，哈耶克在创建朝圣山学会时，本打算将之命名为"托克维尔—阿克顿"学会，但是奈特和其他人因为托克维尔和阿克顿学说中的天主教教义而反对以这种方式命名学会。

一。凡勃伦认为，现代经济学中的人类学基础没有根据，并且不能在一个动态的世界中解释人类选择的复杂性。经济学在其分析中还没有进行适当的转变。相反，作为经济学家，凡勃伦做出了对经济学的著名批评之一，他指出：

> 关于人的享乐主义的概念是把人看成一个疾如闪电的计算器，认为人可以计算欢乐和痛苦。人像承载着欲望和幸福的小球，在刺激的推动下东摇西摆，却毫发无损。这个过程既无前因也无后果。人是一个孤立的、确定的数据，处于均衡状态，除非猛烈的碰撞让他偏离方向。人在空间中自我施压，围绕着自己的精神轴对称地旋转，直到外界的力量加到他身上，他开始东摇西摆。当冲击力耗尽时，人又回归均衡状态，像以前那样当一个自给自足的欲望小球。从本质上讲，享乐主义下的人不是原生的推动者，不是生活过程的中心，除非他遇到了一系列外在的和外生环境强加给他的压力。[1]

对于奥派经济学家的研究，尤其是门格尔，凡勃伦发现自己处于某种尴尬的境地。他认为，关于边际效用和主观价值的讨论必须被视为解决人类选择问题的一种适当的发展方向。不幸的是，凡勃伦认为，奥地利学派提出的错误的人性概念使该计划偏离了正轨。那么，凡勃伦的替代方案又是什么呢？

这就是所有关于社会互动的非方法论个人主义的模型所存

---

[1] Thorstein Veblen, "Why Is Economics Not an Evolutionary Science?" in *The Portable Veblen*, edited by M. Lerner（1899; repr., New York: Viking Press, 1948), 232–233.

在的问题。如果我们分析的重点是社会变革的动态理论，那么我们必须了解社会变革的推动者。如果我们不关注这些变革的推动者，而是专注于个人所不能控制的社会力量，那么我们将不能发展出社会变革的理论。凡勃伦的制度主义，恰如他绘制的关于新古典经济学的讽刺漫画那样，并没有提供一种关于生活过程的理论，而是必须将变化看作外部和外在环境强加给我们的压力。

在关于方法论的讨论中，我们必须始终考虑的是替代框架的问题，因为社会科学中真正起决定作用的并不是方法的真实性，而是方法的实用性。我们可能没有对现象做出真正的解释，但那可能是一个有用的解释。对忙于计算快乐和痛苦的均质小球（即人类）进行批评时我们不应当过分重视描述的准确性，即我们是否以或将以这种方式行事。相反，问题在于，以这种方式审视人类是否符合我们的科学目的。显然，就很多目的而言，它都不是。

米塞斯、奈特和哈耶克等经济学家认识到这点，因此他们都以某种方式拒绝了"经济人"假说。另外，这三个人都大力推广方法论个人主义，并且如我所说，他们也是跨学科应用理性选择理论的创始人。

多年来，奈特在芝加哥大学一直推动将新古典经济学和制度经济学相结合的教育和研究计划。尽管这个计划在制度层面从未付诸实施，但是奈特通过这个计划对其学生产生的影响是巨大的。然而，奈特在作为一门学科的经济学与更宽泛的政治经济学学科之间的问题上是矛盾的。在他的《什么是经济学的真理》（What Is Truth in Economics?）一文中，奈特捍卫了经济学的逻辑基础，反对实证主义的指责。他说："经济学的基本命题和定义既不能被观察到，也不能从观察中推导而出。这与一般意义上自然科学或数学的实证完全不同，但这些命题和定义并非真正意义上主观的命题和定义。"① 自然科学的方法论不适用于人类科学，但人类科学也能产生关于现实的知识。确保科学进步的不是实证方法，而是好的科学家。正如奈特所说："科学家如果没有荣誉感（以及专业能力），就都是吹牛的骗子，也就根本不会有科学。"② 具有相应能力的经济学家之间的理性辩论产生了经济学中的"真理"。

经济学话语的核心是经济化的行动的人。奈特写道：

经济学中的所有讨论都假定（而这当然也是"真实的"）每一个理性的、有思考能力的人都知道：（a）某种行为涉及在实现各种目的的可选模式之间的分配或有限资源的配置；（b）给定的分配方式会在不同的"程度"上实现任何主体的某种一般性目的，而这是进行比较的共同标准；（c）在主体可获得的方式的数量和给定情况所提供的分配条件的约束下，存在某种"理想的"分配方式，其可以"最大限度"地实现一般性目的。③

奈特甚至继续论证道，我们对这些经济学命题的理解胜过了我们通过观察得出的对任何自然科学命题的理解。我们拥有的知识仿佛是"内在"的，因为我们自己就是经济主体。正如我们知

---

① Frank H. Knight, "What Is Truth in Economics?" *Journal of Political Economy* 48(1940), 5.
② Knight, "What Is Truth," 7–8.
③ Knight, "What Is Truth," 16.

道，我们是在写作，而不是在白板上做出黑色的标记，或者是在阅读，而不是在看见黑色的标记。我们通过生活在这个世界上来理解经济学的核心命题。

就奈特看来，技术经济学的范围是有限的，而其主要由被称为负面知识的东西构成，即关于当前形势的错误之处或一种思想路线。通过科学技术对个人的经济行为进行全面的社会控制，既不可能，也与人道主义思想格格不入。经济学不能成为社会控制的工具，相反，它是批判性思维的工具。社会思想家要超越经济学的负面角色，进入价值判断的领域。奈特认为，要让这样的举动合理化，需要一项解释性研究。然而，这项解释性研究必然超越经济学的边界，甚至应该包括人文科学乃至社会科学的全部领域。①

米塞斯以奈特、韦伯以及门格尔的理论为基础，试图以个人行为的逻辑建立一个解释性研究的框架。他将这门学科命名为人类行为学。他的理由很简单，即从韦伯到米塞斯的这一时期，社会学这门学科被方法论集体主义所统治。在这样的思想氛围中，米塞斯所发展的经济学和社会学视角将不会被人理解。然而，作为一种以行为为导向的社会科学方法，他认为行为学一词更好地抓住了他的原理和方法论的意图。米塞斯认为，"在古典政治经济学之外，出现了关于人的行动的一般理论，即行为学。经济学或交换学的问题被包含在一种更具普遍性的科学之中，而且再也不能从这种关系中分离出来。要想恰当地处理经济学问题，不可

---

① Knight, "What Is Truth," 31.

避免要从行为选择出发。①经济学成了更具普遍性的科学——行为学的一部分,尽管迄今为止这是阐述得最充分的一部分"。②

米塞斯为方法论个人主义做了强有力的论证:"没有人敢于否认,国家、政府、地方当局、政党、宗教团体等是决定人类重大历史事件进程的真正因素。方法论个人主义绝没有质疑这些集体的重要性,而它的主要任务之一是描述和分析这些集体的形成及消失、结构的变化及运作等。这是唯一一个令人满意地解决这个问题的方法。"③简而言之,米塞斯是一位方法论个人主义者,也是一位秉持理性选择的社会科学家。但他强烈反对机械性的理性选择,即经济人的假设。④相反,米塞斯坚持认为,"经济学研究的是真实的人的真实行为。经济学的定理涉及的既不是理想的人,也不是完美的人,既不是一个神话般的经济人的幻想,也不是统计概念上的一般人。交换学的主题是,具有所有弱点和局限性的人是生活中和行为中的每一个人。每一个人的行为都是行为学的主题。行为学不仅研究社会、社会关系和大众现象,还研究所有人类行为"。⑤

哈耶克基于奈特和米塞斯的这些观点,就人类科学的独特

---

① 对米塞斯来说,有好几个理由证明这个出发点是非常重要的,但是对于我们现在的目的而言,我想要强调的是,我们从个人选择开始论证,是因为正是在个人的层面,我们才可以对人类行动的目的和计划赋予意义。关于行为学这一起点的必然性,参见下文。Ludwig von Mises, *Human Action: A Treatise on Economics* (1949; repr., Indianapolis, IN: Liberty Fund, 2010), 39.

② Mises, *Human Action*, 3.

③ Mises, *Human Action*, 42.

④ Mises, *Human Action*, 62.

⑤ Mises, *Human Action*, 651.

性、方法论个人主义和研究复杂现象的综合方法提出了一个论点。①他就社会科学家谈道:

> 只有在许多人的有意识行为会产生无意识的后果这一情况下,只有在观察到的规律不是任何人设计的结果这一情况下,才能产生社会科学家试图回答的问题。如果没有有意识的设计,社会就毫无秩序,那么理论社会科学就确实没有立足之地,并如人们经常认为的那样,就只存在心理学问题。只有当某种秩序由个人行为产生,而不是由任何人设计产生时,这才产生了需要理论解释的问题。②

就哈耶克看来,社会科学家有双重任务。一方面,个人的目的和计划服务于其自身的利益,他们必须从这个角度去解释社

---

① 关于综合方法的案例是对共同交换媒介起源的解释。在这一点上,米塞斯经常被解读为强调人类行为的逻辑,而哈耶克被解读为强调社会现象的自发出现。然而,这种解读低估了米塞斯对自发秩序的欣赏,也低估了哈耶克对作为综合分析方法中基础部分的选择逻辑的欣赏。米塞斯在《人的行动》中写道:"卡尔·门格尔不仅提供了一个关于货币起源的无可辩驳的实践主义理论,还认识到了他的理论对于阐明人类行为学的基本原理及其研究方法的重要性。"在哈耶克的《个人主义与经济秩序》中,他论证了选择逻辑是发展一种市场过程理论的一个必要不充分的组成部分,可以在对替代性制度安排的认知特性的实证检验中找到对选择逻辑的补充。关于行为人如何学习、这种学习如何有效地让行为人的计划与他人的协调,以及如何在不同的社会环境下,以最有效的方式使用稀缺资源的这些经验知识,构成了互补的科学知识,能够将仅仅同义反复的选择逻辑转化为有经验意义的表述。
F.A. Hayek, *Individualism and Economic Order* (1948; Repr., Chicago: University of Chicago Press, 1996), 33–56.

② F.A. Hayek, *The Counter-Revolution of Science* (1952; repr., Indianapolis, IN: Liberty Fund, 1979), 68–69.

会现象，即方法论个人主义。另一方面，他们必须追踪到这些行为的无意识后果，即自发秩序。尽管哈耶克的研究核心是方法论个人主义，但哈耶克反对与方法论个人主义相联系的原子论。此外，和米塞斯一样，哈耶克拒绝经济人的假设。

相反，我们从哈耶克那里得到的是：社会科学和政治经济学的研究计划的基础是分析行动的人（而不是机器人）所做出的理性选择，其中信念、规范和习惯都指导着做出选择的行动的人。[①]然而，该研究计划并不满足于对行动的人所追求的情景逻辑的研究。这些行为的非意图性后果产生了社会秩序，而这才是研究的对象。哈耶克在他的研究中，就人的行为而非由人的设计产生的结果所举的著名例子涉及语言、文化规范和习俗、货币和市场以及法律等领域。当某个社会的规范和习俗支持和强化了财产权和关于合同的正式制度，让市场经济得以发展，那就会出现劳动分工下的社会合作。现代性和文明本身都是市场经济发展的产物。这条思想路线可以追溯到18世纪的思想家，比如休谟和斯密，而哈耶克是20世纪的代表。

---

① 要概览哈耶克的研究计划，请参见下文。
Peter J. Boettke, "Which Enlightenment, Whose Liberalism: F.A. Hayek's research Program for Understanding the Liberal Society," in *The Legacy of F.A. Hayek: Politics, Philosophy, Economics*, edited by Peter J. Boettke, vol. 1 (Cheltenham, UK: Edward Elgar Publishing, 1999) xi–lv.
有关哈耶克研究分析的更多详细分析，请参见下文。
Bruce Caldwell, *Hayek's Challenge: An Intellectual Biography of F.A. Hayek* (Chicago: University of Chicago Press, 2004).

地方政府，发展和自组织

在社会科学中，休谟和斯密的基础研究项目激发出奥斯特罗姆夫妇在政治经济学和公共政策方面的联合项目。文森特·奥斯特罗姆经常抱怨社会理论家的研究过于宽泛：市场与计划、自由市场与政府干预、公民社会与国家、私人与公共等。但是把研究领域如此广泛作为古典政治经济学的特征，显然是一个错误。苏格兰的启蒙思想家并不愚钝，而是作为复杂的理论家，他们研究的是社会交往的复杂性。现代的新古典经济学可能因为不够精细而该受谴责，但这不是休谟和斯密的问题，因为他们研究的是人类动机的多维性、社会合作制度的偶然性和人类事务的非意图性后果的规律。

文森特·奥斯特罗姆认识到，可行的公共选择研究计划需要更加精细的政治经济学方法。"新古典经济学理论依赖一种假定完全竞争的市场经济的模型，而掌握所有信息的行动的人作为卖家和买家参与其间，同时价格处于均衡状态，即需求等于供给。"[①]但在社会环境中这种人际互动的"模型"存在的主要问题和局限是脱离现实。"模型思维"是一个严重的问题，常常导致出现漂浮不定的抽象概念，而不是对人类事务的现实进行审

[①] Vincent Ostrom, *The Meaning of Democracy and the Vulnerability of Democracies* (Ann Arbor: University of Michigan Press, 1997), 98.

视。① 当这种模型超越了市场交换的领域，扩展到政治、宗教、社会学和法律领域时，或许这也是最能说明原始经济模型可能产生谬误的最好例证。② "继续坚持对非市场决策使用传统的经济学推理方式，不会让人学到什么有用的东西。而对问题的不确定性、社会困境、异常难解之谜持开放态度，可以促进学习、创新和知识的基础性进步。"③

---

① 为了批评"模型思维"，文森特·奥斯特罗姆借鉴了以下两本著作。

W. Euken, *The Foundations of Economics* (1940; repr., Chicago: University of Chicago Press, 1951); and H. Albert, *"Modell-Denken und historische Wirklichkeit, "in Ökonomisches Denken und soziale Ordnung*, edited by H. Albert (Tübingen: J.C. B Mohr, 1984), 39–61.

米塞斯也是现代经济学"模型思维"的主要批评者之一。我怀疑在奥斯特罗姆的作品中没有提到米塞斯，是因为许多人把米塞斯的方法论解释为其拒绝了社会科学的经验主义一面，但这实际上是一个错误的解释。的确，米塞斯拒绝了关于可证伪性的实证主义认识论，但这并不意味着他的体系无视经验现实。"所有的经济学定理在所有给定情况下都必然是有效的。当然，它们在这些条件不存在的情况下没有实际意义。"

Mises, *Human Action*, 66.

换句话说，标准不是可证伪性，而是适用性。一个理论是否适用，取决于科学家所知道的经验信息。多年来，很多人对米塞斯阐述的奥地利学派的立场有很大误解，包括一些他最亲近的追随者，但是认识到米塞斯的三个层次的分析系统就可以澄清这种误解：纯理论、应用理论（或制度性应用理论）和经济史。选择的纯理论是所有经济学的必要基础，但制度应用理论将纯理论定义为与实践相关的命题，而运用纯理论和应用理论为历史研究提供一个解释框架，是理论研究的实际目的和获得正当性的理由。

② 然而，值得注意的是，文森特·奥斯特罗姆和埃莉诺·奥斯特罗姆都不反对方法论个人主义在分析市场和非市场环境中的适用性，问题在于是否确定了一个严格的模型。他们更喜欢用"框架"而不是"模型"来描述指导他们分析的方法。在他们的思想体系中，模型的定义更加有限。

Elinor Ostrom, *Governing the Commons: The Evolution of Institutions for Collective Action* (New York: Cambridge University Press, 1990), 214–215; and V. Ostrom, *Meaning of Democracy*, 105–114.

③ V. Ostrom, *Meaning of Democracy*, 99.

在政治理论与政策分析研究所中发展出来的分析框架的基础是审视个人在不同的决策环境或行动领域中所面对的激励结构。此外，该框架还力求突出行动者在这些不同的决策环境中所获取的和利用的知识和信息。文森特·奥斯特罗姆认为，在不同的环境中研究人类的条件，有利于分析政策的学者能够在经济学理论家的抽象主义、德国历史主义和美国制度主义所特有的方法之间找到一条路线：汇编事实而不是以理论化的语言对其进行分类。相反，该研究所的学者通过建立制度分析框架能够在漂浮不定的抽象概念和短暂的具象概念之间架起桥梁。

这一不断演化的框架的首次应用是在市政当局提供公共产品上，比如供水。[1]从理论上讲，要发展分析框架，必须完善"制度"的定义。在奥斯特罗姆的作品中，制度有三种不同的含义：（1）均衡策略；（2）游戏规则；（3）规范。[2]我们不明白的是，为什么一种由均衡的推理方式所产生的结构不能将这三种含义都

---

[1] Ostrom, "Water and Politics California Style" 31, in *Polycentric Governance and Development*: *Readings from the Workshop in Political Theory and Policy Analysis*, edited by M. McGinnis (1967; repr., Ann Arbor: University of Michigan Press, 1999), 31; Ostrom and Ostrom, "Legal and Political Conditions of Water Resource Development" in *Polycentric Governance and Development*: *Readings from the Workshop in Political Theory and Policy Analysis*, edited by M. McGinnis (1972; repr., Ann Arbor: University of Michigan Press, 1999).

[2] Crawford and Ostrom, "A Grammar of Institutions" in *Polycentric Games and Institutions*: *Readings from the Workshop in Political Theory and Policy Analysis*, edited by M. McGinnis (1995; repr., Ann Arbor: University of Michigan Press, 2000).

吸收进分析框架中。[1]首先，对"制度"最有效的定义可能是在任何决策环境中运作的正式和非正式的游戏规则。这些规则决定了行动者表现出的均衡行为。其次，我们还必须解决游戏规则的执行问题。如果非正式规则（规范）支持正式规则，将会降低执行成本，而如果非正式规则和正式规则处于冲突之中，那么执行正式规则的成本往往高到令人望而却步。

在考察地方政府内部的决策规则时，文森特·奥斯特罗姆[他开始是与蒂伯特（Tiebout）和沃伦合作，后来则自己独立开展研究]发展出了政府组织的多中心概念。"多中心意味着许多决策中心在形式上相互独立。"[2]多中心的组织安排和履行的职能也是由"宪法层面"的游戏规则决定的。在任何时候，分析框架都必须尊重正在进行的游戏，尊重每个游戏运作中设定的互动战略。不同决策系统中心的竞争会激励该系统内的个人进行有效的生产和交换。"随着生产中准市场条件的发展，市场组织的灵活

---

[1] 这不是我们的目的，但我们相信在门格尔和哈耶克的作品中存在令人迷惑之处。根据肖特的《社会制度的经济理论》(*The Economic Theory of Social Institutions*)，许多人主张门格尔和哈耶克认为制度是一种均衡行为。我不同意这种说法。制度带来了均衡，构建了激励机制，决定了信息的使用和新知识的发现。显然，门格尔和哈耶克的著作中的观点有些模棱两可，因为在不确定和无知的世界中，制度的概念作为行动的指导，是有些模糊的，但是在阅读哈耶克的著作时，我相信可以得出以下分析：充分协调个人计划的完美契合，即所谓的均衡（各自计划的一致性）；社会秩序可以形成趋于协调的趋势，但不会在某个时间点达到均衡，而均衡的状态是由互相强化的各种期望定义的；有一个通用的规则框架来提供行为人追求其计划的环境。正是这个框架产生了社会秩序（互相强化的期望），使参与者能够相互协调他们的计划（均衡）。

[2] Ostrom, Tiebout, and Warren, "The Organization of Government in Metropolitan Areas: A Theoretical Inquiry," in *Polycentricity and Local Public Economies: Readings from the Workshop in Political Theory and Policy Analysis*, edited by M. McGinnis (1961; repr. Ann Arbor: University of Michigan Press, 1999), 31–32.

性和回应能力在很大程度上都能够在公共服务经济中产生。"[1]但是,学者也必须认识到,即使是多中心的公共物品提供系统也可能存在问题。如果没有完整的产权和自由市场的定价体系,经济计算问题将会让商品和服务的生产和交换呈现反常的状况。

可以预测的是,监管竞争性的公共服务经济时会遇到若干困难,经济定价和成本分配取决于如何有效地衡量市政服务。由于人们所满意的社区状态并不能转化为某种单一的价值,比如私营企业以美元计算的利润,因此,想要在公共服务经济中维持客观的竞争关系可能就更加困难。[2]

多中心主义的出现是因为在都市区以统一的等级制度来组织公共服务非常无效。比如,在这种等级组织中,激励和计算是一个复杂的问题。但是,如我在前面所提到的,多中心系统必须解决其自身的问题。文森特·奥斯特罗姆在宪法层面的分析中通过一般规则看到了解决这些问题的途径。[3]

---

[1] Ostrom, Tiebout, and Warren, "The Organization of Government in Metropolitan Areas: A Theoretical Inquiry," 45.

[2] Ostrom, Tiebout, and Warren, "The Organization of Government in Metropolitan Areas: A Theoretical Inquiry," 45.
意大利公共财政理论家认识到了公共产品定价问题,他们对布坎南的研究计划有很大影响。定价问题的根源在于米塞斯20世纪20年代所提出的社会主义经济中要素定价问题的分析。

[3] Ostrom, "Polycentricity (Part 1)" in *Polycentricity and Local Public Economies: Readings from the Workshop in Political Theory and Policy Analysis*, edited by M. McGinnis (1961; repr. Ann Arbor: University of Michigan Press, 1999)

波兰尼强调规则的普遍体系，为多中心系统中的关系排序提供了一个框架，而这被奥斯特罗姆、蒂伯特和沃伦严重忽视。制定一套适用于都市区政府行为的一般规则，以及维护适用于执行此类法律规则的机构设施，是我们尚未解决的一个问题。都市区的治理能否以多中心系统的形式进行组织，取决于各个方面的规则制定和规则执行能否在多中心结构中实施。①

在这一点上，重要的是突出自发秩序的概念和多中心主义之间的联系。关键是要记住，就行动者个人而言，自发秩序的概念并没有被否定，行动是有目的的行为。与之形成鲜明对比的是，自发秩序是有目的的行为的结果。显然，在最高层面，没有任何中央计划者能够有意识地设计一个复杂的多中心治理体系，像实际中运行的那样。自发秩序的概念并不意味着，在没有有意识的人类行为参与的情况下一个系统能达到某种固定均衡状态。相反，其主要的理念是有目的的人类行为会产生非意图性后果。这些非意图性后果在构成系统的整体秩序中发挥着重要作用，因此需要一系列的制度让个人进行有目的的行动，并调整这些行动的非意图性后果。

人们可以想象社会中有两种秩序。一种是哈耶克所说的"组织"，即有意识的考虑和实施的行动。另一种秩序是自发的，因为它独立于任何人的监督或指导。重要的是要记住，并非所有的复杂现象都必然是自发形成的。而对于越复杂的秩序，我们越需要自发力量来产生这种秩序。

鉴于秩序的这种二分法，我们可以看出，多中心治理系统

---

① Ostrom, "Polycentricity（Part 1），" 58（emphasis in original）.

清楚地体现出这两类秩序是共存的。整个系统内存在复杂的规则和制度机制来促进社会互动和冲突的解决。而在多中心系统中，"如何完成任务"的地方性知识和隐性知识的积累可以被视为一种不断变化的自发秩序。所谓社会秩序的文化方面，比如如何与他人互动、如何解决问题等，都可以被描述为自发秩序。个人有目的地与他人互动，但由此演化出的那套规范却是这些有目的的互动行为的非意图性结果。自发秩序绝不是由没有目的性的行为所产生的某种静态均衡，而正是因为我们无法知晓未来的所有情况，所以我们才需要一种具有可塑性的制度环境，来应对不断变化的环境。总而言之，自发秩序的理念恰恰排除了所有静态均衡的可能性，并要求允许个人处理出现独特情况的机制。在奥斯特罗姆关于多中心治理系统的研究中，贯穿了对这些处理非意图性后果的机制的强调。

这一背景让人们联想到文森特·奥斯特罗姆的公共企业家精神的概念。公共企业家精神涉及个人参与解决公共问题的能力。正是因为人们无法预知有目的性行为的非意图性后果，所以才需要解决新的冲突。如果人们事先知道未来的情况，那么公共企业家精神就是没有意义的。

政治理论与政策分析研究所的一个必不可少的研究内容是要求将现实问题与人类状况联系起来。为了了解这些问题，参会人员运用了实地调查、实验和详细的案例研究等方式。供水、灌溉系统、警察、处理公共池塘资源的本土机构，以及欠发达经济体的发展过程等都是布卢明顿学派学者进行制度分析的焦点。进行这种分析的重点是首先要确定运作的组织和社会机制，而不是解决其绩效问题。在明确任何特定社会背景下运作的组织结构之后,再对现有体系的绩效和可持续性进行评估。

分析的过程是从背景到行动领域、激励,再到互动模式和结果,对整个过程进行评估进而又影响到互动。背景由社会中既存的物质条件、所涉及的社区的属性以及该社会所使用的规则所决定。不同的行动领域所产生的激励反过来又引发不同的社会互动模式。互动模式产生的结果要么强化了行动选择的背景,要么与背景相冲突。

这是一项卓有成效的研究项目,在对现有社会中互动的实证制度进行分析、识别功能失调的情况和提出改变政策的建议以产生社会变革等方面,成功地挑战了人为划分社会科学学科的概念。在研究所的相关学者的研究中,公共选择、实证政治经济学和新制度经济学在比较制度分析的主题下交织在一起。然而,与这些研究项目中的许多工作不同,布卢明顿学派学者的工作更多的是参与实证研究,特别是通过田野调查进行近距离案例研究,其中包括深入的访谈和调查等。因此,制度分析中丰富的细节不仅能够揭示正在运作的正式规则,还能够揭示支配社会互动的非正式规则。

在关于公共池塘资源问题的研究中,埃莉诺·奥斯特罗姆论证了欠发达国家在不采用发达经济体的正式规则的情况下,如何通过当地的习俗和知识来解决公共问题。这一分析的一个重要含义是必须放弃寻找一种放之四海而皆准的现实模型。另一个含义是诸如囚徒困境和公地悲剧等形式的模型,并不像通常所认为的那样具有普适性。我们之所以知道这点,是因为实验和实地调查所证明的现实经验。虽然当地的习俗和知识可以为解决社会困境提供方案,但是它们仍具有其他必须加以考虑的缺陷,而这些缺陷使得它们在推动社会秩序突破某一局限时存在弱点和受到限制。有人可能会反驳道，这些习俗比看起来由其悠久历史所证明的更有活力。然而，另一种解释强调，以习俗来解决囚徒困境和公共问题存在缺陷本质上是因为这种解决方案只适用于小群体环境下相对同质的行为人，而在任何社会中，这种制度环境创造财富和普遍发展的能力都是有限的。

研究所研究的一些重大治理难题激发了学者的想象力，其中最主要的是自执行的问题。一个自由的社会在对警察的需求量最小的时候运转得最好，这是因为在这种情况下，契约在很大程度上是自执行的，而且合作的好处超过了任何不合作行为的好处。但是，随着现代社会的发展，人们不再局限于由相对同质的个体组成的小群体，关注的焦点从自执行转向了正式的游戏规则，而这些规则有效地监督着社会互动，使个人能够从合作中获益。继托克维尔之后，奥斯特罗姆夫妇寻求发展一种关于合作的科学和艺术，以求在一个多元化社会中获得交换和生产的共同利益。① 社会中采用的法律框架要么强化了政府权力范围之外的自治组织，要么与这种自治组织相冲突。但是，一旦社会认识到法律可以支持现实中自治组织的运作，所存在的问题就是如何保护自治的领域，以防止其被国家赋予强制权力的正式规则所扭曲。

由于规则不是自动实施和自动执行的，所以任何宪政制度都

---

① 这篇论文的部分目的是强调奥斯特罗姆夫妇的研究项目与奈特、米塞斯和哈耶克等学者的研究项目的相似性。我将读者引向米塞斯《人的行为》的核心章节，米塞斯称之为"李嘉图联系定律"。同情和友谊是社会合作的结果，而不是社会合作的原因。
Mises, *Human Action*, 143–176.

有赖于科学地运用政府和公民的权力,以维持和执行宪法体系中的内在制度。因此,知识,包括技术知识和设计出的标准,对进行美国宪政实验都至关重要。这些知识提供了适当的评价标准,以让官员相互制衡和限制,并让公民在其与官员的关系中保持适当的限制。任何这样的关系结构都容易被企图主宰各种决策结构的联盟的发展所影响。反过来,宪政制度的可行性取决于曝光这种行为的意识,以及其他人抵制篡权行为的意愿。①

这段话强调了两点。第一,如果任何社会系统要求引入国家强制力量,以防止该系统在自行维护社会秩序时发生崩溃,那么政治经济学家必须意识到这种系统的脆弱性。第二,在建立处理自执行而不能解决问题的政治制度时,理论家必须设法将这种脆弱性降至最低。②对此,托克维尔的答案是自治的民间社团,麦迪逊(Madison)的答案是让野心对抗野心的政治结构。一个自由的社会必须有广泛的非政府团体和政治与法律制度,通过利益集团之间的竞争使其相互制约,从而将某个人的统治最小化。③

---

① Ostrom, "A Forgotten Tradition: The Constitutional Level of Analysis," in *Polycentric Governance and Development: Readings from the Workshop in Political Theory and Policy Analysis*, edited by M. McGinnis (1967; repr., Ann Arbor: University of Michigan Press, 1999), 164.

② 哈耶克以这种方式描述休谟和斯密的古典自由主义政治经济学:主要关注的不是在最好的情况下,一个人偶然能取得的结果,而是在最差的情况下,尽可能减少他做坏事的机会,参见下文。
Hayek, *Individualism*, 11.

③ Ostrom, *Meaning of Democracy*, 273.

结 论

政治理论与政策分析研究所的研究项目既复杂，又与对现实世界问题的分析有关。研究项目以跨学科的多种见解构建了一个框架，使理论家能够进行细节丰富且具有历史背景的比较制度分析。此外，这种分析可以对任何特定结构中存在的问题和扭曲进行评价，并设计制度性的补救措施。

要着重强调的是，这种分析建立在方法论个人主义和经济学思维方式的基础上。对奥斯特罗姆夫妇的知识观进行追根溯源后，我发现，与主流新古典经济学的模型思维相反，他们明显汲取了奈特、米塞斯和哈耶克在20世纪上半叶所发展出来的观点。

奥斯特罗姆夫妇的方法论的重要性不能被低估。社会科学的图景如图9-1所示。

	薄	厚
肮脏	温格斯特（Weingast）或贝茨（Bates）的政治经济学分析叙事方式等，以及奥斯特罗姆夫妇的关于政策的制度分析方式	人类学和社会学
清洁	主流经济学	统计政治学

图9-1 社会科学的图景

社会科学中缺失的一项是将经济推理的逻辑结构与历史学、人类学和社会学分析中丰富的制度细节相结合的努力。政治理论与政策分析研究所弥合了主流经济学家漂浮不定的抽象概念与历史主义和旧制度主义的不成熟的经验主义之间的鸿沟，但这些学者也明确地避开了在没有理论框架的帮助下进行统计学意义检验的伪科学复杂性。数据本身不能说明什么，但这也不意味着绝不允许用数据来说话。

文森特·奥斯特罗姆和埃莉诺·奥斯特罗姆通过他们的研究，以及与几代学者的合作，开展了一项研究计划，其作用是重振一种可追溯到休谟和斯密，以及奈特、米塞斯和哈耶克的政治经济学传统。奥斯特罗姆夫妇为这项计划提供了经验内容，并在尊重民间社团自治的基础上提供了规范性的推动力。这些民间社团有利于限制国家赋予某些人以特权而牺牲另一些人的权力，并让不同的人获得交换和生产的互利，由此加强了公民的力量，从而创造了财富，使得社会合作而非社会冲突成为社会秩序的特征。从斯密到托克维尔的古典自由主义者认为，一个由负责任的自由人组成的社会能同时实现个人自由、财富创造和和平合作。文森特·奥斯特罗姆和埃莉诺·奥斯特罗姆的研究阐述了这一伟大的思想传统，并丰富了其科学内涵。

第七课——埃莉诺·奥斯特罗姆：产生合作、避免冲突的自治规则

引言

埃莉诺·奥斯特罗姆是2009年诺贝尔经济学奖的得主，在整个学术生涯中为政治经济学和公共选择经济学做出了重大贡

献。她得到最广泛认可的贡献是关于公共池塘资源的研究。她发现了不同人类社群中多种多样的制度安排在资源利用方面发挥了促进合作并避免冲突的作用。如果严格运用经济学理论对资源利用进行安排,那么做出的安排会是对资源的过度使用和不当管理,但她发现集体行动下的安排有效地限制了资源获取并建立了责任机制。她所发现的许多有效的治理工具并不存在于政府的正式规则中,相反却存在于社区生活的非正式甚至是心照不宣的规则中。

我想要将奥斯特罗姆的论点稍微深化一下,并提出一个问题:一个有效的监管系统的基础是不是必须首先在社区所采用且被其公民所遵守的自我监管的规则中找到,而不是在由效率专家所精心设计的监管法规中发现。全世界都在努力规范人类活动以压制我们最粗俗的欲望、约束我们最疯狂的想法并管理我们的利益。作为经济学家和政治经济学家,我们大部分的智识努力都被用来对政府机构制定和实施的正式法规进行研究。但与此相反,埃莉诺·奥斯特罗姆研究的是日常生活中的政治经济学和自我管理的行为,而不仅仅是政府的政治经济学。从她对人类社会中这两种不同形式的社会行为规范之间的关系的研究中,我们能学到什么?[①]对此,我的问题是:"合理监管"的自监管是唯一形式吗?

[①] Peter J. Boettke, "Why Culture Matters: Economics, Politics, and the Imprint of History," in *Calculation and Coordination: Essays on Socialism and Transitional Political Economy* (New York: Routledge, 2001), 248–265; Peter J. Boettke, Christopher J. Coyne, and Peter T. Leeson, "Institutional Stickiness and the New Development Economics," *American Journal of Economics and Sociology* 67, no. 2 (2008): 331–358.

治理的悖论与对"合理监管"难以捉摸的追求

几年前，我在伦敦政治经济学院参加纪念彼得·托马斯·鲍尔（Peter Thomas Bauer）的研讨会时，安妮·克鲁格（Anne Krueger）总结（我重新组织了她的话）我们在20世纪最后25年在经济政策方面学到的东西，她这样说："是的，鲍尔是对的。自由市场的表现优于政府的中央计划和政府干预的表现。但我们也知道，完全不受约束的市场是不现实的。我们都同意，我们需要的是建立一个不会被特殊利益集团控制的合理监管制度。"我立即被克鲁格的言辞打动了，因为这听上去太有道理了，谁能反对不被特殊利益集团所控制的"合理监管"呢？没有谁在头脑正常的情况下，会主张以利益集团政治为主导的不合理监管。安妮·克鲁格一如既往地直击要害，但是我还有个吹毛求疵的念头，于是我举手提问。"如果，"我说，"不存在这样的'合理监管'呢？"当时，我的这个问题完全没有被当回事，但是我认为它应该被认真对待。

政治经济学的一大困境是，我们认识到，当我们求助于政府来解决我们的问题时，必然会造成一系列以前不存在的问题，而现在必须解决这些问题。我并非绝对地认为，解决这些问题的成本总是超过求助于政府的好处，但我们必须意识到，我们实际上已经造成了一系列需要解决的问题，而解决这些问题所产生的成本必须纳入考虑范围。我们求助于政府主要是为了我们的日常生活能得到保障——保护财产、保障契约等。总之，我们求助于政府，是因为我们担心私人财产遭受掠夺的威胁。不幸的是，一旦我们建立一个政府来保护我们，我们就容易受到公共掠夺的威胁。因此,我们必须花费成本、采取措施,以保护我们免受政府的掠夺。正如詹姆斯·麦迪逊(James Madison)在《联邦党人文集》中提出的基本困境:我们不得不赋予国家以权力,然后限制国家。实际上,这就是组成可行的政府的宪政计划。

建立不被他者控制的合理监管是值得称赞的,但实际上,实现这样的愿望是政治经济学的实证问题。我们可以通过什么样的政治过程建立这样的监管?我们又如何执行这种监管,并将其隔离,以避免被利益关系方控制呢?

关于监管的实证政治经济学让我们质疑监管理论,因为监管理论要么假设监管是出于公共利益(我们不是否认这种假设,但肯定会有所质疑),要么假设其是一种仁慈的执政理念。相反,在实证政治经济学中,一种常见的做法是深入挖掘数据,即从结果推断意图,又追踪资金流向,并始终追问:哪些人得到了好处?这些人又牺牲了谁的利益?引入监管可能确实是为了解决一些所谓的市场失灵问题,但我们不能假设政府监管将无成本地纠正问题。当然,这种关于比较制度分析的要求是科斯在他1959年关于联邦通信委员会的论文和1960年关于社会成本的论文中的主要观点之一。

在关于联邦通信委员会的论文中,科斯谈道:

除了因政治压力而产生的资源配置不当,行政机构如果试图履行通常由价格机制履行的职能,将遇到两种障碍。一种障碍是,它缺乏由市场提供的关于收益—成本的精确货币尺度。另一种障碍是,就其性质而言,它不能掌握所有使用或可能使用无线电的企业的管理者所拥有的相关信息,更不用说消费者对使用无线电生产的各种商品和服务的偏好了。

市场运作本身并不是无成本的，但如果市场的运作成本大大地超过了行政机构的运作成本，那么我们可能愿意默许由这种机构缺乏知识、不灵活以及受到政治压力而造成的资源配置不当。[①]

换句话说，用政府管理取代价格体系的企图遇到了经济计算、知识分散和政治利益集团等问题，这些问题不仅扭曲了既有的安排，还限制了企业发现关于安排事务和分配资源的更好的新方式。

在论文《社会成本问题》(The Problem of Social Cost)中，科斯进一步解释道："我们必须从接近实际存在的情况开始我们的分析，检查所拟议的政策变化产生的影响，并努力确定新的情况总体上是比原来更好还是更差。"[②]科斯补充道，政策变化如果没有代价，并可以保证变化会照计划进行，保证所得大于所失，那就是可取的。

在与个人决策相关的环境中，在选择不同的社会安排时，我们必须记住，改变现有的制度会改善某些个人决策，但同样会恶化其他一些决策。此外，我们必须考虑各种社会安排（无论是市场中的还是政府部门的）实施时所涉及的成本，以及迁移到新制

[①] Ronald Coase, "The Federal Communications Commission," *Journal of Law & Economics* 2, no. 1 (1959), 18.

[②] Ronald Coase, "The Problem of Social Cost," *Journal of Law & Economics* 3, no. 1 (1960), 43.

度时所涉及的成本。①

科斯的论点强调的并不是自由放任的市场是理想的（除非将之定义为理想的），而是"合理监管"是难以获得的。换句话说，对我们能够轻易发现政府对市场的"合理监管"的存在（更不用说设计、实施和维持这种监管了）提出质疑，而这并不是不可理解的。

认识到这是一个难以实现的问题，并没有改变人类不完美的事实，人类的激情需要被驯服，政府需要被监管。我们人类必须受到约束，才能出现和平与繁荣的社会秩序。但是我们如何驯服我们的激情？又运用什么机制来驯服呢？赫希曼（Hirschman）认为，在整个西方的思想史中，驯服激情是各种信仰体系在研究的事。②赫希曼论证道，这些激情可能被权威和武力所压制，也可能被宗教信仰所抑制、约束，也可能被激情对抗激情的反制力量所控制。事实上，我们可以说经济理论的出现源于对通过商业利益来利用这些激情的探求，从而将私人的恶转化为公共的善。此外，正是古典政治经济学的提炼，以及美国开国元勋的宪政技术的历史实践，提升了社会中的反制力量。

古典政治经济学家所制定的利用和制衡这些激情的机制是私有财产和价格机制、法治和宪政秩序。③追求利润的竞争以及

---

① Coase, "Problem of Social Cost," 44.
② A.O. Hirschman, *The Passions and the Interests* (Princeton, NJ: Princeton University Press, 1977).
③ F.A. Hayek, *Individualism and Economic Order* (1948; repr., Chicago: University of Chicago Press, 1996), 11–14.

遭受损失的惩罚使人们受到约束，从而指引他们的行为，使其根据现有的品位、技术和资源，以最有效的方式获取贸易收益和创新收益。利润鼓励经济主体承担风险，而亏损则鼓励决策谨慎。市场经济是一个很明显的自监管的例子，其中风险和谨慎相互制衡。

在市场经济中，参与者有动机寻求互利的商品交换，并发现成本最低的方式以获取交换的收益。只要与个人行动相关的制度环境能保证互利贸易比暴力夺取更有利可图，"交易、易货、交换"就会比追求"抢劫、掠夺"更好地服务于人类。这些激情将得到利用并受到控制，和平与繁荣将会随着"财产、契约与同意"的制度的建立而来。

自18世纪以来，政治经济学中的主要思想辩论的主题是，社会秩序到底是中央权威驯服激情的产物［霍布斯（Hobbes）］，还是市场经济——"看不见的手"驯服激情的产物（斯密）。20世纪后期，埃莉诺·奥斯特罗姆并没有对这种争辩给出答案，而是超越了它。埃莉诺·奥斯特罗姆有说服力地论证道，这种看待事物的传统方式在解决各种不同的情况时，从理解地方公共经济组织，到欠发达地区的困境，以及处于两者之间的农业安排和林业管理等方面，都被证明是无效率的。看待她对治理经济学的贡献的一种方式是将她的工作视为对霍布斯式（建构主义者）的问题给出了斯密式（自发秩序）的答案，而这其实并没有抓住她论点的本质——她更加深入地探讨了不同人类社团运作的治理规则的形式和功能以及执行情况。

从市政公共物品到基于社区的资源管理

在关于地方公共经济的辩论中，奥斯特罗姆夫妇质疑公共行政的传统思想，他们认为有效的行政管理并不依靠团结和集中管理，而是当地社区为了争取地方的税收和费用而相互竞争，并提供公共物品和服务的多中心过程的一个副产品。① 就现代公共行政而言，理性主义者认为这看起来是混乱的，但实际上，公民参与和社区参与产生了有序的地方公共经济组织。去中心化机制的运作产生了更具有回应性和适应性的市政当局，来满足其公民的需求，而这超过了现代公共行政部门的效率专家的认识。通过集中管理达成的"科学"共识是错误的，因此遵循这种共识将导致城市地区基本治理功能的结果恶化，而不是改善。

不过，奥斯特罗姆夫妇认为，大城市环境中对警察、学校和公共设施进行公共行政管理的经验，同样适用于管理公共池塘资源，包括农村和欠发达地区的渔业、林业、灌溉系统。② 正如科斯指出的那样，效率专家倡议的集中管理资源分配的努力遇到了错误配置的问题，是因为它不能进行经济计算、不能运用社会中分散的知识，以及不能阻止特殊利益集团的破坏性影响。不过，我们必须认识到科斯框架的另一面。现代公共行政的支持者经常争论道，实际中的分散管理与集中管理相比效率低下，而不管怎么努力，当地的参与者都不能通过谈判解决效率低下的问题。然

---

① M. McGinnis, ed., *Polycentricity and Local Public Economies: Readings from the Workshop in Political Theory and Policy Analysis* (Ann Arbor: University of Michigan Press, 1999).

② 同上。

而，科斯要求经济学家和政策制定者关注到什么地方有正在进行的交易（通常是隐藏的），能够让人们有将冲突的局势转化为合作的机会。类似的一个案例是，奥斯特罗姆夫妇研究了当地人制定（或偶然发现）的治理规则和执行机制的协议，而这些协议将潜在的冲突局势转化为合作机会。埃莉诺·奥斯特罗姆的研究表明，人们在各种情况下处理公共池塘资源问题时，遇到的"公地悲剧"并没有"公共事物的机会"那么多，而且冲突的局势提供了一个发现合适的规则体系的机会，以确保公共品得到良好的管理以及和平合作的可能性。[1]

简而言之，我们可以找到并确实找到了更好的共同生活的方法。正如席瓦库马尔（Shivakumar）所说，奥斯特罗姆夫妇的工作指出了一个理解21世纪民主文明的"新政治科学"的方向，而这种科学"利用人类反思和选择制定自治规则的能力。实际上，人类拥有这样的潜力，即通过制定规则来管理相互之间的关系，从而改善福祉"。[2]

结论　埃莉诺·奥斯特罗姆的经验

那么这项研究对公共选择和政治经济学的未来意味着什么呢？公共选择的历史大部分都是由对政治和政府的经济研究定义

---

[1] Alex Tabarrok, "Elinor Ostrom and the Well-Governed Commons," *Marginal Revolution*, October 12, 2009, accessed 20 January 2010, http://www.marginalrevolution.com/marginalrevolution/2009/10/elinor-ostrom-and-the-wellgoverned-commons.html.

[2] S. Shivakumar, *The Constitution of Development: Crafting Capabilities For Self-Governance* (New York: Palgrave, 2005), 131.

的。奥斯特罗姆夫妇当然不会对正式的政府视而不见。但是，他们的工作要求我们更广泛地思考治理问题，即驯服、利用和制衡激情的正式和非正式的社会游戏规则，以及在哪怕最出乎意料的环境中也能保证有效治理的执行机制。良好的治理模式如何在最困难的情况下运行？而在这些情况下个人如何发展出公民所必须具备的自治能力？这是他们的工作迫使我们考虑的问题。

我认为，埃莉诺·奥斯特罗姆给我们的第一个持久的教训是，了解当地情况的个人，而不是远离社区日常生活的政府官员，能更有效地了解正确的规则和行动，以避免冲突，促进合作。我们应该相信人民能够制定正确的规则，而不是相信那些承诺为社会弊病提供理性解决方案的外来专家。这个结论可以理解为一个警告，即警告潜在的改革者在致力改变管理结构时要尊重当地的传统和习俗，我们称之为谨慎乐观主义；也可以理解为一种反对和一种支持，即反对任何从远处来的改革势力，支持改革原住民社会的唯一路径是从本土出发的结论，我们称之为悲观主义。埃莉诺·奥斯特罗姆不会否认外来专家有提高本地治理水平的能力，但她强调的是，这些改革的努力必须尊重接受援助者所面临的激励以及整个过程中正在进行的多重博弈游戏。[1]

奥斯特罗姆夫妇经常引用汉密尔顿在《联邦党人文集》中的一段话作为启示："人类社会是否真的有能力通过反思和选择来建立良好的政府，或者他们是否注定要永远依赖意外和暴力来

---

[1] Elinor Ostrom et al., *Aid, Incentives, and Sustainability: An Institutional Analysis of Development Cooperation* (Stockholm: Swedish International Development Cooperation Agency, 2002).

建立政治上的宪法。"① 他们谨慎而乐观地认为，人类可以通过反思和选择来建立良好的政府，而不会永远被历史的汹涌波涛所击倒。然而，重要的是强调奥斯特罗姆夫妇在哪里找到了乐观的理由。在他们的著作中，希望不是存在于掌握了现代公共行政科学的政府计划者的理性改革之中，而是存在于自治公民所实践的"组织的科学与艺术"之中。人们有能力接受（而不是逃避）思考的麻烦和对生活的担忧，是人民及他们的这种能力，而非政治策划，带来了宪政技术产生和平和繁荣的社会秩序的希望。

我想强调的是，对奥斯特罗姆夫妇的研究的解读进一步推动了这个论点，并强调了我们从政治理论与政策分析研究所就"组织的科学和艺术"的研究而得出的各种成果中所学到的全面一致的含义。有约束力的规则是人们已经遵循的规则。在集体行动领域，埃莉诺·奥斯特罗姆发现了与自由市场中寻找科斯式交易类似的东西，它已被用来解决财产和资源分配的冲突问题。张五常表明，养蜂人和苹果园主达成了解决潜在外部性问题的交易，但研究市场失灵的理论家已将这个例子作为外部性导致市场失灵的主要例子写进了教科书和论文。②

经济生活实践违背了理论预言的纯粹逻辑，而这却告诉分析者，问题的解决方案会在人们日常生活中所产生的制度安排的细节中被发现。在养蜂人和苹果园主的例子中，正是契约性交易内化了外部性；在瑞士高山草场和西班牙灌溉系统的例子中，也是

---

① Vincent Ostrom, *The Meaning of Democracy and the Vulnerability of Democracies* (Ann Arbor: University of Michigan Press, 1997), 10.

② S. Cheung, "The Fable of the Bees: An Economic Investigation," *Journal of Law & Economics* 16, no. 1 (1973): 11–33.

内部规则和监管约束了违反社区规则的诱惑，并确保管理公共池塘资源的规则能得到有力的遵循。①

奥斯特罗姆夫妇在公共池塘资源管理研究中强调的主要观点是，演化生成的规则就违反规则的人制定了责任机制和有效的惩罚机制。以社区为基础的规则为公共品矛盾重重的状况找到了解决办法，以实现可能的社会互利合作，就像养蜂人和苹果园主解决了外部性问题那样。她发现在人类社会中，这些保存和保护公共池塘资源的地方性自治制度都经受住了时间的考验，有些情况下长达百年，甚至千年之久。她并不认为，这些规则体系代表的是在这种情况下人们能够想象到的最优治理方式，但她也毫不犹豫地将之视为成功的治理制度。

这引出了奥斯特罗姆夫妇为我们提供的第二个主要教训——在检验治理制度时，对社会合作有重要意义的是"使用中的规则"，即日常生活中的规则，而不是"形式上的规则"，即书中的条文。我想补充的是关于规则功能的讨论。在关于财产权的基础经济学中，财产权相关的规则为经济主体提供了激励，以指导他们的行为。财产规则明确了谁拥有什么，以及他们能就其拥有的东西做些什么事。私有财产规则规定所有权，提供责任制度，并且鼓励管理。如果财产权没有做出明确界定和强制执行，那么激励机制就会变得扭曲，而关于资源使用的决策就会不那么谨慎。因此，当由于技术困难或其他障碍，"不可能"就某种资源建立私有财产规则时，传统理论会预测市场需要私有化、广泛

---

① Elinor Ostrom, *Governing the Commons: The Evolution of Institutions for Collective Action* (New York: Cambridge University Press, 1990), 58–102.

的监管或政府所有制来改善不当的管理情况。埃莉诺·奥斯特罗姆的公共池塘资源管理研究让我们重新审视这些陈旧的所有权规定。她所证明的不仅是"使用中的规则"决定了实践,还是同样的规则所起的作用可以以多种形式来实现。[1]简言之,私人财产权在资源使用中为追究和承担责任的机制提供激励的功能,并已由各种基于社区的规则体系所实现。这些使用中的规则采用各种方式来限制资源获取,向使用者和管理者分配责任,并对违反社区规则的人设立惩罚机制(从罚款到社会制裁,比如羞辱或回避)。

这一项研究表明,人们有能力在各种情况下设计自我监管系统。回到这一小部分的主题,我们看到,在西方社会和非西方社会,以及各个历史时期和各个发展阶段,在关于公共池塘资源的各种情况下,自监管系统致力于规范人们的激情,并将潜在的冲突情况转化为社会合作。而且,由于这些不同环境下不同时期中的自监管系统是在正式的政治领域之外运作,因此它们不会受到政治上享有特权的特殊利益集团的不当影响。在政治经济学家研究的现实世界中,能够存在也确实存在没有政府治理的情况,即使在最不利的情况下也依然存在。[2]正如我总结的那样(来自安妮·克鲁格),"合理监管"变得不再难以实现,而是在奥斯特罗姆夫妇所提供的关于自监管的研究中成为现实。"合理监管"不再是不可能的事。我们现在找到了各种关于有效的自监管系统的

---

[1] Elinor Ostrom, *Understanding Institutional Diversity* (Princeton, NJ: Princeton University Press, 2005)

[2] Peter T. Leeson, "The Laws of Lawlessness," *Journal of Legal Studies* 38, no. 2 (2009): 471–503.

例子,即使在我们对人类事务的自监管秩序感到十分悲观的情况下(比如管理公共池塘资源),也能通过驯服人类的激情,并将其导向在劳动分工下产生和平和繁荣的社会合作的方向,从而管理个人之间的社会互动。

埃莉诺·奥斯特罗姆的研究还给出了另外两个教训,这对公共选择学术研究的未来至关重要。我要强调的第一点是对各种学习方法和技巧的求知欲和方法论的开放性。她就读于加利福尼亚州立大学洛杉矶分校,师从阿门·阿尔钦学习经济学。她攻读政治学学位时,学习的是地方公共经济学,并受到了蒂伯特关于公共经济竞争观念的影响。她为公共选择和现代政治经济学做出了重大贡献。实际上,她是这两个领域的先驱,她的工作重点是公地悲剧、囚徒困境和集体行动的逻辑。她参与了详细的案例研究,也研究抽象的博弈论,以帮助自己理解日常生活中政治经济学的规则与策略之间的动态博弈。她还通过实验经济学来检测她的公共池塘资源理论,并通过该领域的实验来了解她的观点在不同背景下的适用性。在她对美国政治科学协会所做的演讲中,她将自己的方法描述为"集体行动的理性选择理论的行为学方法"。[1]当你分析这个描述时,它在某种意义上完全符合实际情况。她理解她对规则系统研究的是复杂现象而不是简单现象。为了研究复杂现象,她试图从复杂的社会领域和对复杂系统的计

---

[1] Elinor Ostrom, "A Behavioral Approach to the Rational Choice Theory of Collective Action" (presidential address, American Political Science Association 1997), *American Political Science Review* 92, no. 1 (1998), 1–22, in *Polycentric Games and Institutions: Readings from the Workshop in Political Theory and Policy Analysis*, edited by M. McGinnis (1998; repr., Ann Arbor: University of Michigan Press, 2000).

算机建模中获得更多的洞察力。可以说，在肯尼思·博尔丁①之后，我们还没有看到任何一位社会科学家像她那样，受到对世界纯粹的好奇心的指引，来踏上这样一次运用这么多不同方法的方法论旅程，以了解想要了解的现象——在人类的生活中起到产生合作并避免冲突作用的自治规则。②同时，奥斯特罗姆夫妇的研究方法也有一种统一性，即理性选择（选择者是人）和制度分析（历史很重要）相统一。

埃莉诺·奥斯特罗姆告诉我们的最后一点是她和文森特·奥斯特罗姆在政策科学中将学者和教育者作为终身事业的动机。他们认为自己的使命是培养自治的公民，培养这种公民所必需的素质。在关于我和保罗·德拉戈斯·阿里吉卡（Paul Dragos Aligica）合著的《挑战制度分析与发展：布卢明顿学派》(*Challenging Institutional Analysis and Development*：*The Bloomington School*)一书的访谈中，埃莉诺·奥斯特罗姆说："我们在研究所的共同工作中'最优先的事项'之一一直都是培养具有自治能力的公民。"埃莉诺·奥斯特罗姆指出："自治民主制度始终是脆弱的事业，未来的公民不仅要理解，还要参与建立和再建规则治理的政治制度。而且他们需要学习'组织的艺术和科学'。如果我们做不到这点，那么我们进行调查和理论研究的所有努力都毫

---

① Peter J. Boettke and David L. Prychitko, "Mr. Boulding and the Austrians," in *Joseph Schumpeter*, *Historian of Economics*, edited by L. Moss（New York：Routledge, 1996), 250–259.

② A. Poteete, M. Janssen, and Elinor Ostrom, *Working Together*：*Collective Action, the Commons, and Multiple Methods in Practice* (Princeton, NJ：Princeton University Press, 2010).

无用处。"①

这是多么鼓舞人心的言行啊!

第八课——唐·拉沃伊:读者与作者要实现视野融合

乔治·梅森大学公共政策学院的戴维和查尔斯·科赫经济学教授(the David and Charles Koch Professor of Economics)唐·拉沃伊于2001年11月去世。在他悲剧性的短暂生涯中,他出版了三本原创图书,编辑了两本书,并发表大量奥派经济学、马克思经济学、经济思想史、比较经济学、计算机软件设计、计算机模拟研究、教育理论、自由主义政治理论和社会科学方法论等领域的文章。正如他的这些研究成果显示,他是一位涉猎广泛的学者。他的背景确实很广——他接受过计算机科学的训练,早期编写了一些计算机程序,让计算机"自学"音乐;然后,他在计算机科学领域工作期间,获得了纽约大学的经济学博士学位。在完成博士学位的同时(他不仅专攻奥派经济学,还研究了马克思经济学),拉沃伊还在期刊上发表了经济思想史和方法论问题的相关论文。1981年,取得博士学位后,拉沃伊进入乔治·梅森大学任教。乔治·梅森大学当时正在开展一项新的博士

---

① P. Dragos Aligica and Peter J. Boettke, *Challenging Institutional Analysis and Development: The Bloomington School* (New York: Routledge, 2009), 159.

计划。拉沃伊和凯伦·沃恩、理查德·芬克（Richard Fink）、杰克·海伊（Jack High）一起创立了市场过程研究中心。这是一个研究和教育中心，它在20世纪80年代培养的对奥派经济学感兴趣的博士生数量超过了维也纳大学20世纪20年代之后的任何时期。拉沃伊是这个富有成效的研究和教育团队的思想中心，他是团队中发表文章最多、指导论文最多的教员。他让学生将学位论文出版成书，而不是先发表三篇论文，而现在这已经成了主流的做法。他在这方面取得了惊人的成就，有罗伊·科尔达托（Roy Cordato）、戴维·普雷契特科、史蒂文·霍维兹、埃米莉·尚利-赖特（Emily Chamlee-Wright）、霍华德·保杰特（Howard Baejter）以及我自己出版的论文为证。

作为一名学者，拉沃伊最著名的是他关于社会主义理论辩论的著作——《竞争与中央计划》（*Rivalry and Central Planning*）。1985年他还出版了《国民经济计划：剩下的是什么》（*National Economic Planning: What Is Left?*）。就像哈耶克一样，拉沃伊看到了将奥地利学派在这场辩论中的观点传达给主流经济学家所存在的问题，因此专注于方法论问题。在他对这场辩论的解释中，他所强调的观点以及他自己发展的论点（关于竞争、分散信息、地方性知识和默会领域等）对于大多数坚持形式主义和实证主义的经济学家而言都是无法理解的。拉沃伊寻求解决这个难题的哲学之旅从后实证主义科学哲学到哲学诠释学，再到后现代主义。从20世纪80年代中期开始，拉沃伊的研究目标转为方法论。他赞赏对科学的后现代批评，同时将自己的立场与认识论相对主义的解构主义立场区分开来。他在客观主义与相对主义之间，以及哲学诠释学的教义中，特别是在汉斯-格奥尔格·伽达默尔

（Hans-Georg Gadamer）的著作中找到了他的哲学舒适区。

拉沃伊对伽达默尔的研究使他重建了奥地利学派的哲学基础。对于我们这些接近拉沃伊的人来说，许多批评者根本不理解他的立场的逻辑。首先，重要的是要认识到奥地利学派嵌入大陆哲学传统，而不是解析这种传统。其次，我们必须熟悉米塞斯的著作，认识到他将社会科学分为理论和历史，并论证了两者各自独立的认识论立场——理论（或者说概念）源于胡塞尔（Husserl）早期所提出的现象学分析方法，而历史（或者说理解）则产生于由狄尔泰（Dilthey）所发展的诠释学的或解释性的立场。一旦理解了这种历史（很少有人这样做，即使是那些支持奥地利学派的人），那么伽达默尔对拉沃伊的吸引力就不是因为他与奥地利学派的彻底决裂，而是一种自然的产物。伽达默尔的哲学诠释学可以被重新标记（实际上伽达默尔做了这种标记）为现象学诠释学。伽达默尔既是胡塞尔的学生，又是海德格尔（Heidegger）的学生，因此他试图综合这两个德国哲学人物。从根本上讲，拉沃伊不过是在探寻米塞斯作品的脚注，并由此更新了奥地利学派的哲学基础。

伽达默尔最重要的见解之一是作者和读者之间视野融合的理念。我们互相学习，不是互相指责，从而变得与不知道对方的想法之前的我们有所不同。拉沃伊是个有着深刻意识形态思想的人，但他对学术价值的尊重胜过了他的意识形态思想，这使得他对别人的观点持开放态度。他不断向那些不同意他的意识形态思想或方法论观点的人学习。大约在1990年，他开始相信，如果他处在一个人类的基本哲学立场一致的环境中，那么他会有更多的学习空间，因此他最终离开了乔治·梅森大学的经济学系，并在公共政策学院开始了一项新计划，还与文化研究系的博士生一起工作。作为一名敬业的老师，他曾两次荣膺乔治·梅森大学的年度最佳教师奖，此外他还是电子教室和远程学习方面的创新者。

唐·拉沃伊的生命因疾病而被悲剧性地截短了。他还从未写过挑战我们学科前提假设的方法论著作，并为政治经济学和社会科学的诠释学方法提供理由。这项任务现在已由他的许多学生接手，他们很幸运有拉沃伊这样的老师、导师和朋友。

第九课——彼得·伯格：以人文主义的视角，而不是科学主义的视角看待经济人

彼得·伯格是20世纪最具有影响力的社会科学家之一。1986年发表的一项关于他的作品被引用情况的研究表明，从20世纪70年代初期到80年代初期的这十年间，他的作品在此期间被引用的次数（1 052次）与其他的思想家，比如杜威（Dewey）、怀特海德（Whitehead）和马尔库塞（Marcuse）等人的相当。他对知识社会学、宗教社会学和资本主义的社会学或文化分析的贡献众所周知，并得到了广泛的讨论。然而，他的研究并非没有争议。事实上，可以肯定的是，彼得·伯格在他所选择的社会学领域中走的是不同的路线。保罗·萨缪尔森曾经说过，在经济学中，唯一值得我们竞争的就是同行的掌声。伯格看问题的方式有所不同，在社会科学中追求的是更具有颠覆性的目标。追求真理并试图理解我们生活其中的社会以及我们仍然感到

陌生的那部分社会，需要的是一种怀疑性的（也通常是滑稽的）立场。

对理解社会的任务不敬在某种程度上是值得鼓励的。这不是要破坏社会学任务的严肃性，而是要认识到，自谦是思想成熟的一个标识。通常我们最难理解的是我们最熟悉的东西。那些从事专业学术研究的人身处大学环境以及日常学术生活之中，天天和这些学科本身打交道。正是因为我们融入这个世界，所以我们很难获得理解它的临界距离。

讽刺的是，伯格在该领域的研究中向外行表明了这点。他的著作《社会学的邀请》(*Invitation to Sociology*)出版后25年间（1963—1988年）卖出了大约67万本，并被翻译成16种语言。这本书在全美国被广泛采用，作为社会学入门课程的教材。正如一位评论员所言，考虑到大学教材广泛存在于旧书市场这一点，在此期间伯格的书可能被超过一百万的学生用过了。但是，专业评论大多不佳，学生的反馈也不那么令人鼓舞。据说社会学的研究生以及较为年长的教授对这本著作印象特别深刻，这让人迷惑，而本科生觉得这本书令人生畏。虽然该领域的社会学家认为这本书过于华而不实，但是研究生觉得它令人耳目一新，因为它让他们想起，在他们开始学习社会学时，想做的是什么。而年长的教授觉得这本书有吸引力，是因为它以清晰的语言讨论了他们对这门学科的期望，只是这种期望已经遗失了。

伯格是一位人文主义社会学家，他认为社会学是人文主义的。但是社会科学，尤其是"二战"后的美国社会科学，都一致倾向于更科学化的立场。科学主义实际上阻碍了科学进步，而这是20世纪社会科学面临的一大难题。不幸的是，由于科学主义在社会科学家的脑海中根深蒂固，因此他们看不到这一点，误把危险的进展当作真正的进步。对此问题，伯格用一段很有个性的话做总结："社会学家，尤其是美国的社会学家，对方法论问题如此关注，以致完全失去了对社会的兴趣。因此，他们在社会生活的所有方面都没有发现什么重要的东西。"[1]事实上，学科可能会陷入方法论的泥潭。由于人类科学存在相较于自然科学的自卑情结，因此特别容易受到影响。模仿那些适合研究自然的方法尴尬地成了那些研究人类的科学家的习惯，因为他们害怕被指责其所从事的思想事业是非科学的。

一个简单的例子就能证明这点。自然科学通过摆脱其解释中所有形式的拟人论而变得成熟。闪电不是来自众神的愤怒，季节的变化不是神圣命令的结果。科学思想得以进步发展，不是在于通过了解神灵的目的和计划来理解这些物理现象，而是在于找到现象背后的物理学解释。但人类科学与自然科学不同。当我们在社会科学中清除了目的和计划时，实际上我们也就清除了研究的主体。一个人不是石头，石头不能和我们说话。意图和意义这类概念在自然科学中不起任何作用，但它们是社会科学的实质。伯格表达了他对混淆这两种截然不同的科学的担忧："要特别建议社会学不要将自己与毫无幽默感的科学主义态度绑在一起，因为这种科学主义对社会景象的滑稽可笑视而不见，听而不闻。如果社会学这样做，那么它得到的是一种傻瓜式的简单方法论，而这也让它远离最初打算探索的现象世界。"[2]

---

[1] Berger, *Invitation to Sociology*, 13.
[2] Berger, *Invitation to Sociology*, 165.

伯格的担忧与其他社会科学家的关切相互呼应。肯尼思·博尔丁担心，在理解我们所生活的混乱的社会时，完美精确的数学建模会比不太精确的理论方法更没有成效。[1]哈耶克可能被认为是对把科学主义运用于人类研究的最直言不讳的批评者，他警告科学主义不仅会产生对人和社会的错误认识，还会给人留下社会科学可以成为控制社会的有效工具的印象。[2]然而，我的目的不是对这些观点进行方法论的评估。相反，我想看看，基于这些立场，如何"邀请"其他人来研究各种生活和社会环境中的人。伯格以及上面提到的其他人，都警告读者不要以某种方式来看待社会科学，但同时承诺，如果以另一种方式研究人类将会获得有益的观点。研究的"邀请"固然能给我们带来启示，但也包含了对其局限性的警告。这就是我想探索的内容。正如伯格所强调的那样，社会学家在某些情况下与经济学家相遇，在另一些情况下与政治学家相遇。[3]那么，在研究经济、政治和社会时，人们如何看待人类科学呢？这正是我在探索的问题，尤其是如何吸引人们进入人类科学的世界的问题。换句话说，研究的主题是什么，"邀请"谁进入人类科学的世界？伯格明确表示，研究人类科学是一场"皇家游戏"，"人们不会邀请连骰子都不会掷的人参加国际象棋锦标赛"。[4]此外，我们的"邀请"也是开放的，面

---

[1] Kenneth E. Boulding, "Samuelson's *Foundations*: The Role of Mathematics in Economics," *Journal of Political Economy* 56（June 1948）: 187–199.

[2] F.A. Hayek, *The Counter-Revolution of Science*（1952; repr., Indianapolis, IN: Liberty Fund, 1979）.

[3] Berger, *Invitation to Sociology*, 19.

[4] Berger, *Invitation to Sociology*, vii.

向的是那些在我们的教室里或不在教室里，但"对人类的所作所为有着强烈的、无穷无尽的、无所顾忌的兴趣的那些人"。[1]

探究的邀请

我将对比两本书，而这两本书的目的都是针对它们各自的学科发出"邀请"：伯格的《社会学的邀请》和托马斯·梅耶（Thomas Mayer）的《经济学的邀请》（*Invitation to Economics*）。伯格的书已成为经典，而梅耶的书则面世不久，尚未广为人知。伯格和梅耶都来自讲德语的地方（奥地利），并都于"二战"后在美国纽约接受了他们的研究生教育。伯格生于1929年，1954年在新学院大学获得博士学位；梅耶生于1927年，1953年在哥伦比亚大学获得博士学位。他们邀请学生加入社会学或经济学的学习，但对这两门学科当前的学术实践却都表现得相当不恭敬，同时认为，如果学术实践的方向是正确的，则会见到思想进步的大好机会。在对比了这两本书之后，我将展示二者在希望得到理解的主题方面的共同之处。

与《经济学的邀请》相比

伯格将社会看作一场正在上演的戏剧，人类在舞台上扮演着各种角色。但是剧本并不像图像那样具有确定性，而且演出的概念远远超出了舞台的范围。我们的身份处于我们扮演的角色的范

---

[1] Berger, *Invitation to Sociology*, 18.

围内，我们接受的规则由我们参与的游戏所决定。社会塑造了我们，但是通过我们在社会环境中的行动，我们也塑造了社会。事实上，伯格认为，除非我们从游戏和娱乐的角度来看待文化和社会，否则我们不可能理解它。① 在此过程中，戏剧中的每一幕都是由个体参与者的行动所形成的共同含义组成的。由人类行为构成一种社会秩序，但这不一定是人类设计的结果。

梅耶在其著作中强调经济论证直观而又合乎逻辑的结构。他从一开始就告诉读者，好的经济学始于承认个人在决策时面对的利弊权衡，接下来就是检查决策的非意图性结果。正如梅耶所说，他的方法是以人为中心的方法，因为它涉及"人类花时间最多的方式"。② 生命的"悲剧情景"在于稀缺性定义了人类的处境，而利弊权衡和非意图性结果（或间接效应）却定义了经济学家的思考方式。但是，梅耶也表示，这种思维方式其实只是应用逻辑的练习方式。"令人惊讶的是，如果你想思考问题而不是急于找到满足情感需求的结论，那么常识加上批判的态度就可以让你在经济学中走得很远。"③

这两本书都将人类置于分析的中心，认识到个人在行动中必须面对的约束，同时都强调意图，以及有意图的行为会产生超出原本意图的结果。两人都认为经济学植根于更广泛的政治和社会背景，而经济、政治、社会又植根于更广阔的哲学和历史领域。不过，这两本书也都向读者强调要将各自的学科区分开来，因为

---

① Berger, *Invitation to Sociology*, 140.
② Mayer, *Invitation to Economics*, 3.
③ Mayer, *Invitation to Economics*, xiv.

一种"富有成效且方便的研究策略"自有其优势。①我希望传达的是，仔细审视这两本著作后，人们可以在人文社会学和人文经济学中找到共同之处。我也希望表明，人类科学将持续关注人类的意图、人类行为的非意图性结果，以及人类的喜剧性故事。

也许这两本书最重要的方面是，读者如果进入了人类科学的世界，将得到真诚的传授，掌握推理工具，可以发现大众媒体、政客和其他掌权人士，以及其他社会思想家所提出的论点和社会解释中的"胡说八道"。虽然这两本书都是邀请读者来学习一门学科，但实际上是邀请他们进行探究和掌握批判性思维。在伯格的书中，社会学家站在批判性的立场上，通过批判性的分析改变了那些看起来很熟悉的理论的含义。梅耶则仍然是从我们对"普通的生活过程"的观察开始，建议有抱负的经济学家追求常识性推理，并批判性地追问"真的是这样吗"，以及"在什么样的条件下这是真的"。②伯格着眼于意图与社会结构的互动，梅耶着眼于利弊权衡和非意图性结果，但两人都看重产生和再生社会秩序的系统性力量。

自发的社交能力与这两门学科

毫无疑问，经济学家对读者思想上的吸引力，部分来自对市场经济自发秩序的讨论。自17、18世纪以来，斯密的关于"看不见的手"的推理方式一直是经济学理论的主要思想拉动力，而

---

① Mayer, *Invitation to Economics*, 7.
② Mayer, *Invitation to Economics*, 311.

市场自发秩序的现象也是该学科的核心难题。梅耶将这一发现称为"经济学皇冠上的宝石"。[1]价格体系通过协调社会中的交换和生产活动，让广泛的社会分工得以存在。市场体系是一个相互联系的、活动的复杂网络，通过价格调整指导行为，并受盈亏计算的限制。一些人的生产计划被引导来适应另一些人的消费计划，而这个过程往往同时要回答生产什么、以什么方式生产以及为谁生产的问题。自由市场经济通过整合激励机制和自动发送信息来实现这一目标，同时不断提醒经济主体交换和创新的潜在收益。干扰这个经济过程，不允许市场讲述关于相对稀缺性、潜在的品位和偏好以及技术可能性的真实故事，只会扭曲交换和生产的模式。为了达到我们的目的，需要强调的重要一点是，这个系统既不是机械的，也不是非人性化的，而是始终以人为中心。从人开始，也由人结束，完全由他们日常的行为组成。

许多关于经济人和市场经济的描述都是以一种类似描述机器的方式呈现，行动的人被简化为没有瑕疵的理性主体，市场体系也是完全竞争的。但是，这种关于经济学思维方式和市场逻辑的表述方式不一定是，也并不是占统治地位的表达方式。例如，斯密和休谟都是以更复杂的视角理解人，以更动态的方式理解市场经济的竞争过程。简而言之，存在一种方法来了解经济关系中复杂的相互依赖关系，这种相互依赖的程度由价格调整，而价格调整的每一步又是通过理性行动者的分析产生的。

市场经济的这两种图景（一种是人的市场，另一种是机械式的市场）在对社会的一般性描述中也可以看到。比如，功能主义

---

[1] Mayer, *Invitation to Economics*, 115–155.

在社会学中可以被看作以机械的方式表达市场经济，即"行为最大化"和"完全竞争"的标准模型。伯格指出，对涂尔干来说，社会是个人必须面对的客观约束。[①]社会是整体，但我们不能简化为它的组成部分。相反，它是我们之外的客观存在。"社会作为客观的外在事实，以强制的形式呈现在我们面前。它的机制决定了我们的行为模式，甚至塑造了我们的期望。"社会上有奖惩结构，当我们符合预期角色时得到奖励，当我们偏离这条轨道时将遭遇严厉的惩罚。社会有规诫其成员的方式，从嘲笑到剥夺自由。在这幅图景中，社会既优先于我们，又存在于我们之外。伯格从涂尔干的观点中得出结论："这是历史上监禁我们的牢狱。"

我们命运的这幅严峻图景与现代经济学所描绘的画面完美契合。在完全竞争的模型中，个体被视为零，当个体在约束条件下实现效用最大化，"选择"问题被简化为应用数学的练习题。事实上，伯格察觉到社会学中的功能主义所绘制的图景与经济学中功能主义的形式主义绘制的图景的相似性，并且认为，社会是一个令人生畏的监狱的形象可能取代受到稀缺性约束的优化图像，并作为"这门沉闷科学"真正实践的产物。然而，也有证据表明在这两门学科中都有另外一幅图景：非意图性结果体现市场的自发秩序和社交能力。在梅耶和伯格描述的经济学和社会学中，应掌握的人类科学的知识有两点：第一，看到人类选择的困境，理解个人在社会中的地位；第二，检验这些选择的副产品——选择由个人的意图所驱动，但不受意图所限。个人所做的选择的结果，以及他们选择参与的互动活动，远远超出了最早产生这些选

---

① Berger, *Invitation to Sociology*, 91–92.

择的动机的意料，而结果可能比最初的想象更令人满意，或者可能更有问题。梅耶和伯格在各自的书中解释为什么在某些情况下，行为人的意图的结果是他们所有交易的总收益大于每一个交易的总和，而在另一些情况下，总收益实际上小于各部分之和。用经济学的语言来说，"看不见的手"的结果和公地悲剧的结果都是运用相同的自发秩序分析的思想工具来实现的。

过滤特性和均衡特性的例子

自发秩序分析假设存在一种行为动机，它考察个人行动及互动所涉的制度为决策者提供的激励和信息，并在具体的环境下建立惩罚和奖励机制。只有这样，才能考虑行为—结果的顺序的属性。经济学作为一门学科，再次提供了沿着这些思路思考社会秩序的一套最精确的工具。个体行为人不是在真空中行动，而是在由法律（比如财产权）和文化与历史（比如信仰）所决定的特定制度环境中行动。这个制度环境作为过滤器，凭借激励、信息和回报将行为转向某一个方向。行为被过滤时，会表现为强烈地倾向于均衡状态的趋势，而这个均衡状态具有可归属于相应秩序的"特性"。就整个社会而言，某些秩序是有益的，其他的则不是。对伯格和梅耶来说，苏格兰启蒙运动的名言"人类行动的结果不是人类设计的"恰到好处地解释了我们所处的大规模社会结构，不管是郊区中产阶级的行为规范，还是超市的价格组合。社会秩序不是从天上掉下来的，它是众多个人行为的产物，这些人创造和维持了社会秩序。然而，在这一过程中，伯格和梅耶知道有些人（在社会学中是那些具有超凡魅力的人，在市场领域中是那些企业家）扮演了更重要的角色，但他们也不能绝对地掌控社会。[1]

为了了解不同学科中关于自发秩序的推理方式，我将主要选取伯格分析社会结构的一些例子，这种社会结构存在于他所说的"理所当然的世界"（学术界和科学价值）之中。我已经避开了宗教，虽然这可能是伯格分析的人类领域中最著名的一个领域，但是宗教可以被视作斯密和休谟的自发秩序理论的光辉典范。例如，斯密和休谟对国家支持宗教的相似分析，虽然这两人对宗教的规范性有着不同的判断。斯密和休谟都观察到，在使用公共资金支持宗教垄断的国家中，宗教信仰水平较低（以宗教活动的出勤率衡量），相反，在宗教没有得到政府资助的国家中，宗教的多样性和人们对宗教的热情成为其特点。两人都认为，这是由于宗教领袖在不同的制度条件下所面临的激励（也就是所设置的过滤器）不同。在由国家资助的垄断性环境中，宗教领袖没有强烈的需求来吸引教区居民加入他们的教会并遵守教会的教义。但是在宗教领袖不得不靠教区居民捐款来募集教会经营费用的情况下，这种激励带来了更有趣的讲道等活动，致力于以宗教实践的好处来说服教区居民加入进来。在一种情况下宗教信仰水平较低，在另一种情况下宗教信仰水平较高，而这都是宗教服务的背景下竞争的过滤器机制（或缺乏竞争的过滤器机制）的均衡属性。然而，尽管斯密和休谟的分析是一致的，但他们的规范性立场却大不相同。斯密认为宗教是虔诚的，因此主张废除国家对宗教的垄断；而对宗教不热衷的休谟认为国家支持宗教是更理想的政策。

分析并不需要规范性立场，即使是"规范性"的福利结论

---

[1] Berger, *Invitation to Sociology*, 127–129; Mayer, *Invitation to Economics*, 157–159.

也不需要规范性立场。但是，将分析运用于政策领域确实需要做出规范性的判断。不过，对人类科学来说，吸引读者的不是伯格和梅耶的规范性政策结论，而是从分析中得到的对世界的敏锐观察。在很大程度上，两位作者所做的是一种智识上的、分析性的诱惑，而不是意识形态的、政策导向的诱惑。他们二人在运用分析来质疑熟悉的制度和实践时，都保持着一定的复杂的距离。他们都邀请读者发展他们的批判能力，并警惕那些经常在媒体上、在政治家中、当然还有在他们的同伴中被当作分析来传播的"胡言乱语"。

学术界

让我们来看看他们对当代学术界和各自学科的科学价值。他们都描述了学术界的激励结构、终身教职和晋升的"过滤机制"，以及在经济学和社会学领域内研究和出版实践的"均衡趋势"。他们描述的关于学术界的情景都并不美妙。一方面，对伯格来说，美国学术所鼓励的社会学研究明确拒绝了理论研究，而是专注于"对社会生活中模糊不清的片段的埚碎研究"，而这与任何更广泛的理论问题无关。[1]另一方面，梅耶则认为现代学术经济学的激励是引导年轻的经济学家在写作论文时"非必要地大量引用同行的论文，以期待他们能有所回报"。这种做法非常普遍。[2]

伯格和梅耶对他们各自的学术崇拜者的部分吸引力在于他

---

[1] Berger, *Invitation to Sociology*, 9.
[2] Mayer, *Invitation to Economics*, 76.

们保持了与当前实际情况的距离，但他们提供了一种知识上的承诺：对于那些选择加入人类科学研究项目的勇敢者而言，如果在该学科中进行恰当的实践，将让他们受益匪浅。让我重申一下，伯格很清楚地表明不是每个人都被邀请加入研究工作，因为"人们不会邀请连骰子都不会掷的人来参加国际象棋锦标赛"。[①]梅耶则更热情，他表示任何人都可以加入人类科学的研究项目，只要他们愿意"以一种符合常识的方式系统性地思考问题"。[②]如果你能做到永远不把任何观点当作定论，而是审视这些观点，并反问"是这样吗""在什么条件下是这样的"，那么你就能自学经济学了。永远不要忘记的是，不仅要询问一项政策的直接效果是什么，还要实际地考虑其长期和间接的影响。你可以通过不断地尝试解释日常行为发生的原因来培养你的经济学直觉。简而言之，完全被经济学所"引诱"，而不是被科学主义的经济学或作为社会工程工具包的经济学所"引诱"，就是让自己对平凡生活中的奇迹而感到惊喜。

我们再次看到这两人的观点的共同之处：吸引他人关注"被认为理所当然的世界"，然后对之进行批判性分析，由此改变我们对经济生活和社会生活中熟悉之事的看法。我们从社会学的视角看到了自发的商品互换能力，从经济学的视角看到了自发市场的效率。但我们也看到了这种自发的商品互换为什么可能会破裂，以及这种经济秩序为什么可能会效率低下。然而，在学术圈和学术的背景下（这是《社会学的邀请》和《经济学的邀请》的

[①] Berger, *Invitation to Sociology*, vi.
[②] Mayer, *Invitation to Economics*, 311.

主要读者——学生和教师——"认为理所当然的世界"），终身教职和晋升的激励机制，以及日常的学术政治和充满知识的社会学所产生的结果会消除这种观念，因为学术是由纯粹探求真理的科学家组成的游戏，追求的只是哲学智慧和历史精确性的崇高目标。不过，尽管存在这些问题，但伯格和梅耶都确定，学术研究和批判性对话可以更好地理解基础的社会和经济关系以及经验现实，虽然这只是一个副产品。

科学主义的诅咒

这两个人的观点的另一个令人惊讶的共同点是，他们看待科学主义的诅咒的方式。这种诅咒既扭曲了各自的学科，又最终深刻地改变了学术实践，使得人类科学研究者之外的人对人类科学不再感兴趣。换句话说，虽然两人强调的是不同的问题，但伯格和梅耶的观点都可被解读为科学主义杀死了科学。要澄清的是，并不是说科学主义导致研究缺乏洞察力，而是科学主义杀死了获得洞察力的能力。冷酷的无幽默感接管了学科。我们不仅失去了平凡生活中的奇迹，还失去了日常生活的神秘，而我们也无法理解社会背景下人性的滑稽可笑。

经济人被形式主义和实证主义贬低为疾如闪电的苦乐得失计算器，而不是一种永远被希望所诱惑，又被恐惧所环绕的生物。他们必须迎接自由的挑战，并被迫应对他们知识的片面性。与此相似的是，形式主义和实证主义这种傻瓜式的简单方法论与社会学中某种形式的功能主义相吻合。个人与身份、社团及社会的斗争被忽略，因为这在科学领域的舒适区之外。伯格写道："自由不是凭经验就可以得到的。"① 虽然我们在生活中每天都在体验着自由，但是任何科学方法都无法进行证明和演示。因此，自由对科学思想而言是难以捉摸的。伯格警告说："这种对社会学家的任务的实证性理解产生了一种'智识的野蛮'。"②

具有讽刺意味的是，就我们的目的而言，伯格认为马克斯·韦伯在其发展出来的诠释社会学框架中解决了自由的问题。社会学之后的发展却指责韦伯的社会学理论是"唯意志论的"。涂尔干强调的是社会的外在和客观的本质，而韦伯强调的是人的意图性和社会行为的主观意义。在这种观点的渲染下，我们看到的是一种被称为纯粹的外部主义观点和一种纯粹的内部主义观点。但是，正如伯格所指出的那样，这误解了韦伯和舒茨（Schutz）的社会学研究项目（舒茨在米塞斯的指导下完成了博士论文，他也试图在人的行为科学中进一步发展韦伯的研究项目）。韦伯不仅认识到社会中的行为人的意图，还认识到非意图性结果。韦伯的观点强调的是，在社会科学中，"主观维度必须纳入考虑范围，以充分地理解社会学"。③ 我们不能仅仅从外部来观察社会秩序。社会中的行为人对意义的解释贯彻始终，而社会秩序是由"一些参与者带入其中的意义结构"所维持的。任何阻碍我们进入这个社会意义上的世界的科学方法，最终都破坏了科学事业。一方面，纯粹的外部主义观点可以保持逻辑一致，但它隐藏了社会生活中最具人类特征的观点。另一方面，纯粹的内部主义观点会否认社会现实，否认我们生来就处于一个社会意义上的世界之中，

---

① Berger, *Invitation to Sociology*, 122.
② Berger, *Invitation to Sociology*, 124.
③ *Berger*, *Invitation to Sociology*, 126.

而这个世界从我们出生开始就限制我们、塑造我们的事实。我们的科学方法必须留出空间，让我们能够处理伯格所说的社会存在的悖论："社会定义了我们，但反过来又由我们所定义。"①

伯格用剧场的比喻来解释人类科学的主题。个人在剧中扮演角色、表演，也在舞台上即兴创作。在演员们看来，社会似乎不稳定、不确定且不可预测。与此同时，社会制度约束我们，并引导我们的行为。这听起来非常像是一种受到了米塞斯、哈耶克、拉赫曼、柯兹纳和拉沃伊影响的经济学思维方式。不过，我想应该是因为他也在韦伯的诠释社会学中找到源头，其科学的方法代表了实证主义（目的被视为给定的，分析仅限于满足这些目的所选择的手段的有效性）之前的实证社会科学。

梅耶不是奥派经济学家，尽管他出生在奥地利。相反，他是20世纪中叶接受相当传统的训练的宏观经济学家。尽管如此，他对方法论和哲学问题具有不同寻常的敏感性。一方面，梅耶拒绝天真的实证主义，也拒绝论证经济学中的实证项目必然面临的困难。②另一方面，他大力提倡谨慎的实证经济学，特别是复杂的统计分析。然而，他确实相信，将科学从其他形式的人类知识中分离出来的努力并不成功。他认为，尝试确定学科划分的标准实际上可能是徒劳的。没有可靠的方法可以在科学与非科学之间画出一道线，但我们可以区分什么是有意义的，什么是无意义的。梅耶赞成德语中对人文学科、自然科学和社会科学的划分。让某一人类知识领域的学术研究，被自然科学或社会科学的分类

---

① Berger, *Invitation to Sociology*, 129.
② Mayer, *Invitation to Economics*, 227–310.

所修正，这是我们人类唯一可实现的划分。科学思想的进步在于那些实践它的人能够以价值中立的方式评价论点和论据，并愿意在逻辑和证据能说服他们时放弃先前的信念，总的来说，对建立真理比对建立自己的声望更感兴趣。①

伯格提出了一个令人信服的论点，即社会学思想一旦转向人文主义，那么持有这种想法的社会学学科的学者和实践者都必须与探索人类状况的其他学科的学者和实践者进行持续不断的交流。在伯格的著作中，他忽略了经济学，而这在情理之中，因为他所看到的20世纪60年代的实践经济学是技术化的经济学：微观经济学中教科书式的最大化经济人和完全竞争或宏观经济学中以总需求管理的"液压"式凯恩斯主义进行社会控制的机械操作。不管是微观经济学还是宏观经济学，这些智力活动都不是什么"人性化"的活动。事实上，这种类型的经济学与某种功能主义的纯外部主义观点完全一致，同样都在分析中完全排除了行动的人的目的和计划。不过，伯格提到的哲学和历史是让社会理论家保持人性化的最重要的学科。②对那些批评经济学中形式主义和实证主义的人来说，他们同样要求人文经济学家与哲学和历史等学科的学者持续交流，以保持对人类状况的关注。

共同的诱惑

如前所述，伯格的《社会学的邀请》有一段奇特的历史。在

---

① Mayer, *Invitation to Economics*, 55.
② Berger, *Invitation to Sociology*, 168.

销售方面，它取得了惊人的成绩，但在同行的评价方面却没那么成功。存在这种悖论的原因很简单。伯格对他出版这本书时（延续到现在）存在于学术环境中的主流社会学方法提出的批评令人震惊。然而，他也指出，如果要在更具人文主义精神的社会学上进行实践，那么也不得不在学术圈中实践。

伯格让他的读者兴奋不已，他告诉他们，必须充满好奇心，并且"成为一个对人类的行为有着强烈的、无穷无尽的、无所顾忌的兴趣的人"。[①]社会学家必须愿意在"世界上有人类聚集的所有地方"研究人。此外，他对人的世界、他们的制度、他们的历史、他们的激情有着强烈的兴趣。社会学家感兴趣的不仅是处于"悲剧、庄严和狂喜时刻"的人，还是"每天的平凡生活"。

我认为伯格的《社会学的邀请》与梅耶的《经济学的邀请》有许多惊人的相似之处。两者吸引读者的都是对主流学术不敬的批评，与此同时，极为欣赏人类平凡生活中的奥秘。处于这两本研究著作的中心的是有目的且有计划的人类，同时他们也有弱点和恐惧。在伯格和梅耶的故事中，社会制度既定义了我们，又由我们所塑造。动态的个体（社会学中具有超凡魅力的人，经济学中的企业家）打破了社会结构的束缚。而博弈的概念（它有多种不同的意义）以及定义博弈领域的规则在两者的著作中都有体现。对于我们当前的目的而言，博弈的中心主题是社会的自发秩序：伯格的故事里以身份、社团和社会形式出现的社交能力和梅耶的故事里的公司、组织和贸易模式。关于非意图性结果的定律是两本著作向读者提供的核心思想之一，也是推理和社会理解的

---

① Berger, *Invitation to Sociology*, 18.

重要工具。

最近，乔恩·埃尔斯特（Jon Elster）将托克维尔描述为早期最伟大的社会思想家之一。① 在同年出版的另一本书中，理查德·斯威德伯格提到了托克维尔的政治经济学。② 在最近出版的一本书中，我和德拉戈斯·阿里吉卡借鉴了文森特·奥斯特罗姆对托克维尔和民主的反思，为结社科学和培养准备好接受"思考的麻烦和对生活的担忧"的国民构思了现代的计划。③ 不过，实际上，伯格抢先我们一步（当然托克维尔除外），他认为从把社会比作木偶戏剧场的比喻中可以学到很多东西。在这样的剧场里，形势的逻辑变得清晰，而我们可由此观察自身。纯粹的外部主义观点可能让我们认为，自己不过是被操纵着跳舞的牵线木偶。"但是，由此我们可以理解木偶剧与我们自己的生活之间的决定性差异。与木偶不同，我们在运动中有可能会停下来，抬头看看，并感知那台让我们移动的机器。这一行为蕴含了迈向自由的第一步，同样是在这一行为中，我们发现了把社会学归类为人文学科的决定性理由。"④

在总结伯格的社会学著作时，我认为，他不仅在整个作品中展示了自发秩序研究这一诱人的智力项目（将社交能力视为人类

---

① Jon Elster, *Alexis de Tocqueville: The First Social Scientist* (New York: Cambridge University Press, 2009).

② Richard Swedberg, *Tocqueville's Political Economy* (Princeton, NJ: Princeton University Press, 2009)

③ P. Dragos Aligica and Peter J. Boettke, *Challenging Institutional Analysis and Development: The Bloomington School* (New York: Routledge, 2009); Vincent Ostrom, *The Meaning of Democracy and the Vulnerability of Democracies* (Ann Arbor: University of Michigan Press, 1997).

④ Berger, *Invitation to Sociology*, 176.

行为的产物，但不是人为设计的，由此产生了至关重要的思想框架），还在社会学的人文计划和理解个体在社会中的自由之间建立了牢不可破的联系。如果我们的方法让我们对人类社会的滑稽可笑之处视而不见，那么这些方法将引领我们远离对人类状况的真正理解。伯格一直在战斗，并会继续战斗，以让我们看到一个人是怎样生活的，让我们可以听到个人讲述他的故事——在构成我们社会的持续上演的戏剧中，关于自由的人类演员光荣的和愚蠢的故事。

第十课——路德维希·冯·米塞斯：分析性叙事方法

引 言

奥地利学派凭借独特的方法论立场将其与其他经济学学派区分开来。方法论主观主义对极端不确定性的认识，以及将市场视作过程的概念，通常被认为是奥派经济学方法的特征。[1] 由于

---

[1] Gerald P. O'Driscoll and Mario J. Rizzo, *The Economics of Time and Ignorance* (New York: Basil Blackwell Publishers, 1985); Karen I. Vaughn, *Austrian Economics in America* (New York: Cambridge University Press, 1994); Peter J. Boettke, ed., The Elgar Companion to Austrian Economics (Aldershot, UK: Edward Elgar Publishing, 1994); Peter J. Boettke and Peter T. Leeson, "The Austrian School of Economics, 1950–2000," in *The Blackwell Companion to the History of Economic Thought*, edited by Warren J. Samuels, Jeff E. Biddle, and John B. Davis (Oxford: Basil Blackwell Publishers, 2003).

其具有争议性的地位，当代文献中较少提到方法论先验主义。实际上，在整个奥地利学派的历史中，许多追随者都试图与门格尔的精确定律和米塞斯的先验主义保持距离，但又依赖门格尔和米塞斯的理论见解。米塞斯在维也纳授课时的几个学生，比如弗里茨·马克卢普（Fritz Machlup），就试图进行这种两分法的操作。① 但是对于在纽约大学期间（1944—1969年）受训于米塞斯的奥派经济学家而言，比如穆瑞·罗斯巴德，坚持认为，方法论先验主义是奥地利学派的显著特征，而其他的方法论立场被认为破坏了米塞斯关于经济学的推理本质。②

---

① 阿尔弗雷德·舒茨（Alfred Schutz）和费利克斯·考夫曼（Felix Kaufmann）是米塞斯的学生，他们试图通过胡塞尔的哲学（舒茨）和实证主义哲学（考夫曼）批判性地重建米塞斯的方法论，并为社会科学发展出一种普遍的方法论立场。
Alfred Schutz, *The Phenomenology of the Social World*（Evanston, IL: Northwestern University Press, 1967）; Felix Kaufmann, *The Methodology of the Social Sciences*（London: Oxford University Press, 1944）.

② Murray N. Rothbard, "In Defense of Extreme Apriorism," *Southern Economic Journal* vol. 23: 3（1957）, 314–320; Rothbard, "Praxeology: The Method of Austrian Economics," in *Foundations of Modern Economics*, edited by E. Dolan（1972; repr., Kansas City, KS: Sheed & Ward, 1976）.
然而，在《为极端先验论的辩护》（In Defense of Extreme Apriorism）一文中，罗斯巴德为先验主义辩护的理由与米塞斯略有不同。他坚持认为，虽然经济学理论的出发点，即所有人的行为都是有目的的，可以通过内省（米塞斯的观点）来认识，但它如果是通过"广泛的经验"观察而得知的，也可以被视为先验的。通过这种方式，罗斯巴德引入了他所认为的"亚里士多德式"的行为公理先验地位的推导。同样关于这个问题的说明，可参见史密斯本体论先验的辩护观点——"事物本身的一种深层先验维度"。伊斯雷尔·柯兹纳讲了一个故事，据说是米塞斯告诉他的，行动公理也是由"经验推出"的。但是，在他的第一本书，即他在米塞斯指导下写的博士论文中，柯兹纳坚持传统的米塞斯观点，即我们知道人类是通过内省来行动的。
Kirzner, *The Economic Point of View*（Princeton, NJ: Van Nostrand, 1960）.

长期以来，奥地利学派的立场都与知识上的一些分歧有关，比如演绎方法与历史方法的分歧、先验主义与实证主义的分歧等。我们认为，这种生硬的区分未能领会门格尔、庞巴维克和米塞斯试图为人类科学开辟一方独特的领域而发展出的微妙立场。对大多数经济学家来说，经济学是一种处于自然科学和历史与文化之间的科学。然而，对奥地利学派来说，经济学是人类科学，即它可以像自然科学得出定律那样，得出同样具有本体论地位的定律，来解释人类实践的复杂性。这一奥地利学派的立场并非米塞斯所创，而是他从门格尔和庞巴维克继承而来的，并试图为这一立场提供更新的哲学辩护。①

门格尔和米塞斯进行了认识论的论证，而庞巴维克用更常识化的术语表达他的论点。②他认为，演绎的方法是合理的，因为在通过一系列的历史事实来讲述一个有意义的故事时，历史学家必须按照某种标准进行优先安排。庞巴维克认为，标准是由理论提供的。理论的目的是帮助进行历史调查，而不是与之对抗。庞巴维克在提出这个奥地利学派的观点时，打开了一条新的思路，即认为人类政治经济学在知识上的进步，既不是纯粹演绎的产物，又不完全是经验归纳的产物，而是两者的融合。

在此基础上，我提出了经济学研究的三分法：纯理论、制度权变理论以及经济史和统计分析。经济学每个领域的研究都有不

---

① Ludwig von Mises, *Epistemological Problems of Economics* (1933; repr., New York: New York University Press, 1981).

② E. Boehm-Bawerk, "The Historical versus the Deductive Method in Political Economy," *Annals of the American Academy of Political Science 1*, in *Classics in Austrian Economics*, edited by Israel M. Kirzner (1891; repr., London: Pickering & Chatto, 1994), 109–129.

同的目的，每个领域的知识主张构成了不同的认识论。①正如我们必须认识到经济学研究的经验成分一样，我们也必须认识到纯理论的重要性，而纯理论是通过逻辑演绎来构建的。

许多人称之为"物理学嫉妒"的情绪主导着经济学研究。在这样一门学科中，比起那些与先验方法保持距离的经济学家，坚持纯经济学先验性质的奥派经济学家在专业领域的地位更加边缘化。我认为这是一个严重的错误，其原因是混淆了构成经济学研究的不同知识领域。

此部分将探讨方法论先验主义最知名的捍卫者米塞斯所提出的理论。我认为，他的朋友或他的敌人都未能完全理解他立场中的哲学性。米塞斯的立场被认为是基于经济学研究的实际问题以及这些问题的常识性表现（我刚刚将之归功于庞巴维克）。我将提供证据来证明，在证明纯粹理论的合理性方面米塞斯受到了康德哲学的影响，还将证明米塞斯在经济学中对这一理念的应用方面超越了康德。具体而言，我们认为，米塞斯在做出这些发展的

---

① 庞巴维克将价格理论分为两个部分，第一部分是纯粹的交换和价格理论，第二部分将不同的个人动机、不同的经验环境和不同的具体制度整合到这种分析中。经济学家对价格理论这两部分的关注程度随着研究方法的阶段性流行情况而变化。只要英国学派的抽象演绎法仍占据主流地位，那么价格理论的第一部分几乎就是唯一要解决的问题，而另一部分则几乎完全被排除在外。后来，源于德国的历史方法占据了主导地位。它的特点是不但强调普遍性，而且强调特殊性；不仅注意到更广泛因素的影响，还注意到国家、社会和个人的特性的影响。

E. Boehm-Bawerk, *Capital and Interest*, 3 vols. (1884–1921; repr., South Holland, IL: Libertarian Press, 1949), vol. II, 212–213.

虽然庞巴维克看到了他自己在纯粹理论领域的主要贡献，但他认为，他所提供的毫无疑问需要对价格理论的第二部分进行补充处理，请参见下文。

Capital, vol. 2, 213.

基础上，避开了传统的分析或综合二分法，成功地揭示了实证主义方法的不合理性，并且捍卫了经济科学中"纯粹同义反复"的经验相关性。最后，我们再来讨论米塞斯的方法论立场与现代经济科学的关联。

康德论先验主义

提起综合先验的概念，最能让人联想到的是康德的《纯粹理性批判》(*Critique of Pure Reason*)。[1]康德认为，概念的先验演绎是我们理解事物的最重要的智力运用方法，它建立在对事物的表象与事物本身的区分之上。人类认知可以分为我们完全独立于经验而理解的概念和我们只能通过经验来理解的概念。康德论证道，人类理解的问题是我们主观的思维状况如何产生客观的有效性。他坚持认为这个问题是可以通过先验演绎来解决的。

康德认为，像莱布尼茨（Leibniz）、沃尔夫（Wolff）和鲍姆加登（Baumgarten）这样的哲学家的极端理性主义是错误的，因为理性本身并不能告诉我们现实世界中的任何事情。在没有经验数据的情况下，纯粹逻辑无法传递给我们关于我们所处的世界的信息。同样，洛克（Locke）、贝克莱（Berkeley）和休谟等学者所捍卫的经验主义也是不正确的。关于这个世界的事实永远不会出现在空白的心灵中。只有借助于我们头脑中先于任何经验而存在的概念，我们才能理解它们。为了回应纯粹理性主义和纯粹经

---

[1] Immanuel Kant, *The Critique of Pure Reason*, translated by N.K. Smith (New York: St. Martin's Press, 1958), B1-30.

验主义，康德发展出了一种知识的概念，这种知识由个人掌握，尽管对我们而言是先验的，却传递了与现实世界有关的信息。

康德主张，我们所知的与经验不同的先验公理作为心灵上的思想嵌入了人类思维。在利用人类的判断能力来理解世上的事物方面，这些先验的概念是必不可少的。事实上，如果没有这些让经验产生意义的思想，我们不可能理解这个世界。因此，根据康德的观点，通过运用已知的先验概念，我们对客观现实的理解具有了客观的有效性。所有经验性认知的基础都是先验的概念，没有这些先验的概念，就没有客观的有效性。如康德论证的那样，我们不是从自然中得到概念，而是在这些概念的帮助下审问自然。他坚持认为，通过内省，我们能够认识到在我们思维中已经存在的东西，并能够发现塑造我们思想和我们对世界看法的先验范畴。[1]

以上关于康德立场的简短而基本的陈述并不完整，也显然不能充分反映他的哲学中许多复杂的微妙之处。相反，这仅仅勾勒出康德认识论的粗略轮廓，而作为分析米塞斯研究背景的一种手段，米塞斯在这样的背景下发展出了他关于经济学本质的立场，但这将是我们下面分析的观点。

同样，通常认为，康德是出于为牛顿科学提供形而上的基础的愿望，才激发出了他的论证。我对这一看法没有特别的兴趣。我也不评论这一努力是否在将科学合法化的同时为道德和宗教信仰留下了研究空间。我的主要关注点是认识到米塞斯捍卫经济思想本质的康德背景。康德参考洛克对信仰如何引导行动的讨论，

---

[1] Kant, *Critique*, A95–130.

提出了他关于人类行为的观点。洛克认为，我们对人类行为的理解只能来自我们对自然的体验。虽然康德承认实证研究可以使我们理解偶然性的原因，但这种实证研究是直觉在纯粹范畴和形式上的应用，康德认为它们具有严格的先验性质。米塞斯哲学关注的正是这种人类行为的先验范畴。

米塞斯和经济学的本质

米塞斯在其职业生涯的大部分时间里，都发现自己在方法论上处于一种尴尬的境地。[①]作为一位讲德语的经济学家，他受到的是被历史主义统治的经济学教育。作为一名来自维也纳的知识分子，米塞斯是在维特根斯坦和维也纳圈子的哲学文化中成长为一名思想家的。当他就自己的方法论观点发表第一个重要主张时，逻辑实证主义开始在经济学中流行开来。[②]米塞斯认为，逻辑实证主义否认存在先验的知识，并且拒绝所有非实证形式的分

---

① 我应该补充的是，米塞斯在思想方面也处于尴尬的境地。两者相加，使得他在职业生涯的大部分时间里，都很难维持自己学术合法性的地位。他的方法和思想都被人怀疑，但我认为，鉴于历史情况，在他一生之中米塞斯的立场（无论是方法还是思想）实际上比任何人愿意承认的都更符合主流的政治和经济学思想。

② Mises, *Epistemological Problems*.
莱昂内尔·罗宾斯和弗兰克·奈特都证明，在当时，先验主义对经济学来说并不陌生。
Lionel Robbins, *Essay on the Nature and Significance of Economic Science* (London: Macmillan, 1932), and Frank H. Knight, "What Is Truth in Economics?" *Journal of Political Economy* 48 (1940): 1–32.
但是，到了米尔顿·弗里德曼出版他的《实证经济学文集》(*Essays in Positive Economics*)时，经济学家大都认为，经济科学需要提供可证伪的假设，以供实证检验。

析。① 根据这种观点，经济学如果要作为一门科学来发展，经济学如果还能算是一门科学的话，那就必须运用自然科学在运用的证伪方法。② 实证主义者坚持认为，世界的真理只能通过提取经验来获得。真理所要求的绝对客观性不允许"非事实"污染它。因此，实证主义计划从这个世界的纯粹事实中清除主观影响。他们认为，没有被科学家的偏见所污染的原生事实只能通过科学方法来实现。对这种观点而言，客观真理是遵循科学程序的结果，在此意义上，价值中立完全是程序性的。③ 虽然可能有人不同意如此描述逻辑实证主义，但这是米塞斯的观点，而我们所关注的

---

① P. Greaves, *Mises Made Easier: A Glossary for Ludwig von Mises's Human Action* (New York: Free-Market Books, 1974).

② 哈奇森（Hutchison）是这一立场最热心的支持者。
The Significance and Basic Postulates of Economic Theory (1938; repr., New York: Augustus M. Kelley, 1965).
同样重要的是记住，他的研究表明，实证主义在经济学中的激烈表现在很大程度上是由意识形态驱动的——被当作"哲学上的锤子"，以防止纳粹主义这类意识形态如20世纪30年代那样被引入科学领域。

③ 将此与马克斯·韦伯和米塞斯为确保价值中立分析而提出的立场相比较，我们发现韦伯和米塞斯是前实证主义的实证经济学家。作为实证主义价值中立概念的另一种表达形式，阐明他们的立场是很重要的。关于发展韦伯观点的讨论，参见下文。
Richard Swedberg, *Max Weber and the Idea of Economic Sociology* (Princeton, NJ: Princeton University Press, 1997) and Bruce Caldwell, *Hayek's Challenge: An Intellectual Biography of F.A. Hayek* (Chicago: University of Chicago Press, 2004). Peter J. Boettke, "Why Are There No Austrian Socialists? Ideology, Science and the Austrian School," *Journal of the History of Economic Thought* 17 (Spring 1995): 35–56; Boettke, "Is Economics a Moral Science?" *Journal of Markets & Morality* 1, no. 2 (1998): 212–219.

正是他的观点。①

正是因为反对实证主义的这种观点,以及反对老派的德国历史主义学者的观点,比如古斯塔夫·施穆勒(Gustav Schmoller)以及他的学生维尔纳·桑巴特(Werner Sombart),米塞斯提出了他对方法论先验主义的论证。米塞斯指出,历史主义和实证主义从一开始就存在致命缺陷,因为它们未能理解所有"事实"都必然具有理论性质这一点。②这并不是米塞斯的主张,歌德就曾经强调过:"事实领域的一切事物已经都是理论。"③米塞斯采用了这样一种论证形式,他指出经验主义者"相信事实能够在不借助任何理论的情况下得到理解,仅仅是因为他们没有认识到,理论已经包含在每一个思想行为所涉及的术语之中。将语言中的文字和概念应用于任何事物,同时是在用理论来解释它"。④不是在有没有理论之间选择,而是在阐明并捍卫理论和不阐明不捍卫

---

① Ludwig von Mises, *The Ultimate Foundation of Economic Science*(Kansas City, KS: Sheed & McMeel, 1978), 38, 120–124, 133; Mises, *Epistemological Problems*, 7–12; Mises, *Human Action: A Treatise on Economics*(1949; Repr., Indianapolis, IN: Liberty Fund, 2010), 4, 30, 59.
Greaves, *Mises Made Easier*.
格里夫斯(Greaves)编辑了一个术语表,其中包括"逻辑实证主义",这个术语表作为米塞斯《人的行为》的补充,而米塞斯监督并批准了这一工作。

② 米塞斯关于不可能对理论进行准确无误的检验的观点,可以被视为更精致的杜赫姆—奎因命题的预告,该命题认为,确定一个理论陈述的真伪不能独立于陈述的范畴进行。
Peter J. Boettke, "Ludwig von Mises," in *The Handbook of Economic Methodology*, edited by J. Davis, D. Wade Hands, and U. Maki(Cheltenham, UK: Edward Elgar Publishing, 1998), 534–540.

③ Johann Wolfgang von Goethe, *Scientific Studies*(Princeton, NJ: Princeton University Press), 307.

④ Mises, *Epistemological Problems*, 28.

理论之间选择。

事实不可避免地具有理论性质，使得实证主义者所提出的程序性价值中立成为不可能的一个观点。如果客观性指的是"纯粹"事实，那么客观性也就不可能了。米塞斯认为，在社会科学的意义上，将分析局限于评价所选择手段对于给定目的的有效性就可以保证客观性。米塞斯对个人追求的目的持激进的主观主义态度，使得其经济分析具有了客观性。

对于米塞斯而言，"社会科学的事实"的理论性质意味着，我们应该努力以清晰的符合逻辑的方式阐明并捍卫理论。但这并不意味着理论可以免受批评。经济学家"永远不能绝对肯定他的调查没有被误导，也不能绝对肯定他所认为的某些真理没有错误。他所能做的就是一次又一次地提交他所有的理论，接受最苛刻的复查"。[1] 这也没有否认实证研究对于理解社会的重要性。事实上，在米塞斯的体系中，理论的目的是帮助解释历史。他将知识领域分为概念（理论）和理解（历史）两块，因为它们各自涉及不同的认识论问题。[2] 尽管米塞斯的这一立场经常被他的批

---

[1] Mises, *Human Action*, 69.
关于米塞斯方法论的不可靠性，另参见我们对巴里·史密斯（Barry Smith）的讨论，见下文。
"Aristotle, Menger, Mises: An Essay in the Metaphysics of Economics," *History of Political Economy*, Annual Supplement to Volume 22（1990）: 263–288; Smith, "Aristotelianism, Apriorism, Essentialism," in *The Elgar Companion to Austrian Economics*, edited by Peter J. Boettke（Northampton, MA: Edward Elgar, 1994）, 33–37; Smith, "In Defense"; evolution; and Mises later in this section.

[2] Ludwig von Mises, *Theory and History*（New Haven, CT: Yale University Press, 1957）.

评者所忽视，但其在米塞斯的著作中却是显而易见。历史理解是运用经济学理论结构的重要目标。经济理论是实证研究的仆人，因此先验理论与解释历史现象密不可分。[①]

米塞斯对支持科学方法一元论的逻辑实证主义者提出了另一种批评。他指出，经济学与其他科学的区别在于其面对的是有意识的行为人。与自然科学中无动机的主体不同，经济学研究的对象是理性的、有意识的人，这些人对于如何实现其目的有着一定的欲望和信念。在自然科学中，关于物质的"行为"的最终原因永不可知。这源于自然科学家与其研究对象之间的关系，而这与社会科学家与其研究对象之间的关系完全不同。

物理学家是其研究对象的外部观察者，他必须坚持这一点，他永远不会"进入"他所研究的对象，因此他永远不能直接贴近地了解该主体的主要属性。实际上，物理学家在不同的条件下从外部反复观察他的研究对象，试图更多地了解观察对象。虽然这个过程可以让他更接近后者，但他作为外部观察者的这种不可改变的地位是他永远不可能了解他的研究对象的终极原因。[②]

此外，社会科学家处于相对有利的位置，他们就是人类，就是研究的对象。这个"幸运"的地位让他们能够深入研究研究对象的思想。因此，在社会科学中，科学家从一开始就知道引导研究对象行为的终极原因。从这个意义上讲，在理解因果关系方面，社会科学家在其研究领域中比物理学家处于更有利的地位。物理学家和社会科学家与他们研究对象之间的关系的这种根本上

[①] Mises, *Human Action*, 66.
[②] 从维塞尔（Wieser）到米塞斯，再到哈耶克，奥地利学派的学者们都强调"内在的知识"是人类科学鲜明的特性。

的不同，表明他们见解中的认识论地位存在根本上的差异，并暗示科学领域的方法论是二元的。

通过"目的"来解释物理现象被自然定律的物理解释所代替，使得我们对自然界的理解得到了极大的进步。例如，以众神的奇想来解释季节变化被地球围绕太阳转动的解释所取代。因此，清除自然科学中的拟人论促成了物理宇宙知识的进步。但是，正如米塞斯所说，如果我们试图效仿自然科学，将人类的目的和计划从人类科学中去除，那么我们去除的正是我们研究的主题。[1] 米塞斯论述道："行为学中的现实不是物质世界，而是人类对这个宇宙的特定状态的有意识反应。经济学探讨的不是客观事物和有形的物质对象；它探讨的是人、他们的意义和行为。货物、商品和财富，以及所有其他行为的概念都不是自然的要素，它们是人类意义和行为的要素。"[2]

此外，与自然科学相比，米塞斯认为人类行为中没有永恒的关系。因此，在人类领域不可能存在普遍有效的定量法则。一面是方法论一元主义，另一面是历史主义，米塞斯站在二者之间，寻求开辟人类行为科学的新领域。赞同方法论一元主义的文化批评者认为，人类科学是独特的，但反对他们认为的人类领域不可能有法则的想法。米塞斯的立场是，虽然出于上面列举的原因人类行为科学与自然科学不同，但前者产生了与我们所关注的自然科学本体论主张相同的法则。

经济学的认识论地位必然因研究对象的性质的不同而不同于

---

[1] Besides Mises, see also Hayek's classic work *The Counter-Revolution of Science* (1952; repr., Indianapolis, IN: Liberty Fund, 1979) on this point.

[2] Mises, *Human Action*, 92.

自然科学，但科学性的发现和发展确实是可能的。其尽管不能推导出量化的法则，但可以推导出定性的法则，而这些定性的法则对于渴望理解社会现实和公共政策而言至关重要。

人类行为科学必须处理的经验总是关于复杂现象的经验，不能就人类行为进行实验室中的那种实验。我们永远无法在某个事件的所有其他条件保持不变的情况下，仅观察某一个因素的变化。①

因此，我们做不到"保持其余部分不变"，来改变商品价格以确定它与商品数量之间的关系，就像实证主义者吹捧的科学方法那样。②但这并不意味着我们无法理解价格和数量之间的关系。即使我们无法推导出要遭受批驳的点预测，我们也可以得出模式预测或原理解释。米塞斯告诉我们，物理学和人类科学之间的这些根本上的差异要求我们成为方法论二元主义者。

米塞斯的方法论二元主义为他的先验主义建立了框架。如果历史主义是错的，经济规律是明显的且能够通过科学的调查研究得以理解，那么必须遵循的规律是什么？如果实证主义者是错误的，自然科学的方法不适用于阐述经济学的规律，那么经济学必须遵循的方法又是什么？在回答这个问题时，米塞斯和康德一样，使用了人类思维的先验公理和逻辑范畴的概念，而这些概念通过内省过程为个体所知，也是我们理解世界的媒介，米塞斯将这种理念应用于经济学中。

---

① Mises, *Human Action*, 31.
② 经济规律是在假设其他条件不变的情况下（这使某种可控的思想实验成为可能），从行为公理先验地推导而来的。根据米塞斯的理论，人类科学的理论进步是由这些思想实验实现的。米塞斯甚至认为，行为学的方法就是想象建构的方法。

根据米塞斯的观点，行为人的性质，即有目的的行为的生命，是通过内省得知的。对人的意义的反思表明，有目的的行为是我们主要且显著的特征。这种知识是先验的。我们不是通过经验意识到我们独特的人类特征，因为事实上，我们如果没有目的就不能有经验。因此，"人们无法想象与行为范畴不一致的范畴"。① 米塞斯将有目的的行为作为所有经济理论的起点，将选择的逻辑根植于更广泛的行为的逻辑（他称之为行为学）。

在阐述他的论点的过程中，米塞斯超越了康德。批评者担心综合先验的观点会适用于任何一套理论。根据他们的看法，通过随意假定任何特定的公理为先验公理，将得出无数的错误结论。另一种相关的批评认为，即使我们同意哪些公理是真正得到公认的先验公理，但当不同公理将产生不同甚至互相矛盾的结论时，我们又该如何在这些公理中做出选择呢？

对于所谓随意选择初始公理的批评，米塞斯认为，演绎过程并非始于随意选择公理，而是始于对人类行为的本质的反思。如他所说，行为学的出发点不是选择公理和决定程序方法，而是对行为本质的反思。② 在我们理解现实的过程中，我们并没有选择我们希望以此开始的公理，而是我们所生活的世界为我们选择了公理。在某种意义上，行为公理是世界强加给我们的。有目的的行为的概念是我们理解周围环境的"过滤器"，我们必须以此开始我们的理解过程。这是我们唯一可用于这种目的的手段，因为我们不可避免要通过受我们思想结构所制约的"镜头"来看待世

---

① Mises, *Human Action*, 35.

② Mises, *Human Action*, 40.

界。米塞斯坚持认为，如果我们希望在现实世界中建立经济学，我们别无选择，只能从行为公理开始。以其他公理为出发点都不能够产生解释真实个体行为的理论。

确实，经济理论可以从另一个公理开始发展，如果在演绎过程中没有出现任何错误，且假设符合当时的情况，那么推导出的法则就是有效的。但是，对米塞斯而言，经济学既是先验的，又致力于阐释现实世界，因此其起始公理必须既不参照经验，又在根本上与人类社会联系在一起。行为公理同时符合这两种要求。相反，阿罗—哈恩—德布鲁的竞争均衡世界是先验地推导出来的，但米塞斯避开了这一理论，因为与推导出结论的行为公理不同，它在很大程度上与现实世界无关。①

与康德一样，米塞斯认为行为暗示着行为的某些前提条件存在，即思维的范畴，而这也是先验的。他提出了六个这样的范畴，而如果没有这些范畴，那么有目的的行为就不可能存在：时间性、因果关系、不确定性、不满意、想象中的优先状态，以及对可用手段能满足需求的信任或期待。

---

① 这就是为什么考恩和芬克提出，均匀旋转经济是一种自相矛盾的模型，而阿罗—哈恩—德布鲁的一般竞争均衡是一种可以经受考验的更好的模型，参见下文。
Tyler Cowen and R. Fink, "Inconsistent Equilibrium Constructs: Mises and Rothbard on the Evenly Rotating Economy," *American Economic Review* (September 1985): 866–869.
这取决于使用模型结构的目的。此外，考德威尔在《行为学及其批评者》（Praxeology and Its Critics）一文中提出，在相互竞争的先验理论中一个人没有能力做出选择，这也必须被质疑。选择的标准是先验理论是否与科学家希望推动思想实验的发展方向相关。请注意我们对考德威尔的回应与史密斯的不同之处。我们利用了史密斯在《为极端先验论的辩护》一文中将康德—米塞斯称为"主观主义"的先验主义，史密斯自己则接近罗斯巴德的立场，他通过指出一种"客观"先验主义——"一种真实世界的先验"来回应考德威尔的批评。

在研究这些逻辑范畴的先验性质时，米塞斯在《人的行为》和《经济学的终极基础》(*Ultimate Foundation*)中推测了它们演化为人类思维的一部分的过程。根据米塞斯的观点，这些先验范畴是以达尔文的方式与人类一起演化的。我们今天拥有这样的思维范畴正是因为它们能够最好地向我们传达我们生存所必需的真实世界的准确信息。这些范畴未来还会演化，因为当世界本身发生变化时，演化的范畴能让我们更好地理解世界或潜在的现实。这种假设的演化过程有助于解释行为起点及其暗含的范畴与现实世界的必然联系。如果它们不是以这种方式与世界产生联系，那么具有这些思想结构的人类就不可能按照现在的演化进程演化。我们的思想与世界之间存在一种相互作用的过程，这在我们先验的思维范畴（决定我们体验的世界）的演化和世界的现实（限制我们思考和理解现实的方式）之间形成了一个反馈回路。

巴里·史密斯的学术工作是捍卫"极端的、易犯错的先验论"，其理由是世界上本来就存在"先验结构"。[1]他区分了"强加主义者"的先验论和"反思主义者"的先验论。"强加主义者"的先验论是主观主义者的方法，坚持认为个体行为人把产生知识的结构强加给这个世界。"反思主义者"的先验论则认为我们对存在之物有着先验的知识，而这些知识不是强加进我们的头脑里或铭刻其中的，这是因为世界上某些结构本身就具有某种程度的可理解性。[2]

虽然史密斯将米塞斯视为主观主义者或变相的"强加主义

---

[1] Smith, "Aristotle, Menger, Mises"; "Aristotelianism, Apriorism, Essentialism"; and "In Defense".

[2] Smith, "Aristotle, Menger, Mises," 275.

者",但通过论证所得,米塞斯不属于以上任何一种,或者更准确地说,两者他都各占一半。一方面,如上所述,像康德一样,米塞斯也显然相信行为人理解世界的思想范畴,在这方面他是彻底的主观主义者。如米塞斯所说:"想要研究经济学的人不应该关注外部世界,而必须在行为人的意义中寻求答案。"①

另一方面,米塞斯对这些范畴的出现所做的演化解释(这些范畴因演化而适应现实世界)表明了一种"反思主义者"的观点,因为先验的知识会随着时间的推移与个体的思维范畴一起演化。在此意义上,米塞斯的先验知识概念有与史密斯相似的"易犯错的"元素。这种先验知识虽然对于现在的行为人而言是"正确的",但随着人类思维的演化,最终可能被认为是错误的,即与客观现实不一致。

米塞斯认为,我们可以从行为公理隐含的这些范畴推导出纯粹的选择逻辑。这样的理论得以实现,是因为它们对人类行为"就像逻辑和数学一样是先验的"这种解释进行阐述和梳理。②如果从行为公理开始的推导过程中没有出现任何逻辑错误,那么所得出的结论就具有先验的真实性和必然的确定性。然而,它们的先验性质并不会使它们脱离现实世界。"通过正确的行为学推理得到的定理完全确定且无可争辩,就如同正确的数学定理一样。因为这种绝对的确定性和无可争辩性,所以它们所涉及的行为现实就像真实的生活中发生的和历史上记载的那样。行为学传达了关于真实事物的精确知识。"③

---

① Mises, *Human Action*, 92.
② Mises, *Human Action*, 32.
③ Mises, *Human Action*, 39.

当然，米塞斯指出，虽然原则上所有的经济理论都可以符合逻辑地从这种行动公理中推导出来，但出于实际目的，我们仅阐述那些与我们生活的世界相关的理论。比如，我们可以想象世界上所有可能的状态，并发展出在逻辑上遵循某个状态假设的理论。如果在演绎过程中没有任何错误，那么这些理论可以准确地描述假设成立时的各种过程和结果。例如，我们可以想象存在一个世界，在这个世界中，劳动不再是负担，而会带来快乐。从这个假设推导出的劳动理论是正确的，但其只适用于劳动带来快乐的世界。然而，由于我们的目的是了解我们实际生活的世界，因此我们应该观察我们实际生活的世界的状态（现实中劳动带来的是负担而非快乐），并运用这种经验性的附属假设来界定我们理论的界限。[①]正如米塞斯所说："经济科学的目的是了解现实，而不是思维训练或逻辑消遣，因此行为学将其探讨限制于研究那些现实中给定条件下的行为。"[②]

米塞斯的先验主义暗示了关于价值中立的可能性的重要观点。检验事件的经济因果链所需的演绎逻辑总是假定目的是给定的。经济学家的作用是根据已知的目的，运用先验理论来评估所选择的手段的有效性。也就是说，经济学家对这些目的本身无话可说，他们要做的是评价各种手段是否与这些目标一致。米塞斯说："对于任何科学探究而言，人类行为的终极价值判断和终极目标都是给定的，这些价值判断和目标不接受任何进一步的分析。行为学涉及的是为实现这些终极目标而选择的方式和手段。

[①] 值得注意的是，对经验性附属假设的使用并没有改变由此得出的理论的先验性质。
[②] Mises, *Human Action*, 65.

它研究的对象是手段，而非目的。"[1]因此，与实证主义方法论的程序性价值中立不同，先验主义方法论是分析性价值中立。[2]根据先验公理推导出的经济学定理进行手段—目的分析，既避免了实证主义者未能认识到的所有事实都包含了理论的致命错误，又避免了将价值判断引入经济学解释。

米塞斯指出，纯选择逻辑的先验特性意味着经济理论永远不能凭经验证明其有效或无效。经济定理"不以经验和事实为依据来证实或证伪"。[3]企图以经验检验经济学理论不但没有结果，而且表明了企图这样做的科学家的错误思维。犯这种错误的科学家与那些相信可以通过测量现实世界中的直角三角形来验证勾股定理的人一样。他们都未能理解理论的先验性，这让他们的验证白费力气。与数学定理一样，经济学定理"在逻辑上和时间上都先于对任何历史事实的理解而存在"。[4]这一事实，加上在现实世界中不可能存在的（经济学的）对照试验，因此我们不可能像经济学的实证主义哲学家所主张的那样以经验来验证经济学理论。[5]

---

[1] Mises, *Human Action*, 21.
[2] 奥地利学派关于价值中立的观点，参见贝奇的《路德维希·冯·米塞斯》（Ludwig von Mises）和《是经济学》（Is Economics）。
[3] Mises, *Human Action*, 32.
[4] Mises, *Human Action*, 32.
[5] 我们认为，区分经济学哲学家［比如哈奇森、布劳格（Blaug）、豪斯曼（Hausman）、罗森博格（Rosenberg）等］和实践经济学家很重要。正如好几位学者，特别是麦克洛斯基指出的那样，经济学家的实践与经济学的官方说辞相去甚远。某些经济学哲学家，比如罗森博格，认为这反映了经济学学科的思想缺陷。而其他人，比如麦克洛斯基，认为这证明了哲学家规定性的方法论在思想上的破产。如果在经济学这门学科的实践中不能听从实证哲学家的建议（因为不能那样对待研究的主题），那么利用实证主义的标准来区分科学和非科学就是不可能的。在这种情况下，米塞斯之类人的方法论作品之所以被朋友和敌人所误解，恰恰就是因为他避免了由这种哲学上的错误概念产生的误解。

米塞斯的批评者迅速指出，这就是他否认实证工作和现实世界重要性的证据。然而，我在前面已经提到过，虽然经常被忽略，但米塞斯明确主张，先验的经济定理演绎服务于对世界的经验检验。因此，在米塞斯眼中，卡尔·门格尔对货币出现的制度相关性的历史解释，恰恰代表了"行为学的基本原理及其研究方法"。① 我们对经济学理论感兴趣，是因为它照亮了窗外的世界。经济学理论针对的基本要素正是世界的制度安排，而这些制度安排建构了人类决策的选择逻辑所遵循的规则。因此，米塞斯的每一个论点，从社会主义制度下理性经济计算的不可能性到商业周期运动，都与制度密不可分，且深受制度影响。

在这些分析中，先验理论的作用是限制了人们的乌托邦设想。因此，虽然检验货币制度出现必然是对能够或不能让货币出现的制度特征进行实证调查，但是货币的需求曲线总是倾斜向下的。先验理论以这种方式限制了我们行为的可能性，同时让我们能够检验经验世界的真实特征。"理论与对不断变化的现实生活的理解并非相互矛盾"，而是构成一种共生关系。② 从这个角度来看，米塞斯的先验主义不是超理论，而是实际上彻底的经验主义。③ 纯粹的选择逻辑是经济解释的必要条件，但并非充分条件。

米塞斯的批评者也喜欢指出，如果他是正确的，那么纯粹的选择逻辑就是"单纯的同义反复"。在传统意义上，我们将哲学分为分析型命题和综合型命题。前者纯粹是同义反复，后者则

---

① Mises, *Human Action*, 405.
② Mises, *Human Action*, 38–39.
③ 实证分析不能驳倒或驳不倒理论，这是因为理论要么是可适用的，要么是不可适用的——与经验解释的任务相关或不相关。

向我们传达关于现实世界的信息。康德的综合先验的概念——在经验之外为我们所知的一类知识提供有关真实世界的信息，削弱了传统意义上认为的先验主张就是分析性真理的观念。因此，康德接受传统的分析型命题和综合型命题的区分，但他认为某些先验真理以前被认为是分析型的，实际上可能是综合型的。虽然可以把米塞斯的观点理解为建立在康德的理论基础之上，但他最终超越了康德，这是因为他完全拒绝了传统的分析或综合的区分定义。

根据米塞斯的说法，正如几何定理一样，纯粹的选择逻辑确实完全是同义反复的。然而，这些"单纯的同义反复"具有令人难以置信的经验意义。例如，谁会否认几何学中的先验命题适用于现实世界？所有建筑结构都依赖这些同义反复的命题。同样，在经济学中，我们依靠需求法则（其基础是同义反复）来分析各种手段以实现各种目的的一致性。观察不能证伪这一定理，并不意味着这一定理与经验不相关。如同所有从行动公理中推演出来的先验命题一样，它与经验密切相关。实际上，如果没有它，我们将完全不能理解经济的运作。将先验的经济学定理运用于现实世界，由此产生了关于经济现实经验性的、与制度相关的命题。因此，米塞斯指出，从与现实世界密切相关的公理推导出的同义反复不是一件坏事。相反，它们是不可或缺的心理结构，让我们能够理解现实世界。

米塞斯的立场与现代经济学的相关性

米塞斯激进的方法论和认识论立场引起了相当多的批评。实证主义和经验主义的兴起在很大程度上证明了社会科学模仿自然科学的愿望过于强烈，对此经济学界无法抵挡。有影响力的经济学家，从保罗·萨缪尔森到米尔顿·弗里德曼，都认为，经济学要想拥有"真正的"科学地位，需要进行形式主义和定量的转型。其他人，比如哈奇森，推崇纯粹的实证主义方法。随着时间的推移，数学的诱惑和对精确预测能力的渴望赢得了大多数经济学家的心。因此，对米塞斯的主要看法是他已经与时代脱节了。这就是为什么著名的经济思想史学家和方法论学家马克·布劳格（Mark Blaug）会排斥米塞斯的方法论立场，称之为"稀奇古怪"。

尽管如此，但值得注意的是，多年来，米塞斯所描述的方法论先验主义或多或少地存在于经济学家中。事实上，在很长一段时间里，从"常识"开始进行演绎、推导是经济学的主流方式。如米塞斯所说："我们并不认为关于人的行为的科学理论应该是先验性的，但它实际上就是这样，而且一直是这样。"[①] 纳索·西尼尔（Nassau Senior）、特拉西（Tracy）、萨伊、约翰·凯尼斯（John Cairnes）、卡尔·门格尔、莱昂内尔·罗宾斯、弗兰克·奈特，以及其他许多人都是某种类型的先验主义者。这些学者争论的经济定理来自"不证自明"的公理。这是一百多年来古典和新古典经济学家将经济学理论化的方式，却没有与时代脱节的原因。

然而，现代经济学界偏好的经济学研究方法发生了几次转

---

① Mises, *Human Action*, 40.

变。[①]与米塞斯的方法论立场相反，在20世纪50年代，经济学界采用"模型与计量"作为口号。随着后来博弈论的发展和无名氏定理的引入，无限量均衡引出了一种形式主义的历史主义，这种历史主义运用形式化的工具来描述特定的经济现象。这两种方法的共同之处在于隐秘地拒绝古典经济学家应用的经济学方法，而这是米塞斯所阐述并捍卫的经济学方法。拒绝这种方法也无意中从经济学中排除了特殊的人类因素。

因为始于行动公理，所以米塞斯的先验主义必然将人的因素推到经济分析的最前沿。行动公理中隐含的逻辑范畴强调时间、不确定性和一个人在追求其目的的过程中的变化。如果没有这种先验主义的方法，那么行动的人所面对的真实世界中的条件的重要性都会消失。其位置由机器人取代，在类似真空的环境中运作，而这种环境以完全不反映现实的理想条件为特征。

最近，对新的经验性研究方法的需求表明非先验方法的破产。具有讽刺意味的是，米塞斯激进的先验主义为这一新兴的经验性问题提供了答案。正如米塞斯的方法所暗示的那样，要增强对经济的理解，就要通过具体的方式来建构问题，以选择逻辑来分析问题。只有以普遍的规律来解释具体的情况，由此产生分析性叙事，才可以将现实世界中的人类决策者带回经济学分析的最

[①] 关于这种运动，参见下文。
Peter J. Boettke, Christopher J. Coyne, and Peter T. Leeson, "Man as Machine: The Plight of 20th Century Economics," *Annals of the Society for the History of Economic Thought*, 43（2003）: 1–10.

前沿位置。①这种分析性叙事使得从先验公理推导的纯粹选择逻辑成为注重制度的人种学研究的人伴。借鉴社会学和人类学，经济学可以采用调查、访谈和观察等手段，从被测试者处收集新的经验性知识（叙事），再根据先验的理性选择理论来分析（分析性），从而产生分析严谨且适用广泛的检验成果。正是从米塞斯独特的经济学方法论取向中发展出的这种研究方法，为经济学研究的经验主义和实证主义方法所产生的问题提供了解决之道。

结　论

我们认为，米塞斯的方法论立场绝不是令人尴尬之事，它远远地超越了时代。他专注于目标的给定性，并分析实现这些目标的手段，这为我们提供了另一种前实证主义的价值中立的概念。他清楚地阐述了为何事实都必然具有理论，摧毁了在后实证主义哲学中以确定的经验检验预测发展出来的任何理念，但却没有陷入后现代主义的认识论深渊。最后，他关注人类行为科学的普遍适用性，为以方法论个人主义为基础统一社会科学铺平了道路。

此外，米塞斯的工作并不像很多人所认为的那样是闭门造车。理论任务的全部目的在于更好地进行实证研究，但这两项任

---

① 我在这里提出的分析性叙事植根于实践心理学方法，它将创造性的、不确定的人类决策置于其分析的中心。虽然贝茨等人在《分析性叙事》（*Analytic Narratives*）中所倡导的分析性叙事也试图将经济理论用于历史解释，但他们的分析性叙事植根于纯粹的博弈论方法，即用完全完美的信息世界替代了真实世界。在这样的世界中，主体的选择是确定的，而真实世界中的行为人却是在不断变化的条件下，以不完美的方式努力实现变化中的目标。

务代表了不同的认识论（概念用以掌握理论，理解用以把握历史）。米塞斯成功地建立了一种分析系统，即现在所讨论的政治经济学的分析性叙事方法。我们认为，正是这种运动将会拯救脱离现实的经济学，重新将经济学解释与行动的人相联系——从头到尾的全部经济生活。米塞斯的《人的行为》不但是技术经济学、社会哲学和公共政策等方面的不朽著作，而且对人类科学做出了同样重要的贡献。在该书中，米塞斯强有力地论证了经济学的定理来自先验推导，并证明了它们在解释历史现象中的相关性。如果没有这些先验法则，那么我们对经验世界茫然无知。

第十一课——伊斯雷尔·柯兹纳：变化与企业家的行动应被纳入经济学理论的核心范畴

米塞斯在他的著作、讲座、研讨会以及可能涉及他的每一件事中，都教导我们，经济学至关重要。经济学不是一种智力游戏。经济学极其严肃。在米塞斯看来，人类及人类文明的未来正是取决于对经济学原理的广泛理解和尊重。

——伊斯雷尔·柯兹纳[1]

---

[1] Israel M. Kirzner, "Lifetime Achievement Award Acceptance Speech" (Society for the Development of Austrian Economics, Charleston, SC, November 19, 2006).

引 言

新古典经济学的纯市场经济模型指的是一个无摩擦的世界，在这样的世界中，人们的各自决策通过价格机制无缝协调。另外，新古典经济学用市场失灵模型以及由此而来的政府干预主义来处理现实世界的复杂性，即现实世界中的摩擦，并解释价格体系不能完美运作的原因。以这种观点来看，政府能够改善市场失灵。

与之相反，阿门·阿尔钦、布坎南、科斯、道格拉斯·诺思、弗农·史密斯和埃莉诺·奥斯特罗姆等经济学家则完全接受现实世界中不完美的存在，并证明市场力量如何通过调整行为和改变实践方式来改善不完美的世界，以促进计划的协调。价格体系之所以重要，正是因为我们是不完美的行为人，在存在摩擦、不确定性和无知的不完美世界中行动。

米塞斯和柯兹纳是其中最突出的学者，他们试图更加深入地理解"看不见的手"如何协调大量的经济交换活动，这些经济交换活动在不完美的现实世界中每天都在上演。在这一版本的市场理论中，"看不见的手"正是因为市场不完美才能发挥作用，它并不需要与一般竞争均衡的正式理论相关的任何假设。不管是大量的交易者、价格接受、同质的商品，还是完美的知识，它都不需要。正如米塞斯在其文集中所言："奥地利学派之所以能独树一帜并享有不朽名声，正是因为它创造了一种经济行动理论，而非经济均衡或非行动理论。"[1] 奥派经济学家，尤其是米塞斯、哈

---

[1] Ludwig von Mises, *Notes and Recollections* (South Holland, IL: Libertarian Press, 1978), 36.

耶克和柯兹纳，都力图表明价格和以货币计算的损益如何指导人类的行为，而在私有财产制度下，人类的行为又会如何调整和处理世界的不完美之处。该方法专注于制度结构，而这种制度结构创造了一种独特的基于激励的框架，由此影响主体的行为。这种行为包括信息的传播，而信息的传播会直接影响协调人们各自活动的决策和行动，从而提高经济系统的整体效率。唯有伟大的思想者才能发展出这种分析，其中就有米塞斯、哈耶克和柯兹纳。我们关注的是米塞斯和柯兹纳的独特贡献。

米塞斯和市场

柯兹纳经常提到他在纽约大学读研究生时，听到米塞斯把市场比作一种过程的反应。柯兹纳将那种经历描绘为一次思想撞击。确实，如果说"市场是一个地方"，那么他理解其中的意思，但说"市场是一个过程"，那会是什么意思呢？米塞斯指的是，市场不仅仅是人们讨价还价的地方，它也是一个过程，通过这个过程知识得以产生，信息被人们知道，整个社会的商品的价格得以确定。米塞斯强调市场是一个过程的概念，正是传统市场理论与奥地利学派观点的不同之处。因为市场是一个过程，所以市场是奥地利学派研究方法的核心。

事实上，人们已经可以从门格尔和瓦尔拉斯之间的通信中追溯到价格理论的不同方法之间的差异的起源。一种方法关注的是在联立方程系统中确定价格，另一种方法则认为是通过持续的讨价还价和交换来形成价格。但是，当时这两个学派的主要代表人物都认为这只是侧重点的差异，而不是实质性的差异。汉斯·梅耶（Hans Mayer）更加深入地确定了他所谓的价格"功能主义理论"和价格"因果遗传理论"之间的重大区别，[1]有意识地把市场过程分析的概念与一般均衡理论并列。虽然当时在维也纳的奥地利学派的其他主要代表，比如马克卢普、梅耶和摩根斯坦（Morgenstern）也清楚地了解到市场过程在经济分析中的重要性，但却是米塞斯、哈耶克和后来的柯兹纳提出了成熟的奥地利学派的市场过程分析理论。

要理解市场过程分析的起源，必须回到米塞斯的《货币与信用理论》(The Theory of Money and Credit)。在这本书中，米塞斯采用了周期分析，或者说，逐步分析的方法，并试图将微观的和宏观的经济理论结合起来，发展出一种货币分析理论，并以此分析当政者货币管理不当所产生的广泛后果，而这远远地超越了他的时代。米塞斯的商业周期理论与他理解市场过程的方式密切相关。米塞斯和哈耶克一起研究了商业预测以及后来被称为"奥地利学派贸易周期理论"的问题。该理论的关键知识点是：(1)经济体中的资本结构由异质的资本品组成，这些资本品必须以更有效或更先进的组合方式来维持或重组结构；(2)生产过程随着时间的推移而进行，因此需要一种机制来跨周期协调生产计划，以满足消费者的需求；(3)货币供应量增加不是通过价格的瞬时调整对经济体产生影响，而是通过相对价格调整产生影响。米塞斯既捍卫货币数量理论，反对企图通过多印货币来消除贫困的货

---

[1] Hans Mayer, *Der Erkenntniswert der Funktionellen Priestheorien* (The cognitive value of functional theories of price), in *Classics in Austrian Economics: A Sampling in the History of a Tradition*, edited by Israel M. Kirzner, vol. II, *The Interwar Period* (1932; repr., London: Pickering & Chatto, 1994), 55–168.

币幻想，又批评以机械的方式来解释货币数量理论，这种解释假设了货币数量变化时，价格体系将进行瞬时调整，因此低估了经济体中当政者操纵货币和信用的负面后果。

这种分析与市场过程的联系虽然不明显，但却始终存在。企业家依靠价格信号来指导生产，以便把稀缺的资本资源分配到最有价值的地方，并采用成本最低的技术。资本结构需要经济主体仔细计算，以确定所追求的哪些生产计划是最有利可图的。如果价格信号迷惑了人，那么从经济价值最大化的角度来看，关于维持和分配资本的决策就会出现错误。米塞斯和哈耶克在20世纪20年代发展出的贸易周期货币理论以企业家的视角为基础，而与之形成对比的是美国和英国的经济学家对货币经济更为机械化的理解，以及资本主义的批评者认为经济生活充满混乱的观点。

在进行货币理论和贸易周期的研究的同时，米塞斯卷入了关于社会主义经济可行性的辩论。米塞斯对社会主义的分析，就像他的货币理论一样，是基于主观价值理论在使用资本的经济体环境中的应用。米塞斯曾说："要理解经济计算的问题，有必要认识到市场价格所传达的交换关系的真实性质。这一重要的问题只能以现代主观价值理论的方法来揭示。"[1]米塞斯对社会主义的全面批评的核心在于他对市场过程的理解，他认为社会主义不可能运作的原因不仅仅是集体所有制的不当激励和官僚主义的烦冗，而且更重要的是，如果没有市场经济，没有利润的诱惑和亏损的惩罚，就无法刺激企业创新。

---

[1] Ludwig von Mises, *Socialism: An Economic and Sociological Analysis* (1922; repr., Indianapolis, IN: Liberty Fund, 1981), 186.

实际上，米塞斯反对最典型的社会主义形式的关键要点是：生产手段的集体所有权会使理性的经济计算变得不可能。如果生产手段不是私有财产，那么就没有生产手段的市场。没有生产手段的市场，就没有生产手段的市场价格。缺少了市场价格（市场价格反映的是资本品的相对稀缺性），经济计划者就无法合理地计算出最高经济效益的投资方式。如果不能合理地进行经济计算，就无法合理地组织生产。如果不依靠货币价格进行经济计算，任何个人或群体都不能在众多生产方法中做出选择，以确定哪些方法是最具成本效益的。货币价格和损益核算是经济管理中不可或缺的指引旗帜。没有这种指导，人类在不同的生产过程之间进行选择时会陷入迷茫。社会主义试图克服生产的无政府状态，但取而代之的却是随计划而来的混乱。正如米塞斯所说：

假设社会主义社会中可以用实物计算代替货币计算是一种幻想。在不进行交换的社会中，实物计算涉及的仅仅是消费品，而在涉及更高级别的商品（资本品）时就会完全崩溃。一旦社会放弃生产品的自由定价，合理生产就是不可能的。远离生产手段归私人所有和使用货币的每一步，都是远离理性经济活动的一步。①

米塞斯对社会主义的批评遭到了卡尔·波兰尼（Karl Polanyi）、弗雷德·泰勒（Fred Taylor）、奥斯卡·兰格（Oskar Lange）和阿巴·勒纳等人的抵制。这些专业经济学家之间的理论讨论是在20世纪20年代，特别是在20世纪30年代的历史背景

---

① Mises, *Socialism*, 102.

下发生的。当时西方资本主义经济体卷入了"大萧条",而社会主义体制的苏联的集权经济计划体系被认为在仅仅一代人的时间内就将一个农业国变为了工业国。据说,20世纪30年代的事件证明,资本主义不公正、不稳定且无效率。相反,社会主义中央计划为苏联提供了物质基础,以对抗20世纪30年代和40年代在德国兴起的法西斯威胁。

在进行关于社会主义可行性的辩论的期间,米塞斯慢慢对企业家的市场过程有了更成熟的理解。他认为价格体系整体上起着三重作用,而根据社会主义的定义,社会主义必须在没有价格体系的情况下才能发挥这些作用。在市场经济中,当前的一系列价格向决策者发出信号,告知相关商品和服务的相对稀缺性。如果价格相对较高,那么决策者则可以推断出相关的商品较为稀缺,因此必须节约使用。如果价格相对较低,那么决策者则可推断出相关的商品较为丰富,因此可以加大使用量。当前的一系列价格通过提供关于情势的事前知识来帮助决策者做出决策。然而,价格体系也向经济主体提供事后的知识,其表现形式是在下一时期出现的一系列价格和企业的损益报表。如果一个经济主体能够低买高卖,那么市场就会告诉他,先前的决定是正确的,而如果根据先前的知识,你高价买进的东西现在必须低价卖出去,那就表明需要处理判断的错误。决策时的一系列价格所确定的事前预期与事后实现在损益上的差异,激励人们去发现更好安排经济活动的方式。这种方式既可能是由原来的交易者发现的,也可能是由新的参与者发现的,而正是这些新的参与者从先前的参与者那里抢夺资源。正是通过这种价格体系和相对价格的不断调整,经济协调和持续的学习才得以发生。强调市场体系具有自我纠错能力，是建立在价格体系实现协调和学习的真实性的基础上的。

随着在世界范围内，社会主义计划得到了西方知识分子的支持，米塞斯决定继续反对他认为的非正统的"坏"的经济学，并着手撰写将成为他一生学术成果代表的巨著：《人的行为》。1940年，《人的行为》德语首版出版，1949年被翻译成英语出版，并进行明显的修改。在《人的行为》中，米塞斯巧妙地应用和发展了经济学的逐步分析方法，研究时间、不确定性、经济计算、市场经济、价格的形成过程、利息、信用扩张、贸易周期以及其他许多经济学问题。米塞斯以这种方式扩展了他的维也纳老师和同事的工作：将经济过程的动态因素纳入现代经济学的分析框架。在《人的行为》中，米塞斯进一步发展了市场作为一个过程的观念，并解释了为什么市场价格通常是"错误的"，即非均衡价格，但在指导和协调通过时间发展的经济活动时，这样的市场价格仍然能够提供信息和动机。米塞斯表示，在这种背景下，最根本的事实是，企业家之间的逐利竞争不能一直容忍虚假的生产要素的价格。如果没有进一步的变化，企业家的活动就不可能带来经济均匀轮转的状态。①

与瓦尔拉斯的假设不同，价格并不能反映所有可用的知识，因此存在价格差，而这些价格差会创造出企业家可能发现的利润空间。换句话说，交流体系并不完美，因此价格没有传达瓦尔拉斯希望它们传达的所有知识。但是，恰恰是在这种"不完美"中存在着经济系统的引擎。价格的不完美让价格系统能够传递关于其自身有缺陷的交流属性的知识。

---

① Mises, *Human Action*, 337–338.

最后，在米塞斯的研究中，市场作为一个过程的概念依赖于人类活动相互联系的观点，即米塞斯所说的连接性。只有将市场视为一个过程，才能解释市场的连接性。产生人类活动连接性的机制是企业家的货币计算，其结果是经济增长和发展所依赖的劳动分工下的社会合作。这种机制取决于私有财产、契约自由和交换媒介。由于货币存在于所有交易之中，因此货币作为交换媒介将每个人的决策联系在一起，如此一来企业家就能够发现他们要利用的机会，而这些机会可能需要大量的劳动分工和知识。众多企业家的发现被同时利用，将存在于不同经济主体中的事件联系起来，因为企业家在资源的各种使用过程中展开竞争。这种竞争过程（基于企业家的货币计算）使人类活动相互联系起来。价格不是市场中孤立的元素，它们来自社会中任何时刻普遍存在的复杂关系，而西方社会的物质、科学和技术进步又皆依赖价格。

柯兹纳与企业家发现

伊斯雷尔·柯兹纳将他在纽约大学接受的经济学研究生教育描述为深刻的困惑和思想的启蒙。每周有一个晚上，他通过仔细研读乔治·斯蒂格勒的《价格理论》来学习标准的价格理论。而每周的另一个晚上，他从米塞斯和他的《人的行为》那里了解市场过程。它们都与当时他学习的凯恩斯主义宏观经济学截然相反，但是它们似乎也在根本上相互对立。正是在这样的背景下，柯兹纳发展了他的市场过程理论。从1960年开始，持续30多年，柯兹纳撰写了一系列图书，严密地发展了现代奥地利学派的市场过程理论，该理论以企业家角色作为其理论背景。

柯兹纳的杰出之处在于他引入企业家因素，从而打开了传统微观经济学的封闭框架。在瓦尔拉斯看来，价格是系统中无人能够影响的参数。每个人都是价格的接受者，且价格为每个人都提供了足够的信息来做出选择。瓦尔拉斯努力解决以下问题：虽然从每个人的角度来看，价格最好被视为参数，但从整个系统的角度来看，它被视为变量。在一般均衡理论中，价格不受任何人的影响，而是由系统确定市场的出清价格。价格被认为其向行为主体提供了足够的知识，以便将资源分向最有价值的用途。价格是行动的激励，因此它传递了有效分配资源的必要信息。

这种理论直接引发了一个难题。如果将价格视为参数，则无法解释如何在系统层面确定价格。瓦尔拉斯二分法（对个人来说价格是参数，但在系统层面价格是变量）让市场理论陷入了困境。"市场价格是如何确定的？"瓦尔拉斯完全竞争体系无法回答这个问题，除非规定存在一个虚构的人，即拍卖师。弗兰克·哈恩（Frank Hahn）认为，这种观点令经济学失去了解释价格变化和进行现实调整的能力。[1]正如阿罗所说：

即使我们接受整个故事（一般竞争均衡），仍然有一个因素不是个人的（也就是说，不是个人的选择），即企业和个人面临的价格。哪个人能确定价格？至少在正式理论中，没有人确定了价格。价格不是由被称为市场的社会制度确定的，它平衡了供求关系……事实证明，未能对价格形成给出个体主义的解释，这是

---

[1] Frank Hahn, *On the Notion of Equilibrium in Economics*（Cambridge：Cambridge University Press, 1973）.

一个出乎意料且难以解决的问题。[1]

就市场理论的这种观点而言,市场主体是被动的,因为他们不会自发地进行变化,他们只是像机器人一样根据市场情况和价格参数提供的激励做出反应。

最终,价格是参数或激励的观点建立在一种对经济问题和知识的特定看法之上。瓦尔拉斯式的方法将经济体中的资源视为完全已知且给定的。哈耶克在1937年批评了这种观点,他解释道,除非有人提供了一种关于获取知识的理论,否则人们不能解释资源配置和价格的真正作用。哈耶克认为,经济问题不仅是资源配置的问题,还是获取知识和交换知识的问题(这是个人做出关于最佳配置的选择时所必不可少的)。只有解决了这个问题,才能解决价格如何确定的问题。

为了建立正确的经济学观点,哈耶克专注于知识的本质。瓦尔拉斯式的方法论将知识视为给定的,而哈耶克认为知识是分散的,而且不是所有人都能得到它。如果知识是特殊的和默会的,那么价格就不能被视为传递一切现有信息的参数。相反,价格作为知识的传播者,既是由个人决定的,也是个人选择中的决定性因素。

这再一次体现了柯兹纳的杰出之处:为价格理论的难题提供解决方案,即价格的确定。柯兹纳认为,企业家精神进入分析范畴源于这样的观点:根据已经使用的生产要素,我们无法解释纯粹的创新以及纯利润的存在。柯兹纳为经济学提供了最大胆的

---

[1] Kenneth Arrow, "Methodological Individualism and Social Knowledge," *The American Economic Review* 84, no. 2 (1994): 4.

解决方案，直面变化和创新。通过关注人类行为中的纯企业家因素，他设计出一种理论，以解释市场中纯利润的存在。为此，他将最优化行为与企业家警觉区分开来。这两个概念的分离，让他能够指出企业家精神和财产所有权之间的差别。柯兹纳还以均衡结构为依据，与之对比以研究企业家的功能。因为只有以最优化行为人（柯兹纳的术语，即罗宾斯式的最大化者）为背景，才能阐明企业家的角色。

在柯兹纳的研究中，企业家精神的实质也围绕着这样一个基本观点：发现和利用贸易收益不是自动发生的，而是有目的的人类行为。这与传统的微观经济学中的观点不同，在传统的微观经济学中，现有贸易的收益总是已知的。相反，柯兹纳强调，要想利用这些收益，首先必须注意到它们。企业家的功能的本质在于这种基本的洞察力。与传统的微观经济学中的观点相比，柯兹纳关于市场过程中企业家的功能的观点主要是通过引入"警觉"，将人的选择从传统经济学的确定性结构中解放出来。对未利用的收益的警觉使得市场过程得以进行。因此，也正是因为警觉与市场过程的关系，警觉的概念才至关重要。

柯兹纳的市场过程理论的一个关键是基础变量（包括品位、技术、资源禀赋）和损益核算的因果变量之间存在一种滞后但具有决定性的关系。也就是说，鉴于经济体的动态，任何一个时间点的基础变量都不是完全一致的。市场的发现过程提供了引致变量与基础变量在相同方向上变化的机制。总的来说，柯兹纳的贡献在于为新古典理论提供了其缺失的一环。在私有财产的制度框架下，如果有低进入壁垒和不变的基础变量，企业家精神所产生的生产和交换模式将引导经济体趋于均衡状态。柯兹纳为传统价格理论提供的缺失环节是对经济体不均衡的基础以及从不均衡到均衡状态（当且仅当基础变量不变时）的路径的一种理解。

当个人决定价格时，他就是企业家。这意味着，边际条件价格理论已经明确了"价格等于边际成本"不是该理论的初始假设。相反，它只是竞争市场过程的一种趋势。个人自身的知识与市场上可获得的知识之间可能存在差异，而个人对这种差异采取行动，就会形成这样的趋势。企业家的远见是发现他拥有但尚未反映在市场价格中的一些知识的价值。

奥派经济学家的独特之处就在于对企业家作用及其如何形成市场过程进行深入理解。对市场的传统理解是有局限性的，因为这种理解建立在一种"封闭"的框架之上。柯兹纳请人们注意开放式的环境，因为在这种环境中，"在分析开始时，虽然人们没有意识到，但相关机会可能已经存在"。柯兹纳解释道，在开放式的框架中，这种可能的机会不受已知的限制。经济学如果要寻求开放式的现实环境，就必须超越那种不能容纳真正意外存在的分析框架。奥派经济学关注纯粹企业家发现信息的本质和功能，以求实现这一目标。[1]

市场过程的精练

企业家是未知信息的发现者之一。这一发现过程取决于企业家是否有能力注意到价格目前尚未传递的信息并对此采取行动。

---

[1] Israel M. Kirzner foreword to *An Entrepreneurial Theory of the Firm*, by Frederic Sautet （London, Routledge, 2000）, xiii.

企业家根据他们所拥有的与交易相关的环境知识行事。当一个企业家以新的价格提供某种新产品（他相信有足够的人会对这种新产品感兴趣，因此它值得生产）时，他就为经济系统引入了新知识，由此减少了无知。价格体系无法传达所有信息，因此创造了发现缺失信息的机会。企业家的角色从根本上说是发现知识，由此减少无知。

无知始终存在。然而，开放系统中的无知与封闭竞争均衡系统中的无知不是同一种性质。在前者中，无知是激进的，因为它与无知本身有关：个人不知道他不知道什么。这意味着存在"真正的不确定性"的世界，也就是说，未来的事件真的是无法预测的。正是在这种激进的无知和真正的不确定性的环境中，哈耶克提出的经济问题才是真正的问题。以假设来消除这种问题，像竞争均衡所做的那样，就是将经济问题简化为机械问题，即市场的出清价格是什么，而不是认知问题，即系统如何自我纠正。

在这种背景下，企业家的功能这种独特的人类特征，在面对激进无知的挑战时做出了回应。无知的面纱不断被撩开，因为人类的想象力始终在起作用。重要的是要强调人类的想象力，即纯粹的创造信息的可能性是企业家的功能的主要特征。然而，在社会环境中，创造力是必要的，但往往并不是充分的。如熊彼特所强调的那样，我们还需要一个"指南针"来确定发明（即创造性）是不是创新（即对社会有用的创造性）。这样的"指南针"就是损益机制，它帮助确定发明是否具有社会效用。如果是的话，发明就会成为创新并被其他人采用。企业家精神这枚硬币的两面是纯粹的创造性（创造信息）和发现（通过价格机制发现社会结构中的知识差距）。企业家精神的这两个方面构成了市场过程（即不断发现与社会相关的发明）。从这个意义上说，市场过程是一种自我纠错的系统，其基础是发现至今尚被忽视的贸易可能性。这些贸易可能性立即反映为发现尚未在市场上表现出来的社会需求（因此其不是由价格体系传播），以及表达人类的创造力。

结　论

19世纪古典经济学出现之后，现代政治经济学的思想形态发生了相当大的变化。在20世纪，经济学家追求用更为形式化的语言表达来提炼经济学的普遍原则，而这个过程伴随着各种限制性的假设，这些假设是确保数学上的易处理性所必需的。人类行为的企业家精神元素成为这场数学革命的牺牲品，因为它难以处理。米塞斯和柯兹纳在这门学科的不同发展时期，都努力再次强调市场是在一个开放的世界中运作的过程。如果不诉诸企业家精神，就无法解释市场的运作和价格体系的调整。

经济论述走上歧路已有将近3/4个世纪，企业家精神在市场经济中的作用被系统性忽视。在对抗这种潮流中，米塞斯天才般地提供了一幅鼓舞人心的图景。基于此，柯兹纳在20世纪下半叶发展出了他的市场过程理论。柯兹纳很清楚地知道这种观点的含义，即最优化行为不能解释市场是一种过程。如果不引入特殊的外生因素，经济学在解释社会变革和创新方面能力有限。这并不是说均衡结构要被抛弃，它在经济学家的工具箱中占有重要地位，但只有与均衡对照，将之视为现实的一种参照物，人们才能理解变化。然而，经济学的关注焦点中缺少变化，这对经济学家试图解释现象产生了不利影响。从这种意义上讲，柯兹纳的卓越研究至关重要，因为它将变化的理念以及企业家面对不断变化的情况所采取的行动重新置于经济学理论的中心地位，特别是置于我们理解市场经济和价格体系的理论的中心地位。

第十二课——弗里德里希·哈耶克：经济学思维方式的标识

引 言

哈耶克研究计划的基础是亚当·斯密和卡尔·门格尔的教义，他们试图将社会秩序理解为并非有意设计的结果，而是人类个体行动的非意图性后果。除了自发秩序，哈耶克还从门格尔那里学到了个人的行为以个人的主观评价为指导，而个人的评价则是基于边际单位的商品和服务（这是个人考虑的对象）的。在哈耶克的整个职业生涯中，他研究工作的中心问题是一个社会系统如何能将某人的主观认知转化为对他人有用的信息，使得他们各自的行动可以协调，从而产生一种社会整体秩序，而这种社会整体秩序的效益远远大于系统中所有个人效益之和。在这方面，我认为，可以毫不夸张地说，哈耶克比其他20世纪的经济学家都更坚持亚当·斯密式的政治经济学研究计划，并完善了"看不见的手"的推理方式，而这是经济学思维方式的标识。

哈耶克受到的另一个主要影响是维塞尔的机会成本推理的概念和价值推算问题。维塞尔提出了这种观点：任何经济决策的成本都是做出这一决策所放弃的其他方案。此外，维塞尔（门格尔的追随者）看到了生产过程随着时间而展开，其中价值从低阶商品流向生产低阶商品的高阶商品，而商品和服务则从高阶商品流向我们消费的低阶商品。从最终消费品的价值推导出生产品的价值的过程被称为推算。早期哈耶克从事的技术经济学研究的正是这个问题，而通过研究这种推算过程，他对均衡理论的误导性影响变得敏感，而这与历时性经济调整过程的复杂性有关。

哈耶克还受到了维克塞尔和19世纪末20世纪初的其他瑞典经济学家的重要影响，在这一时期，他们与奥派经济学家一样，致力于解释历时性经济系统的表现。在这方面，他们强调个人的期望在实现经济协调中的作用。[1]事前的期望指导个人决策，而事后的实现情况证明了先前的信念是否适当，并促成行为的调整以应对事前和事后之间的差异。经济协调是一种复杂的平衡行为，平衡的是资源的稀缺性、信念和期望，以及技术实现可能性。生产计划必须与消费需求相匹配。在资本主义经济中，跨期协调以利率为指导，因此如果利率机制扭曲，将导致不协调，经济系统表现不佳，即生产计划不符合消费需求，经济表现为系统性的浪费和失业。

哈耶克最后受到的影响，我认为也是最重要的影响，来自米塞斯。理解哈耶克的最佳切入点是他跟进了由米塞斯率先提出的关于经济体系的问题，澄清了这些问题，并给出了更精细的回

---

[1] Peter J. Boettke and Christopher J. Coyne, "Swedish Influences, Austrian Advances: The Contributions of the Swedish and Austrian Schools to Market Process Theory," in *The Evolution of the Market Process: Austrian and Swedish Economics*, edited by M. Bellet, S. Gloria-Palermo, and A. Zouache (New York: Routledge, 2004), 20–31.

答。米塞斯在货币理论和贸易周期、社会主义和干预主义的问题以及对其他政治及经济制度的检验等方面的研究都是哈耶克研究计划的内在推动力。米塞斯和哈耶克的关系被他们的朋友和敌人误解，因为他们的研究计划虽然相互影响，但学术命运却各不相同。

哈耶克合并了门格尔、维塞尔、维克塞尔和米塞斯所发展的各种命题，并形成哈耶克研究计划，其强调以下三点：

第一，经济学必须被视为研究协调问题的科学。结果必须与经济主体的计划相吻合，因此随着时间的推移出现了复杂的社会秩序。经济主体之间的激励必须一致，这是因为他们不仅必须了解目前可以进行互利交换的最佳机会，还必须不断地发现在经济体系中与他人进行互利交换的新的可能性。

第二，关于交换和生产的知识分散在社会中不同的个体之间，不过，他们在社会上相隔遥远。系统实现复杂协调的能力取决于它调动这些分散的知识的能力。社会分工意味着知识的分工，而对于调动和利用社会中分散的知识以实现复杂经济计划的协调而言，私有产权的市场经济是最佳手段。复杂经济计划的协调是先进商业社会的标识。

第三，市场经济要有效，就必须在自由的治理制度的框架内运作，因为这种制度保障契约，提供了稳定的法律框架。法治是经济发展的重要组成部分，法律的普遍性（与特权相对）决定了要达到一个先进状态所需的经济活动的可预测性。

贯穿哈耶克研究计划的主线是经济主体学习如何协调行动，以最有效的方式实现他们的计划。换句话说，市场体系不仅可以与经济主体的激励相结合，有效地分配稀缺资源，还是一个学习系统，促使经济主体调整他们的行为，以越来越高效的方式实现他们的计划。

哈耶克与市场社会主义者的辩论为他的这些观念得到关注提供了一个理想的环境。

哈耶克对社会主义经济学的贡献

哈耶克在对社会主义的分析中，接受米塞斯关于社会主义下不可能进行理性经济计算的观点，并以此为他的出发点。然而，尽管哈耶克的后续著作体现出他认识到米塞斯的论证基本正确，但这并不会阻止：（a）在理论上，受社会主义启发的经济学家回应米塞斯的企图；（b）在政治实践中，受社会主义启发的掌权者实现国家的社会主义的企图。因此，在理论上，这促成了哈耶克关于知识和竞争作为发现过程的论文。[1]在实际政策领域，哈耶克强调追求社会主义和干预主义所带来的非意图性不良后果。[2]

哈耶克在论点上类似于米塞斯，强调社会主义批判性的演变，从激励到节约信息，从发现互惠的交易机会到在法治被削弱时利用政治手段进行掠夺与剥削。为了理解反对社会主义的论点的演变，人们必须将哈耶克置于回应市场社会主义拥护者的背景之中。哈耶克试图给予他的对手尽可能有利的位置，而即使在这种不利的情况下，哈耶克也能证明他们会失败，因此他的论点将具有最大的说服力。回顾过去，这种论证策略似乎让一些人误解了他对于社会主义在实践中将面临多方面困难的立场。

---

[1] F.A. Hayek, *Individualism and Economic Order*（1948；repr., Chicago: University of Chicago Press, 1996）.

[2] F.A. Hayek, *The Road to Serfdom*（Chicago: University of Chicago Press, 1944）.

对社会主义的第一层批评是，他认为生产资料中的私有财产是协调经济活动的必要条件。私有财产为经济主体有效利用资源提供了强有力的激励。如果没有私有财产，那么经济主体所接受的激励不会使决策的成本和收益内部化，从而产生不谨慎的决策。这个论点实际上可以追溯到亚里士多德对柏拉图的批判。哈耶克当然不是不知道这个论点，但他的重点不在于此，因为社会主义的拥护者试图通过假设集体化会改变人类精神，来回避这个问题。社会主义下的行动者不需要经济激励来指导他们的行为，因为新本性（即社会主义）将能引导他们以最明智的方式利用资源，尽可能地造福社会。对于这样的说法，哈耶克有两种反驳的方式：要么否认人性的这种转变，那么双方就会各执一词，谁也不能说服谁；要么接受该假设，然后证明即使在这种假设下，集体所有制也不能实现先进物质生产的目的。哈耶克如米塞斯所做的那样，选择了第二条道路。

如果由于人性的变化，个人不再需要经济激励来追求社会利益，那么仍然存在这样的问题：什么才是实现经济最优化以及社会利益所需的正确行为？这种论证超越了协调的激励一致性的问题，转向了协调的信息要求。私有财产再次起到至关重要的作用，因为它是交换的先决条件。有了"我的"和"你的"的区分，才能有关于商品和服务的贸易，才能建立交换的汇率。在发达经济体中，交换的汇率以货币价格的形式表示，这有助于减轻经济主体在做决策时必须处理的信息量。相对价格可以减轻信息量并指导决策。

在这场辩论的前两个阶段中，社会主义的倡导者不是经济学家，因此米塞斯和哈耶克只是试图将基本的经济推理传达给对这个主题不了解的个人。米塞斯和哈耶克都拒绝为社会主义的目的而斗争，他们坚持认为，给定社会主义的目的（先进的物质生产和强大的社会和谐）这一前提下所选择的手段（生产手段的集体所有制）不能有效地实现这一目的，原因是激励一致性问题和信息处理问题。即使我们假定他们有适当的动力来实现社会主义的目的，可是如果生产资料中没有私有财产，那么经济主体就不可能通过激励来有效地分配稀缺资源，也无法依靠相对货币价格来指导其生产计划。

在阐述这一基本论点的过程中，米塞斯和哈耶克在价格体系和市场经济的关键特征上有了惊人的发现。唐·拉沃伊认为，应当把米塞斯和哈耶克的论点视为一枚硬币的两面。[1] 我赞同他的这个观点，不认为他们二人在社会主义分析上的不同贡献有本质的区别。[2] 米塞斯强调了理性经济计算的能力是协调复杂分工的必要条件，而复杂分工构成了现代市场经济。哈耶克强调的是这些经济计算涉及的知识，以及经济中的行动者如何学习、获取和运用这些知识。当前的一系列相对价格为经济主体提供事前信息，帮助他们计划经济活动，而损益核算为经济主体提供事后信息，以及其所需的反馈。正是事前期望与事后实现之间的差异引

---

[1] Don Lavoie, *Rivalry and Central Planning* (New York: Cambridge University Press, 1985).

[2] 在20世纪90年代出现了试图理清米塞斯与哈耶克就社会主义所做分析的重要区别的文献，我推荐读者仔细阅读约瑟夫·萨勒诺（Joseph Salerno）对此的论点，我认为他提出了几个要点，虽然我最终走向另一个方向。我自己关于这场争论的立场，可参见我的论文。"Economic Calculation: The Austrian Contribution to Modern Political Economy," reprinted in my *Calculation and Coordination* (New York: Routledge, 2001), and also my introduction to the nine-volume reference work *Socialism and the Market Economy* (London: Routledge, 2000).

发了经济主体的调整过程，他们由此学习如何更好地安排自己的事务。纯利润的诱惑和亏损的惩罚通过时间来指导经济活动，确保交换和分配资源的效率趋于有效，并通过创新推动经济进步。损益核算的工具对经济主体进行奖惩，从而使得市场经济的参与者不断认识和追求贸易的利益。

最重要的是，私有财产是货币价格制度的先决条件，而货币价格是进行损益核算的前提。换句话说，私有财产不仅对解决古典哲学和经济学所强调的激励问题很重要，还是一种协调社会中分散的知识，并实现先进的劳动分工的制度要求。①

要使私有产权能够有效地实现其作为价格和经济计算基础的功能，就必须承认和尊重私有产权，否则经济体系就会被扭曲。在自由的市场经济中，如果私有财产得到明确界定和严格执行，那么价格体系和经济计算过程就能确保经济效率和创新。但是，建立自由的市场经济需要基本政治制度发挥承认和尊重私人产权的作用。政治制度必须设法限制权力的运用，并限制公共和私人的掠夺性行为。除非政治体制受到严格限制，否则财产权将不会有效，经济体系的运作将受到阻碍。经济协调不但不会实现，因此使得生产计划的效率将低于给定的可得资源、可用技术和消费者偏好下所能达到的效率，而且对生产手段的控制也会导致政治自由的丧失。对经济手段的控制不仅是物质上的控制，还是对追求我们所有目的的手段的控制，甚至包括崇高的精神目的。

总而言之，米塞斯和哈耶克的论证过程可以说是从产权到价

---

① 正如我们所看到的那样，米塞斯和哈耶克都是私有财产这一市场秩序的倡导者，因此在私有财产和知识方面将米塞斯和哈耶克区分的努力是错误的。

格、盈亏,最后到政治,其结果可以归纳为激励、信息、创新和基础结构。如果没有4个P[①]、4个I[②],这个论点就不会作为维持先进经济的方式出现。保障私有财产为有效地利用资源提供了激励;一个有效的价格体系将节省经济主体安排其事务时必须使用的信息;准确的盈亏核算将告诉经济主体他们之前的行为是否适当,并指导他们不断地调整自己的行为来追求利润并避免亏损;阻止掠夺性的政治体制建立一个可预测的基础结构,可使得其中的经济主体从交换中获得收益并保护他们的自由选择的权利。米塞斯和哈耶克坚持的有限政府的自由主义论点,是他们对有效的市场经济如何运作的理解的结果。

伦敦政治经济学院的贡献

英语世界中关于市场社会主义的辩论主要发生在伦敦政治经济学院的相关学者之间。[③]当然,这场辩论很大程度上是由奥斯

[①] 指产权(property rights)、价格(prices)、盈亏(profit and loss)、政治(politics)。——译者注

[②] 指激励(incentive)、信息(information)、创新(innovation)、基础设施(infrastructure)。——译者注

[③] 科斯解释了他自己的关于企业交易成本理论的研究是如何从这场辩论中产生的,参见下文。
The Firm, the Market and the Law (Chicago: University of Chicago Press, 1988).
而W.H.赫特(W. H. Hutt)实际上也在这个时期提出了"消费者主权"这个术语,并指出集体主义经济计划是其灵感的来源之一。因此,这场辩论不但对评估经济制度很重要,而且对于迫使学者从生产者和消费者的角度来创造性地思考资本主义制度而言,也很重要。
W.H. Hutt, "The Concept of Consumer Sovereignty," *Economic Journal* 50 (March 1940): 66–77.

卡·兰格在1936年至1937年间反驳米塞斯而引发的,但他的反驳观点发表在伦敦政治经济学院的期刊上,而阿巴·勒纳成了该辩论的主要推动力。伦敦政治经济学院的学者反驳米塞斯和哈耶克对社会主义的批评,认为社会主义政策与经济自由和政治自由是相容的。实际上,德宾(Durbin)说道:"我们都希望生活在一个尽可能富裕的社会中,在这个社会中,消费者偏好决定了个人消费品的相对产出,并且存在言论自由、政治结社自由和负责任的政府。"[1]

他还补充说:"在经济学上我们是社会主义者,因为我们在哲学上是自由主义者。"就连哈耶克的朋友和同事莱昂内尔·罗宾斯在与市场社会主义者的辩论中也认为:认识到公共品重要性的个人主义者,与认识到个人消费自由最大化的可取性的集体主义者有许多共识。我们现在最大的分歧不是在那些对(生产)组织本身有不同意见的人身上,而是在对组织所致力的目的有不同意见的人身上。[2]

对哈耶克而言,讨论演变至此似乎最让人困惑和沮丧。事实上,我认为哈耶克接下来40年的研究计划并不是在逃避经济学,而是他深入开展经济学研究的基础,目的是了解他以前与学生和同事之间存在误会的根源。哈耶克在1964年的一篇文章中反思他的研究计划,写道:

> 虽然我曾经是一名非常纯粹和狭隘的经济学理论家,但我后

---

[1] E.F. Durbin, "Professor Hayek on Economic Planning and Political Liberty," *Economic Journal*, 55: 220 (December 1945): 357-370.

[2] Lionel Robbins, *Economic Problems in Peace and War* (London: Macmillan, 1947).

来从技术经济学中引入了通常被归类为哲学的各种问题。当我回顾过去时，发现这种转向差不多是从30年前我的一篇名为《经济学和知识》(Economics and Knowledge)的论文开始的，在这篇文章中，我研究了纯经济学理论的一些核心难题。文章的主要结论是，经济理论的任务是解释如何开展经济活动的总体秩序，而这种秩序利用了大量的知识，但这些知识并不集中于任何一个人的头脑中，而是作为千百万人所拥有的分散的知识而存在。但是，从这一点出发对抽象的规则和抽象的整体秩序与个人所处的具体特定环境之间的关系有充分的了解，还有很长的一段路。个人的行为服从于抽象的规则，而在这些抽象规则施加的限制之下，个人应对具体的特殊情况时做出的反应形成了抽象的总体秩序。只有通过再次审视古老法律下的那些自由概念，审视自由主义的基本概念，以及由此产生的法律哲学问题，才能做出就现在看来尚算清晰的一种描述，即对自由主义经济学家长期以来一直在讨论的自发秩序性质的描述。①

布鲁斯·考德威尔认为哈耶克"理性滥用研究"的发展是这场市场社会主义辩论的结果。②迪金森（Dickinson）、德宾、兰格和勒纳提出的关键论点是，市场社会主义制度可以通过合理的计划，阻止垄断权力的滥用和资本主义的非理性生产，并且可以通过保留消费品的自由市场，来保证个人自由。他们认为，消费

---

① F.A. Hayek, "Kinds of Rationalism,"in *Studies in Philosophy, Politics and Economics*(1964; repr., Chicago: University of Chicago Press, 1967), 82–95.

② Bruce Caldwell, *Hayek's Challenge: An Intellectual Biography of F.A. Hayek* (Chicago: University of Chicago Press, 2004).

品的自由市场也可以用来协助协调生产的试错过程,因为如果能确定消费品的价格,那么在均衡条件下用于生产这些消费品的生产品的价格就可以通过前面讨论的推算理论得出。

我无法就考德威尔关于哈耶克"理性滥用研究"的细节做进一步的讨论,但我想强调的是一个略微不同的解释,这个解释与考德威尔的观点并不矛盾,但其确实反映了哈耶克因他伦敦政治经济学院的同事而遭受的挫败感,以及这种挫败感如何促使他在技术经济学之外的学科中寻求答案。

我希望进行的智力练习是将哈耶克在伦敦政治经济学院的就职演讲"经济学思维的趋势"与兰格的"论社会主义经济理论"进行比较。[①]1933年哈耶克谈道:

第一,经济学是在对乌托邦计划不断审视和驳斥中诞生的一门学科。

第二,自由主义经济学家与社会主义者一样关注穷人的福利,但他们认识到了干预主义与计划主义的问题,以及提高社会中处境最不利的人的生活水平的市场力量。事实上,1933年哈耶克写道:"近来所新增的知识似乎减少了通过计划解决我们困难的可能性,而不是增加了这种可能性。"在提到这点时,哈耶克指出了他正在编辑的《集体主义经济计划》(*Collectivist*

---

① F.A. Hayek, "The Trend of Economic Thinking," *Economica* (May 1933): 121–137, in F.A. Hayek, *The Collected Works of F.A. Hayek*, edited by W.W. Bartley III, vol. 3 (1933; repr., Chicago: University of Chicago Press, 1991), 17–34; Oskar Lange, "On the Economic Theory of Socialism," in *On the Economic Theory of Socialism* (1936–1937; repr., Minneapolis: University of Minnesota Press, 1938), 55–129.

Economic Planning）一书的贡献，他所指的问题是"大萧条"，以及由此而来的社会中最弱势群体所面临的问题。

第三，只有像历史主义者那样否定经济规律，才会接受干预主义和社会主义的政策。经过正规训练的经济学家会对这种乌托邦式计划的可行性持怀疑态度。哈耶克警告说，这个时代具有讽刺意味的是，新古典经济学的发展极大地提高了我们对经济的理解，但是公众普遍接受的是历史主义思想。

哈耶克说："拒绝相信普遍规律的历史主义者具有特别的吸引力在于它的方法在本质上是无法辩驳的，即使是在最不靠谱的乌托邦里，因此它不会带来理论分析所产生的失望。"[①]

对于与哈耶克持同样立场的人而言，想象一下，在短短几年内，他将面对凯恩斯、兰格和他的学生（比如勒纳）的那些论点，必然会感到非常困惑。令他尤为惊讶的是兰格和勒纳，因为他们竟然用边际分析和新古典市场理论为社会主义提供论据。

我认为，20世纪30年代的这种经历让哈耶克不再追求被人理解，这导致他放弃了技术经济学，并转向社会哲学和政治经济学。

与处理市场社会主义的模式时的情况相反，哈耶克认为他的同事们忽视了他们模型的非意图性后果。首先，哈耶克认为，除非在均衡条件下，否则消费品的自由市场不会提供生产品的内在价值。在解决这个问题时，哈耶克开始怀疑均衡经济学家所关注的东西。经济学家在假设他们必须证明的结论时会误入歧途。在

---

① Hayek, "Trend," 125, 22.

这方面，哈耶克强调，协调市场活动所需的知识只能出现在竞争性的市场过程之中。其次，哈耶克认为，从计划者自己的角度来看，实行计划所产生的政治后果是不可预料的，也是不可取的。正如他后来在《通往奴役之路》(The Road to Serfdom)中写道：社会主义只能通过大多数社会主义者都不赞成的方式，才能实现。① 他没有反对他的支持市场社会主义的对手的自由主义意图，但是他认为，他们所追求的目标与他们为实现这些目标所提出的模型之间存在不一致性，结果是场悲剧——最好的愿望铺就了通往地狱的道路。

"理性滥用研究"既有对20世纪40年代和50年代在经济学中占主流地位的方法和方法论的批判性审察，也有对20世纪社会科学的意识形态倾向的批判性审察。在方法和方法论领域，哈耶克批判形式主义和实证主义。形式主义体现了经济学家对均衡状态的关注，实证主义引发对计量经济学的需求，而衡量经济总体表现的技术的发展满足了这种需求。对均衡状态的关注掩盖了构成企业家型市场经济的发现过程，而加总的技术掩盖了个人进入市场过程中的基础经济关系。在意识形态领域，哈耶克批评建构主义的偏见。学者和政策制定者认为，除非有意识地设计一种社会制度，否则社会将受到意外和非理性的困扰。简而言之，建构主义与人们从亚当·斯密和大卫·休谟对文明的分析中所见的"看不见的手"的推理方式恰恰相反。哈耶克继承了斯密和休谟的现代辩护的任务，而"理性滥用研究"恰恰形成了这种

---

① Hayek, *Road to Serfdom*, 137.

辩护。①

哈耶克与今天的相关性

与当时相比,哈耶克今天的学术地位有所增长,他的思想通常会被纳入经济学和政治经济学的现代发展中。在20世纪40年代,萨缪尔森和奥地利学派之间有一条非常大的鸿沟,以至人们甚至不知道该如何参与他们之间的讨论。但到了20世纪90年代,像保罗·米尔格罗姆(Paul Milgrom)和约翰·罗伯茨(John Roberts)②等微观经济学家与奥地利学派之间的鸿沟已大大缩小,而且这种缩小是朝着激励调整和信息处理的方向发展的,这正是20世纪30年代和40年代以来奥地利学派一直敦促经济学家认真对待的论点。

在经济学、公共政策分析和意识形态承诺③等领域都可以看到哈耶克的影响。在经济学领域,帖木儿·库兰和道格拉斯·诺思的认知研究方向受到了哈耶克的影响。④哈耶克的影响也可以从曼瑟·奥尔森和安德烈·施莱弗等人关于制度质量与掠夺性政

---

① 哈耶克后来指出,他对建构理性主义的批判是受到了休谟的"运用理性来削弱理性的主张"的精神的指导。
② Paul Milgrom and John Roberts, *Economics, Organization and Management* (Englewood Cliffs, NJ: Prentice Hall, 1992).
③ 指坚持特定的总体思想以及相应的社会、道德和审美理想,并且在理论和实践中都坚持这一套思想。——译者注
④ Timur Kuran, *Private Truths, Public Lies* (Cambridge, MA: Harvard University Press, 1995); Douglass North, *Understanding the Process of Economic Change* (Princeton, NJ: Princeton University Press, 2004).

治的研究中看到。[1]最后，经济学家认识到企业家精神对于理解斯密式和熊彼特式增长的重要性，并且这种认识不断地激励他们想方设法地将难以捉摸的企业家精神融入对竞争市场过程的理解。[2]其中一些研究经得起标准的实证方式的检验，但人们也逐渐认识到，对制度和经济变化的研究必须避开跨国数据分析，而进行具体情况下的详细的微观数据分析。这可以通过分析性的叙事方式[3]、地下经济的民族志分析[4]以及微观数据调查[5]来实现。实证经济学与理论经济学一样，正在经历一场激烈的变革，这种变革与哈耶克拒绝对技术的加总的关注是一致的，也与发展一种日常生活的政治经济学的主观主义理念相一致，即尊重个人对自己的和他人的活动所创建和赋予的意义。

在公共政策领域，关于制度和制度能力的讨论比以往任何时

---

[1] Mancur Olson, Power and Prosperity (New York: Basic Books, 2000); Andrei Shleifer et al., "The New Comparative Economics," *Journal of Comparative Economics*, 31: 4 (December 2003), 595–619.

关于制度质量和可持续性的进一步分析，参见下文。

Christopher J. Coyne, "The Institutional Prerequisites for Post-Conflict Reconstruction," *Review of Austrian Economics* 18, no. 3/4 (2005): 325–342.

Peter T. Leeson, "Endogenizing Fractionalization," *Journal of Institutional Economics* 1, no. 1 (2005): 75–98.

[2] W. Baumol, *The Free-Market Innovation Machine* (Princeton, NJ: Princeton University Press, 2002); Peter J. Boettke and Christopher J. Coyne, "Entrepreneurship and Development: Cause or Consequence?" *Advances in Austrian Economics* 6 (2003): 67–88; Christopher J. Coyne and Peter T. Leeson, "The Plight of Underdeveloped Countries," *Cato Journal* 24, no. 3 (2004): 235–249.

[3] R. Bates et al., *Analytic Narratives* (Princeton, NJ: Princeton University Press, 1998).

[4] H. de Soto, *The Other Path* (New York: HarperCollins, 1989).

[5] T. Frye, *Brokers and Bureaucrats* (Ann Arbor: University of Michigan Press, 2000).

候都更常见。①复杂世界需要简单的规则，这种想法并非异端邪说。②实际上，这比"因为复杂所以需要详细的干预手段"的思想更常见。③规则优先于自由裁量权，在公共政策领域已成为一种常识。政策分析已经上升到建立发生经济活动的制度环境的游戏规则层面。这在关于发展经济学的公共政策讨论中表现得最为明显，并强调创造一种制度环境，这种环境培育出企业家精神，使个人能够获得贸易的互利。合作受到鼓励，从而使得冲突最小化，这都是因为任何特定社会环境所采用的制度。④

在意识形态承诺领域，出现了接受哈耶克理念的新一代自由主义学者，而且他们走得比哈耶克所能想到的更远。比如，库卡塔斯（Kukathas）认为，即使在我们今天生活的世界上，我们也必须追求自由制度对少数宗教和少数种族的宽容，这是自由制度的逻辑结论的依据。⑤同样，布鲁斯·本森（Bruce Benson）关于分权化管理和法律的研究，以与哈耶克一致的方式推动了对法

---

① F. Fukuyama, *State-Building: Governance and the World-Order in the 21st Century* (Ithaca, NY: Cornell University Press, 2004).

② R. Epstein, *Simple Rules for a Complex World* (Cambridge, MA: Harvard University Press, 1995).

③ 2004年的诺贝尔经济学奖颁给了基德兰德（Kydland）和普雷斯科特（Prescott），部分原因是他们对规则和自由裁量权的研究，这可以被视为与哈耶克的基本观点相一致。

④ Elinor Ostrom et al., *Aid, Incentives and Sustainability: An Institutional Analysis of Development Cooperation*, Stockholm, Sweden: Swedish International Development Cooperation Agency, 2002.

⑤ C. Kukathas, *The Liberal Archipelago: A Theory of Diversity and Freedom* (New York: Oxford University Press, 2003).

律和立法的区分。① 最后，巴里·温格斯特（Barry Weingast）等学者关于市场保护联邦制度的论述，是受到哈耶克分权化管理和财政联邦制度的启发，由此发展出新的理论表达方式和实证研究手段的又一个例子。②

结 论

这个简短的总结说明了哈耶克的工作已经产生并将继续产生许多研究成果，经济学和政治经济学的学者基于这些研究成果，来解决自由社会中社会合作的基本问题。哈耶克的经济学和政治经济学的研究计划所包含的许多实质性观点，已被证明与经济科学、公共政策分析和古典自由主义的意识形态承诺等方面的进一步发展有相关性。

第十三课——詹姆斯·布坎南：古典传统对形式主义的抵制

如果我不是经济学家，那么我是什么呢？一个过时的怪物，一个对整个社会而言已是历史的怪物？也许我应该接受这样的评

---

① Bruce Benson, *The Enterprise of Law* (San Francisco: Pacific Research Institute for Public Policy, 1990).

② Barry Weingast, "The Economic Role of Political Institutions," *Journal of Law, Economics and Organization* II, no. 1 (1995): 1–31.

价，体面地退休，然后喝点小酒，种我的卷心菜。如果现代技术人员确实已经生产出更好的经济学工具，也许我可以这样做。然而，我并没有看到进步的证据，相反我看到的是政治经济学在它最好的年代里所积累的思想和社会资本被不断侵蚀。

——詹姆斯·布坎南[1]

引 言

任何一位诺贝尔奖得主被同行当作圈外人，都有点奇怪。圈外人通常是那些默默无闻的人。布坎南就读于芝加哥大学，任教于弗吉尼亚大学，在《美国经济评论》(*American Economic Review*)和《公共经济学期刊》(*Journal of Public Economy*)上发表文章，曾当选为美国经济学会杰出会员，并获得国家科学基金会以及私人基金会的资助，以研究和发展公共选择经济学。他教过的一些学生执教于最好的高等教育机构（康奈尔大学、宾夕法尼亚大学、加利福尼亚州立大学和弗吉尼亚大学），也担任高级公职（联邦贸易委员会主任、管理与预算办公室主任以及财政部副部长）。为什么这样一位有着良好学术"血统"的人会被认为是异类呢？

勇敢的人逆时代的思想潮流去追求真理，通常会在事业上付出极大的代价，而一般不会获得如此多的回报。但是布坎南的职业生涯一直处于某种紧张状态之中，就像他的思想中某些极为

---

[1] James M. Buchanan, *What Should Economists Do?* (Indianapolis, IN: Liberty Press, 1979), 279.

重要的方面一样。他曾在弗吉尼亚大学任教，但他因为大学内部的政治问题而离开了那里，并在过去的30多年里在那些不太知名的学校里执教。① 公共选择革命始于20世纪60年代的弗吉尼亚大学，但是这场革命是在20世纪70年代的弗吉尼亚理工大学扎下了根。公共选择革命在公共经济学的几个理论领域取得的胜利，是在20世纪80年代的乔治·梅森大学。布坎南在其职业生涯中的很长一段时间里，既是一位有着圈外人思考角度的内行，又是一位对专业领域的既有状态有着内行主张的圈外人。正如布坎南所说，如果诺贝尔经济学奖委员会是由美国经济学家组成的，那么他绝无可能获得诺贝尔经济学奖，因为他的工作在欧洲得到的赞赏远比在美国的研究界中得到的多。

布坎南不是遭遇这种命运的唯一一位诺贝尔经济学奖得主：弗里德里希·哈耶克、冈纳·缪尔达尔（Gunnar Myrdal）、赫伯特·西蒙（Herbert Simon）、罗纳德·科斯和道格拉斯·诺思都获得了诺贝尔经济学奖，尽管他们在方法论、政治和研究领域上拒绝接受传统的经济学智慧。然而，在某种意义上布坎南是更特别的。正如他所说，他感到特别自豪的是他的南方传统和他所代表的对主流经济学专业的思想挑战。正如他自己所说：

有多少诺贝尔奖获得者来自田纳西州中部的农村，他们在又小又穷又偏远的公立学校接受教育，并就读于一所陷入财政困境的州立师范学院？又有多少几乎只在南方的大学工作的学者获

---

① R. Cushman, "Rational Fears," *Lingua Franca* (November/December 1994): 42–54, for a discussion of the Virginia episode, the rise of rational choice political science, and the reaction it generated.

得过诺贝尔奖，不管他们是学哪个专业的？又有多少获得诺贝尔奖的经济学家既不使用形式化的数学技术，也不求助于实证检验？①

布坎南在方法论、社会哲学、公共政策经济学以及政治学等领域做出了原创性的贡献。我将把讨论范围限在三个方面，在这些方面，经济学的主流专业意见将他定义为一个重要的反对者。首先，在20世纪50年代到70年代，布坎南推翻了主导政治学的浪漫主义政治观，也推翻了对市场失灵和公共经济学的经济处理方式。其次，布坎南重述了逻辑一致的主观主义思想，以此来挑战现代经济学的形式主义。最后，布坎南重新将经济学引入其姊妹学科——道德哲学，并奠定了现代政治经济学的基础。

定义异议

《牛津英语词典》将广义上的异议定义为对一项提案或决议的不同意，即同意的反义词。它在本书中的含义最好要在政治论述的背景下理解。但是，科学不是政治。政治目标是达成共识，科学目标是得到真理（不管我们实现这一目标的努力有多么不完美）。因此，异议的宗教学含义可能更适用于经济学。

现代经济学作为一种世俗宗教的观点既被视为一种讽刺，也被当作严肃的学术来探讨。一方面，莱约霍夫德（Leijonhufvud）

---

① James M. Buchanan, *Better than Plowing* (Chicago: University of Chicago Press, 1992), 164.

以讽刺的方式展现经济学专业的仪式和社会结构，并提出一个严肃的观点：在年轻的一代中，很难找到有经济学历史概念的人。经济学已经失去了过去，对现状表现出没有信心，而且对未来也没有目的和方向。①另一方面，罗伯特·尼尔森（Robert Nelson）记录了经济学如何成为现代神学的过程。消除邪恶不再是宗教的神圣特权，我们要确保经济进步，是因为现代的世俗宗教教导我们："如果所有重要的物质需求都能得到充分满足，那将会终结过去那些造成战争、仇恨和人类历史上其他灾祸的主要原因。嫉妒、猜忌和邪恶思想以及行为的其他动机都将大大减少。"②

如果莱约霍夫德和尼尔森的观点只有部分正确，那么也许将经济学家视为高等教育机构内的宗教团体，并受到该专业的社会结构和规范的保护，将会是处理异议问题的一个有用的出发点。在这个宗教团体中，如何处理不信教的人？丹尼尔·笛福（Daniel Defoe）的小册子《消灭异教徒的捷径》（*Shortest Way With The Dissenters*，这是一部反讽的作品）建议异见者要么被处死，要么被流放。卫道士们赞扬笛福对这种情况的分析。但是，当发现作者就是异见者时，卫道士们就因为其偏见被暴露而恼羞成怒，于是将笛福枷刑示众。虽然现代经济学的高级教士们不支持这种极端措施，但从这个领域中被放逐的情况却并不少见。对一定范围内的问题持有的意见不一致，这在现代经济学中是常见的，但这个学科的范围狭窄，而且答案池可能也是如此。麦克洛

---

① A. Leijonhufvud, "Life among the Econ," in *Information and Coordination* (New York: Oxford University Press, 1981), 359.

② Robert H. Nelson, *Reaching for Heaven on Earth* (Lanham, MD: Rowman & Littlefield, 1991), 2.

斯基简明扼要地说明了这一点：

> 现在的美国经济学系典型而又狭窄，所涵盖的范围不过是从 M 到 N[①]。如果一个人站得离这个范围太近，那么他会认为它是"宽的"。但这一范围却没有延伸到伊斯雷尔·柯兹纳、芭芭拉·伯格曼（Barbara Bergmann）、詹姆斯·布坎南或汤姆·魏斯科普夫（Tom Weisskopf）。[②]

因此，经济学中的异见者就是那些抵制主流经济学这一宗教的人。他们采取以下抵制方式：（1）避开数学建模和计量经济学检验，从而避开当代科学化的经济学基本语言和工具包；（2）阐述反对现代经济学的哲学案例；（3）拒绝对规范性理论的专业限制，并将政策相关性视为一种优点。采取以上三种方式之一就构成对当前正统观念的异议，采取三种方式肯定是被驱逐的理由。然而，以上三种方式正是布坎南研究工作的特征。

为什么对某些观念"坚持"，而对另一些则不是，这个社会学问题与这场讨论息息相关。一个有效的异议者必须是库恩（Kuhn）所说的"发散性思想者"[③]——坚定地扎根于现代科学传统的人，而采用的是"收敛性思维"的科学方法。因此，成功的

---

① 指一个字母的宽度。——译者注
② Deirdre N. McCloskey, "Kelly Green Golf Shoes and the Intellectual Range from M to N," *Eastern Economic Journal* 21, no. 3（Summer 1995）: 414.
③ T.S. Kuhn, "The Essential Tension: Tradition and Innovation in Scientific Research," in *The Third University of Utah Research Conference on the Identification of Scientific Talent*, edited by C.W. Taylor（Salt Lake City: University of Utah Press）, 162–174.

科学家同时表现出传统主义和反传统主义的双重特征。①收敛性思维和发散性思维之间的这种"本质上的张力"是布坎南的一个显著特征,这可以解释他在经济学专业地位上的悖论。因为布坎南的研究基础与新古典主义经济学是一致的,所以他的异议引起了部分学者的共鸣,并引发公共经济学研究的范式转变。

布坎南贡献概述

布坎南的个人生平可以在他写的娱乐性自传作品《比种地强些》(Better than Plowing)中看到。布坎南出生在田纳西州的农村,先后在当地的公立学校和本地的大学——田纳西州州立中等师范学院接受教育,他靠挤牛奶挣到学费和书本费,以完成学业。之后,他在田纳西大学读了一年的经济学研究生,在那里他并没学到多少经济学知识,但增长了许多生活方面的知识。第二次世界大战期间,布坎南在海军服役,退役后在美国退伍军人津贴的资助下获得了芝加哥大学的经济学博士学位。他刚到芝加哥时,是一位信奉自由意志主义的社会主义者,但在他上了六周弗兰克·奈特的价格理论课程之后,就转变成古典自由主义者。布坎南仍然保留了自由主义者的价值观,但他现在认识到市场而非政府与这些价值观更一致。也是在芝加哥,布坎南遇到了克努特·维克塞尔(Knut Wicksell)的公平税收原则。布坎南在受富布莱特国际交流项目资助的访学年度中,接触到了意大利公共财

---

① 在年老时改变心意是不够的,那只不过是不够坚决的表现或吃不到葡萄就说葡萄酸的心态。异见者必须从一开始就坚持,以引起关注的方式来表达异见。

政传统，这最后影响了他的思想。意大利的这种传统强调的是现实政治而非理想政治。

布坎南从奈特那里学到了他的理论框架，接受了经济学不是科学的观点。布坎南从维克塞尔那里学到了必须在交换的框架内理解政治。只有在集体选择一致通过的规则下，才能保证公共部门的效率。从意大利人那里，布坎南得知公共财政必须以国家理论为前提，并且这种前提最好排除功利主义和黑格尔的唯心主义。一旦将这三种要素结合在一起，布坎南对公共部门经济学的贡献的框架就定下来了，剩下的就是弄清楚其意义。①

桑德莫（Sandmo）认为，布坎南的主要成就是向他的经济学家同行们介绍了新的经济学思维方式，特别是在公共部门与经济和政治之间的相互作用方面。② 根据其所受的奈特、维克塞尔

---

① 关于布坎南对经济学的贡献，参见下文。

A. Atkinson, "James M. Buchanan's Contributions to Economics," *Scandinavian Journal of Economics* 89, no. 1 (1987): 5–15.

Peter J. Boettke, "Virginia Political Economy: A View from Vienna," in *The Market Process: Essays in Contemporary Austrian Economics*, edited by Peter J. Boettke and David L. Prychitko (1987; repr., Aldershot, UK: Edward Elgar Publishing, 1994), 244–260.

T. Romer, "On James Buchanan's Contributions to Public Economics," *Journal of Economic Perspectivs* 2, no. 1 (Fall 1988): 165–179.

A. Sandmo, "Buchanan on Political Economy: A Review Article," *Journal of Economic Literature* 28, no. 1 (March 1990): 50–65.

关于"新"政治经济学的概述，参见下文。

D. Mueller, *Public Choice* II (New York: Cambridge University Press, 1989), and R. Inman, "Markets, Governments, and the 'New' Political Economy,'" in *The Handbook of Public Economics*, edited by A. Auerbach and M. Feldstein, vol. 2 (Amsterdam: North-Holland, 1987), 647–777. In *Beyond Politics: Markets, Welfare, and the Failure of Bureaucracy* (Boulder: Westview, 1994), W.C. Mitchell and R.T. Simmons provide a useful introduction to public choice.

② Sandmo, "Buchanan on Political Economy," 62–63.

和意大利公共财政传统的综合影响，布坎南通过重建公共财政理论能够在几个方面挑战他那个时代公认的观点。[1]

布坎南从方法论和分析的角度挑战公认的凯恩斯学说。[2]比如，凯恩斯财政理论在加总的层面违反了民主社会的政治规范，并从根本上误解了债务负担的性质。财政理论家关注加总单位，但无法解决谁为公共物品的生产买单以及何时买单的问题。这是一个基本问题，即机会成本和经济决策的原则被遗忘了。

关于债务负担的争议迫使布坎南重新审视经济科学的概念基础。他为此写了一本薄薄的小书——《成本与选择》。[3]经济学中的机会成本逻辑将在广泛的议题上产生令人惊讶的结果，从债务负担到征兵制，从外部性问题到官僚决策的选择背景。布坎南强迫他的经济学同行们重新审视经济学的概念基础，这是他被视为圈外人的原因。换句话说，关于债务负担的辩论是布坎南职业生涯中的经典事件。他被视为圈外人，因为他要求经济学家们关注这一学科最基本的原则。布坎南宣布现代的技术皇帝"没穿衣服"，由此起到的思想层面的重要作用超出了他对这一问题本身

---

[1] 布坎南最出名的著作可能是他与图洛克合著的《同意的计算》(*The Calculus of Consent*)，布坎南将其收入其文集，在对布坎南的任何评价之中都必须认识到图洛克的影响。布坎南的哲学观点和图洛克的经济学观点之间的张力产生了一种卓有成效的合作成果。

The Calculus of Consent（Ann Arbor：University of Michigan Press，1962）.

The Collected Works of James M. Buchanan, vol. 3（repr., Indianapolis, IN: Liberty Fund, 1999）.

[2] James M. Buchanan, *Public Principles of Public Debt*（Homewood, IL: Irwin, 1958）.

[3] Buchanan, *Cost and Choice*, in Buchanan, Collected Works, vol. 6.

的实质性贡献。①

在20世纪70年代，布坎南的作品变得更具有哲学性。他在《自由的界限：在无政府与利维坦之间》(The Limits of Liberty: Between Anarchy and Leviathan) 一书中提出了政治经济学中契约论的观点。之后他又出版了几本论文集。②20世纪90年代，布坎南与尹（Yoon）合作，解决了关于报酬递增与职业道德的积极作用的问题。③与致力于研究技术和政策对报酬递增的影响的学者不同，布坎南关注的是报酬递增对具体制度和实践的影响。他关心的是理解亚当·斯密关于专业化报酬递增的论点，以及制度环境如何引导人类的"交易、以物易物和交换"的倾向，以获取报酬递增带来的收益。

在布坎南的整个职业生涯中，他的研究计划惊人地一致。指导他研究工作的基本命题可以简要地概括如下：④

- 经济学是一门"科学"，但它是一门"哲学"的科学，所以

---

① 当然，这一贡献并没有得到信奉形式主义的正统经济学家的一致认可。但是，布坎南在其整个职业生涯中所提出的方法论主张，就形式主义经济学理解的代价提出了警告，并为那些在当代形式主义潮流之外从事研究的人提供了灵感，即坚持不懈地追求经济学的基本原则，就能够在经济思想方面取得真正的进步。有一个形式主义原则，即奥卡姆剃刀原则，但实际上这个原则是站在反形式主义一边的。

② James M. Buchanan, *Freedom in Constitutional Contract* (College Station: Texas A&M University Press, 1977); Buchanan, *Liberty, Market and State* (New York: New York University Press, 1986); Buchanan, *The Economics and Ethics of Constitutional Order* (Ann Arbor: University of Michigan Press, 1991).

③ James M. Buchanan and J.Y. Yoon, eds., *The Return of Increasing Returns* (Ann Arbor: University of Michigan Press, 1994).

④ Buchanan, *What Should Economists Do*, 280–282.

经济学家应该关注奈特和哈耶克提出的反科学主义的批评。
- 经济学讨论的是选择和调整的过程，而不是静止的状态。均衡模型只有当我们意识到它的局限时才有效。
- 经济学探讨的是交换，而不是最大化收益。交换和套利应当成为经济分析的中心。
- 经济学探讨的是个体行为人，而不是集体，只有个人才会选择。
- 经济学是一场规则内的游戏。
- 正确的经济学研究方法不能脱离政治，不能忽视对不同的游戏规则所做出的选择。
- 作为一门学科，经济学最重要的功能是它在解释自发秩序原则中发挥的教导作用。
- 经济学是基础性的学科。

从他早期对社会选择理论和福利经济学的批评，到他最近关于宪法设计的著作，布坎南一直都在强调以上八点。

最后，重要的是认识到布坎南用解决政治经济学问题的方法论模式，将以上八个命题编织成一种连贯的社会理论框架。布坎南强调，我们必须区分立宪前和立宪后两个不同层面的分析背景。立宪前的分析关注游戏规则，而立宪后的分析则是检验参与者在既定的一套规则下所采用的策略。要正确理解政治经济学，需要在这两个不同层面之间来回切换。将现代政治经济学成功地运用于公共政策领域，需要一个宪政视角。关于这方面，布坎南提出了"政治的内部政策"和游戏规则的系统性变化这二者之间的关键区别。持久的改革不是来自既有规则下的政策变化，而是来自治理规则的改变。因此，布坎南绝不是一名保守的知识分子，而是一名积极寻找社会和政治弊病根源的知识分子。

浪漫主义的终结

传说，在古代人们请求一位罗马皇帝来当一场歌唱比赛的裁判，比赛有两名参赛者。只听了第一位参赛者的歌唱之后，皇帝直接奖赏了第二位参赛者。因为他认为，第二位参赛者绝无可能比第一位更差了。当然，这种假设可能是错误的，第二个歌唱者有可能更糟。市场失灵的理论犯了和罗马皇帝一样的错误。证明市场经济未能实现一般竞争均衡模型的理想是一回事，而欢欣鼓舞地断定政府的公共行为无需成本就能矫正市场失灵完全是另一回事。不幸的是，很多分析工作都是以这种方式进行的。20世纪60年代，许多学者戳破了这种对政治领域的浪漫幻想。布坎南和图洛克转移了学术焦点，从而赢得称颂。

在公共选择理论出现之前，经济理论经常假设社会追求一个客观的福利函数的最大化，并且假设政治主体有动力去追求这种客观的福利函数的最大化。布坎南和图洛克则批评地指出：（1）不存在客观的福利函数；（2）即使存在一个这样的函数，社会也做不了什么选择，因为只有个人才能选择；（3）政府部门中的个人，就像私营部门中的个人，是基于他们对成本—收益的私人性质的评估来决策行事的。[①]

[①] 森试图解决布坎南对社会选择文献的批评，参见下文。
"Rationality and Social Choice," *American Economic Review* 85, no. 1 (March 1995): 1–24.

现代政治经济学的主要见解都来自以下三个基本命题：投票的动机、分散成本和集中收益的逻辑、政策中的短视偏见和评价政策的宪政视角。在任何合理地制定经济政策的模式中，政治都必须作为内在因素加以考虑。但是，20世纪50年代和60年代初的学术精神对政治本质怀有一种狂热的乐观主义。布坎南提出的关于民主的愚蠢的警告以及关于宪法约束的必要性的警告，与当时知识界的理想主义者的意见并不一致。但这并不是支持对政客漠然视之或满腹怨气。在布坎南的著作中，他从来没有在任何地方暗示过政客们比其他人更糟糕，他只是强调政客就像其他人一样，既不是罪人，也不是圣人，而是二者兼而有之。

在方法论上，布坎南将经济人假设运用于政治领域，并不是用来描述任何特定政治人物的动机，而是作为一种建模的策略。如前所述，布坎南从意大利人以及维克塞尔那里学到必须假设一种关于国家的理论。布坎南的假设是财税收入最大化的利维坦，由此他能够提出约束政治中个人行为的政治游戏规则。如果政府官员追求财税收入最大化，那么问题就变成了什么游戏规则能将财税收入最大化的行为转变为财富最大化的行为，这是一个关于宪政设计的问题。在与杰弗里·布伦南（Geoffrey Brennan）合著的《课税的权力》（*The Power to Tax*）和《法则的理由》（*The Reason of Rules*）中，布坎南运用经济人假设来制定规则，以防范最糟糕的政治情况。即使统治者是罪人，那么重要的也是设计一种宪法，迫使这些罪人的行为更像是圣人的。

但是，为了发展出一种理想的宪政结构（一种可行的乌托邦图景），人们必须首先解构理想主义或浪漫主义的政治愿景。在这种政治观中，不受约束的民主被设想为一种可行的自治模式并取代一个更现实的政治进程的愿景。布坎南和图洛克通过经济学的基本推理实现这一目的，其中关键的是只有个人才能进行选择的观念。个人在进行决策时权衡成本和收益，而他们对成本和收益的认识来自他们在决策时所处的制度环境。一以贯之地坚持应用这个简单的概念，常常会产生令人惊讶的结果，这一点必须被反复强调。

主观主义和经济学的基本原理

讽刺的是，现代经济学家不愿意接受"经济学的思维方式"，特别是交换的中心地位和主观的利弊权衡的概念。1963年布坎南在南方经济协会的主席就职演讲中指出，经济学家应该正确看待约束条件下[①]资源配置最大化不是经济学的中心问题这一点。布坎南敦促经济学家关注人类"交易、以物易物和交换"的倾向，以及这种倾向所产生的制度安排。

如果不这样做，那么经济分析中就很容易混入错误，并且会让错误在最基本的层面扎根。资源配置的经济学定义"很容易将私人的和个体的决策效用和社会总效用联系起来"。[②] 经济学家知道跨过两者之间的桥梁存在困难，而莱昂内尔·罗宾斯成功地阻止了许多人试图通过加总效用越过这座桥。罗宾斯只是取得了部分成功，因为经济学家仍然认为，只要他们确定了社会福利函数，他们就能随心所欲地实现最大化。但是布坎南指出，这种智

---

① Buchanan, *What Should Economists Do*, 17–37.
② Buchanan, *What Should Economists Do*, 22–23.

力活动是错误的，经济学家不应该从事这项活动。

布坎南对最优化模型的批评不是关于社会福利函数中引入了价值判断，也不是对形式化本身的批评。相反，他批评的是在这些应用数学的练习中丢失了经济学主题，而在那些似乎与经济学主题相关的分析中，对它的描述也是错误的。布坎南坚持认为，在特定的制度环境下，通过交换得以实现共同的利益是政治经济学中的一个重要事实，现代经济学则已经威胁到我们理解这一事实的能力。

比如，考虑到布坎南要求交换活动必须占据经济理论的中心位置从而对完全竞争模型的批评。完全竞争的一般均衡理论排除了与个人决策相关的所有社会内容。个人面对的是一系列由外部决定的变量，选择问题就变成了计算的机械问题。在这样的世界中，只存在一个均衡点，因此这种模型无法捕捉竞争的动态性，也无法容纳促使系统达到均衡状态的交易行为。布坎南很好地总结了这点：

> 市场的竞争不是通过假设或建构来实现的。当制度开始限制个人的行为模式时，市场就会变得具有竞争性，竞争性的规则也会建立起来。人类交换行为产生的持续压力促成了这一过程。如果说经济学有一个核心的话，正是这个逐渐形成的过程构成了这个学科的核心部分，而不是假定市场完全竞争的干巴巴的设定。一般均衡方程组的解不是由外生规则预先决定的。如果有一个一般解，那么这个一般解也是由不断演化的交换、议价、贸易、单边转移支付、协议、合同等构成的网络最终在某一点上停止自我更新的结果。在向着最终解进化的每一阶段，都有即将获取的收

益，都有可能的交易，而如果这是实际情况，那么朝着一般均衡的运动方向就被改变了。

正是由于这些原因，完全竞争模型的解释价值才是如此有限的，除非引入了的系统外的变量发生变化。而在这种模型的结构中，完全没有内生变量的位置，这些变量是那些一直受到斯密主义倾向困扰的人带来的。但可以肯定的是，经济体系中的动态因素推动着交换过程的这种不断演变，正如熊彼特在他对企业家的功能的论述中所说的那样。①

主观主义经济学迫使理论家避开抽象思维的陷阱。它将经济分析建立在个人选择的基础上，并要求实证分析注意到选择的制度环境，以及行为人如何看待其中的制度约束。而计算资源分配的机械性模型（即完全竞争模型）及其推论忽略了对个人真实选择的研究，正如关注总量数据则忽略了观念、欲望、信仰和文化实践对历史参与者的激励作用一样。

布坎南论证了始终贯彻主观主义立场如何导致在许多问题上出现不同的观点，这是他对主观主义理论的巨大贡献。这种贡献对最大化客观的社会福利函数的概念本身提出了挑战。在更具体的微观经济学分析层面，布坎南证明了债务负担如何传递给后代，而不是在当下以实际资源的形式消耗。在关于债务负担的争论中，布坎南批评了功能财政理论和传统的公共财政理论，公共财政理论认为债务的实际成本是在资源使用时产生

---

① Buchanan, *What Should Economists Do*, 29–30（emphasis in original）.

的。①布坎南从两方面对功能财政理论提出疑问。一方面，功能财政理论未能建立一种证明在经济繁荣时期政治主体缺乏实现盈余的动力的模型。当然，在经济衰退时，赤字引发的动力是存在的，但是在经济繁荣时，政治家为什么不会减少开支并增加收入呢？如果功能财政理论的政策按照计划推行，就会在经济繁荣时期集中成本而分散利益，从而颠倒了政治的逻辑，但这个激励与选举政治理念不相容。另一方面，正统的凯恩斯主义没有考虑债务负担的代际转移。当然，这种代际转移强化了政治逻辑，因为最不知情、最缺少组织概念的利益团体是尚未出生的人，因此选民和政治家可以忽略他们。

布坎南强调选择行为与成本概念之间的紧密关系，这驱使他不仅要批评凯恩斯的功能财政理论，还要批评传统的公共债务理论。例如，在战争期间，通常认为，靠债务融资生产公共品的机会成本是这些资源的另一种用途。钢铁被用于生产枪支，而不是汽车。

通过区分选择将要影响的成本和选择实际影响的成本，布坎南能够证明传统理论中的根本错误。确实，资源的用途改变了，但是债券包含了偿还债务的义务。布坎南认为：

> 在决策者的主观评价中……成本集中在选择的时刻，而不是

---

① 史蒂文·普雷斯曼（Steven Pressman）曾向我指出，阿巴·勒纳的功能财政理论论证了政府必须周期性地平衡预算的观点。但其实勒纳的观点是，只要公民愿意借钱给政府，政府就可以无限期地维持赤字。勒纳的这种理论并未成为凯恩斯正统理论的一部分，但却体现在保罗·萨缪尔森、罗伯特·索洛（Robert Solow）、詹姆斯·托宾（James Tobin）和劳伦斯·克莱因（Lawrence Klein）的思想中，他们主张周期性预算平衡。但在布坎南的批评中隐含的观点是，在商业周期内平衡预算会因为政治行为而陷入无限期赤字的勒纳立场。

在后来进行实际支出的时候。但是影响选择的主观成本之所以存在，只是因为决策者认识到未来一段时间必然要进行支出。①

而受选择影响的债务融资的成本（也就是做出选择后而被放弃的用途）完全是由未来出生的人承担。

布坎南坚持认为，如果成本在决策理论中有任何意义的话，那么它必须被理解为个人权衡时的主观评价。可能让人明白这一点的最好的一个例子是布坎南批评将庇古税作为一种矫正措施的做法。他认为庇古税这种救济措施让边际私人成本（主观理解的成本）与边际社会成本（客观理解的成本）相统一。布坎南指出，分析者必须具体说明在什么样的条件下，经济上的和政策上的行为人能够确定客观上可衡量的成本。在一般竞争均衡模型中，客观可衡量的成本可以作为利弊权衡时的主观评价的合理替代品。但在一般竞争均衡模型中，边际私人成本与边际社会成本之间也不存在偏差。换句话说，布坎南指出（类似罗纳德·科斯），庇古税这一救济措施要么是多余的，要么是不可能设置的，因为庇古税得以成立的预设条件要么消除了其必要性，要么在没有庇古税存在的情况下，妨碍该税种的施行。②

如果新古典主义研究项目不仅强调19世纪70年代价值革命中边际主义的一面，还强调其主观主义的一面，那将产生一种完

---

① Buchanan, *Cost and Choice*, 60.
② 沃恩指出了这种情况下的两难困境。要计算出恰当的矫正性税收，政策制定者必须知道均衡价格，但需要矫正又意味着这是一个非均衡的情况。
"Does It Matter That Costs Are Subjective?" *Southern Economic Journal* 46：1（January 1980）, 702–715.

全不同的经济科学。可以粗略地总结为，它产生的经济科学是哲学科学，而不是技术科学。与现代经济学的其他批评者不同，比如制度经济学者或后凯恩斯主义者，传统主观主义者保留了对普遍性的承诺，强调边际主义，并且试图研究系统的秩序如何作为个人选择的非意图性后果而出现。然而，主观主义者和制度主义者的共同之处是强调选择的制度背景，与后凯恩斯主义者的共同之处是认识到市场秩序可能会崩溃，并由此认识到严肃地对待时间和无知所产生的理论问题。

主观主义者要求对经济学理论进行重大改革。除了重新认识选择的本质外，选择的背景开始占据主观主义研究计划的中心位置。毫无疑问，布坎南是复兴一个更广泛的政治经济学概念的最重要人物之一，这一概念的基础是他对选择的主观主义性质及其对社会秩序的影响的理解。换言之，主观主义是布坎南思想的基石。

经济学、社会哲学和宪政经济学

实证主义者和形式主义者承诺提高经济学的位置，使其摆脱不成熟的过去。当时，道德问题以及哲学与自然语言引发的歧义给经济学主要人物的思想蒙上了阴影。承认经验现实将迫使那些具有科学思维的人放弃意识形态的信仰，而数学推理将消除理论家陷入无根据假设的可能，但这是错误的。经验现实是复杂的，而必须通过理论的视角来看待经验现实才有意义。此外，数学推理可能是精确的，但却与问题不相关。数学建模可以保证语法清晰，但却不能保证语义清晰。模型可能在逻辑上是精确的，却缺乏意义。

在对人类的研究中，经验主义者和形式主义者的理想都被滥用了。人们不能在不扭曲研究对象的情况下，就把激励研究对象的那些东西（信仰、欲望、期望）赶出科学的大堂。从另一个角度来看，虽然从自然科学中消除拟人论曾是一件崇高之事，但是从人类研究中消除拟人论其实就是消除了那些本应被研究的东西。

布坎南与哈耶克、沙克尔、拉赫曼及柯兹纳等人一起，坚持不懈地与将个人排除在经济分析之外做斗争。① 布坎南坚持认为经济过程总是运行在政治、法律或社会的背景中，因此他要求经济学家把注意力集中在个人策略显现于其中的规则结构。他始终认为，改革不是来自对个人及其策略的修修补补，而只能是来自游戏规则的变化。布坎南通过引入立宪前后的方法论分析模式，证明了社会哲学对于经济学的实证科学价值。他提出了对规范性问题进行实证分析，也意识到，不管政治经济学家是否承认，他们都在进行规范性分析。

---

① 比如，在课堂上，学生们遇到的最具挑战性和最有趣的问题之一，就是写下对最基本的问题——"谁是经济学中的个人"的回答。布坎南的教学方法（至少到20世纪80年代中期，他作为我的正式老师时是这样的）是不指定课本，但要求学生在整个学期内阅读十多本书。在整个学期中，我们每两周写一篇短论文，他基于这一系列论文给学生评分。在他给我上的一堂课上，写作任务与操作亚当·斯密的鹿—海狸模型相关。有意思的是，那个学期，我还有幸与肯尼思·博尔丁一起学习了政治经济学方面的巨著，博尔丁也花了大量时间来论证斯密的基本模型。一天下午，我向博尔丁问起这个问题，他向我解释说，弗兰克·奈特（布坎南和博尔丁的老师）上课时不是讨论世界宗教，就是讨论亚当·斯密的鹿—海狸模型，因此我不应该感到焦虑，因为我只是接触到一种长期传承的教学方法。

首先，布坎南提出，立宪前分析（属于社会哲学领域）可以帮助理解经济学中的两件事情：（1）自愿交换原则；（2）在一套给定规则的情况下，策略对规则本身的社会的和哲学判断的影响。经济学家需要问清楚的是，人们在不确定性之幕这一理论前提下会自愿同意的游戏规则是什么？替代性规则将产生什么样的行为模式？经济游戏的后果又是什么？①在检验立宪前后的选择之间来回穿梭，构成了现代政治经济学的研究计划，也促成了对社会哲学和道德哲学与经济科学的整合。

通过引入不确定性之幕这种理论，布坎南突出了帕累托原则对政治经济学的重要性。在立宪前，各方除非都期望相关规则能够改善他们的处境，否则不会就游戏规则达成协议。由于个人不确定他们在立宪后的环境中会处于什么样的位置，因此他们不会同意明显有利于某一个群体而不利于其他群体的协议。在这种情况下，多数人的权利肯定会受到少数人利益的制约。和维克塞尔一样，布坎南关心的是平衡政治决策的外部性成本和决策成本。如果某种投票规则能够让少数人胜出，那么少数人可以通过国家权力将成本加强给其他人并为自己带来利益。为了避免这种外部性问题，我们可以建议一致同意作为唯一的规则，但是一致同意意味着相关的决策成本增加。程序性一致同意是作为最小化政治决策总成本的决策规则而出现的，这再次强调了帕累托原则对于理解政治协议高于规则的重要性。

在立宪后的环境中，政治与经济博弈的参与者将规则视为

---

① 不确定性之幕是布坎南和图洛克在《同意的计算》一书中提出的，早于约翰·罗尔斯（John Rawls）的著名的无知之幕。

约束条件，并针对规则设计最佳策略。如果游戏规则承诺实现美好的生活，但其产生的激励所引发的行为模式与美好的生活无关，那么这样的规则可能需要改变。布坎南认为，古典政治经济学家发现，只要国家提供并维持适当的游戏规则，个人就可以追求自己的利益，同时享受自由、繁荣与和平的好处。[①]然而，这种古典自由主义者的理想却从未实现，而且在超过一两代人的时间里，它未能引起知识分子的关注。布坎南推测，这种失败是因为古典自由主义的政治经济学中缺乏正义理论。20世纪经济学家试图发展一种关于社会正义的模式来弥补这一缺陷，但这却在福利国家的实验中失败了。福利国家的失败可以直接归因于游戏规则的激励与职业道德和个人责任的策略不相容，与实现繁荣和社会合作相关的行为不相容。也可以说，这是布坎南所提出的观点。这种说法的真实性不是我们要讨论的问题，我是想用它作为一个例子，来说明布坎南的研究为我们如何选择规则提供了实证分析。

《自由的界限》一书包含了布坎南对其政治哲学研究最清晰、最明确的阐述。该书的副书名"在无政府与利维坦之间"巧妙地总结了布坎南的研究目的。某些自由市场理论家对古典自由主义政治哲学未能限制政府的发展而深感失望，他们（特别是穆瑞·罗斯巴德和戴维·弗里德曼）在20世纪60年代和70年代提出，市场可以内生地提供管理其运作过程的基本制度，即无政府资本主义。此外，在20世纪70年代和80年代，古典自由主义者

---

① Buchanan, *Economics and Ethics*.

将哈耶克的作品肤浅地解释为对理性建构主义的全面控诉。①

布坎南与自由主义者一样，也对20世纪国家权力范围的扩张感到失望。国家权力范围的扩张在很大程度上与吸引美国自由主义左派的浪漫政治观有关。此外，从技术角度来看，支持政府干预的许多论据都是基于对经济学的糟糕理解，以及对政治过程的更糟糕的理解。对市场的许多批评是由那些未能理解自发秩序分析的基本原则的人发起的。布坎南认为，经济学家可以著书立说，进行理性分析和提出适当的治理制度，从而在"可取的"方向上改革体制。②自由将在宪政契约中找到，而不是在没有政府的情况下或在对演化力量的屈服中得以实现，即使无政府主义具有哲学上的吸引力。无政府主义主张将权力下放，从而陷入所有人对抗所有人的霍布斯式战争，而进化主义什么都不主张，只是将传统提升到神圣的地位。

布坎南提出了为国家建立治理结构的一种现代论点，同时他希望清楚地标明国家权力的边界。在这方面，布坎南推行的是麦迪逊的计划，即赋权于政府，然后限制政府。在《自由的界限》中，布坎南区分了"保护性国家"和"生产性国家"的概念。③保护性国家强制执行立宪前就存在的权利。就这种职能而言，国

---

① 我说这是肤浅的，是因为哈耶克的思想远不止对建构主义的警告，但这里不是详尽讨论哈耶克贡献的地方。正是对哈耶克的批判理性建构主义的这种肤浅解读将布坎南推向了哈耶克的对立面。

② 不过，我应该立即指出，布坎南从不认为经济学家是救世主。实际上，对布坎南而言，将经济学家当作救世主是最高形式的道德自负。
See the quote from Knight in Buchanan, *Limits of Liberty*, in Buchanan, *Collected Works*, vol. 7, 209.

③ Buchanan, *Limits of Liberty*, 88–90.

家是处于签订合同的各方之外，而且除了强制执行合同，国家不试图"生产"任何东西。而生产性国家生产公共物品。国家的这两种角色在概念上截然不同，如果不能始终一致地区分这两种角色，就将受其困扰。比如，法律不是立宪之后选择的对象，而公共产品的供给和需求则受制于集体选择的过程。

随着寻租社会理论的发展，生产性国家必须进一步与所谓的再分配国家区分开。[①]生产性国家通过协调行为人的计划来增加价值，这些行为人无法通过个人行动来完成计划。然而，再分配国家只是通过集体行动将价值从一方转移到另一方。不幸的是，政治逻辑使集体行动过程发生了偏差，而这常常会将生产性国家转变为再分配国家，甚至与经济和政治参与者的最良好的意愿背道而驰。这就是布坎南将他的改革论点限于立宪前的层面的原因之一，因为一旦进入立宪后的层面，更换实际操作者将无助于实现持久的变革。在布坎南的体系中，只有在规则层面才可能进行变革。

布坎南通过关注政治经济学的规则，开启了重新处理道德问题和政治哲学传统的经济学话语。

结　论

正如我试图证明的那样，布坎南在他整个职业生涯中持有的意见都与主流经济学思想不同。当凯恩斯主义盛行时，他是一名

[①] James M. Buchanan, R.D. Tollison, and G. Tullock, eds., *Towards a Theory of the Rent-Seeking Society* (College Station: Texas A&M University Press, 1980).

非凯恩斯主义者；当大部分经济学家都忽略了新古典主义革命的主观主义源头时，他从事的是一项主观主义的研究计划；他拒绝效用最大化和完全竞争的形式化模型，而当时这些模型就是所有受人尊敬的经济学家的工具包；当经济学家崇拜科学主义时，他又将道德问题重新引入经济学。

当布坎南在1986年获得诺贝尔经济学奖时，许多人为一位圈外人能获得这个奖项而感到高兴。布坎南将这种支持理解为面对大众媒体的负面反应方式，即支持弱者的倾向。当然，这种感情是布坎南所得到的良好祝愿和衷心祝贺的基础。但对许多人而言，布坎南获奖的象征意义不仅如此。它代表了一种认识：经济学太重要了，不能留给技术人员和意识形态的傀儡（这是布坎南用来形容当代经济学家的两个词）。[①] 在过去的50年间，经济学已关注那些恰恰值得学术界认真关注的问题。在研究计划方面，布坎南更类似于古典主义前辈，而不像是受保罗·萨缪尔森或罗伯特·卢卡斯启发的现代经济学家。我们认为，经济学是广泛的跨学科研究的一部分，研究的目的是探索关于生产与交换的人和社会组织的真理。对于我们来说，任何对异端思想的认同，都被解读为经济学界可能恢复"集体理智"的迹象。[②] 当然，一旦我与同事或者研究生讨论布坎南获奖的事情，我的希望经常会破灭，因为他们弄不清布坎南作品中的辅助定理在哪里。但是我仍然期待经济学家会认识到经济学所拥有的一种文化遗产和社会资本，尽管这已被盲目地追求科学精确性这一做法所侵蚀。

---

① Buchanan, *Liberty*, *Market*, 14.
② 请原谅的是，这句话明显违背了方法论个人主义。

多年前，在评论萨缪尔森的《基础》(*Foundations*)时，博尔丁写道：

> 一般的惯例和数学的优雅性可能是获取和传播知识的障碍，经济学和社会学之间粗糙的、文学性的边界将成为未来最容易产生成果的基地，而数理经济学过于完美无瑕，其中不会有多少成果。[1]

博尔丁的话在今天听起来更有意义，因为我们已经看到了经济学理论的形式主义革命的结果，看到了它如何将经济学与论述人类条件的社会理论割裂开来。布坎南是为数不多抵制形式主义革命的人之一，尽管他致力于经济学论证的逻辑研究，努力使现代经济学融入古典政治经济学。人们或许对这种计划有这样或那样的不赞同，但他学术上的进取精神值得我们尊重、钦佩，而且最能肯定的是，值得我们学习。

---

[1] Kenneth E. Boulding, "Samuelson's *Foundations*: The Role of Mathematics in Economics," *Journal of Political Economy* 56 (June 1948): 247, 199.

第三部分

经济学与生活

经济学错在哪里

1933年3月1日,哈耶克在伦敦政治经济学院发表就职演说。在这之前,他被任命为伦敦政治经济学院的经济学和统计学教授。哈耶克试图解释公共舆论中的经济干预主义的倾向,这种倾向体现在这样的悖论中,即尽管经济学家提供的答案大部分都被持怀疑态度的公众所忽视,但人们问得最多的还是经济问题,比与其他学术领域有关的问题更多。

根据哈耶克的说法,产生这个悖论有双重原因。第一,经济学教义是违反直觉的,比如谁会相信提高工资的法律可能导致失业。第二,经济学教义把许多解决具体问题的常识性办法视为不可能之事。"理性的存在阻止人们按照他们最初的冲动反应行事,并迫使他们平衡间接影响。只有运用理智才能看到这种间接影响,这与直接观察具体痛苦所引起的强烈感受相反。于是,怨恨的情绪时常产生,就像现在这样。"①

哈耶克认为,这种怨恨情绪与近来对古典经济学分析基础的重新审视结合,为德国历史学派在经济学界获得突出地位提供了肥沃的土壤。德国历史学派和美国制度经济学派一起,为那些具有实践头脑的经济学家提供了一种方法,而这种方法不具有古典分析经济学所具有的令人沮丧的特征。整个经济学思想体系将经济问题视为独一无二的问题,解决这些问题无须受经济学原则的约束。对潜在的经济改革者而言,这是一种令他们高兴的宽慰之举。

哈耶克认为,只有在受这种趋势影响的第二代经济学家身上才能感受到其全部效果。第一代经济学家虽然拒绝古典经济学的分析方法,但仍然在接受这种方法的训练。虽然他们试图摆脱古典学派的严谨逻辑,但受这种思维方式训练出来的经济学家不可能完全摆脱它的影响。然而,第二代经济学家没有接受古典方法的训练,缺乏以一种理论自洽的方式解释经济现象的思想工具。

我将在本文证明,哈耶克的论点有两面:一方面,哈耶克认为,以现实主义的名义拒绝经济理论的尝试是对理想的经济学有害的,这当然是正确的。因为我们别无选择,只能以模型和简化假设的方式思考,否则对于如此复杂的世界我们根本无法理解。另一方面,虽然所有思想都被理论概念所限定(不管是有意地还是无意地运用理论概念),所有的理论都包含了事实,但这一命题也并不能证明采纳任何理论的正当性。因为有些理论比其他理论更好。哈耶克未考察其论点的这一方面。就他的论证目的而

---

① F.A. Hayek, "The Trend of Economic Thinking," *Economica*(May 1933): 121–137, in *The Collected Works of F.A. Hayek*, vol. 3: *The Trend of Economic Thinking*(1933; repr., Chicago: University of Chicago Press, 1991), 21.

言，将理论与历史决定论进行对比，并坚称理论对正确的经济分析和公共政策应用至关重要，这就已经足够了。

理论的内在一致性是检验理论的一种方式，但理论与日常生活的一致性也是一种检验方式。现实主义太多可能会扼杀分析的可能性，但是现实主义太少又不科学。如果只有理论的连贯性是重要的，那么理论实践的唯一限制就是人类的想象力。有趣的智力难题的答案将取代在这个世界上所遇问题的实用解决方案，这可以说是对大多数当代经济理论的准确描述。一方面是所谓的纯粹描述和单纯的事件记录，另一方面是自我放纵的思想训练，而经济学家必须在这两者之间走出一条路来。1933年，哈耶克提出，他只研究与假定的未经修饰的历史描述相关的问题。

根据哈耶克的说法，经济学家的任务是利用我们在日常经历中收集到的熟悉元素构建一个思维模型，以复制经济系统的运作模式。他认为，这一任务被当时的经济学家所误解，因为人们已不再理解市场经济的自组织原则。这些原则是古典经济学家的伟大贡献。但是，到了新古典经济学家通过发展边际分析来应对历史主义的挑战时，为时已晚。当时那一代经济学家已经丧失了对市场体系基本属性的理解，而他们却被委派去设计公共政策。因此，经济学思想倾向于支持政府计划经济。这一趋势不仅反映为对社会主义的兴趣日益增长，还体现在重新出现的关于国际贸易中的保护主义和国内经济管制的争论中。

哈耶克错在哪里

我们今天对哈耶克的演说感兴趣，主要是因为他早期论述的主题后来成为他研究计划的主题。正如布鲁斯·考德威尔所说，哈耶克的就职演说可能是解释哈耶克思维趋势的最佳出发点，虽然其名为"经济学思维的趋势"。[1]虽然哈耶克预见了日益主导经济思想的政策方向，但他将导致这种趋势的原因归咎于错误的力量。在哈耶克发表就职演说之后的十年内，历史主义、制度主义与哈耶克自己的奥地利学派一起，完全被形式主义取代。干预主义和计划主义被合理化不是基于历史主义，而是基于最精准形式的经济学理论，以及新古典经济学所提供的技术，而新古典经济学正是哈耶克曾试图捍卫的经济学派别。

然而，奥地利学派的理论论点很快就被数学形式主义者排除在新古典主义"理论"的标准之外，即使在计量经济学家的现代统计技术发展起来之后，美国的制度主义者和德国的历史主义者的实证调查都不被当作"经验主义"的手段。[2]经济学学科拒绝奥地利学派、历史主义学派和制度主义学派的经济学思想传统，却又得出了受历史主义学派和制度主义学派所青睐且几乎相同的干预主义结论。

这并不是能从哈耶克在伦敦政治经济学院的就职演说中察觉到的趋势。哈耶克也不是奥地利学派中唯一一个看错经济学发展方向的人。米塞斯在1933年也说道，现代新古典经济学的各个学派之间没有实质性的差异。[3]他认为奥派经济学正处于新古典

---

[1] Bruce Caldwell, "Hayek's 'The Trend of Economic Thinking,'" *Review of Austrian Economics* 2（1988）：178.

[2] Bruce Caldwell, "Austrians and Institutionalists: The Historical Origins of Their Shared Characteristics," *Research in the History of Economic Thought & Methodology* 6, 91-100.

[3] Ludwig von Mises, *Epistemological Problems of Economics*（1933; repr., New York: New York University Press, 1981），214.

主义思想的主流之中。不过,哈耶克认为这种新古典经济学传统所产生的富有效益的主张与呼吁政府干预和计划的简单直觉背道而驰。米塞斯也和哈耶克一样,认为现代经济科学的敌人是历史主义和制度主义。新古典主义的主流经济理论学家在理论上和表达形式上的微妙差异并不那么重要,与以上那些主要分歧比起来更显得不重要。新古典经济学(以边际效用理论为基础的古典经济学)是科学的,其他方法都是伪科学。

尽管哈耶克和米塞斯都相当短视,但在新古典主义经济学家中,奥地利学派确实是与众不同的。维也纳的经济学家卡尔·门格尔和他的追随者除了强调主观主义和边际效用分析,也强调知识和无知的角色、时间和不确定性的作用,以及理解经济过程中变化和不均衡的意义。除了奥地利学派和瑞典经济学家,以及几个美国经济学家和英国经济学家,比如弗兰克·费特(Frank Fetter)和菲利普·威克斯蒂德,新古典经济学家在他们的理论中也忽略这些问题。但是,由于奥派经济学家认同主观效用和边际分析的价值,所以在其他人看来,尤其是在他们自己看来,虽然忽略了时间和无知等市场的"不完美性",但是他们与主流经济学家没有区别。[①]

哈耶克和米塞斯没有看到即将发生的事情,因为激化新古典主义和奥地利学派之间的紧张关系的两场辩论在当时尚未开始:一场是与凯恩斯辩论宏观经济理论和政策,另一场是与奥斯

---

① 当然,奥地利学派参与了那个时代主流经济学家之间的重要辩论,尤其是资本理论辩论(与 J. B. 克拉克)以及价值和价格理论的辩论(与阿尔弗雷德·马歇尔)。然而,这些辩论被视为内部的分析性辩论,而不是纲领性的辩论。边际主义者被认为在分析上是统一的,尽管在辅助假设甚至在前分析视野这一更广泛的问题上存在分歧。

卡·兰格辩论社会主义的可行性和可取性。单独来看，与凯恩斯的这场辩论，也不足以动摇奥地利学派关于其学派主流地位的看法。这场辩论实际上是围绕货币和资本理论的基本问题展开的，但表面上是关于较为肤浅的公共政策问题的争论。双方都未能看清这点是因为英美很少有人理解和欣赏哈耶克的纯资本和货币理论。约翰·希克斯（John Hicks）指出，哈耶克虽然用英语写作，但写的不是英国的经济学。[1] 因此，许多关键的分析问题从未得到充分解决。

比如，凯恩斯从未成功地回应哈耶克对《货币论》（Treatise on Money）的批评。哈耶克质疑凯恩斯将实际经济因素视作总体的倾向，并批评凯恩斯未能提出一种资本理论。这场辩论是相互误解的一个实例。由于哈耶克与许多英国古典经济学家一样，都支持自由放任的政策结论，凯恩斯就错误地将哈耶克与英国反干预主义者的理论机制联系起来，但哈耶克已经在无意中至少是部分抛弃了这种理论机制。凯恩斯在这种情况下将哈耶克与"古典"学派混为一谈，而这派的观点将被《就业、利息和货币通论》推翻。同样地，奥地利学派也认为，只需要古典经济学就可以证明凯恩斯理论的基本问题，因为米塞斯和哈耶克把凯恩斯的《就业、利息和货币通论》解释为回归从前的通货膨胀主义谬论（即使是原始的货币数量理论，也早已取代这一谬论）和否认资本性资源的稀缺性的富足经济学，但在这点上奥地利学派弄错

---

[1] John Hicks, "The Hayek Story," in *Critical Essays in Monetary Theory* (Oxford: Clarendon Press, 1967), 203–215.

了。①当然,尽管凯恩斯在经济学推理上犯下了根本性的错误,但他对英国古典经济学的研究鞭辟入里。不管是在语言上还是实质上,诉诸传统经济学都无法阻止人们急切地拥抱凯恩斯主义经济学和政策。②

"大萧条"不仅导致人们奉行凯恩斯主义经济学,还为社会主义带来了新的威望。批评者认为,资本主义既不公正又充满混乱。商业周期被视为资本主义固有矛盾的表现。在危机期间,由于显而易见的因素,这种说法具有非常切实的吸引力。

这种流行版本的社会主义也动摇不了奥派经济学家自视为主流经济学成员的定位。早在19世纪90年代,庞巴维克就曾利用新古典经济学理论批驳了马克思对资本主义运行的理解。1920年,米塞斯同样批评了社会主义经济计划的观点,并证明如果没有生产资料的私有制,社会主义计划者就不能合理地计算出稀缺资源的替代用途。③但是到了20世纪30年代,奥斯卡·兰格运

---

① 亨利·黑兹利特对凯恩斯体系的批评体现在《"新经济学"的失败》(*The Failure of the "New Economics"*)一书中,他认为,凯恩斯主义中的许多谬误都是误解正统学说的结果。
Henry Hazlitt, *The Failure of the "New Economics"*: *An Analysis of the Keynesian Fallacies* (Princeton, NJ: Van Nostrand, 1959). Henry Hazlitt, ed., *The Critics of Keynesian Economics* (Princeton, NJ: Van Nostrand, 1960).

② Robert Skidelsky, *John Maynard Keynes*: *The Economist as Savior*, *1920–1937* (New York: Penguin, 1992).
这是一本关于凯恩斯写《就业、利息和货币通论》的学术传记。

③ Ludwig von Mises, "Economic Calculation in the Socialist Commonwealth," in *Collectivist Economic Planning*, edited by F.A. Hayek (1920; repr., London: Routledge, 1935); and Mises, *Socialism*: *An Economic and Sociological Analysis* (1922; repr., Indianapolis, IN: Liberty Fund, 1981).

用新古典主义的均衡分析来证明米塞斯的批评是无效的,除非计划者能得到所有正确的知识。在这种情况下,正如竞争性市场所做的那样,计划者可以通过试错的过程来算出资源的替代用途。社会主义计划者利用供求关系的知识,就像处于均衡中的完全竞争经济的新古典模型所描绘的市场经济中的行为人一样。如果完全竞争的均衡模型的理论自洽,那么兰格的市场社会主义的模型也能自洽。

兰格以新古典经济学为基础来捍卫社会主义,让奥地利学派大吃一惊,而主流经济学家接受兰格的观点同样让他们吃惊,比如奈特和熊彼特赞同兰格对这一问题的评价。而年轻一些的经济学家,比如阿巴·勒纳,开始进一步发展兰格的论证。作为回应,米塞斯和哈耶克都开始更清晰、更准确地阐述奥派经济学与新古典正统经济学之间的差异。但是到了这个时候,他们已被主流远远地排除在外,无法再引起主流经济学家的关注。米塞斯和哈耶克逐渐被视为具有政治动机的右翼学者,而不是严肃的经济学者。最迟到1950年,奥派经济学被迫转入地下。到目前为止,它是否应该被视为经济学的一部分都是个问题。到20世纪中期,哈耶克的预言成为现实:干预主义,甚至社会主义,开始统治经济学。但是这种趋势的根源不是反理论的历史主义,而是新古典理论本身。

形式主义革命

在职业经济学家看来,奥派经济学被凯恩斯主义和新古典社会主义彻底打败了。凯恩斯主义质疑资本主义宏观经济的稳定性，新古典社会主义质疑资本主义微观经济的效率。我们可以把兰格和勒纳的观点解释为证明了理想的市场社会主义能够像理想的资本主义一样发挥作用。然而，一种更有力的解释是，现实的资本主义要面对所谓的广泛的垄断权力，因此现实中的市场社会主义将比资本主义更有效率。

新古典主义主流学者接受这些观点，是因为他们没有认真对待经济知识的运用、知识的不完美性、无知和不确定性的存在、时间的流逝和经济条件的变化等因素，所有这些都被主流均衡模型在假设中排除了。与此同时，奥地利学派继续坚持早期经济理论中违反直觉的政策结论。因为如果一个人确实认真考虑这些因素的话，那么以永恒不变的均衡中的完美知识为基础的新型干预主义似乎完全是异想天开，所以它就是无关紧要的。

例如，奥地利学派认为，通货膨胀通过相对价格不同时间段的调整过程来影响整个经济体系。因此，虽然理论上通货膨胀对货币价格的影响不那么重要，但其对资源的基础配置却有着非常实际的影响，因为相对价格信号可能被扭曲，从而误导投资者。向经济领域注入资金，可能会在该领域产生实际需求增加的假象，引来不必要的新投资。此外，投资所需的资源不是无差别的总量资本，而是异质的，且仅用于特定的项目。建造房屋所需的资金与生产汽车所需的资金不同。因此，由价格体系中的货币紊乱引起的投资扭曲可能会产生严重的后果。政府被维持稳定的"资本"供应所蒙蔽，可能会因过度刺激而加大某种供给，比如住房，而牺牲消费者真正想要的东西，比如汽车。然而，新古典经济学主流学者忽视了这些问题。他们要么像凯恩斯主义者那样完全拒绝货币数量理论，要么接受粗糙的机械版本的货币主义，认为增加货币供应量的主要后果是总体价格水平均匀成比例的调整。米塞斯和哈耶克的理论研究和方法论研究强调的是关于"数据"实际变化的调整过程，而主流经济学家认为这是既定的，也是没有问题的。因此，他们的研究被视为过时的，因为经济学家关注的是想象中的均衡状态，不管这种状态是完美的还是不完美的（即因失业产生的不完美）。

1947年，保罗·萨缪尔森的《经济分析基础》出版，扩大了奥地利学派和主流新古典经济学之间的鸿沟。[①]萨缪尔森开创性地综合了新古典经济学和凯恩斯主义经济学，并赞同兰格和勒纳对市场社会主义的论证。[②]

20世纪50年代，萨缪尔森发展了市场失灵理论，又进一步深化了反对自由市场的新古典主义观点。在此之前，完全竞争市场模型主要用于与现实市场机制进行对比的思想实验。这种反事实的思想实验揭示了这些机制的积极作用。[③]比如，在一个完美的信息世界中，不管是企业还是利润，在逻辑上都不可能存在。

[①] 萨缪尔森对其他经济学家的影响可以从两个层面来解释。第一，经济学家饱受物理学嫉妒之苦。萨缪尔森在经济学的数学化上，有望完成由莱昂·瓦尔拉斯（Leon Walras）开创的经济学向社会物理学的转变。第二，萨缪尔森不仅聪明，还有战略眼光。在他的《经济分析基础》成为研究生课程的主要教材后不久，他的《经济学》成为本科生课程的主要教材。萨缪尔森影响了学生吸收知识和输出知识的方式。在长达十年的时间里，萨缪尔森成为经济学的同义词。如果实质性的影响已经不存在的话，那么他对经济推理的风格的影响从那时起就没有减弱过。

[②] 萨缪尔森在《经济学基础》中讨论了福利经济学和竞争模型的含义。关于他的这本本科教科书对社会主义计划相关问题的处理，参见下文。
Samuelson, *Economics* (New York: McGraw-Hill, 1961), 678–689 and 818–836.

[③] Frank H. Knight, *Risk, Uncertainty and Profit* (1921; repr., Chicago: University of Chicago Press, 1971).

因此，将这种想象中的世界与企业和利润真实存在的世界相对比，证明了这些制度在处理不完美和不完整的信息方面可能具有一定的功能意义。

完全竞争理论的这种反事实运用被经济学形式主义革命颠覆了。①完全竞争模型与现实的偏离被解读为强调对市场经济的干预，这种干预是接近均衡状态所必需的。竞争均衡和在理想状态下能产生竞争均衡的最大化行为代表了1950年以来经济学家研究计划的核心。这样一来，经济学作为一门学科就发生了转变。②

不管是少数人认为的市场经济接近完全竞争模型，还是大多

---

① 关于这种颠覆的最好例子之一，是萨缪尔森和哈耶克就维尔弗雷多·帕累托（Vilfredo Pareto）的均衡价格理论对集体主义计划的意义的不同解释。哈耶克的《集体主义经济计划》收录了巴罗内的文章，这是因为他认为巴罗内清楚地阐述了集体主义计划体系在实践中无法复制竞争市场经济所取得的成就。同样，帕累托也明确指出，即使在一个简单的经济体中，集体主义的计划者也会面临难以克服的问题，而资本主义制度每天都通过非个人的市场过程来解决经济计算的问题。不过，巴罗内和帕累托都证明，为了在生产中实现经济效率，集体主义必须解决与竞争资本主义遇到的相同的一组方程。换句话说，资本主义和社会主义的经济问题在形式上有相似之处。承认这种形式上的相似性是分析集体主义计划将面临的问题的基础，而不是解决方案。然而，萨缪尔森争辩道，米塞斯对社会主义的批判已经被巴罗内和帕累托的著作事先就驳倒了，他主张，集体主义的计划系统可以简单地复制巴罗内和帕累托所阐述的试错过程。事实上，巴罗内和帕累托都明确否认这种复制在实践中的可能性，但萨缪尔森对此置之不理。

Vilfredo Pareto, *Manual of Political Economy*（1909；repr., New York：Augustus M. Kelley，1971）. Barone, "The Ministry of Production in the Collectivist State," in Hayek, *Collectivist Economic Planning*, 245–290.

② 除了萨缪尔森，经济学的这次转型中最重要的人物还有肯尼思·阿罗（Kenneth Arrow）、杰拉尔德·德布鲁（Gerald Debreu）和弗兰克·哈恩。他们每一个人除了发展一般竞争均衡模型外，还对市场失灵理论做出了重大贡献，这并非巧合。

数人认为的资本主义明显地偏离了模型,大量的政府干预都是合理的,都不影响这种模型开始扮演的核心角色。在以上两种情况下,形式主义都引发了乌托邦思想。要么在少数人看来,现实是理想化的,接近完全竞争模型;要么在多数人看来,现实是非理想化的,缺乏动态调整的属性,而旨在使其符合模型的干预措施无意中被赋予了乌托邦的属性。两种类型的形式主义都是一种极端,都不承认有任何其他情况存在的可能。现实世界要么是静态均衡的体现,要么是如果没有国家权力的推动,就不可能接近静态均衡。而现实世界中对不均衡进行调整的机制代表的是处于两者之间的可能性,因为这种模型只包含均衡,所以这种处于两者之间的可能性就变得不可见了。

竞争均衡要求完美信息、大量的买卖双方,以及资源无成本流动。在这一组约束条件下,模型逻辑决定了每个市场参与者都将价格视为给定的,并且价格等于生产的边际成本。因此,企业将以最低的平均成本生产产品,而且经济利润为零。在20世纪50年代和60年代,主流理论中有两个基本的福利定理,这两个定理来自数学上的竞争均衡存在性和稳定性的证明。第一个福利定理指出,处于一般竞争均衡中的经济是帕累托最优。第二个定理指出,任何可取的帕累托最优都可以通过分散的市场机制来实现。总之,这两个福利定理证明了,如果具备适当的条件,那么市场机制就会产生最好的经济。

然而,"如果具备适当的条件"是一个很大的假设。比如,如果没有完美的期货市场,跨期的资源配置就不能被认为是最优的。除非满足一般竞争均衡所要求的严苛条件,否则经济理论家就无法有信心地宣称市场的分配具有效率。事实上,他可以确信市场会产生不理想的结果，需要政府采取纠正性的行动。

竞争均衡所发挥的这种新作用是由萨缪尔森的方法论创新证明的。萨缪尔森试图将经济学以数学语言重写，以消除前几代"文字经济学家"进行辩论时提出的模糊假设。萨缪尔森认为，以数学的公理语言重述经济学会迫使经济学家将他们之前那些隐含的假设明确化。但是，萨缪尔森所使用的数学技巧需要配上良好的线性函数，否则结果将是不确定的，其所承诺的精确性也就不能达到。为了使经济行为适用于数学语言，必须摆脱现实世界的复杂性。经济主体的问题的情境必须极大地简化，以便产生萨缪尔森所寻求的精确公式。

萨缪尔森的研究项目排除了在充满不确定性的世界中，个人所面对的经济选择中的意识因素。选择被简化为在给定的目的—手段框架下的一个简单的确定性练习，成了自动机器可以掌握的东西。经济学家不仅要发现适当的方法，还要找出追求什么目的的任务，而这一任务被这种方程式排除在外。此外，人们忘记了在很大程度上正是因为与完美市场模型的偏离，才产生了现实市场中的制度和实践。就像我们的鞋底和人行道之间的摩擦力让我们能够走路一样，现实世界的不完美也会产生让经济生活成为可能的那些基本的制度和实践。但是由于无法准确地对制度和个人的复杂性进行建模，因此它们就被简化的假设搁置一边。

奥派经济学所保持的旧观点与均衡模型的新用法之间的巨大鸿沟，可以通过对罗纳德·科斯关于交易成本研究的接受程度来说明。科斯被看作反事实思想实验的实践者，他关注的是在他1937年论企业理论的论文和1960年论社会成本问题的论文中提到的市场和法律的实际制度的起源，他认为其产生是为了应对现实中的不为零的正交易成本。[1]科斯在1937年提出,如果没有交易成本,就不需要企业了。协调生产所需的不过是现货市场的交易。此外,科斯在1960年提出,如果没有交易成本,就不需要财产法了。经济主体之间的自愿谈判将解决所有的产权冲突问题。因此,企业和法律的实际存在就可以看作交易成本的普遍性和难处理性的证据。

然而,科斯的研究在很大程度上被形式主义的新古典经济学误解了。科斯的研究成果被解释为描述零交易成本世界中的福利含义,而不是强调现实制度在有着正交易成本的世界中的功能意义。科斯定理一直被理解为,在交易成本为零的世界中,产权的初始配置并不重要,只要个人可以自由交易,资源就会被导向最有价值的用途。[2]

不过,科斯对财产制度和契约制度的作用的理论见解并没有被新古典经济学的形式主义革命所颠覆。较早一代的新古典经济

---

[1] Ronald Coase, *The Firm*, *the Market and the Law* (Chicago: University of Chicago Press, 1988).

[2] 在迄今为止可能是最好的关于科斯的学术传记——《罗纳德·科斯传》中,斯蒂文·米德玛认为,科斯关注的是考察不同法律安排对经济绩效的影响,而不是用经济技术来检验法律。这种侧重点上的差异解释了科斯对波斯纳的法和经济学缺乏兴趣的原因,因为波斯纳的法和经济学更关心运用经济技术来检验各种法律安排的效率。科斯不仅提出了一个不同的比较制度研究纲领,还对新古典主流经济学的逻辑一致性提出了彻底的质疑。科斯参与均衡练习一部分是为了表明,在零交易成本的环境下追求最大化逻辑,会得出与庇古福利经济学不同的结论。如果交易成本为零,那么经济行为人将通过谈判解决冲突。如果交易成本(包括信息成本)为正数,那么当局如何知道矫正这种情况的正确税收或补贴水平应该是多少呢?科斯的研究纲领既有对现行实践的批判,也提出了积极的替代方案,这种方案目前已在新制度经济学(科斯仍然是其主要代表)中出现。

学家，比如维克塞尔、奈特、雅各布·瓦伊纳（Jacob Viner）以及米塞斯和哈耶克，对关于支撑资本主义活力的复杂制度体系所做的历史性研究，在匆匆忙忙的形式理论化研究道路上被抛到了一边。20世纪30年代和40年代经济思想趋势的真正问题既不是对历史主义和制度主义的理论批判，也不是凯恩斯主义者和社会主义者发动的反对古典自由主义的战争。历史主义和制度主义的反理论立场不能自圆其说，而凯恩斯主义和社会主义会随着政治潮流而兴起和衰落。经济学的真正问题在于，由于形式主义的狭隘性而否定现实理论的科学地位，所以方法正在成为知识本身。

违背了形式化分析技术理论的那些思想被认为是不值得认真考虑的。即使某个想法被认为是有趣的，如果它不能被转换成一个合适的模型，那么经济学对它就毫无用武之地。[①] 尽管经济学家在精确地表述除了经济学的实质内容方面取得了明显进步，但是经济学的实质内容被数学工具所取代，基本的经济学知识

---

① 保罗·克鲁格曼（Paul Krugman）承认阿尔伯特·O.赫希曼（Albert O. Hirschman）和冈纳·缪尔达尔在强调用投资的战略互补性和协调失败来解释为什么一些国家富有而另一些国家贫穷方面的发展理论基本上是正确的。但是这些思想在20世纪50年代和60年代被经济学家忽视了，因为没有被恰当地建模。克鲁格曼对此进行了辩护，因为他认为只有恰当建模的思想才值得经济学界的认真关注。阿维纳什·迪克西特（Avinash Dixit）对政治经济学理论做了类似的论证。正是萨缪尔森之后的第二代和第三代经济学家的这种态度主导了主流经济学。

Paul Krugman, *Development, Geography, and Economic Theory* (Cambridge, MA: MIT Press, 1995); Avinash Dixit, *The Making of Economic Policy: A Transaction-Cost Politics Perspective* (Cambridge, MA: MIT Press, 1996).

受挫。①

形式主义革命的第一个牺牲品是历史主义和制度主义中丰富的经济学传统，直到20世纪30年代，人们仍能清晰地看到这些传统。比如，对特定产业的案例研究曾经很常见。然而，在计量经济学发展起来后，案例研究的方法被抛弃，取而代之的是大样本数据分析。形式主义革命的第二个牺牲品或许可称作"经济学家的思维方式"，这是古典经济学和新古典经济学早期具有的根本特征。早期经济学的精华就是将对制度背景特性的理解与稀缺条件下进行选择的普遍性理论结合起来。这种观点认为，个人总是面对利弊权衡，他们衡量的方式取决于进行选择的特定背景。

萨缪尔森放弃了经济理论的制度背景，而实证经济学的计量方法放弃了历史细节，简约性彻底获胜。由此，经济学从文化分界线一边（人文学科）转移到另一边（科学），至少这成了经济学家的自我定位，他们认为科学更多地等同于精确性，而不是准确性。物理学家不允许那些现实环境中无法准确预测的情况（如气象）阻碍他们对支配这些预测的精确的形式化定律的追求。由于目光短浅，只追求经济学形式的一面，经济学就沦落到现在的

---

① 我在下面的文章中谈到了经济学思想的这种演变。
Peter J. Boettke, "What Is Wrong with Neoclassical Economics (And What Is Still Wrong with Austrian Economics)," in *Beyond Neoclassical Economics*, edited by Fred Foldvary (Aldershot, UK: Edward Elgar Publishing, 1996), Cf. Robert Heilbroner and William Milberg, *The Crisis of Vision in Modern Economic Thought* (New York: Cambridge University Press, 1995).

境地。在这种状态下，我们对越来越少的东西懂得越来越多。①

均衡：现实描述或规范性批评，还是理想类型

根据经济理论的形式主义革命，我们可以根据均衡模型的用途对其进行区分，一种是将均衡模型视为理想类型，一种是倡导自由市场的芝加哥学派经济学家将均衡模型视为对现实的描述，还有一种是持干预主义立场的凯恩斯主义者将均衡模型视为批判性标准，用以指责与这种标准不符的现实情况。②均衡在后两种用途中成了一个静态的理想，而问题在于现实是否能与之匹配。与之相比，在第一种将均衡视为理想类型的情况下，问题是偏离均衡如何产生各种形式的不完全成功，而芝加哥学派否认现实偏离了均衡，凯恩斯主义者则将偏离均衡等同于市场失灵。理想类型的这种观点既不是为了描述现实，也不是为了指责现实。

---

① 我在这一段中所说的都不是我的原创，参见下文。
Albert O. Hirschman, "*Against Parsimony*: *Three Easy Ways of Complicating Some Categories of Economic Discourse*, "in *Rival Views of Market Society*（Cambridge, MA: Harvard University Press, 22-40）and Amartya Sen, *On Ethics and Economics*（Oxford: Blackwell, 1987）.
赫希曼提出，我们应该认识到人性那不可思议的复杂性，从而使经济学理论复杂化，而森霍尔茨则建议我们在经济学话语中要重新关注道德哲学。

② 不少学者常常将不同的用法混在一起。比如弗兰克·奈特在他经典的《风险、不确定性和利润》(*Risk, Uncertainty and Profit*) 一书中，把均衡视作一种理想类型，但是在《竞争的伦理》(*The Ethics of Competition*) 中，则将均衡视作一种批判性规范标准。马歇尔被认为是局部均衡分析的先驱，局部均衡分析是假定经济整体平衡，但其专注于一个特定的市场。通常认为这是芝加哥学派方法的标识，但当他认为，均衡分析是一种本质上更趋于进化的"深入研究"的初级阶段时，我们也可以将他视作一名理想类型的理论家。

相反，它是一种理论建构，旨在阐明现实中可能会出现的某些现象，而实证调查会确定这些现象是否真的存在，以及它们是如何出现的。[1]就这种观点看来，不均衡不一定是市场失灵，不完美的东西可能仍然比任何能发现的替代方案更好。

作为一种理想类型，均衡分析让经济学家能够描述在没有缺陷（比如不确定性和变化）的情况下，世界会是什么样的。模型的描述性价值恰恰在于它脱离了观察到的现实，因为这强调了现实制度在应对不完美知识、不确定性等方面的作用。奥派经济学家（比如米塞斯和哈耶克）、早期的芝加哥学派理论家（比如奈特）、伦敦政治经济学院的理论家（比如科斯）、瑞典学派的理论家（比如维克塞尔）都是将均衡视作一种理想类型。相反，经济

---

[1] Jeffrey Friedman, Economic Approaches to Politics, *Critical Review* 9, no. 1-2(1995): 1–24, Cf.

韦伯关于理性类型的方法论，参见下文。

Max Weber, *Economy and Society*: *An Outline of Interpretive Sociology*, edited by Guenther Roth and Claus Wittich, vol. 1 (1956; repr., Berkeley: University of California Press, 1978), 9–12.

马克卢普的《经济学方法论和其他社会科学》(*Methodology of Economics and Other Social Sciences*) 讨论了理想类型的方法论在经济学中的普遍应用。

Fritz Machlup, *Methodology of Economics and Other Social Sciences* (New York: Academic Press, 1978), 207–301.

在《经济与社会》(*Economy and Society*) 中，假想实验是在思想中将一系列动机中的某些元素排除在外，然后得出接下来很有可能发生的行为过程，从而得到一个因果判断。米塞斯将这种方法描述为"想象构建的方法"。

Mises, *Human Action*: *A Treatise on Economics* (1949; repr., Indianapolis, IN: Liberty Fund, 2010), 236–237.

Cf. Hayek, *Pure Theory of Capital*, 1941, (Chicago II: University of Chicago, 1941), 14–28.

形式主义从一开始就几乎被均衡用作批判现实的标准所限定。因此，这个标准一方面，忽略了经济的动态要素；另一方面，假定静态均衡在某种程度上必然能够实现。通过这种方式运用均衡模型的主要理论家包括萨缪尔森、肯尼思·阿罗、弗兰克·哈恩以及约瑟夫·斯蒂格利茨。

与将均衡用作批判现实的标准几乎同时出现的是，芝加哥大学的经济学家，比如米尔顿·弗里德曼、乔治·斯蒂格勒、加里·贝克尔和罗伯特·卢卡斯，开始用均衡来描述现实。在他们看来，在效率特性方面，现实市场惊人地接近一般竞争均衡模型。而且，即使现实市场偏离了理想状态，均衡模型的预测结果也比其他替代模型更接近现实世界中的情况。换句话说，现实市场表现得就像是竞争均衡模型。事实上，贝克尔和卢卡斯将均衡的存在作为他们分析经济现象的一个明确的核心假设。通过消除模型与现实之间的差距，形式最纯粹的芝加哥学派消除了萨缪尔森等人主张的干预的必要性。因此，自由放任被认为是非常不切实际的经济学教条。与芝加哥学派那种自由放任到令人难以置信的假设相比，政府管制不但不再被视为原始的"直觉"经济学思想的乌托邦式产物，而且被当作冷静的务实的现实主义形式。

从那些将均衡视作理想类型的人的角度来看，将均衡视作经验的理想化，以及视作对静态现实的批判标准，都存在缺陷。芝加哥学派用均衡来描述现实，因为他们混淆了精神世界和经验世界。而那些用均衡来批判现实的人虽然认识到了世界的不完美，但他们忽视了不完美的制度产生经济秩序的方式，这使他们对市场过分悲观，并且他们对依靠法令来让现实达到标准又有不切实际的乐观倾向。这两种情况都放弃了均衡的启发性价值。由于忽视了非均衡的动态性,这两类人都不能认识到,即使在分散的知识、普遍的无知、时间的不可逆和不断变化的情况下,现实市场制度仍然可能具有协调属性。① 虽然用均衡来描述现实容易产生对市场交易认可的想法,但这是建立在不切实际的基础上的。证据在于芝加哥学派缺少一种理论来解释市场如何取得某种程度的成功。正如批评者不厌其烦地指出的那样,所有重要的事情都是由均衡模型的假设来完成的。同样,把均衡作为批判现实的标准,也无法让动态世界中现存的不完美成为纠正市场错误的动力来源和学习源泉。

在均衡的预测性用途和规范性用途中,市场都被描述为基本上是静态的。尽管形式主义经济学家经常在口头上称赞哈耶克开创性论文《经济学和知识》和《知识在社会中的运用》(The Use of Knowledge in Society),但以上的做法却在无形中拒绝了哈耶克的核心贡献。②

"信息"是通往现实的桥梁

哈耶克认为,经济学的中心问题是解释"只掌握一点知识的人如何自发性地互动,从而产生价格反映成本的状态,而这种

---

① 那些倾向于将均衡描述为现实的人基本上否认世界上存在这些似乎很复杂的问题。在哲学上,一方面,这种观点与变化是一种古老论断的幻觉,另一方面,那些把均衡作为批判现实的标准的人,根据定义,把问题的存在看作可以以某种方式实现竞争均衡的理想解的证据。如果市场无法做到完美,那么国家必然有能力做到。

② The relevant papers by Hayek are collected in F.A. Hayek, *Individualism and Economic Order* (1948; repr., Chicago: University Press of Chicago, 1996).

状态只有在拥有这些人的全部知识的某一个人的特意指导下才能实现"。换言之，经济理论应该解释观察到的现实。经验论认为价格确实能够反映成本是经济科学的起点。但是，形式化的新古典主义理论并没有认识到不完美的经济主体如何处理和利用分散的信息，而是"回到每个人都知晓一切的假设"，从而逃避给出"这个问题的任何真正解决方案"。①

哈耶克进一步论证，分散在市场参与者中的那种知识就是本质上无法成为统计数据的那种知识。②市场价格的内容不是那种关于商品的信息。因此，哈耶克论述的关键不是信息的高昂成本，而是信息的分散性。除非是在特殊的、制度性脆弱的情况下，否则这种分散性使得经济知识无法获取。如哈耶克所说，相关的经济知识是"关于特定时间和地点的知识"。③它只能在特定的制度环境中使用和发现，而没有时间和地点的均衡建模的形式主义将这种背景抽象化了。因此，当代经济学与比较不同的现实制度对于实际经济表现的影响无关。④

一旦接受了哈耶克关于经济知识的观点，那么经济分析的根本目的就是确定一个动态的生产系统如何利用与时间和地点有关的分散知识，使得生产计划与消费需求保持一致。在私有财产得

---

① F.A. Hayek, "Economics and Knowledge," in *Individualism and Economic Order*, 50–51.
② F.A. Hayek, "The Use of Knowledge in Society," in *Individualism and Economic Order*, 83.
③ F.A.Hayek, "Use of Knowledge," 80.
④ 在《经济学和知识》中，哈耶克认为，纯粹的选择逻辑尽管不是充分因素，但是解释系统性的经济协调的必要因素。对经济协调的理解要求对学习有经验上的理解。哈耶克的经济学研究从确定给定条件下的最优资源利用转向了探索不同制度环境对学习的影响。

到明确界定和强制执行的制度环境中，货币价格体系至少在这三方面提供了让两者保持一致的市场功能。首先，在交易前，价格向不同的市场参与者传递关于商品相对稀缺性的知识，以便他们可以相应地调整自己的行为。如果某种商品的价格上涨，这就会告诉经济主体，商品相对变得更为稀缺，他们应该节约地使用该商品。因此，随着时间的推移，市场参与者有动力将价格中所含的知识融入他们的行动中。其次，价格系统在交易后能够确定经济行为到底是盈利的还是不盈利的。有远见的企业家（广义）可以获得利润，而犯错的企业家会遭到亏损的惩罚。所以市场价格不仅通过传达不断变化的市场信息来激励未来决策，还帮助市场参与者评估过去市场决策的适当性，并纠正错误的决策。

从这个角度来看，市场过程是一个动态调整的过程。调整的是什么？实际上，因为现实中有许多偏离普遍完美的静态均衡之处，所以它调整的就是其与模型之间的差距。反事实和事实之间的差距代表了一个获利机会。随着时间的推移，价格信息也会成为针对特定地点的获利机会，是进行有利可图的调整的动机。①

---

① 哈耶克引用了奥斯卡·摩根斯坦（Oskar Morgenstern）首次提出的一个主题：完美的预见是均衡的一个决定性特征，但不是达到均衡必须具备的先决条件。事实上，从逻辑上讲，摩根斯坦所证明的是，如果经济主体具有完全的预见能力，那么一个确定的均衡解就会避开他们。正如琼·鲁滨孙（Joan Robinson）所强调的那样，达到均衡的唯一途径是已经处于均衡状态——在完全预见理论的基础上，不可能完全预见任何达到均衡的过程。这一理论难题对哈耶克的启示是，经济学家不应关注均衡状态，而应关注随时间变化的动态调整，并进行学习。哈耶克说："如果一种理论一开始就假设调整已经进行到不需要进一步的地步，那么它与我们的问题毫无关系。我们需要理论帮助我们解释，生产设备的物质结构在达到能够不变的自我循环过程之前的这区间（这是唯一有实际意义的区间），共同体内不同成员的行为之间的相互关系。"

Hayek, *Pure Theory of Capital*, 16–17.

形式均衡理论只包含价格体系在这些方面的一种扭曲的静态图像。当哈耶克和其他奥派经济学家认识到新古典经济学的这种缺陷时，他们便试图解释价格体系如何在现实世界的不均衡中运作。① 奥地利学派对标准模型的批评是，它无法解释非均衡价格在市场过程中所发挥的多方面的作用。

市场过程的经济理论的观点与均衡分析的静态性质正好形成鲜明对比。只有一系列非均衡价格才能引发竞争过程，这是现实市场的特征，因此形式主义的正统理论就其性质而言，必然忽略这一过程。米塞斯写道：

> 企业家或任何其他行为人在经济领域的活动不受诸如均衡价格和均衡循环经济的引导。企业家考虑的是预期的价格，而不是最终价格或均衡价格。他们发现，互补性生产要素的价格与成品的预期价格之间存在差异，而他们打算利用这种差异。②

---

① 《企业家发现和竞争性市场过程：一种奥地利学派的方法》(Entrepreneurial Discovery and the Competitive Market Process: An Austrian Approach) 是对企业家学习理论如何适应这种研究计划的检验，并与标准价格理论对比。

Israel M. Kirzner "Entrepreneurial Discovery and the Competitive Market Process: An Austrian Approach," *Journal of Economic Literature* 35 (March 1997), 60–85.

富兰克林·费雪 (Franklin Fisher) 的《均衡经济学的非均衡基础》(*Disequilibrium Foundations of Equilibrium Economics*) 是一位重要的均衡理论家对均衡经济学的非均衡的基础必要性的讨论。根据费雪的理论，收敛到均衡的理论必须是发展而来的，而不是假设出来的。

Franklin Fisher, *Disequilibrium Foundations of Equilibrium Economics* (New York: Cambridge University Press, 1983).

② Mises, *Human Action*, 329.

只有在竞争过程中，价格才能成为经济计算的基础，而形式主义的假设恰恰排除了促成这种竞争过程的非均衡。现实市场价格并不完全包含竞争均衡所需要的所有相关信息，如果这些信息都是已知的，那么一开始就不需要经济活动了。然而，在非均衡的条件下，当需求超过供给时，价格会在积极竞价中被抬高，而当供给超过需求时，价格会下跌，这就产生了协调经济决策所需的激励和信息。当前的价格状态与预期的价格状态之间的差异为企业家提供了动力，促使其去发现之前尚不知晓的关于利润的机会。当然，在这个预知未来的过程中，企业家可能犯错误，但这些错误会创造出进一步的机会，产生进一步的活动，以求更有效地配置或重新配置资源，以实现所追求的目的。柯兹纳写道，人们在行为中犯错，发现错误，然后倾向于在减少错误的方向上修正行为，市场过程就是这个过程的必然结果。[1] 虽然完美知识的假设对竞争均衡状态的建模至关重要，但这种假设排除了对能够实现均衡的调整路径的检查。如果系统尚未处于均衡状态，则无法知晓它如何才能达到均衡。无所不知在逻辑上导致了无所作为。如果人人都知道某个盈利机会，那么没有人能够实现盈利了。因此，模型如果是现实的，那么必须放松假设。一旦这样的话，模型就会变得过于复杂，并失去其形式上的优雅。

这种两难处境构成了主流经济学思想中的一条重要线索。大约在1960年以后，主流经济学思想在审视市场信息方面就一直

---

[1] Israel M. Kirzner, *Perception, Opportunity and Profit* (Chicago: University of Chicago Press, 1979), 30.

试图接受哈耶克的挑战。这项研究计划对评估当前的经济学状况至关重要，不仅因为这是正在兴起的正统观点，还因为它试图抓住现实市场被经济学形式主义所忽视的主要特征。但是，由于新的信息经济学本身就使用了均衡模型的形式主义，所以它注定要在两种乌托邦主义之间摇摆，一种是现实市场属性的乌托邦主义，一种是均衡模型属性的乌托邦主义。

古典经济学只关注价格所反映的多买或少买某一特定商品的激励作用。新的信息经济学家认识到，价格还有沟通的功能。他们看到，比如说，价格传递了关于相对稀缺性的重要知识，使经济参与者能够协调他们的决策。通常认为，芝加哥大学的乔治·斯蒂格勒是第一个发展出与标准新古典价格理论一致的信息模型的经济学家。斯蒂格勒论证道，个人将会以最佳的方式搜索到实现其市场目标所必需的信息，但是与哈耶克不同，他假定个人将会比较信息的边际成本和继续搜索信息的边际收益，从而以最优方式来做这件事。[1]换句话说，斯蒂格勒将市场中的信息内容与均衡模型应该被当作现实情况的假设结合起来。在斯蒂格勒看来，现实中存在对经济的无知，但这是无知的最佳状态。而试图消除这些无知，将需要搜索到那些边际成本大于其可能产生的边际收益的信息知识。

在斯蒂格勒之后，阿尔钦和杰克·赫舒拉发（Jack Hirshleifer）发展了信息搜索模型。在这些模型中，经济系统的各个方面，比如广告、中介、失业、排队和配给等有了新的含义，也有

---

[1] George Stigler, "The Economics of Information," *Journal of Political Economy*, 69: 3(June 1961), 213–225.

了功能上的重要性。① 与此同时，将均衡视为一种批判性标准而非现实的经济学家，比如阿罗、利奥尼德·赫维奇（Leonid Hurwicz）和罗伊·拉德纳（Roy Radner），也试图研究可以解决信息缺陷的模型。② 斯蒂格勒的方法是将最大化行为的假设延伸到信息搜索过程，预测在市场中将会出现各种降低搜索过程成本，以产生最优的信息流的实践。但阿罗、赫维奇和拉德纳认为，面对不完全信息，最优秀的行为人不能以最佳的方式协调他们与旁人的行为，除非能够设计出先于市场发挥作用的恰当机制。③ 第一种方法假设市场配置具有效率，第二种方法假设市场配置没有效率，且市场失灵普遍存在。这两种方法都没有充分地处理非均衡的问题，或者说，没有恰当地处理在市场过程中，帮助经济主体适应非均衡并从中学习多种信息知识的问题。

在当代经济学家中，约瑟夫·斯蒂格利茨和桑福德·格罗斯曼（Sanford Grossman）比其他任何人都更系统地阐述了第二种方法。他们对价格信息作用的研究，引发了对正统经济学理论中

---

① 与奥地利学派市场过程相反的搜索理论，参见下文。
Jack High, *Maximizing, Action, and Market Adjustment: An Inquiry into the Theory of Economic Organization* (Munich: Philosophia Verlag, 1990), 28–36, 83–124.

② 这些文献探讨了与激励结构相关的信息—沟通和激励问题。其得出的主要结论是，去中心化不如激励重要。尽管哈耶克被认为是这些文献的出发点，但是这些模型所探讨的去中心化与哈耶克关于知识在社会中运用的假设大相径庭。

③ 信息经济学引导经济学家研究代理成本、信息不对称、战略互动和组织设计。这些都是重要的问题，但是用于探索这些问题的模型可能没有关注现实世界的调整过程是如何处理这些问题的。

的许多基础问题的根本性重铸。①格罗斯曼和斯蒂格利茨论证了哈耶克认为价格是经济协调的"充分的统计数据"的说法,得出的结论是这种论点有缺陷。他们认为,如果是在私人信息很重要的情况下,市场价格不能有效地反映信息,因为市场不会为获取信息提供适当的激励,那么经济去中心化的理由在理论上并不像哈耶克所说的那样充分有力。

然而,格罗斯曼和斯蒂格利茨的推理从不切实际的理性预期均衡的假设出发,对哈耶克提出质疑。他们认为,在这种假设下,价格能够如此有效地反映信息,以致没有人能够从披露私人信息中获益。②个体行为人只要查看价格,就能够免费得到那些私人通过付出高昂代价才能获取的信息。因此,这种搭便车的行为导致市场信息产量不足。其结果是价格必然无法反映所有可用的信息。格罗斯曼对这种所谓的悖论表述如下:

---

① 关于经济学的信息理论研究概况。

Joseph Stiglitz, *Whither Socialism?* (Cambridge, MA: MIT Press, 1994). Sanford Grossman, *The Informational Role of Prices* (Cambridge, MA: MIT Press, 1989).

一般的信息理论经济学教科书式著作可参见下文。

Donald Campbell, *Incentives: Motivation and the Economics of Information* (New York: Cambridge University Press, 1995).

奥地利学派对斯蒂格利茨—格罗斯曼研究的批评可参见下文。

Esteban Thomsen, *Prices and Knowledge: A Market-Process Perspective* (New York: Routledge, 1992).

对斯蒂格利茨的批判性讨论参见下文。

Peter J. Boettke, review of *Whither Socialism?* by Joseph Stiglitz, *Journal of Economic Literature* (March 1996). David L. Prychitko, review of *Whither Socialism?* by Joseph Stiglitz, *Cato Journal* 16 (Fall 1996).

② 到20世纪70年代,理性预期的强假设在所有的模型中都变得普遍了。

在完全竞争市场的经济体中，价格体系确实起到了这样的作用：个人只需要观察价格并为自己的利益行事，就能产生有效的资源配置。然而，这样的经济体必然不能保持稳定，因为价格反映了太多的信息，以致收集信息的动机被消除了。因此，价格体系只能在相当"杂乱"的情况下维持稳定，以便收集信息的交易者能对其他的交易者隐藏这种信息。[1]

这个悖论确实挑战了斯蒂格勒的信息搜索模型，而且如果把一般竞争均衡模型视为对去中心化价格体系的描述，那么它也挑战了一般竞争均衡模型的传统福利定理。但是在格罗斯曼和斯蒂格利茨提出这个观点之前，哈耶克就认识到，福利第一定理和福利第二定理既没有准确地描述实际的市场过程怎样协调经济计划，也没有准确地描述去中心化市场的制度环境如何能产生理想的结果。哈耶克建议经济学家要重新调整他们的研究框架，要强调分散知识的运用，以及不同的制度安排对学习的影响。然而，哈耶克对标准福利经济学的理论性批评在很大程度上被格罗斯曼和斯蒂格利茨的分析掩盖了，因为这种分析将哈耶克关于分散知识的观点转化成了现代形式化的信息理论的语言。这就忽略了背景问题和知识隐性维度的问题。哈耶克强调，经济问题不是标准福利经济学所提出的问题，即在竞争性的目的之间分配稀缺资

---

[1] Sanford Grossman, "On the Efficiency of Competitive Stock Markets Where Traders Have Diverse Information," *Journal of Finance*, 31: 2（May 1976）: 585.

源。①哈耶克认为，以这种方式表述问题，导致新古典主流经济学将一般均衡模型视为一种解决方案，也习惯性地忽视所研究的现象的本质要素，忽视人类知识不可避免的不完美性，以及随之而来的对不断交流和获得信息的需求。哈耶克也认为，不应该拒绝均衡理论，但必须始终牢记其真正的目的。形式化建模可以是一名很好的仆人，但却是糟糕的主人。除非我们记住，模型所描述的情况与解决实际问题没有多少直接关系，否则就将产生错误的判断。哈耶克不断强调，均衡模型根本不涉及社会过程，它最多只是研究主要问题时的一个有用的准备。②

价格体系的协调性的本质不在于价格能够完全正确地传达关于资源稀缺性和技术可能性的信息，而在于它能够传达与其自身错的信息交流相关的信息。③非均衡的相对价格虽然很不完美，但仍然在纠正错误和避免错误方面提供了某种指引。而这种动态的检测和纠正错误的过程，在以静态均衡为前提的形式化的经济信息模型中是不存在的。

价格的信息作用不仅是哈耶克挑战经济学正统观念的核心，

---

① 布坎南也强有力地论证了，在经济学中应该集中精力研究交换关系以及这些关系产生的制度安排，而不是均衡状态，这使得布坎南和米塞斯、哈耶克以及早期的思想家［比如理查德·惠特利（Richard Whateley）］站在了一边。
"What Should Economists Do?" in *What Should Economists Do?* (1964; repr., Indianapolis: Liberty Press, 1979), 17–37. Israel M. Kirzner, *Competition and Entrepreneurship* (Chicago: University of Chicago Press, 1973), 212–242.

② Hayek, "Use of Knowledge," 78, 91.

③ Israel M. Kirzner, "Prices, the Communication of Knowledge, and the Discovery Process," in *The Political Economy of Freedom: Essays in Honor of F.A. Hayek*, edited by Kurt Leube and Albert Zlabinger (Munich: Philosophia Verlag), 196.

还是导致哈耶克发起这一挑战的特定问题的核心,即关于社会主义的争论。①

重新审视社会主义

米塞斯指出,与社会主义不同,资本主义能够依赖私有财产秩序所产生的信息和激励,而这些信息和激励体现在基于市场价格的"经济计算"实践中。米塞斯以此发起了关于社会主义经济计算的辩论。最终,这场辩论使哈耶克意识到,新古典主流经济学将经济知识视为给定的,而不是需要企业家去发现的,这与社会主义经济学家认为的一样。新的信息经济学中重现了这一错误,因为其没有认识到可能存在真正的无知。自由放任主义者斯蒂格勒和干预主义者斯蒂格利茨以及其他人对待知识的态度都是,把知识当作已被放在"书架上"的东西,因此唯一的问题是,是将它拿下来更符合自己的利益还是将它准确地传达给其他人更符合自己的利益。但是,搜索现有的、已被发现的信息虽然

---

① 关于米塞斯的经济计算论证和哈耶克的知识问题的相对重要性存在某种争议,但在我看来,它们是同一枚硬币的两面。没有知识就不可能有计算,而不能进行经济计算的知识是不重要的。私有财产和货币计算是解决复杂经济体中知识问题的手段。这是米塞斯和哈耶克关于社会主义的共同观点,尽管他们的侧重点不同。米塞斯在《自由主义》中指出,经济学提出的反对社会主义社会可行性的决定性异议使社会主义社会必须放弃知识劳动分工,而这种分工由作为生产者和消费者的所有企业家、地主和工人在市场价格的形成中的合作所构成。
Liberalism (1927; repr., Irvington-on-Hudson, NY: Foundation for Economic Education, 1985), 75. Peter J. Boettke, "Economic Calculation: The Austrian Contribution to Political Economy" (1998) for further discussion.

很重要，但却不是经济计算中正进行的活动。由于格罗斯曼和斯蒂格利茨把哈耶克所讨论的价格信息与静态均衡模型所假定的预先给定的信息相混淆，因此他们误解了社会主义经济计算的辩论，认为这场辩论是用资本主义来反对社会主义。在资本主义中，价格基于不完美的套利过程来配置资源，而在社会主义中，由中央管理者来配置资源，但是因为存在监控管理者的成本，所以这种资源配置是不完美的。

一旦格罗斯曼和斯蒂格利茨对价格体系的信息效率提出了质疑，就需要某种替代的理论框架来评估不同的经济制度[1]。拉吉·萨（Raaj Sah）和斯蒂格利茨继续进行格罗斯曼和斯蒂格利茨提出的计划，即检验不同的经济协调制度的比较成本，他们研究出了一种用于比较经济制度的替代框架。[2]尽管比较评估的重点不限于货币价格的信息效率，但是信息问题仍然是研究计划的核心。[3]

萨和斯蒂格利茨以他们所认为的对经济信息的现实性理解（其实是静态的）为工具，建议经济学家将不同组织结构中的决策质量作为比较标准。他们写道："个人是如何被安排在一起的，

---

[1] 指资本主义和社会主义。——译者注

[2] Raaj K. Sah and Joseph Stiglitz, "Human Fallibility and Economic Organization," *American Economic Review* 75（May 1985）, 292–297; Sah and Stiglitz, "The Architecture of Economic Systems," *American Economic Review* 76（September 1986）, 716–727.

[3] 哈耶克和奥地利学派的其他学者，比如弗里茨·马克卢普，意识到了大量市场实践的信息内容，而不仅仅是货币价格。斯蒂格利茨试图通过关注信息来纠正描述性均衡（即将均衡视为对现状的描述）的不现实本质，但这一尝试注定要失败，因为信息是动态的，而形式主义使它在本质上成为静态的。

会影响经济体系所犯的错误的性质。"① 在解决这个问题时，萨和斯蒂格利茨首先假设在一个市场体系中，如果一名企业家未能追求有利可图的机会，那么其他企业家很可能会弥补这种缺憾。然而，在计划经济中，计划委员会做出不进行某个生产项目的决定，就排除了其他任何人开展这个项目的可能。那么，市场经济和计划经济对选择好项目而不是坏项目的能力有什么影响呢？

假设我们有一个装满了乒乓球的瓮，每个球对应一个生产项目。在多元制度（即市场体系）内，我们预期可以选择很多好的项目，也可以选择很多坏的项目。而在等级制度（即计划体系）内，可以选择的好项目较少，坏项目也较少。因此，萨和斯蒂格利茨认为，在等级制度下，类型 I 的错误发生率相对较高，而在多元制度下，类型 II 的错误发生率相对较高。② 类型 I 的错误指的是拒绝了本该接受的项目，类型 II 的错误指的是接受了本应该被拒绝的项目。

虽然这种思考练习在理论上很有意思，但它对解释经济制度的实际运作方式几乎没什么作用。在现实中，类型 I 和类型 II 在犯错层面是相互联系且无处不在的。拒绝一个本应该被接受的项目会释放出一定的资源，而这时有人就能利用这种资源去开展本应该被拒绝的项目。那么，问题是哪种制度能够检测出这两种错误，并提供信息和激励来纠正这些错误。③ 正如柯兹纳所说，对市场过程的效率的评估，涉及对市场过程所缺失的信息环节的评

---

① Sah and Stiglitz, "Architecture," 716.
② Sah and Stiglitz, "Architecture," 719.
③ Peter J. Boettke, *Why Perestroika Failed: The Politics and Economics of Socialist Transformation* (New York: Routledge, 1993), 135–138.

估,这些环节是发现优越的资源分配机会所必需的。①要做出这样的评估,生产项目不能被认为是本质上已知的、给定的,这些项目必须由特定制度背景下的现实企业家来发现。萨—斯蒂格利茨的框架抛开了经济信息的创新和发现对经济表现产生影响的任何背景。他们将经济项目比喻为装在瓮里的东西,把经济信息当成似乎是已经放在"书架上"的东西。因此,唯一的问题是如何给予人们充分的激励去从"架子上"取下信息并加以利用。这忽略了米塞斯和哈耶克提出的根本性问题:信息最初是如何被放到"书架上"的?

据说,哈耶克的观点是斯蒂格利茨关注信息的起点②,即市场过程使我们能够发现、开发和利用迄今为止市场参与者所不知道的知识。企业家不是从一系列已知的项目中选择最佳的生产项目。他们必须发现有利可图的冒险性机会,必须对尚被忽视的机会保持警惕,并展示良好的判断力去发现这些机会。正如拉沃伊所说,经济计算论证的关键在于,如果没有竞争性的市场过程,就无法获得生产目标得以实现所需的知识。③

萨—斯蒂格利茨的框架既忽视了经济主体必然的无知性,也忽视了可以通过相关知识发现问题,这使得他们的注意力从进行现实的比较制度分析所必须提出的问题上转移开了。问题不在于建立竞争均衡的最优条件,而是检测偏离了均衡的错误。发现这

---

① Israel M. Kirzner, *Market Theory and the Price System* (Princeton, NJ: Van Nostrand, 1963), 301–302.

② Stiglitz, *Whither Socialism?*, 6, 24–26.

③ Don Lavoie, *Rivalry and Central Planning* (New York: Cambridge University Press, 1985), 102.

样的错误，就是在未接近均衡的世界里生产有用的经济信息，而利用这种信息来获得利润就是推动着这个世界更接近规范性的理想[1]。如果忽视了这两种制度检测和纠正错误的系统性能力（或无能），那么对资本主义和社会主义的比较就只不过是利用均衡来指责现实而忽略其积极方面的又一种做法。

类似的难题也困扰着普兰纳布·巴德汉（Pranab Bardhan）和约翰·罗默（John Roemer）的研究，他们认为1989年的革命不公正地败坏了社会主义模式的声誉。[2]他们指出，在1989年遭到失败的制度是以生产资料的公有制、非竞争性不民主的政治和以中央指令进行资源配置为其特征。巴德汉和罗默提供了另外一种社会主义模式，这种模式摒弃了中央指令、非竞争性不民主政治，但并不触及公有制。他们对公有制做出广义的解释，即公有制意味着通过政治过程来控制公司利润的分配，以实现经济盈余的平均分配。他们主张，虽然竞争性市场经济是实现资源有效配置的必要条件，但私有制并不是竞争性市场的前提。

在巴德汉和罗默看来，不受约束的资本主义产生了负面的外部性，其中最重要的是政治外部性。他们声称，资本主义制度下高度集中的所有权会通过富人的影响力，对政治进程产生负面的影响。因此，资本主义效率上的收益被对民主造成的破坏所抵销。将经济学和政治学分开，对于建立和谐公正的社会制度至关重要。

公有制的传统问题是在关于资源配置的决策过程中不能将政治标准与经济标准分开。巴德汉和罗默试图通过赋予公司而不

---

[1] 均衡状态。——译者注

[2] Pranab Bardhan and John Roemer, "Market Socialism: A Case for Rejuvenation," *Journal of Economic Perspectives* 6, no. 3 (1992): 101–116.

是政府配置资源的权力来避免这个问题。但是为了防止财富分配不均，巴德汉和罗默构建了一种公司之间的竞争模型，在这个模型中，财产仍然是归集体所有的。他们认为，真正的问题是竞争性，而不是财产所有权。市场必须受到所有权平等的约束：分配是民主的，但供给是竞争的。具体而言，这意味着以股票的形式平等地分配公司利润的权利。公司的股票可以公开交易，但不能变现。公司的股票只能换成其他公司的股票，而不能换取货币。根据巴德汉和罗默的说法，这样的模型将提供资本主义市场所提供的必要信息，但却会防止资本集中。

对于巴德汉和罗默来说，他们的模型必须回答的关键问题是如何激励公司的管理者有效率地行动。他们认为，对工业组织的现代研究表明，所有者充当企业家的模式不再适用于资本主义经济。然而，现代公司可以在资本市场和由管理者构成的人力资源市场上受到训练，因此巴德汉和罗默通过激励计划复制了这种训练机制，这些激励计划将管理者的声誉和薪水与他们的绩效和公司中不可流通的股份的分配挂钩。这样就可以实现对经济的动态监测，并且保住对财富分配的政治控制权。

支持这种模式的观点来自斯蒂格利茨式的沿着"信息"路线重铸经济理论的计划。如果某个人渴求的是一个变化和流动的社会，那么他应该选择资本主义。但如果他需要的是稳定和安全，那么他应该选择社会主义。一旦引入了不完整和不完全的信息，芝加哥学派的市场制度捍卫者就无法支持现实是符合帕累托效率的描述性主张。因此，斯蒂格利茨运用理性预期的均衡假设，提出了一种对资本主义的新的理解，这种理解比通常运用理性预期假设的理论家提出的更加现实。但这导出了一个自相矛盾的结论：资本主义偏离了均衡模型，而这为国家行为（即社会主义）作为一种补救方式提供了正当性理由。①

然而，如果某人愿意回到数学的准确性比精巧性更为重要的时代，那么他可能喜欢更加现实主义的分析。虽然斯蒂格利茨、格罗斯曼和萨将现实因素引入均衡框架的做法令人钦佩，但均衡框架仍然是首要的，这阻止了他们解决社会主义经济计算辩论的核心问题。该框架引入了人类的易错性，但却没有引入我们对不断变化的环境的适应能力，以及我们从错误的开端和注定失败的项目中学习的能力。分析中引入了人类的不完美性，但只通过与均衡理想的对比来谴责这种不完美性。分析中对于不完美的人类如何尝试应对充满无知和不确定性的现实，仍然缺乏探索。结果是，我们将这个世界一分为二，一边是私营部门，它们遵循理性预期假设，但对于哪怕是最轻微地偏离了一般均衡的情况，也无能为力；一边是公共部门，是由支持规范性均衡的理论家通过想象创造的，好像能够用"看不见的手"来解决私营部门所产生的问题。正如保罗·萨缪尔森早先提出的新凯恩斯主义综合理论那样，规范与现实之间的差距是由无所不知的国家来弥补的。

另外，在米塞斯和哈耶克的分析中，由于不均衡而产生制度和习惯的复杂网络是他们的研究对象。根据米塞斯和哈耶克的看法，受法律保护的财产权有助于在不完美的现实中进行学习，因为财产权会鼓励投资，会激励负责任的决策，会允许旨在纠正错误的经济实验，并通过发出价格和盈亏信号来合理指导资源使

---

① 斯蒂格利茨确实证明了一般均衡的结果对于初始假设的敏感性。一旦对现实（半心半意的）让步，即便是理性预期模型改变了初始假设，也不会得出芝加哥式的效率结论。

用，为经济计算提供基础。形式化的竞争均衡模型，比如兰格的社会主义模型，则无法处理这些制度性问题。修正后的形式化模型从表面上看符合现实，比如斯蒂格利茨的新经济学，但同样存在不足。①

在奥地利学派的论证中，做出决策的具体环境传达了至关重要的信息。获取信息的成本高昂，但如果信息是由一种竞争激烈的、私有财产交换的环境所产生的，那么它就是不同的信息。行为人赖以决策的知识并不是普遍的和抽象的，但如果要通过官僚计划或政治审议来复制知识，那么知识必须是普遍的和抽象的。

此外，在巴德汉和罗默的模型中，关于民主的运作，没有任何现实性，哪怕是表面的现实性。在广泛民主的现实世界中，委托人或代理人问题②与现代公司一样真实存在，更不用说偏好造假③和普遍无知④等问题。巴德汉和罗默将政治失败等同于金钱和权力带来的不平等影响的问题。这种等同关系更多的是假设，

---

① 比如说，兰格指责米塞斯是"制度主义者"，因为他认为进行理性经济计算的能力与特定的制度背景有关，即生产资料私有制，参见下文。
Oskar Lange, "On the Economic Theory of Socialism," in *On the Economic Theory of Socialism*, edited by Benjamin Lippincott (1939; repr., New York: Augustus M. Kelley, 1970). Stiglitz, *Whither Socialism?*, 174–175, also doubts the importance of private property in influencing economic performance.

② 参见关于"国家理论"的讨论。
Peter B. Evans, Dietrich Rueschmeyer, and Theda Skocpol, eds. *Bringing the State Back In* (New York: Cambridge University Press, 1985).

③ Timur Kuran, *Private Truths, Public Lies* (Cambridge, MA: Harvard University Press, 1995).

④ Philip E. Converse, "The Nature of Belief Systems in Mass Publics," in *Ideology and Discontent*, edited by David E. Apter (New York: Free Press, 1964), 206–261; Friedman, "Public Opinion and Democracy."

而不是证明。他们设想，如果没有财富的不平等，就不会形成有效的利益集团，所以民主进程就能够体现"人民的意志"。但是，他们没有检验民主决策的质量如何，即使在没有利益集团的情况下，他们也忽视了意识形态、个人影响力、身份政治、仇外心理和有差别的无知[1]等因素可能像金钱一样容易成为不平等的权力的来源。

从政治乌托邦到经济乌托邦，再从经济乌托邦到政治乌托邦

萨缪尔森的综合理论创造了一个一般均衡的微观经济学理论与凯恩斯主义宏观经济学相结合的相当奇怪的组合。罗伯特·卢卡斯在20世纪70年代早期曾反复指出，研究生们在周一和周三微观经济学理论的课程上，老师教的是一回事，而在周二和周四宏观经济学理论的课程上，老师教的又是另一回事。微观经济学和宏观经济学之间的联系被认为应该是在劳动力市场上找到的。但是，如果劳动力市场处于竞争均衡状态，那么这就意味着达到了充分就业的产出水平，即不存在宏观经济学问题。

在萨缪尔森的新凯恩斯主义模型中，由于"工资黏性"和"货币幻觉"，原本不成问题的事却成了问题。根据古典经济学家的观点，失业是由工会或政府对工资调整限制造成工资刚性导致的。如果没有这种刚性，那么降低工资可以让劳动力市场出清，

---

[1] W. Russell Neuman, *The Paradox of Mass Politics: Knowledge and Opinion in the American Electorate* (Cambridge, MA: Harvard University Press, 1986); John Zaller, *The Nature and Origins of Mass Opinion* (Cambridge: Cambridge University Press, 1992).

不会发生大范围的、持续性的失业。然而，凯恩斯主义经济学家提出，失业问题可能是自由市场的内生问题。这是因为，第一，在资本市场上，储蓄和投资之间的不协调可能无法产生充分的有效需求，从而加剧悲观预期；[①]第二，工人对削减名义工资的心理抵制，以及他们无法区分名义工资和实际工资。就像新古典理论家接受社会主义理论一样，那些对均衡持描述性和规范性观点的理论家都已经接受了后面这个原因。实际上，攻击凯恩斯主义理论是芝加哥学派兴起的核心原因，而反过来，也是通过这个原因，"新凯恩斯主义"（New Keynesianism）[②]取代了芝加哥学派。

在萨缪尔森建立的凯恩斯主义模型中，工人关心的是与他们相关的名义工资而不是他们的实际工资。因此，在经济不景气的时候，名义工资的下调虽然可能会使劳动力市场达到均衡，但将遭到工人们的抵制。工资调整中的这种"黏性"使得就业不足的均衡出现成为可能。[③]只有货币政策和财政政策才能够改变这种经济局面，使其转向充分就业。工人对实际工资因通货膨胀而逐步间接下调的抵制，不如对雇主直接下调名义工资的抵制那么强

[①] John Maynard Keynes, *The General Theory of Employment, Interest, and Money* (1936; repr., New York: Harcourt, Brace & Jovanovich, 1964), 245–271.

[②] 在此给这种新凯恩斯主义加引号，以区别于新凯恩斯主义（neo-Keynesian）。——译者注

[③] 这里所说的均衡是按其古典意义定义的：不存在改变现有状态的内生性力量的状态。定义均衡状态是凯恩斯主义理论的基础。正如富兰克林·费雪所写，凯恩斯在《就业、利息和货币通论》一书中试图回答的核心问题是，一个经济体是否（以及如何）陷入就业不足的均衡状态。为了证明这一点，仅仅证明存在这种均衡是不够的，我们还必须证明它至少具有局部稳定性的特征，因此如果没有外部环境的变化，一个相当接近该均衡点的经济体就无法摆脱这样的状态。

Fisher, *Disequilibrium Foundations*, 9.

烈。因此，根据萨缪尔森的新凯恩斯主义综合理论所开出的公共政策处方，是建立在政府干预之上的。通过政府干预，避免过度繁荣和萧条，促进经济增长。干预主义者的共识体现在，他们认为通货膨胀和失业之间存在一种稳定的权衡，而政策制定者的任务就是针对这种权衡进行谈判。

这种模型的主要困难在于它依赖对工人非理性的假设，这与芝加哥学派很快将其取而代之的超理性假设一样令人难以置信。

萨缪尔森假设工人会被货币幻觉系统性地反复愚弄，这不是对均衡模型和凯恩斯主义经济学的真正结合，而是对新古典微观经济学的理性自利行为模型的一个临时的、先验的修正。因此，它在两个方向上存在弱点：要么是制度主义者试图以牺牲新古典主义理论（后凯恩斯主义），来保留其特别的"经验主义"要素，[1]要么是超形式主义者试图通过清除凯恩斯主义中的秽物来净化这种综合理论。不用说，对于现在已与形式性技术相结合的经济学而言，第二个方案是最有吸引力的。它解释了在20世纪70年代，芝加哥学派的"新古典"（New Classical）[2]经济学在改变经济学的干预政策主题方面所取得的惊人成功。而自"大萧条"以来，经济学就一直坚决奉行干预主义。

米尔顿·弗里德曼对适应性预期的分析打响了芝加哥学派反革命运动的第一枪。接下来，理性预期理论的发展彻底推翻

---

[1] Paul Davidson, "The Economics of Ignorance or Ignorance of Economics?" *Critical Review* 3, no. 3–4 (1989): 467–487. David L. Prychitko, "After Davidson, Who Needs the Austrians? Reply to Davidson," *Critical Review* 7, no. 2–3 (1993): 371–380.
[2] 以下对这种新古典加引号，以区别于新古典（neo classical）。——译者注

了新凯恩斯主义的综合理论。① 萨缪尔森的微观经济学的理想类型（即均衡）与非自愿失业互相调和的观点被否定了，与之相伴的凯恩斯主义的药方也被抛弃了。芝加哥学派支持不存在非自愿失业的观点，因此认为政府的行动是不必要的。其结果是推导得出自由放任的结论，而自由放任曾被形式主义革命所颠覆。于是，经济学清除了因现实主义而引入的凯恩斯主义杂质。均衡理论不再作为指责市场经济的标准，而是坚持认为市场始终处于静止的均衡状态。在芝加哥学派的外在压力下，解释现实如何偏离均衡的一个连贯的形式主义理论，即新凯恩斯主义综合理论，崩溃了。

由于形式主义经济学无法就资本主义如何调整非均衡的现实过程进行建模，经济学家现在不得不在非理性的非均衡世界（原始凯恩斯主义）、理性但不现实的均衡世界（"新古典"经济学）以及这两者站不住脚的混合物（"新凯恩斯主义"）之间做出选择。信奉形式主义的新凯恩斯主义经济学家，试图将凯恩斯关于资本主义经济不能保持充分就业的推测纳入一般均衡理论中。到了20世纪50年代，他们的模型已经成为任何经济学家想要别人从专业角度认真听取他的意见，都必须遵守的知识标准。但是凯

---

① 弗里德曼的适应性预期理论实际上是他对凯恩斯主义的分析和公共政策体系的一系列批评中的最后一个。他在消费理论方面的著作对凯恩斯主义消费理论的行为前提提出了质疑，在货币数量理论方面的著作对凯恩斯主义货币理论发出了挑战，在规则与自由裁量权之间的关系方面的著作对凯恩斯主义的微调提出了质疑。

恩斯经济学提出了超出模型范围的问题。①

芝加哥学派坚持现实必然接近均衡的理论，从而缓和了"新凯恩斯主义"理论与现实之间的紧张关系。但是，由于芝加哥学派像新凯恩斯主义者一样坚信形式主义的方法，而它无法解释现实市场经济为何能够接近充分就业均衡的理论，也就像萨缪尔森无法解释失业均衡是如何形成的一样。完美市场是一种假设，而不是"新古典"经济学的结论，就像刚性失业是"新凯恩斯主义"的假设那样。

理性预期技术和"新古典"经济学的发展在20世纪70年代和80年代主导了经济学思想。②"新古典"主义者可以把所有现实中的无知都解释为最优状态，而不违背完美知识的假设。这种模式中不存在非自愿失业，因为一旦将搜索成本考虑进去，劳动力市场就永远处于均衡状态。不均衡被认为与经济学理论不相

---

① 凯恩斯关于现代资本主义失败的理论既依赖经济因素，也依赖文化和心理因素。凯恩斯认为，股票市场上大肆吹嘘的"赌场"性质的出现，是交易文化（和人口结构）变化的结果。在19世纪，更文明、更有教养的商人提防着由于兽性而引起的市场的剧烈波动。然而到了20世纪，旧习惯消失了，随之破裂的是乐观和悲观的狂涛。凯恩斯提倡的纠正市场崩溃的干涉主义政策建立在这样的假设上，即政府中的人比那些在熙熙攘攘的市场上做生意的人能够更好地评估资本投资的效率，特别是长期投资的效率。

② Robert E. Lucas and Thomas Sargent, eds., *Rational Expectations and Econometric Practice*, 2 vols. (Minneapolis: University of Minnesota Press, 1981). Brian Snowdon, Howard Vane, and Peter Wynarczyk, *A Modern Guide to Macroeconomics: An Introduction to Competing Schools of Thought* (Aldershot, UK: Edward Elgar 1994), 188–218. Kevin Hoover, "New Classical Economics," in *The Elgar Companion to Austrian Economics*, edited by Peter J. Boettke (Aldershot, UK: Edward Elgar Publishing, 1994), 576–581.

容。①如果有人失业，那一定是因为他更愿意继续寻找新工作，而不是按现有的工资接受这份工作。

"新古典"经济学家还试图将商业周期理论建立在企业均衡理论的基础上。②罗伯特·卢卡斯的商业周期理论假设的是，价格信号中的噪声阻碍了经济主体区分由市场条件变化引起的相对价格的变化和由通货膨胀引起的总体价格水平的变化。货币供应量的增加转化成总体价格水平的变化，对产出水平应该没有影响。但如果总体价格水平的变化被经济主体误解为相对价格的变化，那么产出水平可能因这种误解而扭曲。在这个最简版本的卢卡斯商业周期理论里，扭曲必然是由货币供应的意外变化引起的。芝加哥学派后来的实际商业周期理论（与货币商业周期理论

---

① 比如说参见卢卡斯的访谈。

Arjo Klame, *Conversations with Economists*（New York：Rowman & Littlefield，1984）.
这种对非均衡理论的摒弃不仅中断了传统凯恩斯主义分析的发展，还阻碍了克洛尔（Clower）和莱约霍夫德的研究、保罗·戴维森（Paul Davidson）所做的后凯恩斯主义分析，以及奥派经济学。费雪认为卢卡斯的立场的特征是"市场永远是出清的"。如果一个人采取这种立场，均衡分析就不需要任何理由。现实市场上价格的变动将作为暂时的均衡序列用于分析。报价会即时调整到短期均衡点，参见下文。

Fisher, *Disequilibrium Foundations*, 5–6.

② 当卢卡斯开始阐述商业周期的均衡理论时，他经常视哈耶克（当时哈耶克刚因经济周期理论获得诺贝尔经济学奖）为其理论的先驱。事实上，哈耶克确实坚持认为，凯恩斯主义者没有发展出一个关于商业周期的均衡理论，这是他们犯的一个错误。但哈耶克的意思是，除非从充分就业的状态出发，解释失业为什么会在充分就业的情况下产生，否则就不能为失业提供合理的解释。在凯恩斯及其早期追随者所阐述的体系中，充分就业在分析之初就被否定了，因为分析是从失业（闲置资源）开始的。哈耶克只是把充分就业的均衡状态作为真正分析的一个预备条件，而真正分析的目的是解释失业是如何出现的。因此，哈耶克的立场与凯恩斯和卢卡斯的都是相反的。凯恩斯把需要解释的东西当成了假设条件，而卢卡斯不仅把均衡当作他分析的开始，还把它当作分析的结束。

相反）强调外部因素，比如技术变化和随机冲击，以解释总体产出水平的波动。

"新古典"经济学要求的太多了。在模型中，经济主体在不断地且总是以最好的方式更新他们关于世界状况的知识。此外，经济主体被认为与货币主义者一样，能够理解货币政策对价格水平的影响。这一假设使得经济主体有能力打败政策制定者。因此，政府系统性的理性干预没有用处，只有意料之外的政府政策才会影响总产出水平。尽管这个模型完全精确，但它对世界的描述明显与现实相反。坚持认为在20世纪30年代存在真正的非自愿失业，这并没有引起争议。而凯恩斯主义对发生这种现象的解释是经济主体没有适应性。① 受限于形式主义方法论的要求，经济学家完全无法解释对变化的经济条件的不完美适应，因此他们选择解释这种不完美性，而不是像新凯恩斯主义者那样，将不完美性作为赤裸裸的现实来接受。

相反，"新古典"经济学的完美市场假设及其极端的政策意义反而促成了"新凯恩斯主义"的发展和非自由失业分析的重要性的理论的复活。② "新凯恩斯主义"试图为工资和价格的黏性

---

① 凯恩斯主义体系的问题之一是经济主体的动机和行为缺少对称性，这与愿意微观经济体的经济学家型专家的观点相反。经济主体被认为是非理性的和自私的，而政府决策者则被认为是完全理性的和有公德心的。像所有的理想类型一样，这种情况是特定时间和地点的现实的体现。但这需要证明，而不是假设，否则理论家只能通过操纵假设才能得到预先确定的政策结论。

② Robert Gordon, "What Is New-Keynesian Economics?" *Journal of Economic Literature* 28: 3 (September 1990), 1 115–1 171. Lawrence Summers, *Understanding Unemployment* (Cambridge, MA: MIT Press, 1990).

提供关于理性选择的微观经济学基础。①第一个"新凯恩斯主义"模型强调的是价格体系的名义刚性。与假设价格完全灵活的"新古典"经济学模型相比,其强调价格往往受各种原因影响而相当不灵活。"新凯恩斯主义"认为,现实的劳动力市场通常由于长期合同普遍存在而显示出不灵活的特性,因此即使经济主体有理性预期,名义刚性也会妨碍市场的调整,并产生对凯恩斯主义干预政策的需求。

在早期的"新凯恩斯主义"模型中,长期劳动合同具备市场刚性。然而,"新古典"经济学理论家批评这种长期劳动合同因市场刚性而缺乏理性选择的基础。既然这些合同日后会被证明不是最佳选择,那么为什么追求利润最大化的公司会一再地把自己锁定在长期合同中?下一代的"新凯恩斯主义"模型强调市场调整中的实际刚性,同时在整个模型结构中保留理性预期(或接近理性)的行为假设。斯蒂格利茨等"新凯恩斯主义"经济学家能够证明,在信息不全知和市场结构不完美的世界中,可能

---

① 收集了新凯恩斯主义思想的主要论文,请参见下文。
Gregory Mankiw and David Romer, eds., *New Keynesian Economics*, 2 vols. (Cambridge, MA: MIT Press, 1991). Snowdon, Vane, and Wynarczyk, *Modern Guide*, 286–330; and Sean Keenan, "New Keynesian Economics," in *The Elgar Companion to Austrian Economics*, edited by Peter J. Boettke (Aldershot, UK: Edward Elgar Publishing, 1994), 582–587.
"新古典"经济学模型和"新凯恩斯主义"模型的一个重大区别在于"新古典"经济学模型采用价格接受行为的假设,而"新凯恩斯主义"模型采用的是价格决定垄断行为的假设。

会出现非市场的出清均衡。① 因此，实际刚性能够在长期均衡中产生非自愿失业。此外，"新凯恩斯主义"模型也不受针对凯恩斯主义者和新凯恩斯主义者的批评，即批评他们假设工人持续的非理性，并持续误解价格水平。"新凯恩斯主义"模型中追求最大化的经济主体并没有遭受信息不均衡，但仍然经历了非自愿失业。直觉上，这是一个令人高兴的发展，因为如罗伯特·戈登（Robert Gordon）指出的那样，显然失业的工人和公司对他们的状况并不满意。"工人和公司的行为并不像他们自愿选择削减生产和减少工作时间那样。"② 保罗·克鲁格曼写道：

> 这种"新凯恩斯主义"思想具有至关重要的作用。20世纪70年代，保守的宏观主义经济学家认为凯恩斯主义是有逻辑缺陷的理论，它不可能是正确的。相反，"新凯恩斯主义"的理论表明，经济衰退是市场失灵的表现，而政府行为可以纠正市场失

---

① 如同萨缪尔森在形式主义革命中成为中心人物那样，在当代经济学中，斯蒂格利茨正在成为中心人物。和萨缪尔森一样，斯蒂格利茨的著作主导了研究生课程，他还出版了一本入门级教材《经济学》，该书为新一代学生总结了他对经济学的巨大贡献。正如萨缪尔森主义定义了从20世纪50年代到70年代的经济学一样，很可能从现在到21世纪的很长一段时间内，斯蒂格利茨经济学会主导经济学的思维和教育。斯蒂格利茨的影响力也更为直接，因为他曾在总统的经济顾问委员会和世界银行担任首席经济学家。许多受斯蒂格利茨启发的观点被运用到政策辩论中，涉及医疗行业的干预（逆向选择）、银行业（逆向选择和道德风险）以及反垄断（不完全竞争）。与萨缪尔森相比，斯蒂格利茨使经济学更倾向于干涉主义的假定。萨缪尔森将市场失灵视为有效市场一般规律的例外。但格林沃尔德—斯蒂格利茨定理假定市场失灵为常态，从而确立了"政府几乎总是有潜力改善市场的资源配置"。而萨平顿—斯蒂格利茨定理则"确定一个理想的政府能够通过私有化更好地管理企业"。
Stiglitz, *Whither Socialism?*, 179.
② As quoted in Snowdon, Vane, and Wynarczyk, *Modern Guide*, 288.

灵。这种观念确实是正确的。这很有用，因为实际上凯恩斯主义大体上是正确的，所以有一个让我们认同凯恩斯主义的理由挺好。①

"新凯恩斯主义"能够通过效率工资定理得到这种结果。如果工人的生产力取决于其工资，那么雇主提供超过市场出清水平的工资率可能是合理的。②但雇主可能拒绝将工资降到市场均衡水平，因为他们担心现有员工的生产力会下降。由于员工意识到工资明显高于他们在别的地方工作能够得到的工资，他们将会更加努力地工作，减少逃避，减少辞职离开，并且忠诚和勤奋，所以员工得到高出市场均衡水平的工资可能是合理的。③然而，高于均衡水平的工资所产生的副作用是失业工人和企业在面对劳动力价格下降时都存在困难。④过高的工资和由此带来的非自愿失业，就这样结构性地嵌入了资本主义。

然而，这个模型与新凯恩斯主义以及"新古典"经济学的

---

① Krugman，*Peddling Prosperity*，215.
② 换句话说，在工资的边际生产力理论中所隐含的因果关系与效率工资定理是相反的。工人不是因其边际生产率而得到相应的工资，而是根据他们所得的工资提供相应的生产率。
③ 该定理假定潜在雇员比雇主更了解他们的工作技能和个人素质。因为雇佣和解雇的成本不是微不足道的，所以公司担心所雇佣的人最终会因为生产率低下而被解雇。在这种情况下，"新凯恩斯主义"模型认为，愿意以低于效率工资的工资工作的求职者会发出一个信号，表明他们是低生产率的工人。这是一种逆向选择。
④ 失业工人被认为有各种原因不能接受压低工资而受雇，这些原因总结为内部人员（在职工人）相对于外部人员（失业工人）的优势。用外部人员替换内部人员的成本通常相当高，因为如果内部人员察觉到外部人员可能会带来减薪，外部人员就会很难适应内部人员的工作环境。

模型一样都是形式主义的。"新凯恩斯主义"提出了许多关于市场摩擦的有趣问题，但由于它仍然是以一般竞争均衡模型作为基准，因此效率工资只是取代了货币幻觉作为一种临时的、没有经验根据的教条，来解释为什么在其他方面都接近均衡模型的完美世界中，还会发生失业这样的麻烦事情。可以肯定的是，"新凯恩斯主义"是对"新古典"经济学的改进，"新古典"经济学假设所有市场调整都是即时完成的，包括劳动力市场。"新凯恩斯主义"者至少注意到了非自愿失业的存在。但是他们对这种现象的解释，与现实中公司设定工资的倾向（哪怕做了最粗略的检验）不一致。日常经验表明，高工资往往是由对人才的大量需求引起的，而不是产生了对人才的大量需求的原因。当对某个工人才能的需求减少时，他的工资就会减少。这样的观察结果重新解释了非自愿失业，即存在某些外生的因素使得劳动力无法通过接受降薪以避免失业，这是因为如果存在系统性的失业，就一定有什么事情扰乱了市场的损益纠错机制。在这一点上，经济学必须坚决摒弃"新凯恩斯主义"，因为后者预设了市场中存在造成大规模失业的内在根源。①

当然，在某些公司、行业中，甚至整个经济体中，"新凯恩斯主义"完全可能被证明是真实有效的。"新凯恩斯主义"者肯定有责任去证明这些理论不仅仅是一种猜测，但是他们已经放弃了这一义务，就像"新古典"经济学反对者放弃证明存在完美市场那样。相反，"新凯恩斯主义"者似乎满足于将凯恩斯对市场

---

① Cf. Don Bellante, "Sticky Wages, Efficiency Wages, and Market Processes," *Review of Austrian Economics* 8（1994），21–33.

无法单独解决失业问题的理论置于理性选择的基础之下。理性预期的理论家们发展出了详尽的证据，证明新凯恩斯主义描绘的图像为什么不真实，而"新凯恩斯主义"者一开始就假设这种图像（或非常类似的图像）必然是真实的，然后试图解释这种"现实"是怎么来的，就像克鲁格曼所说的那样。因此，归根结底，"新凯恩斯主义"者和芝加哥学派一样具有意识形态倾向。在这两者的手中，经济学被简化为一种游戏，他们用洋洋大观的理论来装点关于市场好坏的先入为主的观念。在这两种情况下，经济学家都没有履行检验其解释真实性的基本科学责任。

然而，对当代经济学的两大主流学派所做出的如此严厉的指责，只不过是注意到了他们运用均衡模型的方式（要么认为均衡模型代表现实，要么认为均衡模型是批判现实的标准）的逻辑含义。而这让我想起了新古典经济学被边缘化的过程，那是哈耶克1933年发表就职演讲后不久所发生的事。说到底，正是意识形态的冲动，即左翼经济学家为凯恩斯主义的干预主义及社会主义正名的愿望，导致了形式主义的最初胜利。这些经济学家认为，市场几乎没有自我纠错和调整非均衡的能力，因此他们将国家视为缩小理论与现实之间差距的天外救星。芝加哥学派对这种观点的反应同样是意识形态上的，尽管它奉行科学主义，只不过在这里救星却是市场本身。更有甚者，哈耶克因为不能用"科学化的"形式主义语言表达自己的观点，就被视为具有意识形态倾向，然而引入这种形式主义语言实际上产生的效果是，为任何可以用形式主义术语表达的意识形态倾向颁发了许可证。

芝加哥学派关于现实的乌托邦观点，以及其反对者的反乌托邦观点，都因为假设均衡必然用于描述市场而获得了生命力。芝加哥学派只是通过赞美"市场的魔力"来确认以均衡描述市场的意图。而凯恩斯主义者、新凯恩斯主义者和"新凯恩斯主义"者同样确认了这种意图，但他们否认由此产生的描述是准确的。因为他们认为这种模式是只有通过政府行动才能实现的理想，所以他们用"国家的魔力"代替了"市场的魔力"。但是，不管是凯恩斯主义者还是芝加哥学派都没有解释如何从制度的角度弥补市场的缺陷，而不是让市场或具有英雄式能力的政治行为者来规避这种缺陷。

两个学派都忽略了均衡是一种静态的结构，它不可能代表一个存在时间、无知和不确定性的动态世界。理想与现实之间的分歧，能够反映出现实可能具有制度化的纠错属性。实际上，这些纠错属性可以被视为推动世界走向一般均衡的力量。但就像任何理想模型一样，均衡是一种假设，不一定受现实世界的影响。[①]任何一门科学的主要任务都是研究各种理想类型与经验现实的吻合程度，这意味着科学主要是实验问题，或者在社会科学中是历史研究的问题。也就是说，科学不是建立模型的问题，而是测试模型的问题，即测试容易理解的模型在特定情况下的适用性。尽管如此，某个特定实例对理想模型的"证伪"并不要求其把理想模型当作无用的东西丢弃。它可以帮助科学家建构反映特定时空

---

① 在这一段中，我遵从杰弗里·弗里德曼（Jeffrey Friedman）的"引论：政治的经济学方式"。它阐述了一种韦伯式的特殊的方法论。但我不赞同它指责前形式主义的经济学是在假设而不是在调查其理想类型与现实的对应。

"Introduction: Economic Approaches to Politics," in *The Rational Choice Controversy: Economic Models of Politics Reconsidered*, edited by Jeffrey Friedman (New Haven, CT: Yale University Press, 1996), 16ff.

情况的更为现实的模型。这一程序曾让经济学迥然不同于那种先预设结论再提供理由的学科。

问题出在哪里

我并不是说，遵循"理想类型"程序的经济学家，比如哈耶克，本身不会受到意识形态的影响。但原则上，将模型视为理想类型可以让这个人或者他的同行，通过对模型适用性的实证检验以及可理解性的哲学检验来根除自己的意识形态偏见。

当然，理想类型的观点本身也是一种理想类型。某些科学家或某些学科的观点在某个时代应用得多些，而在其他的时代应用得少些。不幸的是，自1933年以来，西方经济学思想的趋势是将这种理想类型，以及这种理想，仅仅变成了一种虔诚的希望。尽管官方经济学家支持米尔顿·弗里德曼的方法论实证主义，但对理论进行反现实检验已经变得越来越不重要。相反，生成形式化的模型本身已经成为目的。[1]这几乎是不可避免的，因为形式主义的原则要求经济论证只有以特定的语言进行，才能被认为是符合科学的。[2]

因此，经济学教育的主要重点都不是传达对现实市场制度的理论理解。这不被视为他们的教育目的。迪尔德丽·麦克洛斯基指出"美国大学的经济学已经成了一种数学游戏。科学已经从

---

[1] Cf. Friedman, "Introduction," 12–13; Thomas Mayer, *Truth versus Precision in Economics* (Aldershot, UK: Edward Elgar, 1993).

[2] 20世纪40年代以后，如罗伯特·索洛所说，审慎而明智的讨论不再是严肃经济学的研究方式。建模已经成了标准的思想活动。

经济学中消失了，代之的是一种任天堂式的假设游戏，它的实际收益就像下国际象棋或玩扑克牌的一样。"① "经济学研究生院一直在培养科学文盲"，而不是培养以求理解真实历史时期中经济力量的运作性质的经济学家。这些批评很尖锐，但大都是一针见血。安久·克莱默（Arjo Klamer）和戴维·科兰德（David Colander）在《制造经济学家》（The Making of an Economist）一本中详尽地阐述了形式主义革命如何以数学技能取代对历史和制度细节的敏感性，以及可以预见的学生对形式主义经济学所建立的内部奖励制度的反应。

哈耶克在写《经济学思维的趋势》（The Trend of Economic Thinking）时所意识到的思想转变，提供了一个有用的观点，可以用来类比当前的情况。哈耶克认为，真正的危险在于第二代反理论的经济学家和第一代形式主义者，曾受教于老一辈的经济学家，仍然具有某种历史和制度的现实主义的意识，而这是第二代及其后各代经济学家所没有的。第一代形式主义者的均衡模型仍然必须满足一定的现实主义标准，即使这些标准不再是方法论所正式要求的。然而，在那之后，是模型，而非现实，成为智力兴奋的主要来源，技术从此战胜了内容。

形式主义革命的这种自然发展的结果是，出现了一种新型的理论相对主义。哈耶克认为历史主义是以相对主义来挑战古典经济学和新古典经济学的分析性主张，特别是挑战这些主张在公共政策中的应用。历史主义者拒绝自由放任的论点，他们的理由

---

① Deirdre N. McCloskey, "The Arrogance of Economic Theorists," *Swiss Review of World Affairs*（October 1991）: 12.

是，自由放任是基于对人性的错误假设，或者对某一历史时期来说是正确的，但却不适用于别的历史时期的分析。这显然需要以事实作为基础的科学方法，但实际上却没有提供实证证据，比如在某些历史时期，供求关系的规律"作废"。要做到这一点，历史主义必须解释在没有这些规律的情况下，是什么动机推动了所观察到的经济关系。但是，在大多数情况下，没有这样的替代性解释。相反，历史主义者通常会指出表面上看来与经济规律相矛盾的一些现象，然后就得出一个全面的结论：面对这样的现象，人们必须放弃普遍的理论，转而采用收集数据并根据特定情况进行决策的方式。朴素的经验主义用混乱的、隐秘的理论，代替了古典经济学中，被韦伯推崇为理想类型方法的谨慎的、可辩驳的理论。古典经济学假设工具理性行为是现实世界中普遍实例化的理想类型，而历史主义者打着否定这种假设的旗号，提出了另一种同样是先验的、非科学的理论方案——一种由历史决定的动机多元论方案，但却没有以任何行为证据的严格调查为基础，甚至不能就这种理论方案进行明智的辩论，因为关于特定时代的理论主张是隐含的，且逻辑不一致。

形式主义革命也产生了类似忽视具有经验意义的严谨理论的现象。理想类型的理论被设计用来确定现实世界中过程能否解释非均衡现象朝向难以捉摸的假设均衡状态的运动。但是，为了用数学术语来描述均衡模型，形式主义者必须将均衡视为静态。在这种静态条件下，只能抽离时间因素来比较非均衡与均衡，或者将非均衡当作假象清除掉。

不同的形式化模型产生不同的结论，并且原则上每个模型都同样无法解释现实中的非均衡，因此在绝对意义上在它们之间无法做出选择。基于"新古典"主义假设的反干预主义论点很可能是错的,就如同基于"新凯恩斯主义"假设的干预主义论点很可能是对的一样。我们所拥有的只是一系列逻辑一致且非常优雅的模型,但这些模型与现实世界几乎没有关系,除了告诉我们一切皆有可能。

宏观经济学存在的问题同样存在于微观经济学中。比如工业组织的情况,如富兰克林·费雪在一篇评论《产业组织手册》(*Handbook of Industrial Organization*)的文章中所指出的那样,现代工业组织的主要组织原则就是没有组织原则。[①]现代理论仅仅证明了,任何事情都可能发生,只要给出不同的假设。不可否认的是,所有这些模型都不切实际,不能说明经济中的实际情况。这被看作实用主义的一个弱点,却并不是一种"理论上"的弱点,因为理论已经脱离了现实。这种模型与现实无关的特质是为了方便理论家进行复杂的数学运算,而不是用来检测现实。相反,实际进行的实证分析很少受理论影响。而任何政策偏好都能够以某种模糊的方式得到这种或那种模型的支持。

讽刺的是,以上的分析方式为干预主义开了绿灯,但却是芝加哥学派自由放任主义方法论的产物。萨缪尔森负责将经济学理论转变为应用数学的一个分支,但弗里德曼必须承担改变经济学家心理的部分责任,他撰写的具有开创性的《实证经济学文集》(*Essays on Positive Economics*)为此发挥了作用。他的这本书,以及萨缪尔森的关于技术经济学的权威理论,是过去四十年间经

---

① Franklin Fisher, "Organizing Industrial Organization: Reflections on the *Handbook of Industrial Organization*, "Brookings Papers: *Microeconomics* 1991 (1991): 201–240.

济学研究生教育的主要内容之一。

弗里德曼认为，某个假设只要能够产生实证的预测即可，它是否符合现实不那么重要。可以说，经济学出现问题的部分原因就在于对现实的检测成了例外而不是常规。① 但问题不止于此，即使在形式主义革命之后，理论家仍然受到历史和制度敏感性的约束，这阻止他们公然引入错误的假设。② 比如，弗里德曼本人就抨击了阿巴·勒纳的《控制经济学》。他认为，勒纳未能解决在没有私人财产所有权的情况下价格体系所产生的许多制度性问题。根据弗里德曼的说法，《控制经济学》是真空中的经济学，并没有"对经济制度中的管理问题进行现实评估，也没有对经济制度所产生的社会及政治影响进行现实评估"。③ 但弗里德曼的方法论削弱的恰恰是这种现实评估。毕竟，勒纳所做的一切，就像他之前的兰格一样，都只不过是为社会主义复制了资本主义社会中被认为是合理的非现实模型，即完全竞争的一般均衡模型，而弗里德曼认为这种模型是芝加哥学派理解经济现实的基础。只要改变模型中的几个假设，就能让一般均衡的社会主义具备与一般均衡的资本主义相同的效率属性。由于现实中的资本主义明显偏离竞争均衡模型（更类似于垄断而非竞争均衡），因此建立在兰格—勒纳模型之上的现实社会主义将优于资本主义。然而，当弗里德曼作为比较制度的经济学家而不是方法论学家发表评论时，他暗示，只有在严重混淆思想建构和经验现实的情况下，才

---

① Alexander Rosenberg, *Economics—Mathematical Politics or Science of Diminishing Returns?* (Chicago: University of Chicago Press, 1992).
② 当然，除非引入这种假设的目的是进行反事实的思想实验。
③ Friedman, *Essays*, 319.

会产生这种判断。

同样地,弗里德曼鼓吹经济自由放任的著名主张,在大多数情况下与一般均衡模型无关,这与后来的芝加哥学派学者(比如加里·贝克尔)的情况不同。相反,在很大程度上,哈耶克对政府计划面临的信息困难的分析,以及哈耶克对自发秩序的理解,与布坎南的公共选择理论和宪政政治经济学一起,塑造了弗里德曼的政策观点。[①]然而,后来的经济学家对弗里德曼的方法论,似乎比他自己更重视。弗里德曼对实用主义的关注被优雅的形式主义建模所取代。经济现实不再是研究对象,抽象经济的形式主义模型成了经济学家所关注的东西。[②]因此,加里·贝克尔将经济学方法论定义为坚定不移、坚持不懈地使用最大化行为、市场均衡和稳定偏好的假设。[③]他假设这些假设在描述上是准确的,并在此基础上预测市场是有效率的,即使这些假设是比较静态的,而现实世界显然是动态的。

面对阿罗、斯蒂格利茨和其他支持市场失灵的理论家对这种观点提出的批评,芝加哥学派的经济学家通常的回应是坚持认为,如果所有成本都恰好被包含在分析中,那么现实世界应该处于均衡状态。换句话说,支持市场失灵的理论家对理想状态和不完美的世界做了一个不合理的比较。德姆塞茨对"涅槃错觉"的

---

① Milton Friedman, *Free to Choose* (New York: Harcourt, Brace & Jovanovich, 1980).
② 在新干涉主义中,一组假设(最优搜索、完全竞争等)被另一组假设(信息不对称、不完全竞争等)所取代,从而得到干涉主义的逻辑结果。模型,而不是经济,成了研究的对象。
③ Gary Becker, *The Economic Approach to Human Behavior* (Chicago: University of Chicago Press, 1976), 5.

抨击就是芝加哥学派对所谓的市场失灵做出上述回应的一个例子。德姆塞茨认为,阿罗的市场失灵理论源于不合理的推理链,这条推理链从推导理想状态与现实情况的差异开始,通过使用未经检验的替代安排,将其转化为对完美市场的要求。这种要求就像只要一念咒语,完美市场就会从天上掉下来,都不用花钱,而它错就错在世上没有免费的午餐,也就是说,相信另一种安排不需花费成本就能确立。①

这一回应虽然提出了关于比较制度分析的一个重要的分析点,但包含了对支持现状的偏见,而德姆塞茨无法证明其正当性。他认为不管是什么,只要是存在的,就一定是有效的,否则就已经发生了更好的变化。但是,如果经济如德姆塞茨假设的那么有效,芝加哥学派经济学家研究的许多现象,包括货币、企业和法律,就都不会存在了。②这些制度让现实的经济过程能够实现某种程度的自我纠正和经济协调,而这一目的是形式化的竞争均衡模型被认为从一开始就能实现的。然而,只有在均衡并非是对现实的描述,而是不描述现实的理想类型的情况下,才会产生这些制度。

---

① Harold Demsetz, "Information and Efficiency," *Journal of Law and Economics* (March 1969), 1–22.
② 比如说,这就是将科斯与斯蒂格勒、贝克尔或波斯纳进行对比的原因。科斯分析的出发点是,在一般均衡模型中,他试图阐明的现象将不存在。因此,必然只有在偏离均衡的地方才能找到这种现象的原因。在科斯的例子中,这就是正的交易成本。在米塞斯的《人的行动》一书中,这种对比的方法贯穿始终,用以说明在非均衡的变化世界中,各种市场机制的功能意义。通过探索一个没有变化的世界的逻辑,并进行这种对比,人们就可以去探索变化的世界。如果没有这个思维工具的帮助,那么变化的世界将太复杂而不能直接进行考察。

20世纪70年代和80年代出现的"新古典"经济学对经济现状同样表现出自信满满,认为非自愿失业在理论上是逻辑不一致的,在经验上是不存在的。为了捍卫非自愿失业是个神话的观点,"新古典"经济学家假定经济主体能非常迅速地针对各种实际目的及时调整他们的行为,从而在所有的时间点上都能实现均衡。与之相比,"新凯恩斯主义"的效率工资理论似乎成了清醒的现实主义典范。①

"新凯恩斯主义"的干预主义是在芝加哥学派所谓天衣无缝的均衡理论的漏洞上发展起来的。但是,支持新干预主义的论据,仅仅是芝加哥学派所产生的恶习的一种变体。不完美市场理论,和完美市场理论一样,解决的是与模型有关的问题,而不是模型本该阐明的现实世界的问题。

艾伦·科丁顿(Alan Coddington)指出,现代经济学理论研究的不是人们能够拥有或确实拥有的关于所处的经济环境的知识,而是在完全已知的环境中运用理性的问题。于是,处理那些"能够知道些什么,以及如何得以知道(关于无知、不确定性、风险、欺骗、错觉、感知、猜想、适应和学习)的问题",就是

---

① 市场社会主义的研究方向可以说也是如此。目前,这些模型还不如"新凯恩斯主义"的模型完善。但在罗默的研究中,关键问题是机制设计和确定适当的监测或合同关系,以调整激励。简而言之,罗默试图用理性选择均衡框架来解决市场社会主义相关问题。随着"新凯恩斯主义"模型越来越多地质疑资本主义制度下金融和劳动力市场的效率,对罗默式解决方案的需求似乎在增长,就像20世纪30年代和40年代的社会主义模型与凯恩斯主义有寄生关系一样。

在不改变理论的基础上,对理论进行复杂化和细化处理。①现代理论家的静态理性概念与真实时间的流逝概念相冲突。②如果排除了未来(包括未来所具有的新奇性、不确定性和无知性),那么理性选择理论的假定只能产生形式主义的论据。将现实中的这种情况排除在外的模型不仅是出于反事实的目的,还是描述市场或谴责市场的现实努力的一部分,显然这样的模型必然是不充分的。③

正如我在本部分中试图证明的那样,这不仅是对方法论的一种抱怨,还有很多严重的影响。例如,现代经济分析中排除了生产的时间结构,而这种结构利用异质成分来形成各种组合,构成了具有独特资本结构的特定经济体。因此,现代经济学家仍然看不到根据市场信号不断重组资本的方式。货币价格的调整对交换和生产模式的影响也完全没有纳入经济理论:要么假设价格完全反映基础信息(竞争均衡状态),要么假设价格与基础信息严重脱节,以致市场失灵。在这两种情况下,价格体系的信息内容都

---

① Alan Coddington, "Creaking Semaphore and Beyond: A Consideration of Shackle's 'Epistemics and Economics,'" *British Journal of the Philosophy of Science* 26 (1975): 151.

② Gerald P. O'Driscoll and Mario J. Rizzo, *The Economics of Time and Ignorance* (New York: Basil Blackwell, 1985), 52–70.

③ 当代经济学通过与更现实的情况相结合,比如收益递增、多重均衡和实验经济学的发现,来完善传统理论。在最近一次对现代经济学理论的调查中,戴维·克雷普斯(David Kreps)认为这些发展(尤其是实验经济学)有可能使经济学与现实相关。但是,就像市场失灵理论一样,大部这种研究的要点在于证明现实世界的行为怎样使其偏离标准的均衡模型。标准模型仍然是参考点,因此时间的推移、新知识的产生和变化的条件还没有被纳入经济理论。
"Economics—The Current Position," *Daedalus* (Winter 1997), 59–85.

被歪曲了。显而易见的是，这对理解各种不同的经济体系和经济发展路径产生了深刻的影响。

均衡模型的精确性掩盖了模型与不精确的真实世界的对应性，而模型曾被认为有助于我们理解真实世界。矛盾的是，以自然语言表达不精确的概念与过程，为我们提供比最严格的数学模型还要更加准确的经济世界图景。细致的思考要求逻辑连贯，关联性思考要求与现实相对应。良好的经济学既要求逻辑连贯，又要求与现实相对应。

常见的论点是，数学建模强迫理论家明确地陈述其假设，以消除思想上的歧义，这是基于语法清晰与语义清晰相契合的观点。数学推理保证了建模的语法清晰，但却造成了语义的模糊。①

放弃运用均衡模型进行数学推理预示着关于现实经济世界的研究回归语义性的严格论证标准。

20世纪是完美市场理论与市场失灵理论此起彼伏的时代，两者都将形式主义的一般竞争均衡模型作为辩论的条件。这场辩论将不可避免地由市场失灵一派的理论家获胜。显然，现实中的经济世界并非完全竞争模型，甚至也并不接近完全竞争模型。因此，哈耶克预测的干预主义的胜利不是因为经济理论被抛弃了，而是因为经济理论被误解了。虽然斯蒂格利茨和其他当代市场失灵的理论家试图反驳哈耶克关于私有财产、竞争性价格体系的好处的分析，但实际上他们对哈耶克的回应产生了一种不合理的结

---

① Coddington, "Creaking Semaphore," 159.

论。① 由于哈耶克的论证并不依赖于静态均衡的实现，所以实际市场与模型的偏离并不构成对他的反驳。事实上，偏离模型正是哈耶克理论的出发点。

为了严肃处理哈耶克的论点，经济学家必须放弃均衡模型错误的精确度，并对不精确的现象进行认真的推理，比如时间的流逝、知识的局限性、未来的不确定性以及对机会的发现。② 也许哈耶克的论点在面对这种情况时会站不住脚，但要等到有70年生命的灾难性形式主义价值被抛弃，经济生活重新开始之后，我们才知道是不是这样。

人如机器

引 言

伟大的奥地利经济学家路德维希·冯·米塞斯试图用下面这

---

① Stiglitz, *Whither Socialism?*, 24–26 and 269–277. Also see John Roemer's 1995 essay review of Stiglitz's book, which he refers to as "An Anti-Hayekian Manifesto," *New Left Review* (May/June 1995), 112–129.

② 正如凯伦·沃恩在她关于奥地利学派迁移到美国的书中所下的结论：似乎毋庸置疑，如果在未来的某个时间，我们可以和弗里德曼一起真诚且明智地说，没有所谓的奥派经济学，只有好的经济学和坏的经济学，那么经济科学在理解上就有了很大的进步。但是这时我们所说的好的经济学不仅是一种关于偏好和约束的经济学，还是一种关于时间和无知的经济学。
Austrian Economics in America (New York: Cambridge University Press, 1994), 178.

段警语来阐明自然科学和人类科学之间的差异:"你把一块石头扔进水里,它会沉下去;你把一根木棍扔进水里,它会浮起来;但如果你把一个人扔进水里,那么他必须自己决定是沉下去还是游上来。"米塞斯并不是用人类意志这个故事来否定经济学的科学性。相反,他试图让听众明白人类科学的本质特征——以人的目标和计划来研究人。弗里茨·马克卢普曾经这样说:"经济学就像物理学,如果物质能说话的话。"[1]

不幸的是,20世纪经济学的发展似乎并不在意这一学科的核心是不是人类行为。自然科学从分析中排除了目的和计划而取得了进步,这难道不是真的吗?闪电不是因为众神之怒,而是物质属性的结果。在自然科学中摈弃拟人化是恰当的,但是把人从人类科学中除去就会导致学科的消亡。人的因素被清除了,取而代之的是一台效用机器。经济学发展出了关于这台机器的经济理论,但却忽视了人的经济理论。

机器经济的两个特点,增加了它对那些在自然科学面前有自卑情结的学者的吸引力。它允许以人类意志所不承认的方式进行明确的建模,并且鼓励对总体效应进行校准测量。模型和计量是科学的标识,而机器经济学使经济学家能够毫无保留地进行建模和计量。当然,有些科学家反对这些步骤,也许奥派经济学家米塞斯和哈耶克的反对声是最大的,[2]但是大多数批评者都保持沉默。在本部分中,我强调的是经济学理论20世纪的发展是其清除了人性的结果,然后提出让人重新回到经济分析的中心位置的

---

[1] Fritz Machlup, *Methodology of Economics and Other Social Sciences* (New York: Academic Press, 1978)。

[2] 虽然旧制度主义者拒绝建模策略,但他们认可测量的重要性。

方法。

经济学思想运动由四种相互竞争的观点组成。进一步而言，这些观点中只有一种符合对经济学的理解：既承认经济学真理的普遍性质，又让人性贯穿经济学思想的始终。这是第一种观点，属于主要用文字进行经济学分析的斯密、新制度经济学学者和奥地利学派，这种分析强调行动人在其研究中的中心地位，并坚持经济学命题的普遍性。第二种观点是历史主义和旧制度主义的观点。这一观点虽然是用文字表达，并且突出行动人的地位，但他们相信通过研究揭示的经济学真理是特定的真理，因具体的时空而异。第三种观点属于20世纪的新古典主义经济学。人的因素从分析中几乎被清除了，取而代之的是经济人，类似于最优化的机器人。因为一个行为人明显缺乏这种愿景，而对于构成了经济学真理的认识，从理解人类转向产生预测能力，所以其表述模式是一种纯形式的数学建模和统计检测。这种观点虽然可能没有考虑个人因素，但在认知上信仰独一无二的均衡，因此决定论使得经济规律在本质上具有普遍性成为可能。第四种观点是前两种思想的某种混合。除了无名氏定理和多重均衡概念，这种观点还保持了上述第三种观点的形式化分析，但抛弃了经济学真理必然是普遍真理的观念。这种观点和第三种观点一样，机器人式的反应主导了分析，而行动人被边缘化。上面列出的四种观点及其相互之间的关系如图18-1所示。

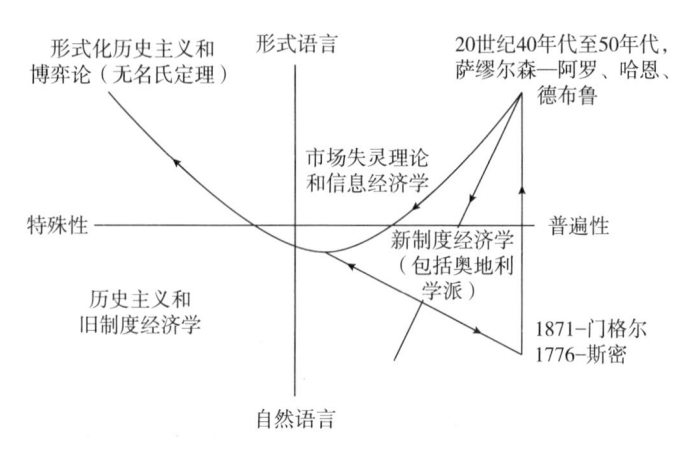

图 18-1　经济学思维的趋势

人的首要地位

对于斯密和他同时代的人而言，行动人是经济学研究的中心。因为他们关注并理解交换活动的道德相关性，认为这与市场行为密不可分。然而，对个人是经济学的终极主题的强调仍然出于这样的认识，即所有的经济活动最终都是易犯错误、有创造性且在进行选择的行动人的活动。就斯密时代的经济学家而言，探索人类行为的动机以及其有意的和无意的结果，就可以发现经济真理。由于这种对经济学中独特的人的因素的强调，斯密和他的支持者相信，经济真理本质上必然具有普遍性。某些国家富裕而其他国家贫穷，不是因为独特的地理位置、较为丰富的资源或历史上的机缘巧合，而是因为某些国家奉行简单的税收政策、公平的司法和有利于财富积累的私有财产秩序，而其他国家则没有这样做。①在像斯密这样的人眼中，以上道理对英格兰如此，对非洲也是如此。此外，表达这些真理的方式是文字的方式。虽然18世纪和19世纪的经济学家基本上用不了现代数学和统计建模的技术，但从斯密的著作中，我们可以判断这种"局限"根本就不是什么局限。他关注的是人和市场活动的动态本质，他认为用日常的语言就能进行最好的表达和理解。因此，我们绝不能理所当然地认为，如果斯密及其同时代的人能够拥有今天的经济学家所使用的形式工具，那么他们不见得真的会使用这些工具。②

19世纪的经济学思想见证了历史主义的兴起，尤其体现在德国历史学派经济学中。虽然像桑巴特或施穆勒这样的经济学家将人的因素置于经济学研究的中心位置，因此采用文字分析方法，但对于他们来说，普遍的经济学真理的概念是空想的。对19世纪的德国有效的"经济法则"正好是19世纪德国人民所特有的真理。后来出现的旧制度主义经济学者研究经济学的方法与此类似。人是分析的中心，但经济真理的普遍性却不是。

与历史主义相反，在奥派经济学的传统中，卡尔·门格尔、

---

① 斯密在他1755年的手稿中写道［该手稿总结了他的研究，最终产生了《国民财富的性质和原因的研究》(*An Inquiry into the Nature and Causes of the Wealth Of Nations*)］："要把一个国家从最糟糕的野蛮状态发展到最高程度的富裕状态，除了和平、简单的税收和可容忍的司法，几乎不需要别的什么，其他都是自然规律带来的。"也可参见斯图尔特在《斯密的生平和著作》(Life and Writings of Adam Smith)中的讨论，该文写于1793年，转载于该出处，可参见下文。
Smith，*Essays on Philosophical Subjects*，"Account of the Life and Writings of Adam Smith，L.L.D.," in *Essays on Philosophical Subjects*, edited by W.P.D. Wrightman（1793；repr., Oxford: Oxford University Press, 1980），269–351.

② 因此，我们认为阿罗—德布鲁的模型与其说是形式化的"看不见的手"，不如说实际上阻碍了我们对"看不见的手"的理解。

路德维希·冯·米塞斯和F. A. 哈耶克都沿袭了斯密的这条理论脉络，强调人的首要地位。[1]如卡尔·门格尔所说，有着欲望并掌握满足欲望的手段的人本身就是，人类经济生活的起点和终点。[2]经济学家作为人类的一员，正是他们研究的对象。从这个意义上说，人类科学比自然科学有优势。因为这种独特的地位，人类科学能够认识到现象的根本原因——人是选择者。[3]这使得人类行为科学能够追求因果逻辑。如哈耶克所说，我们总是通过将这个人投射到一个我们已知的事物分类体系中，来补充我们对他的行为的实际观察，而不是通过观察、对比其他人的行为来理解他，这是因为我们也正是以这种方式来看待自己。[4]对于奥地利学派来说，经济学与其他科学的不同之处恰恰在于它处理的是有目的的行为人。时间、不确定性和学习的重要性都要加以强调，因为这些是人进行选择的必要条件，也是现实世界中的人必须不断应对的情况。忽视这些问题，或是将它们转移到经济分析的背景中，都消除了经济学自身必须关注的独有的人的因素。世界使人类面临不断变化的挑战。当一个人试图实现他的目的时，没有什么是静止的或整齐一致的。虽然比较静态研究可以提供一种有用的模型来观察某些行为，但究其根本，静态分析忽略了动态的过程，而这种动态过程与人类改善其处境的努力密不可

---

[1] Carl Menger, *Principles of Economics* (1871; repr., New York: New York University Press, 1981); Ludwig von Mises, *Human Action: A Treatise on Economics* (1949; repr., Indianapolis, IN: Liberty Fund, 2010); F.A. Hayek, *Individualism and Economic Order* (1948; repr., Chicago: University of Chicago Press, 1907).

[2] Menger, *Principles*, 108.

[3] Mises (*Human Action*, 17–18) where he discusses human action as the ultimate given.

[4] Hayek, *Individualism*, 63.

分。过程是由真实行动人组成的经济世界的特征，而对过程重要性的认识，进一步突出了有意识、有目的的主体在奥地利学派框架中的核心地位。在动态的世界中，一定有什么东西在驱动这种运动——将市场理解为一个需要变革的创造者的过程。这种变革发生器是企业家的创造性想象，试图赚得利润并避免亏损的企业家推动着市场进程。因此，奥地利学派方法论的基础就是人的行动中的企业家因素。① 米塞斯说："企业家功能不是某个特殊群体或阶级的特征，而是每个行为所固有的，是每个行动者所包含的……企业家一词指专门从每一个行为的内在不确定性来看待行为人。"②

经济决策者不仅对给定的数据做出反应，还通过配置稀缺资源的手段来实现既定的目标。在人的行动中，企业家因素必然包含对新数据和信息的发现。不过，每天都要重新发现的不仅是适当的手段，还有将要追求的目标。③ 此外，发现信息变化的能力不仅限于被选出来的某个群体，所有的经济主体都有能力这样做。企业家的发现是对市场参与者产生的"事后错误"的认识，因为市场参与者在事前的预测中过分悲观或过分乐观，从而导致了这些错误。错误的存在为行为人提供了获利机会，他们如果朝着减少错误的方向前进，就能认识到这些机会。

---

① 柯兹纳表示："竞争性市场过程本质上是一种企业家精神……市场参与者的经济行为中的企业家主导因素在于他们对之前未被注意到的环境变化的警觉性，而这种警觉性使他们能够凭所拥有的东西在交换中可能换到比之前更多的东西。"
Competition and Entrepreneurship（Chicago：University of Chicago Press，1978），15-16.
② Mises, *Human Action*, 252–253.
③ Kirzner, *Competition*, 30–87.

奥地利学派对人在经济分析中的首要地位的认识，并没有削弱经济学真理的普遍性。鉴于人的状态的复杂性，自然语言比形式主义更适合传达这些真理。虽然所追求的特定目标和所采用的手段因人、因时、因地而异，但是在最普遍意义上有目的的行为本身就是无处不在的人类特征。因此，尽管以人的行为为起点所得出的特定的经济法则，在不同地方的适用性有所不同，但是其真理价值是普遍的。有目的的人的行为的普遍性，要求解释这种行为的经济学真理具有普遍性。即使经济学不能明确地建模或衡量变化的统计学意义，但是它可以解释变化的趋势和方向。

追求人的因素：新古典主义经济学的兴起[1]

在20世纪的发展过程中，经济学应该努力追求定量定律和预测能力的观点占据了舆论的上风，在一定程度上是因为越来越多的数学和统计学工具使之成为可能。当然，伴随着计算技术复杂性的增加以及计算技术成本的下降，越来越多的经济学家在他

---

[1] "新古典主义"这一术语必然是模糊且无所不包的。要认识到新古典主义传统内部有重要的不同变种，我们必须批评新古典主义经济学的形式主义张力。我们的论点是，新古典主义一词在20世纪后期已变得含糊不清。最初，新古典主义提出了运用边际分析得出的关于世界的普遍命题。在20世纪下半叶，新古典主义经济学的研究从阐述关于世界的普遍命题转变为有着特殊含义的形式性分析。比如说，把斯蒂格利茨和罗伯特·卢卡斯都纳入新古典主义阵营，是合理的吗？两者之间的巨大差异凸显了新古典主义所导致的混乱、困惑。另参见费雪关于现代工业组织的评论文章，见下文。
"Organizing Industrial Organization: Reflections on the *Handbook of Industrial Organization*," *Brookings Papers: Microeconomics* 1991 (1991): 201–240.
费雪认为现代产业组织的主要组织原则就是没有组织原则。现代理论只不过证明了，给出不同的假设，任何事情都有可能发生。

们的分析中使用了这些工具。通过自然科学的定量方法可以最好地发现经济学真理，这种观念在经济学思想中扎下了根。在数学的帮助下，自然科学的确比其姊妹学科——社会科学发展的快得多。因此，我们并非完全不能理解为什么经济学界的许多人都将硬科学的方法和路径当成指南。

新古典主义经济学家借此机会，逐渐将形式主义工具从自然科学引入经济学。在理论方面，这项努力的最大成就是一般均衡理论的发展，均衡理论由阿罗、哈恩和德布鲁完成。这些经济学家及其同行清晰地阐述了整个经济体保持确定性均衡所需的数学条件。通过求解复杂的联立方程组，他们得以描述一般均衡理论。这一成就催生了著名的福利经济学第一定理和第二定理，反过来又促使萨缪尔森和其他经济学家创造了一种社会福利函数的概念，并由此开创了现代福利经济学的领域。新古典主义经济学家对一般均衡理论、第一和第二福利定理的普遍性没有任何争议，对福利经济学这一新兴领域的含义也没有争议。这些经济学真理在很大程度上都是数学上的真理，因此它们的普遍性是毫无疑问的。以这种方式推导出的经济学定理与构成它们的数学真理具有同样的普遍性。

然而，新古典经济学的大部分"科学进步"都是有代价的。更具体地说，对于"新古典"经济活动的概念而言，人的因素变得越来越不重要。比如，在一般均衡的框架中存在无限多的经济主体，他们都是价格的接受者，那么谁来改变价格以让市场出清呢？新古典经济学家给出的答案是虚构的瓦尔拉斯拍卖师。但这个答案忽略了这个简单问题的关键：瓦尔拉斯拍卖师是虚构的。他在行动人的真实世界里肯定没有对应者，那么一般均衡理论的分析如何让我们更好地理解真实世界中的人呢？在真实世界中，市场参与者积极追求自己的利益，进行报价或拒绝报价，这些人之间的互动最终产生了市场出清价格。这个过程需要时间，而且是非常不完美的。而时间和不完美性在一般均衡分析理论中扮演的又是什么样的角色呢？

同样，在一般均衡的世界中，虚构的瓦尔拉斯拍卖师不允许有任何错误的交易发生，这显然不是现实中的情况。现实世界充斥着无知的行为人，他们面对着不确定性，而且会犯错误。行为人让市场具有这种特征，这对理解真实市场过程至关重要，但在一般均衡理论分析中并不存在。这就像虚构的瓦尔拉斯拍卖师一样，使人成为人的特征被假设清除了，或者被掩盖了。在没有时间概念的一般均衡世界里没有过程，没有"我们怎样从这里去那里"，而只有"这里"和"那里"。然而，要让人的因素成为经济学分析的中心，就意味着要探索。仅仅描述人们的起始状态和最终状态，并默认他们能够达到目的，就会忽略经济学必须要解释的运动过程。

如前所述，新古典经济学研究工作的一个关键要素是将比较静态研究作为一种手段，来理解在不同条件下产生的经济结果的福利和效率属性。然而，这种努力在很大程度上忽视了行为人在经济分析中所起的作用。萨缪尔森—伯根的社会福利函数代表的是社会中所有成员的总体偏好，它用一个十分抽象的方式处理个人，那就是几乎完全将个人排除在分析之外。新古典福利经济学不是将人的偏好理解为选择和决策的产物，而是认为其不断变化、不可测量，并具有创造性，并将其视为确定性假设的结果，是同质的、静态的。从某种意义上说，新古典主义福利经济学让经济学摆脱了人。根据阿罗的不可能定理，以什么方式构建有意义的福利函数就变得不清楚了，但这并没有阻止许多新古典经济学家继续应用福利函数，将它们作为分析不同静止状态下的福利属性有效且重要的手段。最后，虽然新古典经济学成功地让经济学看起来像物理学，但它在很大程度上促进了我们对市场过程和易犯错的人的行为（这是现实世界的特征）的理解，这是值得怀疑的。① 毫无疑问，形式主义增加了该领域的技术复杂性，但这些进步并非没有代价，其代价就是人的因素在经济学研究中的中心地位被忽视了。

最终，这种技术驱动的建模经济学也与它的孪生姐妹——统计计量一起遇到了问题。模型的经验相关性是什么？反常规现象的积累和模型与现实世界的不相关都被强调了。有些东西不得不改变，改变的不是关于"模型与计量"的心态，而是建模的工具。

越错越多：形式化的历史主义

主流经济学的最新趋势是博弈论的影响力不断增强。博弈论发展的关键人物，比如约翰·冯·诺伊曼（John von Neumann）和约翰·纳什（John Nash），都是训练有素的数学家。另一个做出主要贡献的人是诺伊曼的合著者奥斯卡·摩根斯坦。摩根斯坦

---

① 亚历山大·罗森博格（Alexander Rosenberg）认为经济学可以是有趣的数学，也可以是靠经验性进步的科学，但两者不能兼得。
Economics–Mathematical Politics or Science of Diminishing Returns?（Chicago：University of Chicago Press，1992）.

可以被纳入奥地利学派,他试图强调不完美的预见的重要性和市场过程的作用。然而,摩根斯坦的见解最终被抛弃了,因为博弈论的结构围绕着静态假设成立,比如假设参与者有同质的信念和偏好,并能够做出完美的预见。[1]简而言之,摩根斯坦的问题被抛弃是因为技术取而代之成为理论的中心。[2]

虽然人们最初以极大的兴趣和热情来看待博弈论,但是由于许多专业人士难以将框架扩展到诺伊曼和摩根斯坦所关注的二人博弈之外,这种兴趣和热情很快就消退了。里兹维(Rizvi)认为,当博弈论意识到一般均衡框架存在重大困难时,它才真正在经济学专业中站住了脚。[3]其中一种困难是一般均衡理论无法解释不完全竞争。简单地说,博弈论可以让理论家分析许多一般均衡理论无法讨论的情境。与对新古典经济学的批评相一致,或许对博弈论最重要的批评就是它扭曲了经济主体的本质。简化假设是为了对各种可能过于复杂的场景建模,比如在许多情况下,博弈论假设参与者知道的信息比他们实际知道或能够知道的更多。这类例子中的博弈论模型与假设经济主体拥有完美知识的新古典模型一样不切实际。在进化博弈论中,他们制定了参与者必须严

---

[1] Phillip Mirowski, *Machine Dreams*: *Economics Becomes a Cyborg Science*(New York: Cambridge University Press, 2002).

[2] 博弈论关注关于人类行为和社会合作的三个重要事实:战略互动、讨价还价和谈判,以及建构框架——博弈规则如何影响参与者的博弈方式。从奥派经济学的观点来看,博弈论的主要弱点是共同知识假设。
Nicolai Foss, "Austrian Economics and Game Theory: A Stocktaking and an Evaluation," *Review of Austrian Economics* 13(2000): 41–58.

[3] S. Abu Turab Rizvi, "Game Theory to the Rescue," *Contributions to Political Economy* 13(1994): 1–28.

格遵守的规则，似乎参与者是没有个性和特征的机器人，没有独特的偏好、品味、不完美的预见等。此外，这些基本规则中的假设还除去了人的行为中的企业家精神。如果这些规则假设参与者有完美的知识，那么他们就没有什么新东西要学习了。而且如果参与者的行为受到博弈规则的严格限制，那么他们对新机会保持警觉的能力也会受到极大的限制。

与此分析相关的是，我们还必须解决博弈论中的均衡问题。虽然一般均衡理论关注的是一个最终的静态均衡，但市场定理告诉我们，在许多博弈论情境中可能存在多重均衡。如前所述，新古典主义和博弈论的理论家都没有考虑市场过程，也没有通过强调学习和发现来解决哈耶克提出的协调问题。① 简言之，市场主体的知识不完美，预见也不完美，那么他们的活动又如何与他人协调一致呢？这个至关重要的问题往往被模型的假设抛到一边。更重要的是，即使假设个人能够协调彼此之间的活动，也远不能肯定在不断引入新知识和新信息的情况下，还能够实现均衡。鉴于这一点，显然，许多博弈论的模型描述的是一个给定的知识储备固定情境。最后，必须解决的是普遍性问题。在许多情况下，博弈论理论家为一些场景建模，以表明实现了市场定理所规定的多重潜在均衡中的一种均衡。然后，他们主张所实现的均衡并不普遍。也就是说，在所分析的特定时间和地点，可能碰巧出现无数种均衡，所实现的均衡只是其中之一，但这不一定适用于类似条件下的所有情况。

我们发现自己陷入了一个令人不满的状况，即经济分析的根

---

① Hayek, *Individualism*, 33–57.

本特征不再是通过不同语言（自然语言或形式语言）所产生的普遍性命题，而是用一种语言（形式语言）来证明的特定命题。我们将这种思想立场称为形式化的历史主义。

奥地利学派反对历史主义的论点已不再具有严格意义上的相关性，而虽然奥地利学派反对形式主义的论点具有相关性，但却误解了自20世纪50年代以来，形势发生了多大的变化。在此之前，从斯密到门格尔，经济学家所主张的普遍性命题只是在高度限制性的假设下，以形式主义的模型来表示的。在这些限制性的假设下，人们可以找到一个让市场出清的独一无二的价格和数量，但是这些限制性的假设明显脱离现实。信息不对称、不完美的市场结构、外部性和公共产品的问题导致稀缺资源非最优地配置和使用。因此，市场失灵理论应运而生。但是，这些偏离理性状态的引入具有临时性的特征。

新制度经济学（法和经济学、公共选择、新经济史等）就是根据这种临时性而发展起来的。其结果是政府失败理论和比较制度分析的发展。但是这些发展主要都是通过自然语言进行的，而许多形式主义的建制派都不接受这样的结果。理论家面临一个选择：要么回到有着丰富制度的自然语言世界，要么进入形式主义的领域并允许特殊主义的存在。

20世纪80年代中期的大部分经济学家都愿意允许临时性命题的形式主义纳入形式化的历史主义，但这种立场在20世纪50年代是荒谬的。多重均衡和路径依赖等概念作为经济分析中统一的主题而出现。尽管它带来了一定程度的理论解放，但这并没有让我们对人的研究更进一步。

我们该何去何从

形式化的历史主义有许多问题，但它也播下了自我修正的种子。既然理论可以用来证明任何事情，那么人们越来越依赖实证研究来判断理论之间的差异。这在增长理论的研究中最为明显，但它也渗透到当代其他所有的研究领域。与对实证研究的这种需求同时出现的是其他替代形式的证据越来越多地被学者接受。深入的案例研究、比较历史分析、访谈、调查和大规模经济计量模型一起被作为证据接受。

我们的观点是，对接受实证研究的开放态度为奥地利学派提供了一个绝佳机会，让行动的人重新进入经济学分析。旧历史主义学派认为，人类学和历史叙事的证据表明了个体的特殊性。但有趣的是，我们认为，将形式化的历史主义暴露在人类学和历史的证据面前，我们就能够重新获得人类科学的普遍本质。如果人类的状况没有任何普遍性，那么我们能从研究人中学到什么呢？我们仍然没有能力理解人。另外，如果所有的人都是一模一样的，那么我们能从研究人中学到什么呢？我们什么都学不到，因为他们的情况没有任何独特之处。只有通过建构特殊性的问题，并选择逻辑来分析，才能够增加对经济学的理解。以普遍性的方式来解释特殊的问题会产生分析性叙事①。分析性叙事需要运用奥派经济学作为工具来解释人种学的数据。这种方法强调选择的开放性，而不是理性选择的形式化解释所要求的封闭性。如果以

---

① 关于最著名的分析性叙事的描述，请参见下文。
R. Bates, A. Greif, M. Levi, J.-L. Rosenthal, and B.R. Weingast, *Analytic Narratives* (Princeton, NJ: Princeton University Press, 1998).

我们建议的方式进行分析性叙事，那么它会将我们带回图18-1的右下象限。作为选择者的人也将回归，而他既处于特定的环境中，也具有人的特征。

人的行为中的企业家因素结合我们对特定时间和地点的知识，来获取互惠互动的收益。在米塞斯和哈耶克所倡导的市场过程分析中，企业家是主要的推动者。企业家试图认识尚未被认识到的东西，或试图利用已被认识到的交易机会来改善交易。当他们这样做的时候，同时要面对诱人的希望和挥之不去的恐惧。市场过程产生于市场先前就有的不完美之处，即今天的低效代表了明天的盈利机会。如果企业家能够让个人获取以前未获取的交换收益，以此解决市场不完美的问题，那么他就能实现盈利。

将个人或经济体转变为机器，必然会消除企业家在市场过程中进行发现和调整混乱的机会。同样，机器式的设想也将制度性的应对机制排除在经济学之外。但奥地利学派的分析坚持经济生活中人的因素占据中心地位，同时坚持人的行为所产生的制度环境。它以此在既有分析的严谨性（选择逻辑），又有制度的丰富性（历史叙述）的经济学学科中保留了一席之地。

结　论

自20世纪初以来，现代政治经济学的知识格局发生了很大变化。我们认为，在20世纪初，经济学界的立场是经济学家认为他们已经发现了普遍规律，并且这种普遍规律可以通过自然语言来表达。他们的反对者否认这点，认为经济学理论不具有普遍性。到了20世纪中期，经济学界发生了改变，经济学家认为他们通过精确的数学语言的表达，完善了普遍性的原则。然而，为了以这种方式表达经济命题，必须采用限制性的假设来确保数学上的可处理性。人的行为中的企业家因素成为经济学数学革命的牺牲品，因为它在数学上无法处理。不幸的是，对于经济科学而言，如果不求助于企业家，那么我们就不能解释市场的运作和价格体系的调整。

经济学论述不仅不承认这点，相反却绕道而行，导致形式化的历史主义主导了20世纪最后十年的经济学。进入21世纪，我们希望在人的行为科学的知识之伞下，经济科学的普遍逻辑能够与其在人类意志和历史条件下的偶然性共存。这是路德维希·冯·米塞斯于1949年提出的一个鼓舞人心的愿景。50多年后，米塞斯的开创性工作为经济科学奠定了基础，这种经济学既有以人为中心的方法论，又有以人为中心的研究关注。

经济学专业知识的局限

政府在促进国民的经济福利方面所起到的作用是什么？几百年来，这个问题一直困扰着社会哲学家。如果我们认为政治权威的合法性部分来自它为国民所提供的满足感，那么一个"好"政府将采取能提高其公民经济福利的政策。自从经济学创立以来，这些政策到底是什么，一直是重要的争议性主题之一。一些人认为，政府的角色充其量只是裁判，而其他经济学家则认为政府必须积极参与经济游戏。

我们可以确定的是,在这场辩论中存在两种理论上的紧张关系。首先,自从斯密以来,经济学教义中有很大一部分都在强调贸易的互惠。但是,为了得到交换的收益,经济学家假定,存在某种程度上的强制来保证能提供财产和契约保护的基本框架。没有政府提供法律基础设施,交换的共同收益就无法实现。为了资助政府提供这种框架,并让政府有权强制执行这种框架,必须暂缓对自愿主义的假设。如何准确地解决这一分歧,是经济学和政治经济学一直纠结的问题。

其次,在经济学的发展历史上,经济学的认知观与经济学家的性格之间存在着一种有趣的关系。我们可以发现,经济学自身对科学知识的主张的理解(特别是在预测和控制的意义上)在"认知谦虚"和"认知狂妄"之间摆动,尽管这两者之间有一条连接线,但我们将它们简化为两个极点。我们也可以按照经济学家的工作态度将他们分为"社会的研究者"和"社会的救星"。表19-1描述了经济学的地位与经济学家的角色之间的关系。

表19-1　经济学的地位与经济学家的角色之间的关系

	经济学家作为研究者	经济学家作为救世主
认知谦虚	快乐的警世先知	失意的工程师
认知狂妄	失意的警世先知	实践的工程师

我们将结果大致分为警世先知和工程师。这里所说的"先知"是提供预测性警告的人(如果你做X,Y就会发生),而不是受到神灵启示的人或类似的人。我们用"警世"这个词,暗示作为先知的经济学家主要是告诫我们什么能做和什么不能做。作为先知的经济学家更有可能说出"你不能"而不是"你不该"。

这类经济学家对于社会演化过程中幸存下来的制度的运作方式和价值，怀有一种默认的尊重，虽然这种尊重并非神圣不可侵犯。这使得他们处于警示的立场，去警告那些想要重建或是忽视这些历史进程的持久结果的人。

相比之下，在过去的150年里，就历史上的新兴制度而言，经济学家作为工程师已经拥有了两种截然不同（却又相互关联）的世界观。在19世纪晚期，那是一个以"失望"为特征的时代，工程师导向的经济学家对制度的作用感兴趣，但他们关注的是设计新的社会制度，来取代那些被认为造成了当时的问题的制度。科学与工程的精神在驯化自然方面取得了成功，可以用来约束社会中的力量，让它们成为人类理性而不是盲目进化的成果，以服务于让人类进步的事业。到了20世纪中期，随着大规模的制度重建的失败日益明显，作为工程师的经济学家更倾向于忽视历史上的新兴制度，而是集中精力在制度真空的假设中探索资源最优化和收入分配问题。两个世纪的经济学工程师能够统一起来并使其思想保持一致在于他们都拒绝警世先知对历史上成功的社会制度的默认式尊重。较早的一批经济学工程师拒绝，是因为他们认为自己能做得更好；较晚的一批则完全忽视这个问题。

在本部分，我们将探讨在国家对促进经济发展所起到的作用的辩论中，经济学家（作为先知或工程师）与经济学（认知谦虚或认知狂妄）之间的互动关系起到了什么样的作用。显然，国家扮演了某种角色，但它的角色是建立在经济交易发生的框架的基础上，还是通过纠正促进发展的自愿行动的失败来发挥作用？也就是说，在经济学家能直接为经济发展做出什么样的贡献这个问题上，经济学是谦虚还是自信？道格拉斯·诺思写道，在这些讨论中，重要的是记住，无论国家实际上多么具有掠夺性和剥削性，国家都是经济发展过程中所必不可少的。①在最终发展成《国富论》的讲义本中，斯密对此给出了一个经典的表述："要把一个国家从最差的野蛮状态发展到最高程度的富裕状态，除了和平、简单的税收和可容忍的司法，几乎没有别的方法，其他都是在事物的自然发展过程中产生的。"②这是对有限政府的呼吁，但仍然要求一个有效组织的政府，能够界定产权并执行合同。斯密和德国保护主义经济学家之前的重商主义者，和斯密之后的凯恩斯主义者一样强烈认为，国家不能仅仅袖手旁观，只在经济游戏中充当裁判的角色。国家处于一种纠正社会弊病的特殊地位，因此在促进国家财富增长方面发挥明确而积极的作用。在政治经济学中关于国家作用的辩论中，交织在一起的是经济学专业知识的性质、经济学的认知假设以及经济学家的性格等问题。

从道德哲学到科学，再回到道德哲学

在我们更准确地关注经济学的发展历史之前，我们需要对经济学对其认识观立场的自我理解做一个宽泛的（哪怕是简要的）概述。我们把时间限定在350年前，可以看到，关于经济学的学科地位及其对经济政策的影响，在认知谦虚和认知狂妄之间来回游荡。在斯密那里，我们发现他对道德哲学家的专业知识的

---

① Douglass North, *Structure and Change in Economic History* (New York: Norton, 1981), 24.

② Adam Smith, *An Inquiry into the Nature and Causes of the Wealth of Nations*, edited by Edwin Cannan (1776; repr., Chicago: University of Chicago Press, 1976), xliii.

局限性的反复警告,尤其在国家就经济政策的作用方面,并注意到经济学家的知识与经济主体的知识之间的区别。杰弗里·扬(Jeffrey Young)区分了斯密提出的两种形式的知识——环境知识和系统知识。① 前者指的是主体根据他们的经验所得到的知识,以在他们的日常生活中做出决定;后者是哲学家生产的知识,以此来揭示隐藏在日常生活中主体背后的东西。从斯密的《道德情操论》中著名的"棋盘"段落也可以看出扬的这种区分,斯密在这段话中区分了个体的"运动原理"和由立法机关制定的系统规则。② 特别重要的是,斯密在这一段中对行为人的"傲慢"的讨论,认为他们就像棋盘上的棋子一样。"看不见的手"的整个概念,特别是斯密认为与神有关的理论,是他呼吁哲学在更大的社会力量面前保持谦卑的另一个例子。

在19世纪初期,关于其自身的学科地位,经济学仍然在很大程度上受到相对温和的观点的影响。在接下来的数十年间,主流方法论的自我概念开始受到两个发展方向的推动。第一个强调行为人拥有"民间"知识的重要性,并对专家知识的怀疑逐渐递增,这一点我们将在后文进行详细探讨。这种论点与历史学派和德国、美国的一些保护主义思想家有关。他们从一个角度抨击当时的正统观念,认为从某种意义上说,它"过于"科学。这是因为它没有对以下的事情给予足够的重视:对人类发展的自然规律如何发挥作用的关注;如何最优地推动这些过程。与此同

---

① Jeffrey Young, "Unintended Order and Intervention: Adam Smith's Theory of the Role of the State" *History of Political Economy* 37; 2005; ed. Steven Medema; 91–119.
② Adam Smith, *The Theory of Moral Sentiments* (1759; repr., Indianapolis, IN: Liberty Fund, 1982), 234.

时，其中一些思想家也认为，如果没有充分关注人类发展的自然规律，以及如何最优地推动这些过程，那么经济学就是不科学的。

第二个是社会主义思想的兴起，特别是马克思主义，它从一开始就批评古典经济学在某种意义上不够科学。马克思提出的历史发展规律代表了一种理解工业经济发展道路的方法，这种方法比古典经济学世界观更为科学。虽然马克思主义提议面对这些更强大的历史法则时要谦卑，但这一历史进程的顶点将会是这样的一个世界：人类利用他们对社会力量的知识去创造历史而不是受制于历史。"照既定计划"来管理生产的马克思主义的未来将是按照生产规律的知识合理建构的一种社会秩序。[1]恩格斯（Engels）很好地把握了这点，他将资本主义比作闪电，而将社会主义比作人类控制下的电力。[2]正如对自然的科学理解使人类能够掌握强大的自然力量并使其受人类的控制，可能由经济学引导的对社会科学的理解也是如此，这将使我们能够运用理性来控制生产力。

历史主义者和马克思主义者试图改变经济学的基本观，不过，他们确实产生了影响，特别是马克思主义者。与此同时，许多将要从事经济学研究的人的思想倾向也在改变。考虑到围绕工业革命发生的一些事件，包括工厂的条件和财富与收入的分配变化，人们进入经济学领域更多是为了成为救世主而不是研究

---

[1] Karl Marx, *Capital* (New York: Modern Library Edition, 1906), 92.
[2] Frederick Engels, *Socialism: Utopian and Scientific* (1892; repr., New York: International Publishers, 1972), 68–70.

者。①这种救世主倾向与美国的进步运动以及世界其他地方的类似运动相结合,给经济学带来了越来越大的压力,要求经济学改变自我认识。

进入19世纪末和20世纪初,经济学日益频繁地借鉴自然科学。菲利普·闵可夫斯基(Philip Mirowski)的研究表明,自然科学概念的输入深刻地影响了新古典经济学的发展。②均衡、能量和"力"的语言与20世纪初兴起的实证哲学融合,开始提高经济学家的认知自信水平。新古典经济学看起来越来越像是工程学的一种延伸,具有强调预测和控制的哲学观,以及强调建模和实证检验的一系列理论工具。对于一般均衡模型可适用于现实世界的观念,在20世纪30年代和40年代的关于计划和市场社会主义的文献中达到了顶峰。经济学家、博弈理论家和军工联合体之间日益密切的相互作用进一步巩固了经济问题是静态的、分配的准工程问题的观点。阿巴·勒纳的《控制经济学》这类著作就是这种经济学观的实际例子。

经济学新获得的这种科学自信,完美地匹配了接近经济学的年轻人身上的救世主倾向。成为一名实践型的社会工程师后,经济学成为将拯救世界的愿望付诸实践的一个机会。对于那些不太

---

① 19世纪的社会福音运动参见下文。
Bradley Bateman in *History of Political Economy* 37(2005)"Bringing In The State? The Life and Times of Laissez Faire in 19th Century United States" *History of Political Economy* 37,2005 ed.
救世主倾向在对经济学问题感兴趣的人们之中兴起的一个很好的例子参见下文。
Steven Medema,175–199.

② Philip Mirowski,*More Heat than Light*:*Economics as Social Physics*,*Physics as Nature's Economics*(Cambridge:Cambridge University Press,1989)。

愿意成为救世主的人来说，经济学的现状成了失意的根源。尽管"研究者"总是倾向于扮演警世先知的角色，但是当该学科的主流身份更接近工程师的角色时，警世先知的角色在很大程度上被削弱了，变得无关紧要。20世纪中期，经济学家忙于想象经济学能做些什么，没有时间理会那些不断告诫这些任务无法完成的人。这一时期的很多非正统的经济学家，主要是那些对重大国家干预持怀疑态度的人，甚至包括一些马克思主义者，发现自己是失意的警世先知，他们相信经济学的科学自信其实是知识上的傲慢。面对科学的胜利，与150年前的道德哲学相似的观点被认为仅仅是形而上学。

在过去的30年间，经济学这门学科已有所改变。出于各种原因，包括基于工程方法的政策在现实中的失败，经济学摆脱了20世纪早期所见到的那种极端的狂妄自大。哲学的进步和我们对人类思维理解的进步挑战了实证主义和理性主义的强烈主张，并使得人们重新认识到社会制度在复杂和不确定的世界中，引导易犯错的、理性有限的人类的作用。经济学的修辞和这门学科的历史，不仅仅是思想史的观点，越来越得到强调，而这一切都有助于遏制20世纪初那样不切实际的狂想。一个有趣的转折是工程思维仍然停留在形式中，但对于数理经济学日益复杂的情况并没有发挥相应的作用。这种结果是因为那些妄想成为救世主而进入经济学的人发现所谓的"纯"经济学存在于与政策无关的世界中，由此而感到挫败，但也可能是因为经济学回归认知谦虚而感到沮丧。此外，作为研究者的经济学家也许会因为新发现而感到谦虚、振奋，因为他看到作为警示先知的角色在某种程度上更加可行了。然而，该学科的制度结构仍然不恰当地奖励那些具有工程技能的人，即使他们并没有履行工程师的职能。这样的结果让所有人都感到某种失望，除了那些欣赏工具内在美的人。

在下面的部分，我将把这个故事放在国家在发展经济学的角色的历史上，以解释经济学在试图说明为什么有的国家富裕而有的国家贫穷时所经历的曲折。

谦虚的经济学和有限的国家

在经济思想的历史上，国家作用的观点来自现代经济学思想最早的那批贡献者。18世纪的自由主义道德哲学家，特别是与苏格兰启蒙运动相关的道德哲学家，看到了贸易与商业的发展和各种"文明"措施的发展之间的明确联系。他们认为，贸易的扩展是限制国家作用的结果。限制国家企图成为经济发展的直接来源，而将其作用限于提供促进贸易的基础制度。反过来，关于国家的这种看法也意味着经济学家或道德哲学家在为国民财富做贡献方面所起的作用较为谦虚、温和。

贸易的文明效果体现在三个层面。首先，贸易的发展为个人创造了激励，激励他们通过互利的谈判来互动，而不是通过暴力或欺骗的零和或负和博弈。在这样做的过程中，贸易通过分工和交换创造了相互依存的关系，从而在个人之间建立了和平关系。其次，贸易通过市场中的"无形的手"或自发秩序过程促进社会的有序繁荣。这不仅在个人之间创造了更加文明的关系，还创造了更加文明的社会秩序。最后，贸易通过将李嘉图定律扩展到国际贸易，促成了各国之间更加文明的关系：促成国际贸易低壁垒的国家与其他国家建立合作和相互依存的关系，减少武装冲突的净收益，从而减少冲突的频率。下文将依次探讨这些论点。

斯密从《国富论》就开始表明市场经济在好几个方面对个人产生了文明的影响。从较早的经济组织形式向市场的转换需要一场运动，而这场运动也将常常以面对面互动的方式来协调的社会转变为需要新的社会协调过程的社会，这种协调过程能够在匿名的行为人之间发挥作用。如斯密在《国富论》开篇后不久的著名段落中所说：

在文明社会中，一个人时时刻刻都需要来自其他许多人的合作与协助，但他终其一生，也难以得到少数几个人的友谊。①

斯密认为，我们可以通过呼吁他人的仁慈善行来获得这种合作，但当他们的合作动机不是某种个人关系，而是自爱时，这种方式就不太可行了。我们的善行会从公正的旁观者那里产生自我认可的回报，但不会产生经济过程所依赖的那些具体的合作机会和金钱利益。因此，斯密说，我们必须找到一种方式来唤起他人的自爱，而接下来就是关于屠夫、面包师和酿酒师的著名段落。

斯密和其他人认为，商业证明了对于鼓励个人之间的合作行为而言，国家的直接行动是不必要的。此外，很明显的是，对于产生更广泛的社会秩序概念而言，这种直接行动也是不必要的。苏格兰启蒙运动的"看不见的手"有助于解释一国之内的贸易如何能够产生有序的但非计划中的制度和结果。斯密体系的主旨是"自然的自由制度"将产生国民财富，而并非是国家有意创造国

---

① Smith, *Wealth of Nations*, 18.

民财富的动机。不管人们怎么理解"看不见的手"这一比喻,其性质让人想到的都是国家促进经济发展的那种非常清晰可见的活动之外的非常隐蔽的过程。

主要集中在城镇的商业增长,对更广泛的社会秩序产生其他有益的影响。正如斯密在"都市商业对农村改良的贡献"这一章中所说的那样,城镇的商业通过三种方式为农村地区带来了有益的非意图性后果。前两种后果是较为狭义的经济影响,但他认为第三种(斯密将之归功于休谟)是最重要的影响:

> 农村居民一向处在与其邻人的战争和对其上司依附的状态中。但发达的工商业却逐渐引入维持良好秩序的政府,随之而来的是个人的自由和安全。①

这个论点很好地汇总了苏格兰人关于国家角色所起到必要的和不必要的作用的观点。在这里,斯密认为,正是在某种意义上显然早于国家出现的商业,产生了对政治改革和良好政府以及文明向农村扩散的需求。对斯密来说,贸易是一种自然的人类倾向,但只有在财产和自由得到保障时,贸易才会产生最好的结果。如果国家既受到限制又得到尊重,那么贸易量增大就会带来更大的好处。

人们认为,限制国家是产生文明影响的第三种方式,是通过国际贸易进行的。专业化和劳动分工会给国家带来有益的影响,斯密清楚地认识到这一点。他把劳动分工与"市场范围"联系起

---

① Smith, *Wealth of Nations*, 433.

来，并提供了一种原则。根据这种原则，我们就可以理解经济的持续演变和增长。萨伊和李嘉图都以重要的方式扩展了这一见解，萨伊定律解释了生产如何成为需求的来源，而李嘉图则运用比较优势的概念将斯密的见解扩展到国家之间的贸易上。商业可以使国家之间产生与个人之间完全相同的相互依存关系。就国家而言，这种相互依存关系将减少它们之间的冲突。

对于早期的政治经济学家来说，国家的角色主要局限于保护人身和财产安全，因为他们认为，不受阻碍的贸易会让某些人认为只有积极国家才能产生有益的影响。国家的工作是提供法律—政治的基础设施，使商业成为可能。就像园丁构建一种能让植物茁壮成长的环境那样，在很大程度上，国家被认为能提供个人从贸易中获益所需的制度。可以说，斯密认为自己是在解释他那个时代的社会中实际起作用的经济和社会力量，而且在识别这些力量时，斯密对于人类有意识地操纵这些经济过程的能力，持一种谦卑的态度。制度性基础设施是国民财富的关键，因为它会将我们的激情导入（哪怕只是无意地）产生公共利益的渠道。

斯密及其同时代的人的经济学主张是温和的。它没有声称能够重塑世界，只能提供关于需要做些什么的一般性建议，却能够描述许多不该做的事。研究者会发现身处一种和谐的氛围中，并乐意扮演警世先知的角色。值得注意的是，从启蒙运动的早期到19世纪，鉴于斯密的工作是试图为社会研究带来理性，警世先知的角色更为激进。①事实上，用休谟的话说，知识的最前沿

---

① 19世纪英国的理查德·科布登（Richard Cobden）就是这样一个激进的警世先知。科布登大体上同意斯密的观点，他极其有效地倡导了关于经济学的谦虚的认识论，并由此实际影响了有关自由贸易的政策。他既致力于自由贸易，又十分激进。

是探讨如何用理性证明理性限度的能力。我们常常习惯于将警世先知视为"保守主义",但在斯密的时代,情况恰恰相反。毫不奇怪的是,经济学和经济学家的这种谦虚的态度并不受那些将经济学家视为救世主的人的欢迎。经济学发展的下一个阶段将轮到他们。

保护主义和国家认同:作为失意工程师的救世主

斯密和其他人提出的关于不受阻碍的贸易(特别是国家之间不受阻碍的贸易)的论点,是对那种我们现在大致归于"重商主义"的早期论点的回应。关于斯密之前的重商主义能否被认为是一个连贯的理论体系,还存在很多争论。拉尔斯·马格努松(Lars Magnusson)在他对重商主义思想的综述中提到,尽管没有逻辑一致的学说或一系列政策建议,但是在斯密之前,英国各种重商主义思想家"主要关注的问题是国家如何变得富裕,并因此获得更强大的国力和更多的荣耀"。[①]对大多数重商主义者来说,这要求国家管理贸易,特别要以实现贸易顺差为目标。如我们之前所说的那样,古典经济学家对此做出的回应是,对国民财富更好的理解是如何将货物和服务最好地提供给人民,而市场和贸易是达成这一目标的最佳手段。

这些支持市场的论点几乎在英国和欧洲大陆的一些地区发展起来的同时,另一个重商主义思想流派也开始在美国和德国

---

① Lars Magnusson, "Mercantilism," in *The Blackwell Companion to the History of Economic Thought*, edited by Warren J. Samuels, Jeff E. Biddle, and John B. Davis (Malden, MA: Blackwell, 2003), 46–60.

兴起。①这些思想家类似于更早的重商主义者，并不能形成一个自洽的思想派别。不过，关于他们思想的主旨，最全面的陈述来自1841年出版的德国弗里德里希·李斯特（Friedrich List）撰写的《政治经济学的国家体系》（Nationale System der Politischen Ökonomie）。李斯特以及美国类似的思想家［比如亚历山大·汉密尔顿和亨利·凯里（Henry Carey）］的观点，经常被归类为"国民经济学"，因为他们与其英国的前辈一样，关注的是国家财富和权力的发展。与此同时，李斯特的研究有时也与德国历史学派联系起来，因为他的中心思想是，适合于某个具体国家的经济理论和政策取决于该国的发展阶段。李斯特的经济学理论依赖历史，与德国历史主义者的观点相契合，他认为自由贸易有时候并非最佳的政策选择，李斯特沿袭了斯密之前的重商主义传统。

在李斯特撰写其著作时，德国在内的多个政治实体高度分散，而这种性质导致政治实体之间的一些关税限制了国内贸易。再加上进口关税很低甚至不存在，德国各州成了外国卖家（尤其是英国）利润丰厚的市场。由于外国商品在经济中占据了较大份额，德国各州都希望以某种方式重建民族产业和民族身份。李斯特的研究恰到好处地融入了这样的历史环境。正如我们后面将会谈到的那样，李斯特的大部分研究，以及使其研究得以接受的历史背景，预示着20世纪的经济学发展中将会出现类似的观点和

---

① Stephen Meardon, "How TRIPs Got Legs: Copyright, Trade Policy, and the Role of Government in 19th Century American Economic Thought" *History of Political Economy* 37, 2005 ed. Steven Medema, 145–174 for more on the U.S. economists William Cullen Bryant and Henry C. Carey.

历史背景,而马格努松也指出了这点。①

李斯特认为,经济发展最好被理解为逐渐成熟的一系列阶段,从"原始经济"到"游牧经济",到"农业经济",到"农业—制造业经济",再到"农业—制造业—商业经济"。具体而言,李斯特认为,国家可以利用自由贸易从第一阶段发展到第三阶段。若要进入最后阶段,虽然自由贸易仍然是最可取的,但必须采取某种形式的保护主义。其核心的理论前提是,世界经济发展的不均衡性使得自由贸易并非在任何情况下都是可取的。当一个国家进入较高的发展阶段后,它向处于较早阶段的国家出口廉价工业成品的能力会阻碍这些国家自身制造业的发展,阻止这些欠发达国家进入更高的发展阶段。这意味着国家应该采取保护主义战略,特别是对现在所谓的"幼稚产业"的保护,以确保国内产业有足够的时间发展,而不受廉价进口商品的竞争。

李斯特方法论需要进一步地关注民族主义。像19世纪早期其他人一样,比如托马斯·卡莱尔(Thomas Carlyle)、戴维·利维②,李斯特反对古典经济学家的"世界主义"。相比某些批评者担心的是自由贸易可能推翻存在已久的种族或性别等级制度,李斯特担心的是经济理论的跨国应用及其对个人而非国家的关注。正如他的发展阶段理论所表明的那样,人们必须至少认识到不同的理论可能适用于不同的国家。此外,李斯特还担心自由贸易对整个国家的影响。例如,如果这种贸易意味着产业或人民会被取代,那么我们就应该认为它是有害的。他还声称,各国应该努力

---

① Magnusson, "Mercantilism," 58–59.
② David M. Levy, How the Dismal Science Got Its Name: Classical Economics and the Ur-Text of Racial Politics (Ann Arbor: University of Michigan Press, 2002).

谨慎管理生产力,而不是财富。他对旧式重商主义传统的一个有趣的思想转变是,认为国家真正的目标不是敛聚金钱,而是增加工业生产力。而且与有时针对旧式重商主义者的指责不同,他明白生产力与财富不同,并明确偏爱生产力,而不是财富。

李斯特在其重商主义观点中引入的一个要素是,民族主义和民族认同是与经济发展利害相关的一部分。李斯特的著作写于19世纪早期到中期的德国,他自然而然地将国家建构作为他理论立场的核心。幼稚产业论的主要观点就是自由贸易使得一个国家的经济发展依赖于它无法控制的力量。当世界价格和自由贸易引导经济发展方向时,国家无法控制生产力的发展,以及如何发展,从而无法决定国家身份和命运。在某种程度上,这是马克思主义观点的前身——资产阶级法律的隐蔽本质以及必须控制之前控制我们的那些东西。在20世纪,构建国家身份和马克思主义的这些要素将在后殖民世界的经济发展政策中结合到一起。

对于我们正在讲述的更为广泛的故事,李斯特框架中有三个方面值得注意。第一,在这个框架中,工业化是经济发展的核心。李斯特显然相信,快速且尽早地完成工业化是可取的,即使这意味着国民福利暂时恶化。我将在后文证明,在20世纪20年代的苏联模式和战后发展经济学出现的过程中,这一主张都是辩论的核心。第二,该框架的重点是国家,以国家作为分析的单位。李斯特的方法论从国家所处的发展阶段开始,询问的是增强国家的工业实力所必需的条件是什么,而这可以避免询问他所推荐的政策是否真正有利于大多数人或许多人的利益。如果确实有人提出了这个问题,那么他的回答是将国家利益置于个人利益之上。第三，李斯特的方法明显是进口替代政策的前身，这个政策主导了20世纪中期的大部分发展经济学。

与李斯特和历史学派相关的观点，重新定义了经济学家或经济学研究者在更广泛的社会中可能发挥的作用。倾向成为救世主的经济学家声称自己理解经济运作的真正过程，并进一步声称自己拥有足够的知识来设计政策，而这些政策能够产生更好的经济成果，并实现其他目标，比如增强国家身份。尽管不像20世纪看到的那么全面，但李斯特和历史学派给救世主成为工程师留下了一些空间。对斯密范式的批判的重点是，经济学家应该更有自信为国家积极的行为做出关键性贡献，而不是在面对可以理解但不能控制的社会过程时故作谦虚。19世纪晚期，在后来的德国历史学派（即所谓讲坛社会主义的成员）中，这种对经济学家的作用的自信达到了更高的水平。他们认为自己是掌权者的思想捍卫者，他们更接近工程师而不是警世先知。

政策与经济学家所扮演的角色之间的关系可以累加，也就是说，政策观念的变化可以改变经济学家对自身在社会中角色的看法。我们并不认为攫取权力的狭隘自利能够解释观念的这种变化，而是相反的情况：对"世界如何运转"的信念的变化将改变经济学家的自我认知。此外，一旦这种自我认知开始转变，经济学家既认为自己是救世主，也被越来越多的人当作救世主，那么这也会反过来影响他们理解世界的方式。如果救世主能成为工程师，并且似乎在这方面取得了成功，那么更多潜在的救世主会被经济学所吸引。随着越来越多的救世主成为工程师，他们所寻找的理解世界的方式就是那种能发挥救世主兼工程师优势的方式。他们将以工程师的方式来看待这个世界。或许这存在某种封闭，即自我认知、权力的实际获取以及经济学家的人力资本相互增加，使得其他观念的形成与转化具有非常高的转移成本。

尽管如此，直到19世纪中叶，李斯特或历史学派式的救世主仍然是失意的工程师，因为经济学这一学科中主导性的自我理解仍与斯密时代的基本保持一致。换句话说，在当时自认为是救世主的人是异端，因此这意味着他们要对学科和政策施加影响都会遇到挫折。只有经济学发生的改变能够让"救世主兼工程师"成为正统的一部分时，这种挫败感才会告终。

20世纪工程师的兴起

虽然存在知识封闭的潜在可能性，但在19世纪晚期和20世纪初期，人们既看到了救世主的兴起，也看到了作为研究者的持续性力量的出现。就后者而言，马克斯·韦伯是世界上最重要的社会科学家之一。在他众多的学术贡献之中，最广为人知的是他对新教职业伦理与资本主义之间关系的主张。在《新教职业伦理与资本主义精神》(*The Protestant Ethic and the Spirit of Capitalism*)一书中，韦伯力图解释宗教信仰如何影响了经济组织和经济表现。不管是否同意他的观点，我们都必须同意韦伯处理国家贫富问题的方式的重要性。在政治经济学的历史上，虽然很多思想家试图诉诸自然资源禀赋来解释国家之间的差异，但是韦伯却试图将物质资源和非经济因素结合起来分析，以回答为什么工业资本主义出现在西方，特别是西北欧，而不是中国的问题。在几个世纪以前，中国比欧洲富裕得多，技术也先进得多。对于他的批评者经常用这个问题来指责他，韦伯没有提供单一原因的回答。① 在他的解释中，新教伦理只是区别性特征之一。新教伦理为有助于经济发展的实践提供了伦理上或道德上的理由，但它并不是经济发展的源泉。② 在他的《经济通史》(General Economic History)一书中，韦伯将不利于资本主义发展的中国法律结构与有利于资本主义发展的西方法律结构进行了对比。③

根据韦伯的说法，中国法律的基础是精神的神秘实践，而西方法律传统则是从犹太教和罗马法的正式法律规则中继承和发展而来的。西方法律传统依赖法律推理的逻辑模式，而不是中国法律体系中所有的随意的、仪式性的、宗教的或神秘的考量。

法律制度对经济发展至关重要，其主要原因是它使个人能够针对企业活动的决策进行计算。因为法律制度规则具有一定的确定性，而个人可以对决策的后果进行理性计算。韦伯分析的另一个要素是固定的而不是任意的税收制度，这种财政安排对经济发展也至关重要，其原因与法律的确定性一样。它鼓励个人决策者将眼光放得长远，并对负责任的决策者提供激励。我将在发展经济学的制度革命部分再次回顾这个理论解释。但是，首先，我们要以韦伯的路径（即关注发展的比较历史政治经济学）之外的方式探讨经济理论和政策的后果。从亚当·斯密到马克斯·韦伯，通常的做法是区分资本主义的文明世界和非资本主义的野蛮世

---

① Max Weber, *The Protestant Ethic and the Spirit of Capitalism* (1904–1905; repr., New York: Scribners, 1958).

② 关于韦伯的社会科学研究的综述，参见下文。
Richard Swedberg, *Max Weber and the Idea of Economic Sociology* (Princeton, NJ: Princeton University Press, 1998).

③ Max Weber, *General Economic History* (1927; repr., New Brunswick, NJ: Transaction, 1995).

界，这与不以资本主义为导向的先进文明世界的观念自相矛盾。韦伯对制度的关注可以追溯到斯密，而韦伯对分散决策的经济计算力量的认识，暗示经济学家对社会过程的非设计的后果进行事后批评时，有一种斯密式的谦虚。

随着20世纪工程思维的兴起，这种斯密—韦伯式的各国之间的区别的观点出于各种原因而逐渐消失。社会的基础制度如何有利于或不利于增长的问题被政府为实现经济发展而实施一系列适当政策的问题所取代。如我们所说的那样，毫不奇怪的是，这改变了经济学家在这种过程中所扮演的角色。穷国必须赶上富国，而西方所进行的资本积累和资本主义发展过程实在太慢了。落后的好处是国家只要齐心协力就可以实现经济快速发展。① 20世纪思想和历史的三个方面的发展破坏了早期对社会制度基础设施以及对其如何影响经济绩效的强调：

1. 经济学中的形式主义和实证主义。
2. 布尔什维克革命和社会主义的兴起。
3. 宏观经济学的凯恩斯革命和以这场革命为基础的国际公共政策制度的兴起。

以上三个方面都将注意力从致力于良好治理的适当制度结构转移到政府必须进行的必要活动，即从设计规则转向直接行动。这反过来促进了从警世先知到工程师的身份转变，并相应地增加经济学对有救世主倾向的人的吸引力。

形式主义吸引经济学家的注意力远离社会的制度结构，使得

---

① A. Gerschenkron, *Economic Backwardness in Historical Perspective* (Cambridge, MA: Harvard University Press, 1962).

他们不再关心制度结构如何指导行为人往一定程度上有利于经济发展的方向上行事。相反,针对给定约束条件求最大化解(这是工程师的经典技术),成了知识分子关注的焦点。实证主义通过取消了意识形态研究作为社会理论的一个重要组成部分的合理性,由此促成关注点偏离了制度,并使得政治、法律和经济的制度通过意识形态的思想体系得以维持。出于对法西斯主义等意识形态运动的恐惧,实证主义试图消除经济科学中所有不可检验的命题。

形式主义关注均衡属性,实证主义漠视思想,而二者的结合意味着在政治经济学的领域,从斯密以来关于国家贫富的那些问题被弃置一旁。事实上,政治经济学被科学经济学所取代。新古典经济学的自然发展趋势是忽视政治、法律和经济的制度,而寻求衡量发展的实证标准。关于发展的制度基础设施问题被认为是不科学的。测量等同于科学,相反,对产权、法治、宪法约束和合法信仰体系的讨论则被世俗哲学家斥为科学发展的冥想。工程师的胜利就在眼前。

处理国家贫富的古典方法和韦伯式方法一旦被抛在一边,凯恩斯主义的思维方式和分析工具就适合拿来填补这一空白。首先,凯恩斯主义理论强化了资本主义本质上是不稳定的这种"大萧条"后普遍流行的思想。投资者的混乱和非理性决策周期性地导致总需求不足。我们不能依靠自由竞争市场来自我纠正私人行为人所犯错误的系统性后果。自由放任作为一种合理的意识形态已经死了。其次,在凯恩斯革命中发展起来的综合技术为经济学家提供了一种衡量经济发展的方法。经济发展与统计出来的人均收入增长成了同义词。显然,将经济发展等同于新兴的新古典主义经济增长理论,对经济发展的理论基础产生了深远的影响。最后，随着第二次世界大战之后出现的凯恩斯主义霸权，各种国际机构被设立用于执行公共政策，其基础都是凯恩斯主义关于国家在经济发展中所起的作用的观点。

这些哲学的和方法论的变化在经济学的实践方面，对经济学家的定位影响深远。因为经济学享有科学地位的主张触手可及，所以经济学家就可以从警世先知转变成工程师。他们用客观的科学工具来指导政策的制定，而这种方式似乎不触及意识形态。由于实证主义和形式主义体现了哲学上的变化，所以工程师不仅拥有工具，还在追求自己的技艺上有了哲学上的加持。焦点从制度框架到政策杠杆的转向，加上形式主义和科学主义思维模式的兴起，有力地提升了国家政府想要得到这些工具并准备随时使用它们的兴趣。显然，国家利益在这方面是保守的，因为它不打算挑战现有的一系列制度，而宁愿在这套制度内运作以影响政策。这种利益上的一致形成了另一种强大形式的认识封闭，强化了经济学家的救世主角色，尽管这次通过科学和客观的语言，他们伪装成"纯粹的"研究者。

虽然我在下文会转向讨论苏联的情况，但在此提出这点很重要，即恰恰在实证主义和凯恩斯主义占优势的时刻，那种计划经济的经验对思想产生了什么样的影响。苏联实现了农业社会的现代化，成为一个工业和军事强国，这被认为是成功的，表明不同于资本主义现代化道路的方案确实是可行的，而作为工程师的救世主也是值得模仿的典范。虽然苏联经历20世纪20年代和30年代的波折，但是一个更为民主的社会仍然可以在不侵害人权的情况下实现同样的社会转型。

苏联计划就经济发展所做出的承诺在20世纪20年代和30年

代就被接受，早于人们充分了解苏联大清洗的政治压迫和集体化。当时西方民主国家深陷"大萧条"的危机，而苏联似乎通过理性的中央计划避免了这个问题。苏联体制使得经济更有效率，社会更加公正。在普遍了解到政治大清洗和集体化的死亡人数之后，论证就从苏联的"成功"转变为将社会主义计划与西方民主制度相结合。苏联的政治制度丧失了思想上的合法性，但是苏联的经济政策仍然支配着经济改革者的思想和心灵。这些改革者占据西方民主国家和第二次世界大战后负责世界经济发展的国际机构的所有关键政策型职位。

在第二次世界大战结束时，资本主义世界和非资本主义世界之间的区别已经式微，第一世界（资本主义发达国家）、第二世界（社会主义发达国家）和第三世界（欠发达国家）之间的区别开始凸显。第一世界和第二世界国家向第三世界国家输出走上现代化道路的政策建议，并与其展开思想上和地缘政治上的斗争。知识证据和历史证据都表明，资本主义国家和社会主义国家向欠发达国家提供的政策建议几乎完全相同，这反映了我们在前文刚概括过的关于发展经济学的政治经济学的思想转型，并且赋予了经济学家以实践的工程师角色来充当第三世界救世主的主角。第一世界和第二世界的经济学家都抛弃了早期对社会制度基础设施的关注，并强调政府及其经济学家在规划经济发展道路方面的积极作用。

苏联模式和发展计划的受挫

当布尔什维克于1917年上台时，列宁和他的同志们追求的是建立共产主义经济。保罗·罗伯茨和彼得·贝奇提供了1917—1921年苏维埃政权所实施的全面中央计划政策的意识形态动机的证据。[1]然而，这些政策遭遇的棘手现实迫使布尔什维克政权发展出新经济政策（1921—1928年）。新经济政策中的意识形态的紧张导致布尔什维克统治精英对社会主义的本质和发展道路展开了重大思想辩论。就经济政策的政治化讨论而言，这场经济辩论的质量不好评判。尼古拉·布哈林（Nikolai Bukharin）主张以市场为基础的政策，通过允许积累和保持对"制高点"的计划控制来实现社会主义目标，以便在均衡增长的政策下将农业社会转变为工业社会，而到了那时，可以再次追求成熟的社会主义，抵达消灭市场机制的逻辑终点。列弗·沙宁（Lev Shanin）认为，苏俄在农业生产方面具有比较优势，因此应该实行农业出口和资本进口的政策（不均衡增长的政策）来进行经济工业化，为全面实现社会主义做好准备。与布哈林和沙宁相反，叶夫根尼·普列奥布拉任斯基（Evgeny Preobrazhensky）从未放弃过在1917—1921年间采取的社会主义政策。普列奥布拉任斯基认为，任何社会主义国家的首要行动都是工业国有化，而从资本主义过渡到社会主义的道路将是有计划的，并遵循理性的策略。

在学术层面，这些不同的立场是在苏联期刊《计划经济》

---

[1] Paul Craig Roberts, *Alienation and the Soviet Economy: The Collapse of the Socialist Era* (Albuquerque: University of New Mexico Press, 1971). Peter J. Boettke, *The Political Economy of Soviet Socialism: The Formative Years, 1918–1928* (Boston, MA: Kluwer, 1990).

（*Planned Economy*）上提出来的。① 亚历克·诺夫（Alec Nove）认为，发展经济学可以说就是在这些文章中诞生的。② 诺夫就思想史提出了一个有趣的观点：第一次世界大战后发展经济学对"增长"和经济体的"长期"计划的强调，直接来自20世纪20年代关于苏联的讨论。埃弗塞·多马（Evsey Domar）曾经谈到，他对《计划经济》刊出的辩论的研究是发展哈罗德—多马经济增长模型的"宝贵思想来源"。③ 然而，多马对苏联辩论的重建尽量少地吸收了马克思的思想影响，并夸大了对凯恩斯主义思想的期待。尽管出于普遍的工程思维，这种凯恩斯式的解释具有一定的吸引力，但它并没有充分地考虑关于苏联工业化的辩论中的观点所具有的马克思主义背景。不过，就本部分的目的而言，我们并不关心如何正确解释苏联辩论。相反，我们的重点仅仅是指出这场辩论与"一战后"发展经济学的后续发展之间的联系。

从苏联经验和凯恩斯主义的兴起中所产生的信念是，发展经济学就是宏观经济增长的同义词，而公共政策的含义是政府可以通过各种重要的干预措施来设计、控制和精心安排经济增长。欠发达是因为投资不足、缺乏技术，以及人力资本储备不足。政府

---

① 关于苏联工业化辩论的全面讨论可参见亚历山大·埃里希（Alexander Erlich）的《苏联工业化辩论》（*Soviet Industrialization Debate*）。
Alexander Erlich, *Soviet Industrialization Debate, 1924–1928* (Cambridge, MA: Harvard University Press, 1960).
然而，埃里希倾向于以新古典综合理论中的术语来重构这场辩论中的论点。贝奇就这些论点提供了一种解释，这种解释试图将辩论放在布尔什维克的领导层内部的意识形态争论中考察。

② Alec Nove, *An Economic History of the USSR* (Baltimore, MD: Penguin, 1969), 129.

③ Evsey Domar, *Essays in the Theory of Economic Growth* (New York: Oxford University Press, 1957), 10.

政策旨在纠正市场驱动型发展的失败，并且凭借其本身的力量，充当经济增长和发展的引擎。坚持将工业化作为发展道路和发展措施，是发展计划过程的核心，而且常常用进口替代政策来补充，这种方式将保护主义视为实现以统计数据衡量增长的一种手段。

正如前文所示，这种思路在宽泛的意义上几乎可以说是不是原创的，可以追溯到李斯特和其他19世纪思想家的民族主义和保护主义。这次的不同之处在于，对苏联经验的错误解释开始主导经济学思想的凯恩斯主义理论框架，以及经济学家通过科学语言和工程工具来扮演救世主角色的能力，为这种思路提供了额外支持。经济学家有信心的一个原因是，20世纪就发展计划所做的论证源于当时的主流经济学思想，这与他们一个世纪之前的先辈的思想被当作异端邪说形成了对比。因此，这些观念对现实世界的经济产生了实际影响，而李斯特和其他人的经济民族主义从未真正实现过这点。20世纪早期方法论和哲学风向的转变，使经济民族主义后来的版本成为正统学说，并将失意的工程师变成了实践者。

20世纪中期更让人惊奇的一个谜题是，苏联经济工业化取得了成功的公认信念与它对其公民生活的现实影响之间的脱节。斯大林巩固了他的权力之后，转向迅速地实现苏联经济工业化，并坚信这是实现社会主义所需的增长的一种途径，也是获得抵抗西方所需的力量的一种途径。五年计划的模型涉及将财富从农业转移到工业，其方式是对农业实行强制集体化，对工业实行国家计划。就许多公认的衡量指标来看，这种尝试是成功的。报告的人均GDP和其他宏观经济数据的增长率，加之军事资源的增强，暗示着苏联进入了世界强国的行列。强制工业化战略看起来是加快经济发展和增大政治影响的途径。

回过头来看,关于苏联经济实力的许多信念都是错觉。其中有三种形式的错觉。第一,苏联人自己制作的数据被系统性地夸大了,既有出于宣传目的的故意为之,也因为误判、误传而产生。第二,中央情报局的经济学家的估计也系统性地夸大了苏联经济的健康状况。比如,1986年,中央情报局估计苏联的人均GNP相当于美国的49%,但现在修正过的估计数据大约为25%。[1]

错觉的第三个来源可能是最重要的。无论宏观经济数据的真实性如何,苏联公民的日常生活都与这些宏观数据所描绘的图景不符。现实中等待分配食物的长队、落后和功能失常的技术、医疗保健不足,以及危险的就业条件,都让苏联看起来更像是第三世界国家而不是发达的世界强国。各种幸福指标表明,苏联公民落后于西方的程度,远远超过了衡量经济成功与否的传统指标之间的差别。轿车和电话之类的消费数据显示,苏联经济体以及东欧的苏式经济体显著落后于西方。人均食品消费和各种健康指标,包括婴儿死亡率,也体现出类似的趋势。[2]对大多数经济主体而言,统计的工业产出并没有转化为更好的机遇和更好的结果,并且对军事装备的投资并没有转化为有效的军事力量,第一次海湾战争中苏联技术的失败表明了这点。将C、I和G或其总和作为衡量经济发展的标准的经济学说的出现阻止了分析人士提

---

[1] Peter J. Boettke, ed. Introduction to *The Collapse of Development Planning* (New York: New York University Press, 1994), 7.

[2] Peter J. Boettke, *Why Perestroika Failed: The Politics and Economics of Socialist Transformation* (New York: Routledge, 1993), 35–36.

出一些重要的问题，即关于这些变量的构成的问题，或者对受其影响的人群来说，这些变量是否有利于他们生活水平的显著提高的问题。这种学说也正是经济学上救世主兼工程师方法论的原因和结果。

用更普遍的"发展"概念衡量"增长"的统计总量的问题是，在此我套用弗里德里希·哈耶克在另一种不同的但并非无关的语境下的一句话，这些总量"掩盖了最基本的变化机制"。①在斯密的传统理论中，经济发展被视为劳动分工（以及市场范围）的逐步扩展，伴随着有利于这种演变且回应了演变所带来的新实践和新结构的制度安排的出现。比如，关注总量便很难发现投资支出如何产生或者是否产生一种可持续的资本结构，是否能够真正生产出增加福利的消费品的资本结构，更不用说发现既有的政治和经济制度是否能够生成可持续的资本结构。正如哈耶克在对凯恩斯的回应中所试图论证的那样，这种结构的产生肯定不是一个关于约束条件下最大化K值的工程问题。

此外，在许多发展中国家，总量还掩盖了这样的事实，即官方统计的GDP数据中的许多资源实际上被转移到政治阶级的更狭义的福利上。第三世界的光芒四射的首都被极端贫困所包围，就是这种担忧的象征。20世纪对发展的普遍理解很容易对这些差异视而不见，且不关注这些国家的具体政治和经济制度的基础。这些担忧在西方援助的作用方面特别需要注意。即使援助在GDP中所占比例很小，但它往往是政府收入的一大部分，这反

---

① F.A. Hayek, "Reflections on the Pure Theory of Money of Mr. J.M. Keynes," in Hayek, *The Collected Works of F. A. Hayek*, edited by Bruce Caldwell, vol. 9 (1931; repr., Chicago: University of Chicago Press, 1995), 128.

过来常常让政府官员而不是那些需要帮助的人受益。^① 所有这些对计量和总量的强调都分散了对斯密式观点中制度问题的关注。

关于非苏联世界的发展计划的效果的数据支持了对这些制度问题的关注。在印度，发展计划持续了40多年，延续到20世纪90年代初。当时印度的人均收入只有300美元左右，大约40%的人口生活在贫困线以下。因为在此期间人口显著增长，所以经济增长不足意味着在发展计划的高峰年代，处于贫困线以下的印度人口的绝对数量增加了。^② 非洲的情况与此类似。从1965年到1986年，非洲大陆的GNP平均年增长率为0.9%。相对于人口增长，这意味着撒哈拉以南的非洲的人均GNP下降了约14.6%。此外，人均粮食产量"在20世纪60年代下降了7%，70年代下降了15%，并在80年代继续恶化"。^③ 乔治·阿耶提（George Ayittey）还指出，非洲各国政府的宏伟计划预期由"农村部门的巨额盈余"来承担。^④ 这是后殖民地的计划者借鉴失败的苏联模式的一个很好的例子。

在经济发展理论的演变中仍然不为人知的是，西方的大学在将苏联模式和早期凯恩斯主义的模型转变为第三世界发展计划

---

① David Osterfeld, *Prosperity versus Planning: How Government Stifles Economic Growth* (New York: Oxford University Press, 1992), 150–151.

② Shyam Kamath, "The Failure of Development Planning in India," in *The Collapse of Development Planning*, edited by Peter J. Boettke (New York: New York University Press, 1994), 91.

③ George Ayittey, "The Failure of Development Planning in Africa," in *The Collapse of Development Planning*, edited by Peter J. Boettke (New York: New York University Press, 1994), 155.

④ Ayittey, "Failure," 162.

中，扮演了知识渠道的角色。20世纪50年代和60年代，凯恩斯主义及相关的增长模型是经济思想的主流，而当时有许多后殖民地的领导人以及在计划机构任职的公务员都在西方大学受教育。一些后殖民地的领导人还接受了马克思主义传统的培训，这种传统在大学里也相当盛行。但是，那些在一流大学里攻读经济学高级学位的人，离开时所带走的一系列关于什么产生了发展的信念中，也包含了那些后来被证明往往是具有破坏性的学说，至少也是不充分的学说。正是通过这些教育机构，有救世主倾向的经济学家才从第一世界来到了第三世界。西方的学说被转化为南方和东方的发展指导建议，而经济学家手头有科学的工程型工具，很容易被视为救世主。从那个时代直到现在，来自第三世界的许多学生想象回国后利用西方教育来解决本国问题时，反映出来的仍是积极政府与有着救世主兼工程师倾向的经济学家的结合。知识环境和经济学的自我理解使得这些工程师能够在他们的祖国进行实践。西方大学继续充当第三世界制定政策的知识渠道，但是随着经济学思想在这些问题上的发展，受西方训练的经济学家现在对基于计划的方法持更加批判性的态度，并将更多的注意力转向制度环境。

回归谦虚

20世纪末，全球范围内政治经济学的三个经验事实的巧合，迫使经济学家和公共政策制定者重新思考经济政策背后的工程理论。三个经验事实是：（1）宏观经济政策上的凯恩斯主义共识的崩溃；（2）东欧和中欧国家的共产主义的剧变；（3）欠发达国家对外援计划的失望。① 在学者、政策制定者和公众逐渐认识到这些事实的同时,经济学学术也经历了一场变革。当新凯恩斯主义经济学、信息经济学和博弈论成为现代经济学工具包的一部分时,理性预期理论和新古典宏观经济学、芝加哥学派的法和经济学、芝加哥学派关于工业组织的新知识、华盛顿大学和加利福尼亚州立大学洛杉矶分校的产权经济学、熊彼特的演化经济学、奥地利学派的市场过程经济学、马歇尔的新产业组织理论、政治经济学的公共选择理论也都成为现代经济学的组成部分。许多经济学中的学术发展,都在经济学、政治学和社会学的新制度主义的旗帜下进行。

有人可能会说,凯恩斯主义的崩溃导致在经济辩论中重新出现了自由放任政策,而苏联解体之后的转型经验引发对制度的重要作用的关注。19世纪自由放任的批评者关注制度是为了运用理性重新设计制度,而最近对制度的兴趣的复苏却反映了早期谦虚态度的回归。对有些人而言,捍卫自由放任主义和强调制度两者是不协调的,因为他们相信20世纪经济学大多采用的无关制度的方法也是对自由放任主义的捍卫。但自由放任的政策方案与对制度的分析强调之间并没有冲突,正如休谟和斯密等古典经济学家以及哈耶克和布坎南等现代经济学家在他们的著作中所阐明的那样,忽视制度绝不是自由放任主义的传统,而是经济学的工

---

① James M. Buchanan and Richard Wagner, *Democracy in Deficit*: *The Political Legacy of Lord Keynes*, in Buchanan, *The Collected Works of James M. Buchanan*, vol. 8 (1977; repr., Indianapolis, IN: Liberty Fund, 2000); Boettke, *Why Perestroika*. William Easterly, *The Elusive Quest for Growth*: *Economists' Adventures and Misadventures in the Tropics* (Cambridge, MA: MIT Press, 2001).

程观。这种观点最早被认为可以超越演化而成的制度,后来又认为制度与最优化和均衡的框架无关。这两种工程方法都有效地排除了对历史上演化而成的制度所扮演的角色的严肃讨论,因为这是"不科学的",而这两种方法都并不明确支持自由放任主义。①

只有这种非常不接地气的经济学的工程观才会忽视制度的关键作用,或者认为,转型问题或欠发达的经济问题的解决方案可归结为一种合理的定价方案。当然,允许价格自由浮动以出清市场,并指导生产者和消费者的行为,这是发展的必要条件,但并非充分条件,因为合理定价是一系列复杂制度(比如与界定和保障私有产权相关的制度)有效运作的一种功能。②

---

① 在《发展、地理与经济理论》(*Development, Geography, and Economic Theory*)一书中,保罗·克鲁格曼认为,主流经济学家拒绝讨论那些无法立即形式化的想法,这往往导致他们忽视那些最终被证明是解决紧迫的经济政策问题最根本的想法。克鲁格曼以经济发展和经济地理学两个经济学专业研究领域为例,以说明对形式化的痴迷如何导致了它们的衰落。发展经济学的起起落落是一个复杂的故事。但事实上,正如克鲁格曼所指出的那样,虽然在这个领域,形式化是科学进步的标识,发挥着重要作用,但甚至连它的顶级实践者都反对形式化。值得注意的是,在克鲁格曼的分析中,形式化困难的原因与我们讨论的问题无关,而是技术上的问题——用完全竞争模型来衡量规模经济的困难。实际上,克鲁格曼在文中所论证的是,一种新的模型挑战了竞争性市场结构的模型,而这种模型现在在严格的意义上,能够吸收规模经济和经济地理学的理念。那些反对形式化的想法可以从尘封的"书架上"拿下来了,融入当代经济学和公共政策的思考。

② 参见拉古拉姆·拉扬(Raghuram Rajan)的《无政府假定?为什么正统的经济学模型可能不是最佳政策指南》(Assume Anarchy? Why an Orthodox Economic Model Might Not Be the Best Guide for Policy)一文中有趣的注释。
Raghuram Rajan, "Assume Anarchy? Why an Orthodox Economic Model Might Not Be the Best Guide for Policy" *Finance & Development* 41, no. 3(2004): 56–57.
拉扬的论点直截了当。完全竞争的市场模型假定了其运作所需的制度框架,而在前社会主义国家和欠发达国家,如果要成功地实现更和平、更繁荣的社会秩序转型,需要解决的问题恰恰是这种框架的缺失。

对制度在经济发展中的作用的概述可以在奥斯特罗姆及阿伦斯等人的著作中找到。[①]虽然这种研究强调我们需要克服市场—政府二分法,这种二分法反映的是从古典时代到新古典时代的意识形态斗争,但不应该弄错的是,相比战后的政策共识,即政府被当作市场失灵所导致的社会弊病的纠正方案,政府在经济发展中所起的作用现已受到严格限制。[②]治理制度的质量(在一个社会中运作的抵御掠夺的公私机制)决定了一个社会从实现专业化和分工中获益的能力,以及激励产生创造财富的长期投资行为的能力。曼瑟·奥尔森对此总结道:

虽然低收入社会从自我贸易中获得了大部分的收益,但却没有从实现专业化和贸易最大化中获得好处。它们没有公正地执行合同的制度,因此失去了那些需要公正的第三方执法的交易(比如资本市场的交易)的大部分收益。它们没有能够确保产权长期安全的制度,因此失去了资本密集型生产所带来的收益。这些社会中的生产和贸易因错误的经济政策以及私人或公共的掠夺而进一步受到阻碍。当错综复杂的社会合作出现在一系列复杂的市场中时,社会就需要更好的制度和经济政策,而这是大多数国家并

---

① Elinor Ostrom et al., *Aid, Incentives and Sustainability: An Institutional Analysis of Development Cooperation* (Stockholm: Swedish International Development Cooperation Agency, 2002); J. Ahrens, *Governance and Economic Development: A Comparative Institutional Approach* (Cheltenham, UK: Edward Elgar Publishing, 2002).

② 如我们所强调的那样,古典经济学家也不赞同这种二分法,所以如果人们认为他们的立场是以这种二分法为特征的话,这实际上是一种错误的描述。然而,新古典主义综合理论确实是通过这种二分法来讨论的,尤其是在强调对市场失灵和政府对总需求不足、失业均衡、资本市场不稳定和发展不足等问题的纠正中。

不具备的。[①]

实际上，现代经济学思想中最剧烈的变化是现在对发达市场经济中实现复杂社会合作所需的制度（游戏规则及实施）的强调。这不仅需要经济和金融制度，还需要政治、法律和社会制度来调整激励机制并有效地利用和交流信息，以便千百万人能够协调他们的事务。如果没有这些提供复杂协调功能的制度的有效运作，那么个人就无法拥有一定水平的物质生活，而这是人类社会繁荣的前提条件。

欠发达地区的两难问题是虽然个人有很多种不同的生活方式，但能使社会兴旺发达的方式却很少。要实现普遍的社会繁荣，文化规范、正式的法律规则和经济组织必须保持一致。如果非正式和正式的规则和组织缺乏这种一致性，那么普遍的繁荣将无法实现。

在形成这种一致性的过程中，国家能否发挥积极作用，这对我们当前的目的而言并不重要。对于经济发展中的国家愿景的元讨论来说，重要的是，在这种结构下，国家不是一个被任命去纠正社会弊病的积极角色，而经济学家也不是工程师，不能打着科学的旗号将这种国家观付诸实践。这种国家观与过去某个时代的经济学思想和政策是一致的。不过，现在关注的焦点不是国家在纠正市场失灵中的作用，而是一系列私人和公共机构的治理能力，这些机构被任命去抵御私人机会主义者或公共剥削者的掠

[①] Mancur Olson, "Big Bills Left on the Sidewalk: Why Some Nations Are Rich, and Others Poor," *Journal of Economic Perspectives* 10, no. 2 (1996): 22.

夺。克服贫困不是国家缩小投资差距或者解决社会人力资本短缺问题的结果，更不是通过避孕教育以控制人口的结果。

国家的作用确实已经减弱了，与之相伴的或许是经济学家作用的减弱。弗农·史密斯将经济学新思维的深远影响描述为从"建构理性"到"生态理性"的转变，这种新思维既来自实验研究，也来自对制度的分析关注。[1]在发展经济学领域，这为政府从直接策划经济活动变成允许经济自下而上的发展提供充分的条件。这代表着经济学对于其所做的贡献重新拥有更谦虚的自我理解，而这一转变是因为经济决策者的作用从设计经济发展转为促进经济发展。结果，救世主又变回了失意的工程师，而研究者有了更多空间来充当警世先知的角色，并让这种角色得到尊重。此外，向谦虚回归可以通过关于人类大脑运作的更先进的科学知识[2]来为其辩护。具有讽刺意味的是，这让警世先知获得了科学合理性，并使得救世主兼工程师这一角色反倒看起来不那么科学了。[3]

随着经济学这门学科向谦虚回归，作为研究者的经济学家可能处于优势地位，而关于国家在经济发展中所扮演的经济角色的争论又回到了原点。我们再次回顾斯密的警告：要把一个国家从最差的野蛮状态发展到最高程度的富裕状态，除了和平、简单的

---

[1] Vernon Smith, "Constructivist and Ecological Rationality in Economics," *American Economic Review* 93, no. 3 (2003): 465–508.
[2] F.A. Hayek, *The Sensory Order* (Chicago: University of Chicago Press, 1952).
[3] 这个观点与布鲁斯·考德威尔关于哈耶克贡献的论证是一致的。哈耶克关于思维哲学的著作提供了一种基于科学的对科学主义的批判。
Hayek's Challenge: An Intellectual Biography of F.A. Hayek (Chicago: University of Chicago Press, 2004).

税收和可容忍的司法，几乎没有别的方法，其他都是在事物的自然发展过程中产生的。强调行为人在不同的制度背景下如何做出选择，也会促使经济学家远离救世主兼工程师的倾向，而回归研究者兼警世先知的角色：面对经济学家不曾参与设计且不能控制的过程时，保持谦虚。

高级祭司和低级哲学家

不要刺探对你们而言太困难的事，
也不要调查你们各自范围之外的事。
许多人的理论已经让他们误入歧途，
邪恶的想象削弱了他们的判断力。
冥顽不灵将走向悲惨的结局，
而那些轻举妄动者将失去生命。
如果灾难降临于傲慢之人，将无可救药，
因为他们的邪恶已是根深蒂固。

——《传道书》(Ecclesiastes)

引 言

罗伯特·尼尔森在他的著作《走向人间天堂》(*Reaching for*

Heaven on Earth)①中提出了这样的观点：现代经济学其实具有一种神学意义，而其他的社会科学及与政策相关的学科则并非如此。这种主张值得认真关注，但是尼尔森得出结论的途径本身就很有趣。当写到经济学家在政府中的作用时，尼尔森认为经济学家的建议并不限于专业技术知识方面。相反，他们利用其经济顾问的地位，大力倡导特定的计划。简而言之，他们并非独立于自己对政策的价值判断，来讨论该政策的手段—目的的效率。经济学思维方式是组织和解释事件的有力工具，并且在很大程度上是价值中立的，但是作为顾问的经济学家却绝不是价值中立的。

这一结论促使尼尔森思考，为什么经济学家在政策领域被赋予特权地位？为什么同样为思考重要问题提供了有用框架的其他学科的学者却没有就公共政策问题举行同样级别的公开听证会？尼尔森论证道，既然经济学思维方式为我们理解现代世界并将之合理化提供了一种方式，那么它作为为我们的社会现实赋予意义，并带给我们努力改善生活的希望的一套教义，也许已经成为取代传统神学的现代神学。至少这是尼尔森在《走向人间天堂》中试图探讨的东西，并取得了惊人的效果。由于经济进步被视为解决社会弊端的方案，经济学被赋予了一个预测进步的特殊地位，而其从业者也从仅仅研究世界的低级哲学家变成了控制社会的"高级祭司"，由他们负责引领一个无限进步和繁荣的

---

① Robert H. Nelson, *Reaching for Heaven on Earth*（Lanham, MD: Rowman & Littlefield, 1991）.

时代。①

在《经济学如宗教》②(Economics as Religion)一书中，尼尔森进一步阐述了这个观点，并探讨了弗兰克·奈特和保罗·萨缪尔森等经济学杰出人物思想的神学基础。事实上，我们可以将20世纪经济学的历史解读为怎样拒绝了奈特的加尔文主义经济学，代之以萨缪尔森的科学管理的世俗宗教。③其实，尼尔森④证明了萨缪尔森对科学价值中立的主张不只是说得好听而已。相反，萨缪尔森的观点是美国进步主义思想运动的逻辑产物。在这场运动中，政府试图创造上帝的人间王国，但必须纠正失业等社

---

① 尼尔森的研究绝不应该被解读为对经济学的控诉。他想要表明的无非是，经济学家并不是在进行某种价值中立的分析。事实上，当他们提供政策指导时，他们也不可能进行价值中立的分析。此外，尼尔森不但没有轻率地批评经济学，而且致力于历史研究，以证明许多政治经济学和经济学的创始人都有很深的神学信仰。他们用神学的知识结构来构建他们的经济学理论，他们用弥赛亚的术语来讨论经济学本身及其政策建议。关于价值中立的经济学与价值相关的政治经济学之间的关系参见以下资料。

Peter J. Boettke, "Is Economics a Moral Science?" *Journal of Markets & Morality* 1, no. 2 (1998): 212–219 (arguing that economists can provide value-relevant knowledge grounded in value-neutral analysis). Peter Boettke, "Why Are There No Austrian Socialists? Ideology, Science and the Austrian School," *Journal of the History of Economic Thought* 17 (1995): 35–56.

② Robert H. Nelson, *Economics as Religion: From Samuelson to Chicago and Beyond* (University Park: Penn State University Press, 2002).

③ 尽管奈特对宗教进行了严厉的批评，但他无法摆脱自己的基督教思想背景。对奈特而言，就像在早期的基督教神学中一样，私有财产和市场经济都出于原罪。人类在堕落之前，既不需要私有财产，也不需要市场经济。因此，在一个理想的世界里，它们也不会存在。但在我们生活的这个不完美的世界里，财产和市场被用来对抗堕落之人的自然倾向，即追求权力和超越他人的优势。财产和市场或许是一个不完美的解决方案，但比其他选择要好。

Nelson, *Economics*, 136–137.

④ Nelson, *Economics*, 37–48.

会弊病，并规划社会秩序。在科学管理的教义的指导下，公共行政的实践不仅保证提高公共事务的效率，还要提高道德水准。由此，自由主义国家将被科学转变为致力于消除社会弊病的行政国家。据尼尔森的说法，萨缪尔森必须被视为"为美国的福利国家和管制国家提供了科学上的祝福"。①

基于尼尔森的分析，我认为，经济学从研究经济的学科到受经济控制的学科的转变，已经威胁到了经济学的"灵魂"。科学管理的虚假伪装使得经济学家承诺完成他们无法完成的任务。现在，我们必须拒绝错误理论与糟糕哲学相结合所产生的科学主张，但这并不意味着必须拒绝把经济学作为一种思考世界和组织事实的方式。恰恰相反，要理解社会现实的复杂性，经济学教义必不可少。也许它最重要的两种公共作用是：（1）解释在一套特定的制度安排中，自利的力量如何能够自发产生同时实现个人自治、普遍繁荣和社会和平的秩序模式；（2）通过手段—目的的分析，为人们乌托邦式的经济政策概念设定范围。②第一种作用表现为在教授斯密"看不见的手"的各种微妙之处时，经济学家的教诲作用；而第二种作用表现为经济学作为一种技术学科，可以为公共政策所做出的贡献。当经济学家超越这些角色，并试图将经济学作为控制社会的主要工具时，他们就违反并歪曲了这门学

---

① Nelson, *Economics*, 263.

② James M. Buchanan, "Economics as a Public Science," in Buchanan, *The Collected Works of James M. Buchanan*, vol. 12（1996; repr., Indianapolis, IN: Liberty Fund, 2000）. 布坎南认为，经济学作为一门公共科学，其任务是向公民提供一种对组织经济的运作方式的理解，以及对如此运作的经济进行替代性干预的后果，以便让这些公民在民主进程中成为知情的参与者。在布坎南看来，经济学家要完成为公民提供明智的民主决策所需信息的任务，就必须在分析中区分是什么、可能是什么以及什么是应该做的。

科的教义。

我将提供三个案例，在这些案例中，经济学家科学主义的自负在20世纪占了上风：凯恩斯主义的需求管理、监管者和法学家的成本—收益分析实践以及市场社会主义的辩论。如果我的观点是正确的，那么经济学家的角色应该从高级祭司回归至低级哲学家。在这个"降职"的过程中，经济学家可能会发现难以为他们的工作找出正当理由，但是由于他们拒绝了科学主义中的虚假神灵及其对社会工程的自负，这门学科及其从业者将会重新获得他们的"灵魂"。

凯恩斯主义的需求管理

在政治经济学中一直存在一种亚文化，其认为可以委托政治经济学的实践者来设计社会管理方案，这种方案将胜过自由放任所得到的非意图性结果。19世纪初，马尔萨斯和萨伊曾就市场经济是否会导致"供过于求"，以及市场是否是一种趋于均衡（即总供给和总需求相等）的自我调节机制交换了意见。[1]大多数经济学家站在萨伊一边，坚持认为市场经济的这种自我调节的作用是经济学这门学科传授的最有力的理论之一。然而，关于自我调节的争论并未停止。马克思论述资本主义制度的内在趋势一方面导致垄断，另一方面引发周期性的内在危机，这是对自我调节这种政治经济学庸俗教义的直接挑战。

---

[1] 萨伊写给马尔萨斯的信结集发表于1821年。
Jean Baptiste Say, *Letters to Mr. Malthus* (1821, repr., New York: Augustus M. Kelley, 1967).

19世纪末，作为科学学说和公共政策信条，自由放任主义日益受到攻击。穆勒本可以将自由放任原则作为理论假设，但他却阐述了该原则的大量例外情况，而这些情况都要求政府直接行动。① 当时，要从政就得主张垄断力量需要约束，以及必须通过公共政策控制商业周期性波动。美国政府引入了反垄断法，同时建立了公共行政机构以监管该立法的实施和执行情况。银行系统也进行了转型，试图消除"恐慌"。

20世纪初，美国经济学思想的主流学派批判古典经济学中的政治经济学的不切实际。该学派支持一种否认任何普遍性经济学法则的制度经济学，并要求政府更加积极地管理和控制经济，促进效率和社会正义。当然，也有一些古典政治经济学的捍卫者，甚至有更多的新科学（即新古典经济学）的实践者，但是在进步时代制度经济学对经济学思想的智识处于统治地位。这种统治不限于经济学教义，而且渗透进了法学院以及尚在萌芽状态的公共行政学科。

当1929年的"大崩溃"变成了20世纪30年代的"大萧条"时，仅剩的支持自由放任的声音都被压制了。持古典经济学立场的经济学家要么被忽视，要么改变他们的主张以适应时代。政府必须采取行动来解决社会问题。当然，某些经济研究认为"大萧条"因政府政策失败而引发——20世纪20年代的信贷扩张产生了繁荣—萧条周期，而30年代的政府干预（最突出的是贸易限制）阻碍了市场调整过程的运作以消除危机，但是这类信息被忽

---

① John Stuart Mill, *Principles of Political Economy* (1848; repr., New York, NY: Augustus M. Kelley, 1976), 941–979.

略了。相反，能与政策制定者、公众和新一代的经济学家产生共鸣的信息是，自由放任资本主义倾向于产生垄断和商业周期。20世纪30年代失业者所遭受的侮辱正如"强盗大亨"（Robber Baron）的时代所表现的那样，用劣质产品欺骗消费者，工厂里的工人遭到剥削。经济学家的工作就是利用经济学的工具和公共行政的专业知识来解决这些社会弊病。

凯恩斯经济学完美地满足了这种需求。约翰·梅纳德·凯恩斯的著作《就业、利息和货币通论》[1]对市场自我调节的古典模型进行批评，提供了为什么英国和美国的经济会陷入萧条这一问题的答案，还提供了如何缓解失业和不稳定问题的政策建议。对当前的讨论而言，最重要的是这个方案背后的普遍思想：凯恩斯认为，投资是不稳定的，因为投资的基础是投资者波动的期望以及他们乐观和悲观交织的情绪。

此外，凯恩斯认为，将货币引入经济体系这一做法否定了市场能维持自我调节的古典法则。根据凯恩斯的说法，价格与货币供求并不那么相关，就像在现代经济体中，投资不完全由利率决定一样。在经济分析中引入预期，会打破古典经济学中建立的旧关系。比如，在经济衰退期间，由于预期经济会掉入流动性陷阱，因此试图通过货币政策的刺激摆脱陷阱是无效的。如果投资不是理性的，而是基于"动物精神"，那么我们就不能依靠市场来评估竞争性项目中资本配置的边际效率。最后，在凯恩斯所描述的这种经济体中，资源可以保持闲置而不是在替代性用途的假

---

[1] John M. Keynes, *The General Theory of Employment, Interest, and Money* (1936; Repr., New York: Harcourt, Brace & Jovanovich, 1964).

设中得到重新利用。古典经济学假设的自动调整不会实现，因为经济会陷入失业均衡。根据定义，在均衡点上，该系统中没有人有任何动机或倾向离开他当前的位置。这是因为要打破这种均衡，必须引入系统外的力量。凯恩斯强烈主张政府是能够最有效地影响社会变化的实体。

罗杰·加里森（Roger Garrison）曾说过，凯恩斯经济学是基础经济学教科书中的收入—支出凯恩斯主义。[1]这个简单的模型曾经是那一代经济学家理解凯恩斯主义公共政策的基本工具，也是萨缪尔森的《经济学》一书的主题。[2]事实上，凯恩斯主义从分析性观点转向社会哲学观点，就体现在萨缪尔森的这本经典的教科书中。在1948年的版本中，萨缪尔森直到第447页[3]才开始介绍基本的供给与需求，这是因为只有在确保宏观经济体系处于平衡的情况下，微观经济学的原则才能生效。自由放任资本主义体系自行其是，因此社会将遭遇总需求不足并导致失业均衡。经济学家的任务正是设计这种充分就业均衡，在这种均衡情况下，如果不存在外部性，生产和交换仅限于私人物品（而非公共物品），且市场结构被认为是竞争性的，那么我们可以依赖市场经济的自我调节趋势。

就我们的故事而言，重点是凯恩斯的《就业、利息和货币通论》以及后来萨缪尔森的《经济学》如何颠覆穆勒在《原理》一书中的假设。穆勒的假设仍然是自由放任，而他列举的例外情况

---

[1] Roger Garrison, *Time and Money: The Macroeconomics of Capital Structure*（New York: Routledge, 2000）.

[2] Paul A. Samuelson, *Economics*, 1st ed.（New York: McGraw-Hill, 1948）, 225–279.

[3] Samuelson, *Economics*, 447.

为政府干预经济提供了正当性证明。但当我们谈到凯恩斯及后来的萨缪尔森时，其假设是政府必须时时刻刻进行干预以维持经济文明，而只有在特定的情况下才能依赖自由放任主义的原则。① 此外，重要的是意识到，假设的这种变化要求经济学家转变角色。在穆勒时代，经济学家仍然可以采取社会研究者的立场，但到了凯恩斯和萨缪尔森的时代，经济学家的任务是充当救世主的角色，利用科学工具来维持社会平衡，并纠正社会错误。② 萨缪尔森写道："在复杂的经济生活条件需要社会协调和规划的地方，我们可以期待怀有良好意愿的明智之人调动政府的权威和开展创

---

① 为了更好地阐述这点，萨缪尔森写道，现代人再也不能相信"管得最好的政府是管得最少的政府"了。在拓荒时代，当一个人听到有狗叫和有邻居搬来，他就继续向更远的地方西行，那时"让每个人自己划自己的独木舟"这种说法有一定的道理。但是今天，在这个相互依存的巨大社会中，航道太拥挤了，以致不能容忍"纯粹个人主义"。*Economics*, 152.

萨缪尔森承认这种"纯粹个人主义"制度产生了高速的物质进步，但他立即补充道，它同样产生了商业周期，即资源在浪费中耗尽、收入不平等、金钱利益带来的政治腐败，以及"自我管理的竞争、有利于极为浪费的垄断"。

② Peter Boettke and Steve Horwitz, "The Limits of Economic Expertise," Annual supplement, *History of Political Economy* 37（2005）: 10–39.

虽然本文使用了不同的术语，但其基本思想是只有两种稳定的思想均衡：（1）经济学家作为研究者，而国家作为经济博弈的裁判；（2）经济学家作为救世主，而国家则是经济博弈中积极的参与者。传统观点宣扬经济学家要谦卑，并试图限制国家及其代理人滥用权力；现代观点鼓吹行动主义，鼓吹国家的代理人代表人民，利用政府权力积极地干预的必要性。传统观点警告政府干预所产生的非意图的恶性后果，而现代观点则警告由于垄断、外部性、公共产品和宏观经济不稳定而导致的自愿选择的恶性后果。传统观点倾向于推动我们达成学生和裁判的均衡，而现代观点倾向于推动我们达成救世主和参与者的均衡。政治经济学的当代学者如果认为传统的谦卑论点具有说服力，那么面临的一个难题是，是否能提出一个满足现代人思维的论点，从而产生学生和裁判的均衡。这一思想难题不同于物质上的利己主义的难题，后者是如何让经济学家放弃让他们在公共政策讨论中获得特权的论点。

造性的活动。"①

米塞斯和哈耶克是对经济学的这种凯恩斯主义转型最坚定的两位批评者。米塞斯倾向于强调凯恩斯主义经济学所犯下的逻辑错误,②而哈耶克倾向于强调凯恩斯主义对经济学家所做出的英雄式的假设。在这个假设中,通过宏观经济模型,经济学家被赋予设计社会变革的身份。③要让收入—支出模型发挥作用,经济学家兼工程师必须知晓当前消费、投资和公共支出的总体水平,以及充分就业水平的具体情况。他还必须知道将政府支出的增加转化为总需求增加的乘数效应的确切运作方式,这能实现充分就业。分析的每一步都假定,宏观经济学家可以随时获得有关经济生活的详尽知识,并且经济学家所主张的每一个政策步骤,都将对经济活动产生精确的效果,以实现充分就业水平上的经济平衡。简而言之,该模型假设的正是它必须证明的东西。

此外,宏观经济学理论常常掩盖行动的人用来设计其经济计划所需的真实经济数据。宏观经济公共政策既错误又傲慢。哈耶克认为,宏观经济模型中明显可见的"知识的僭妄"不仅不能解决社会弊病,比如失业,还会产生一种无法维持的资源使用模式。哈耶克这样写道:

> 这项政策所产生的不是以其他方式无法实现的就业水平,而

---

① Samuelson, *Economics*, 153.
② Ludwig von Mises, *Human Action: A Treatise on Economics* (1949; repr., Indianapolis, IN: Liberty Fund, 2010), 710–803.
③ F.A. Hayek, *New Studies in Philosophy, Politics, Economics and the History of Ideas* (Chicago: University of Chicago Press, 1978), 98–100.

是一种不能无限期维持下去的就业分布形式。一段时间后，该就业模式只能依靠通货膨胀来维持，而这种通货膨胀率将会迅速导致所有经济活动的混乱。①

20世纪70年代凯恩斯主义霸权的崩溃反映了哈耶克对凯恩斯的批判在思想上的胜利。然而，大多数经济学家并没有响应哈耶克对谦卑的呼吁，并继续试图从总量的角度理解经济生活。凯恩斯主义经济学在约瑟夫·斯蒂格利茨②和保罗·克鲁格曼③的笔下得以复活，尽管理论观点有微妙的变化，但他们都主张需要对经济学家的权力做出英雄式的假设，经济学家运用与凯恩斯和萨缪尔森时代同样明确的经济政策杠杆来微调世界。罗伯特·尼尔森表示，斯蒂格利茨曾经指出，萨缪尔森经济学的理论基础包含着根本性的错误认识，不过现在人们对此已经充分理解了。④但是萨缪尔森的著作确立了经济学在美国社会中的科学地位，并为许多经济学家提供了许多政府部门的工作，在政府工作中，经济学家可以利用他们科学上的权威来影响公共政策。

尽管斯蒂格利茨理解萨缪尔森经济学的错误基础，但他并不认为他所领导的信息经济学革命、与科斯和诺思相关的制度经济学或布坎南和图洛克领导的公共选择革命，会产生对萨缪尔森

---

① Hayek, *New Studies*, 29.
② Joseph Stiglitz, *Globalization and Its Discontents* (New York: Norton, 2002).
③ Paul Krugman, *The Return of Depression Economics* (New York: Norton, 1999).
④ Nelson, *Economics*, at 261.

的著作所建立的经济学家在社会中的地位的质疑。如果对此有所质疑的话，斯蒂格利茨认为，他对现代经济学的贡献已经证明了凯恩斯和萨缪尔森重新定义的经济学家的社会角色是正确的，甚至还超越了他们的著作所做的贡献。他相信在经济学模型的指导下的公共政策拥有救世的力量，并且这种信念并不会轻易死去。

成本—收益分析

以萨缪尔森为代表的新经济学的基础是以下三个命题：

1.自由放任主义的推定已经被凯恩斯主义经济学以及凯恩斯之后的经济学所推翻。

2.现代经济学为经济学家充当科学家兼社会工程师的角色提供了分析工具。

3.现代经济学的分析工具得到了新的统计计量技术的支持，这些技术可以保证抽象的经济学数学模型能够被精确地校准，产生明确的预期，并被数据精确地检测，从而为成功的经济政策建议提供基础。

为了使这些命题成立，我们必须假设存在客观的数据，而且能够以成本合理的方式收集和分析它。显然，20世纪计算能力的发展对经济学的研究方式产生了重大影响，但这不是我们想强调的一点。我们想要强调的重点更加微妙：经济学家不得不假设存在特定的数据以供他们操作，但我们认为这些数据实际上并不存在。①在本文的分析中，这种数据指的是成本和收益的客观性。

成本—收益分析渗透进公共经济学领域。它不仅是外部性分析的基石，还是分析税收、监管和替代性法律安排的基石。比如，如果拒绝成本—收益分析，那么现代的法和经济学领域将无法得以确定。

从概念上讲，经济学思维方式与成本—收益分析的逻辑之间不存在任何问题。问题在于人们假设成本和收益是能够被测量和比较的可量化实体，并以此来进行分析。在标准的庇古福利经济学中，资源配置偏离理想状况是因为存在外部性。私人的边际收益和边际成本偏离了社会的边际收益和边际成本。据说正外部性会导致相关商品或服务供给不足，因为生产该商品或服务的私人边际收益低于其将产生的社会边际收益。负外部性会导致相反的问题。不良商品和服务的供给超出了它们的理想水平，因为生产该商品或服务的私人边际成本低于其将产生的社会边际成本。在

---

① 对于宏观经济学和我们在此处讨论的微观经济学问题而言，这都是正确的。例如，一些人试图通过GDP加总最终商品价格，来度量某个经济体在某一年所创造的价值。为了避免重复计算，人们做了很多复杂的努力，但是整个企业面临着一个更为严峻的问题。为了使最终商品价格的加总有意义，分析者必须假设它实际上是反映每种商品生产的全部机会成本的均衡价格。但是只有在一般竞争均衡条件成立的情况下，这个结论才成立。首先，一般竞争均衡的条件具有高度限制性，可能有人认为，现实世界永远无法接近均衡。其次，如果一般竞争均衡的条件成立，由于稀缺资源的理想均衡配置已经实现了，那么凯恩斯主义宏观经济学家所倡导的政策设计将是多余的。简而言之，根据定义，凯恩斯主义者关于闲置资源的论点，是以缺乏一般竞争均衡为前提的。如果是这种情况，那么研究者将无法以任何有意义的方式加总价格数据，为公共政策决策提供基础。为了得到有意义的数据，凯恩斯主义经济学家必须假设存在数据，而如果数据存在，就意味着凯恩斯主义的解决方案是不必要的。面对这样一个逻辑难题，凯恩斯主义的优势地位几乎没有受到挑战。这种现象证明了尼尔森的观点：在现代政治经济学中，信仰战胜理性；而一旦思想与利益达成一致，推翻信仰体系会十分困难。

标准的操作中，在存在正外部性的情况下，政府应该针对该商品和服务的生产进行补贴，使得私人和社会的成本保持一致；而在存在负外部性的情况下，政府应该对这种活动征税，也是为了实现私人成本和社会成本的一致。在概念上，这种方法的逻辑无懈可击，但作为公共政策的工具，它可以说是一个最大的误导，并且对经济学就公共政策问题展开的论述方式造成了巨大的破坏。[1]科斯[2]和布坎南[3]很早以前就指出了庇古福利经济学中的根本问题。他们的研究是革命性的，但是在之后的那些年，他们研究工作的最根本的含义被忽略了，因为经济学文化中深入地致力于数据的分析和测量受到欢迎。毕竟，科学就是测量，每个人都喜欢这样说。如果你不能测量，你无论如何也要测量，而不是让一门学科的科学地位受到威胁。因此，尽管科斯和布坎南有着深刻的见解，但成本—收益分析仍未被政治经济学的实践者所抛弃。事实上，其中许多人都声称他们忠于科斯和布坎南。

科斯或布坎南对庇古福利经济学的批评可用以下观点概括：庇古的解决方案是多余的，因为在交易成本为零的情况下，私

---

[1] 经济政策"智库"的世界分为亲市场力量和反市场力量，而两者之间的交流是一种关于冲突的成本——效益分析。亲市场的群体证明的是这种或那种干预的成本将超过收益，这里的成本通常指的是换算成一般的四口之家的成本。反市场的一派也不甘落后，他们的回应是提出证据证明不受阻碍的市场经济给普通公民带来的成本远远超出了相应的好处。这就是论述的方式，但因为实际上他们都没有数据来证明他们想要证明的论点，所以他们就进行假设和猜测。在最好的情况下，我们得到的是包裹在数字里并用科学的外衣伪装的意识形态承诺。在最坏的情况下，我们得到的只是既得利益集团牺牲他人的利益来实现其政治目标。

[2] Ronald Coase, "The Problem of Social Cost," *Journal of Law & Economics* 3, no. 1 (1960): 1–44.

[3] James M. Buchanan, *Cost and Choice*, in Buchanan, *Collected Works*, vol. 6.

人行为人会通过谈判来解决冲突；而在交易成本（包括信息成本）不为零的情况下，该方案是不能操作的。如果私人行动者无法集中成本和收益并使其协调一致，那么政府官员怎么能够做到呢？科斯和布坎南不是测量那些我们无法合理假设但能够测量的东西，而是主张一种研究公共经济学的机会成本方法。如科斯所说，这种方法所导致的比较制度分析将"在接近实际的情况下开始我们的分析，检验所提议的政策的影响，并试图确定新情况总体上是比原来的情况更好还是更差"。①

庇古的黑板经济学虽然被发现存在逻辑矛盾之处：要么多余，要么不能操作，但仍然难以被抛弃。②比如说，威廉·鲍莫尔强烈抵制科斯和布坎南的理论，认为庇古的传统理论是无可挑剔的，尽管他同时说："总而言之，就事论事地说，我们几乎没有理由对庇古方法的适用性抱有信心。我们不知道如何计算其所要求的税收和补贴，我们也不知道该如何通过试验来获得近似的结果。"③鲍莫尔的思想促使科斯写下对现代经济学最尖锐的指责之一，科斯总结了鲍莫尔的立场，即认为庇古方法的逻辑无可挑剔。无可挑剔意味着"我们没有办法实施其征税的提议，但如果可以实施的话，资源配置将达到最佳水平，"④科斯补充道，"我从来没有否认过这点。我的观点很简单，那就是这种税收提议是

---

① Coase, "Problem," at 23.
② Ronald Coase, *The Firm, the Market and the Law* (Chicago: University of Chicago Press, 1988), 157–185.
更加详尽地阐述了庇古福利经济学的矛盾。
③ William J. Baumol, "On Taxation and the Control of Externalities," *American Economic Review* 62 (1972): 307, 318.
④ Coase, *The Firm*, 185.

梦想的原料。在我年轻的时候，我听说过一句话：'实在说不出口的傻话可以唱出来。'而在现代经济学中，则可以将它放进数学里。"①

市场社会主义的辩论

20世纪上半叶关于市场社会主义的辩论，提供了另一个证明经济学家科学主义的自负占了上风的例子。1920年之前的几年，弗里德里希·维塞尔、熊彼特、莱昂·瓦尔拉斯、帕累托、恩里科·巴罗内（Enrico Barone）、弗雷德里克·泰勒（Fredrick Taylor）和弗兰克·奈特都指出，社会主义如果要使生产合理化，那么必须成功满足的形式要求与资本主义在均衡条件下所能达到的要求是一样的。②换句话说，如果合理化意味着最有效地利用资源（这必然是它的含义），那么社会主义合理化也必须满足边际主义原则下的最优化条件。

波兰经济学家兰格接受了这一挑战，他在1936—1937年提出的市场社会主义的主张，不仅满足了资本主义一般均衡模型的形式要求，还被认为实际上比市场经济表现得更好，因为它消除了垄断和商业周期，这些被认为是现实资本主义的困扰。③在展

---

① Coase, *The Firm*, 185.
② Peter J. Boettke, ed., *Socialism and the Market: The Socialist Calculation Debate Revisited*, vol. 4 (London: Routledge, 2000).
上述作品包括论述这种"形式相似性"的观点以及发展一种边际社会主义经济的相关尝试的论文。
③ Oskar Lange, "On the Economic Theory of Socialism." In *On the Economic Theory of Socialism* (1936–1937, Repr., Minneapolis: University of Minnesota Press, 1938).

开关于形式相似性的论证时，兰格提供了以下蓝图：首先，允许存在消费品市场和劳动力配置的市场。其次，生产部门由国家掌管，但是得为企业的生产做出严格的规定。也就是说，国家让生产管理者必须将产品定价作为边际成本，并实现平均成本最少化的产出水平。生产管理者可以使用库存作为信号，在试错的基础上进行调整。生产指南将确保考虑到所有的生产机会成本，并确保采用总成本最低的技术。简而言之，即使在生产手段为国家所有的情况下，这些生产指南也能保证实现生产效率。

兰格在他的社会主义论证中走得更远。社会主义不仅通过模仿资本主义的效率条件，能够在理论上实现与资本主义相同的有效生产水平，还通过清除困扰现实世界中资本主义社会的垄断和商业周期，超越了资本主义。在兰格的论证中，新古典主义理论将成为社会控制的强有力工具。

哈耶克对兰格的市场社会主义模型的回应是多维度的，并且他抨击了其根植于新古典一般均衡模型的信息假设。[1]首先，哈耶克认为，兰格和其他人提出的市场社会主义模型反映了一种对均衡的关注。这些模型没有能力讨论必要的适应性措施，而这是现实经济生活中不断变化的条件所要求的。从消费品推算出资本品的价值是一个典型的例子。熊彼特认为，一旦消费品在市场上确定了价值（正如兰格的模型所呈现的那样），生产品市场就不是必要的了，因为我们可以根据这一事实本身推算出相应的资本

---

[1] Hayek, *Individualism and Economic Order* (1948, Repr., Chicago: University of Chicago Press, 1996, 33–56, 77–91, 181–208).

品的价值。①

这种"解决方案"在一般均衡模型中是准确无误的,因为在一般均衡模型中,计划就是事先协调好的,即不存在错误的交易。然而,哈耶克关心的不是这种均衡模型,而是在市场过程中推算是如何实际进行的,从而使生产计划与消费者需求相协调。这不是一个微不足道的过程,需要各种市场信号来指导企业家在其决策过程中利用生产项目中的资本—商品组合。从根本上说,哈耶克认为市场社会主义不能通过假设这个问题不存在来应对这个问题。当然,我们如果将分析的注意力都集中在所有计划全都得到了协调的一般竞争均衡模型的特性之上,那么从一开始就不会强调产生这种协调的过程。

这就是哈耶克的中心观点。如果没有某些制度和实践,就不会产生计划协调的过程(从消费品到生产品的价值推算)。这将不得不依赖一种替代过程来进行关于资源的决策,而这种过程必然是一种不能依赖私有财产激励、相对价格信号以及损益会计等为指导的过程,因为社会主义计划已经明确地废除了这些指导。换句话说,竞争均衡这个命题本身与该均衡状态之外的世界不相关。主要的新古典经济学家(比如奈特和熊彼特)未能认识到这一基本观点,而这表明对均衡状态的科学主义关注(与关注趋于产生均衡的过程相反)会给经济学造成严重破坏。

在哈耶克看来,专注均衡状态而不是均衡过程的问题不仅将需要证明的论点当成假设排除,还将注意力从变化的环境要求参

---

① Joseph Schumpeter, *Capitalism, Socialism, and Democracy* (New York: Harper Perennial, 2008, 167–231).

与者怎样去适应上转移开。如前所述，根据定义，均衡是一种系统内任何主体都没有任何动力去改变的状态。如果所有的数据都冻结不变，那么这种情况确实会导致每个人都处于静止的状态。在此状态下，所有的计划都得到了协调，资源也以目前已知的最有效的方式获得利用。兰格提出的条件将得到满足，价格将被设定为边际成本，基于此生产的全部机会成本都将反映在这个价格上，生产将处于企业的平均成本曲线最低的那一点，因此成本最低的技术将被采用。但是，哈耶克问道，如果在一个数据未被冻结不变的世界里，这些条件能告诉我们什么信息？当品位和技术发生变化时会发生什么？

资源的有效分配要求基础条件（品位、技术和资源禀赋）与引致变量（价格和损益）两者之间存在对应关系。在完全竞争中，基础条件与引致变量完全契合，因此不存在协调问题。而一些拒绝市场自我调节的主张的经济学学术传统，则倾向于否认基础条件和市场上的引致变量存在任何一种对应关系。

与以上两种主张都不相同，哈耶克试图解释基础条件和引致变量之间存在一种滞后关系。对他来说，经济学是一门关于趋势和方向的学科，而不是一门精确决策的科学。基础条件的变化引发了适应与调整，这反映在市场上的引致变量中。引致变量滞后，但不断地被拉向基础条件。

哈耶克认为，完美的知识是均衡的一个决定性特征，但不能成为趋于均衡的过程中的假设。相反，问题恰恰是个人如何掌握与他人计划相协调所需的那些信息？在《经济学和知识》和《知识在社会中的运用》①两篇文章中,哈耶克提出的论点是,经济主体如何学习代表了经济学的关键经验因素,而价格信号代表了在市场过程中学习的关键制度标识。传统的新古典主义理论认为价格是激励手段,但哈耶克指出,价格也有信息功能,这被专注于均衡模型的现代经济学家忽视了。

哈耶克在其职业生涯中,强调了在这两篇经典论文中所提出的论点的不同方面,并特别强调在市场过程中所利用的知识的背景性质。他指出,知识并不是脱离其发现和使用的背景而存在的。经济参与者的行动基于特定时间和地点的具体知识。这种市场参与者用来指导他们行动的本地知识根本不是抽象的和客观的,因此不能由该环境之外的计划者用于计划大规模的社会组织。

哈耶克对计划为什么不能发挥作用的论证,不仅限于协调许多个体的计划所需的信息太多而不能有效地组织这一个问题。企业家在市场中所使用的知识不能存在于当地的环境之外,因此甚至从原则上讲就不可能组织起来这种知识。计划者面对的并非是复杂的计算任务,而是不可能完成的任务,因为他们无法获得所需的知识。无论出现什么样的技术来简化计算任务,这都不可能。

市场社会主义要求经济学这门学科从理解经济运作转为试图计划经济。新古典经济学的科学工具——最值得注意的是一般

---

① F.A. Hayek, "Economics and Knowledge," in *Individualism and Economic Order* (1937; 1948; repr., Chicago: University Press of Chicago, 1980); Hayek, "The Use of Knowledge in Society," in *Individualism and Economic Order* (1944; repr., Chicago: University of Chicago Press, 1948), 33–56 and 77–91.

均衡，误导了社会主义的支持者，让他们相信能够有效地计划经济。经济学家不再是经济的研究者，而变成了积极的参与者——计划经济活动的工程师。当然，历史和哈耶克的研究都已表明，长远来看，社会主义所要求的这种工程师职位是不可持续的。哈耶克用前面所讨论的观点颠覆了社会主义纲领。不过，最重要的是，苏联在20世纪末戏剧性的解体向全世界揭示了那些相信自己能够集中指导经济生活的人在经济学上的狂妄所带来的灾难。

结　论

尼尔森的《经济学如宗教》不仅是一本引人入胜的读物，还是一本论述经济学在现代社会中所起到的作用的深刻著作。他写道：

> 经济进步已经成了现代最重要的宗教。如果说经济学家在实际产生这种进步方面作用不大，或者说他们甚至不是很了解其发生的实际机制，那么他们在赋予经济进步以社会合法性方面则发挥了重要的作用。他们一直是这种进步宗教的现代祭司，解释其形式，改进其信息，并向教众保证进步将会继续下去。[①]

他接着写道："我们的经济学家就像历史上其他祭司一样，过着安全和受保护的生活，经常在学院的小树林里漫步。"[②]

---

① Nelson, *Economics*, 329.
② Nelson, *Economics*, 332.

尼尔森将他的分析主要限于对经济增长如何成为现代宗教以及经济学家如何成了其祭司式的守护者的实证描述。我们从他深刻的分析中跳出来，来看看我们学科这种转型的黑暗一面。运用基本的经济学推理，我们可预见的是一个受保护的祭司阶层理性地回应这些激励，滥用他们的特权地位，并试图为其竞争者设置障碍。作为经济学家，我也致力于推广这种观点，即经济学作为一门学科，对于理解塑造我们世界的力量极为重要。但我也相信的是，我的经济学家同行的祭司地位已经对我们的学科造成了严重的损害，并且从长远来看，将会使经济学所提供的教义失去合理性。[1]

我分析了三个领域，在这些领域，20世纪的经济学家试图将经济学家作为社会工程师的角色转变合理化。在每种情况下，我都假定经济学家提出的论点是不合理的。在面对复杂的社会时，只有保持谦虚而不是试图将经济学扩展到它能够实现的范围之外，才能更好地服务这门学科。我的论点很简单：如果我们要求一门学科做它没有能力做的事，那么智力资源将被浪费在无法从中获得回报的东西上。类型I的错误和类型II的错误在知识决策中都会发生，因为追求了本该放弃的项目，而放弃了有价值的项目。

经济学的这种形势能否扭转？我不知道。我知道的是，如果我们认为局势毫无希望，那么在本质上我们承认这是一种理想的情况，正如奈特所说的那样。另外，我也认识到，变革需要一个

---

[1] 这种去合理化将会对社会产生巨大的负面影响，因为它会模糊对自发秩序原则的理解，模糊对政治企业家为乌托邦理想设置界限的方法或目的分析的理解。

大胆的知识型企业家来抓住机会并重新定位这门学科。然而，我们呼吁的重新定位会降低经济学家在现代社会中的声望，并减少他们的权力。当变革的回报是相关地位的降低时，变革行为通常不会启动。不过，我认为，如果经济学家放弃他们在社会中的特权地位，他们可能会重新获得他们的"灵魂"。也许，有待经济学家兼知识型企业家抓住的有益机会是政治经济学这门学科的长期合法性。为了抓住这种合法性，经济学家必须放弃现代经济学中以一种伪科学的雄心所做出的虚假承诺，放弃自萨缪尔森以来，对有效的公共管理必须以模型和计量技术（这已经成为经济学的特征）为指导的信念。这样的经济学家可能会面对同时代经济学家的愤怒。但是可以期望的是，这样的经济学家通过传播谦虚的智慧，将会荣幸地延续政治经济学思想巨匠（比如斯密、休谟、米塞斯、哈耶克和布坎南）的传统。只有拒绝"高级祭司"的身份，转而拥抱低级哲学家的身份，经济学家才有机会将经济学从其傲慢所带来的灾难中拯救出来。因为凡高举自己的必被贬抑，凡贬抑自己的必被高举。①

---

① Luke 14：11.

第四部分

结 论

如何教经济学以及为什么教经济学

我在整本书中一直强调经济学教学工作，这并不是一项不值一提的努力。这一学科具有启发性且关系重大。如果我们是失败的经济学教育者，那么我们也会是失败的经济学家，这是绕不开的结论。经济学不仅是聪明的专业人士玩的游戏，还是涉及所有历史关头最具有紧迫性的实际问题的学科。国家的贫富与其存亡攸关，生命的质量和长短亦取决于个人生活的经济条件。

经济学阐述了人类生活的方方面面，因此这是一门有着雄心壮志的科学。它解释人类行为，不管是在市场、投票站、教堂、家中，还是其他有人的地方。经济学思维方式不仅是世界的一个窗口，还是唯一一个将人作为行动的人对待的窗口。对于偶然进入该学科的读者而言，这可能听起来很傲慢，但经济学也教人谦虚。正如哈耶克所说："经济学有着奇特的任务，即向人们表明它对自认为能够设计的事物其实是多么无知。"①

　　从斯密到哈耶克的主线经济学教义不仅教会我们哪些是经济学可以告诉我们的，更重要的是，哪些是经济学不能告诉我们的。经济学分析和经济控制的企图都受到真实的限制。经济学在20世纪偏离轨道的主要原因是未能认识到这些限制，并且混淆了政策学和工程学。基于物理科学的知识，工程学提出了前几代人无法想象的技术解决方案。我祖父母来到这个世界上时，大多数旅行是靠马和马车进行的，而当他们离开这个世界时，这个世界上不仅有人体验了越过大西洋的飞行，还将人送上了月球。在他们过世以后，互联网发展起来，这不仅改变了我们交流的方式，还改变了我们购物方式、学习方式以及形成我们社交联系的方式。这些惊人的技术进步倾向于强化这样一种观念，即以我们的理性，人们可以通过科学解决他们面临的任何问题。但是，即使在这样的技术创新的情况下，我们往往也会忘记某些对进步而言至关重要的事。技术知识是通过普通的商业活动转化为有用的知识的。如果没有财产、价格和损益核算的指导作用，就无法获取创新带来的收益。原因很简单——没有价格体系的指导和激励，经济主体就不能从一系列在技术上可行的项目中挑选出最有利的项目，并实现它。而如果缺乏经济学知识，技术性风险投资项目将受到系统性资源浪费的困扰。

　　除了商业引导技术创新的必要性，还要说明另一个更微妙的要点。商业生活不是通过设计出现的，而是因人们有相互"交

---

① F.A. Hayek, *The Fatal Conceit: The Errors of Socialism* (Chicago: the University of Chicago Press, 1991), 76.

易、易货、交换"的倾向而出现的。生产的专业化和交换的存在远早于经济学家提出这些术语来解释这些行为。换句话说，经济学家并没有创造经济，相反是以已经在运作的经济开始他们的研究，其任务是为既有的实践提供哲学理解。这与土木工程师设计大桥以方便曼哈顿和布鲁克林之间的交通的情况迥然不同。而政治家和大众对经济学的要求更像是对工程学的要求，这可能是对这门科学最大的破坏力量。

但是，如果我们接受了经济学不能起到社会工程学的作用的这种判断，那么我们就不必满足于纯粹哲学性的经济学。经济学和政治经济学能够产生重要的经验信息。该学科可以告诉我们，替代性的制度框架将如何影响我们实现贸易和创新的收益的能力。如果制度框架阻碍贸易和创新，那么这些收益将不能实现；如果制度框架鼓励经济的这些方面，那么收益就能实现。我经常告诉学生，人类有两种天生的倾向：交易、易货、交换的倾向（如斯密所说的那样），以及强奸、抢劫和掠夺的倾向（如托马斯·霍布斯所说的那样），而人们追求哪种倾向是个人生活和互动的制度框架的一种功能。生活经历可以是创造财富，然后享有更健康、更富裕生活的良性循环，也可以如同生活在肮脏野蛮的人间地狱一样。因此，虽然经济学不能做出精确的点预测，但作为一门科学，它可以告诉我们变化的趋势和方向，以及政治—经济制度创造财富或毁灭财富的能力。

主线经济学解释经济的运作，不是通过对个人的认知能力做出英雄般的假设，也不是求助明君来开展政治活动。相反，从斯密到哈耶克的政治经济学接受人们本来的样子，并试图找到这样的制度框架，使坏人掌权时的危害最小，并利用人们普通的动机和有限的认知能力来实现分工下的社会合作。主线经济学发现，在私有财产的市场经济和实行宪政的有限政府的制度中，这种受到了限制的个人利用权力的野心，以及个人关于某时某地的独特知识，可以被引领用于实现和平和繁荣的社会秩序。

经济学和政治经济学必须防范的是人类的狂妄自大。狂妄自大有两种形式：自以为道德品质更高尚的狂妄自大，以及自以为知识水平高于同类的狂妄自大。哈耶克将后者称为致命的自负。

斯密笔下的知识分子文化与这种对傲慢的批评有着异曲同工之处。请看以下来自《国富论》的一段话：

> 关于可以把资本用于国内哪个产业以实现生产物能的最大价值这一问题，每一个人处在他的地位，显然能判断得比政治家或立法者好得多。如果政治家企图指导私人应如何运用他们的资本，那不仅是自寻烦恼地去注意最不需注意的问题，还是僭取一种不能放心地委托给任何人、也不能放心地委托给任何委员会或参议院的权力。把这种权力交给一个大言不惭、荒唐地自认为有资格行使它的人，是再危险不过的。[1]

斯密在《道德情操论》中把这种狂妄自大的人称为制度人，其是被嘲笑的对象。[2]他只是因为"妄想自己聪明睿智"，其实

---

[1] Adam Smith, *An Inquiry into the Nature and Causes of the Wealth of Nations* (1776; repr., Chicago: University of Chicago Press, 1976), 478.

[2] Adam Smith, *The Theory of Moral Sentiments* (1759; repr., Indianapolis, IN: Liberty Fund, 1982), 233.

"愚蠢而傲慢"，才认为自己能在商业事务上凌驾于他人之上。

但到了凯恩斯撰写《就业、利息和货币通论》的时候，[1]知识分子文化已经发生了剧烈的改变。制度人不但不是被嘲笑的对象，而且需要他们去解决商业生活中的异常问题，以及现代工业社会中的失业和商业周期性波动问题。经济学从这时起，就在教育上偏离了轨道，成为公共政策的工具。它成了制度人的侍女，而不是怀疑这种人类自负的理由。我们现在有《控制经济学》，而没有《政治经济学常识》。[2]

经济学家的任务是向权威说实话，而不是迎合权威。从斯密到哈耶克，这门学科教给我们的是，必须限制权力来遏制人类的掠夺能力。即使我们不在意它的教导，我们也颠覆不了斯密、萨伊和哈耶克关于市场创造财富而政治摧毁财富的基本结论。20世纪的共产主义实验强化了主线经济学的这一基本教训。正如米塞斯所说：

> 经济学知识是人类文明结构的一个基本要素，是现代工业和道德、智识、技术和医疗在过去几个世纪取得的所有成就的基础。这取决于人们是正确地使用经济学知识所提供的丰富宝藏，还是将其闲置。但是，如果人们没有充分地利用经济学并无视其教诲和警告，那么他们不会废除经济学，而是会摧毁社会和

---

[1] John Maynard Keynes, *The General Theory of Employment, Interest, and Money* (1936; repr., New York: Harcourt, Brace & Jovanovich, 1964).

[2] Abba Lerner, *The Economics of Control* (London: Macmillan, 1944); Philip H. Wicksteed, *The Common Sense of Political Economy: Including a Study of the Human Basis of Economic Law* (London: Macmillan, 1910).

人类。①

我们作为经济学的从业者和教师，所从事的是一项严肃的事业。我们必须在研究中开拓知识的前沿，并能够向我们的学生、政策制定者和公众传达主线经济学的基本真理。我们不仅需要符合逻辑的经济模型和复杂的统计技术，还需要符合逻辑的经济学推理和对人类历史的把握。我们必须把人理解为容易犯错但仍然有能力的选择者，而他们生活在一个具有历史偶然性的制度框架内。

正如我试图在本书中论证的那样，经济学是一门既有启发性又有娱乐性的学科，也是一门解决我们这个时代最重要问题的学科，关乎生死，充满可能性。我们的职责是教导学生享受运用经济学思维方式来理解这个世界的纯粹乐趣，并且告诉他们，出于政治上的权宜之计而拒绝使用经济学知识时所涉及的利害关系。

关于经济学主线的教义为我们提供了跨越时间和空间的核心真理。我希望本书的读者不要将这本论文集看作既定教义的回答，而看作人的行为科学及其最发达的分支——经济学发出的一个诱人邀请。我们需要吸引每一代中最优秀的和最聪明的人从事这项人类研究，让他们发现经济学研究令人思想兴奋之处。他们还需要避免这种思想倾向，即认为自己适合设计经济体系的任务或者能够最好地修补经济体系。从哈耶克所说的"理性建构主义"转向弗农·史密斯所说的"生态理性"，这是很好的一种知

---

① Ludwig von Mises, *Human Action*: *A Treatise on Economics* (1949; repr., Indianapolis, IN: Liberty Fund, 2010), 885.

识上的平衡和协调。经济学这门学科的命运将取决于我们这些处于经济学主线上的人能否向每一代人发出足够诱人的邀请；而人类命运将取决于在经济学主线上的人能否击退经济学上的无知，击退特殊利益的政治以及制度人的狂热野心。

就像所有科学一样，经济学的真理最终远比声望和权力重要得多。而把经济学的真理传授给下一代的学生，是一项有价值且光荣的使命。事实上，这是一种召唤，要求我们对学术和教学的技艺付出最认真的关注和奉献。最优秀的经济学家要进行广泛而深入的阅读，努力思考，直言不讳并且清晰、流畅地写作。这是认真的人所从事的一件严肃的事，但它也恰恰是一场给人惊喜的智力冒险，探索跨越时空、变化无穷的人类行为。介绍经济学主线对经济学原则的各种探索，以及向我传授这些原则的大师级老师们，有效地传达了我对经济学和政治经济学的热爱之情。更重要的是，我衷心地希望，本书能够作为一个邀请，邀请我的读者加入这场伟大的经济学对话。

致　谢

前言是为2010年4月接受私营企业教育协会颁发的亚当·斯密奖而准备的。这篇文章最初发表于《私营企业杂志》(*The Journal of Private Enterprise*)。我感谢可以重印，感谢该协会授予我这个奖项，我当晚的演讲可以在以下网址找到：http://www.coordinationproblem.org/2010/04/2010-adam-smith-award-remarks-read-on-april-11th-in-las-vegas.html。我要感谢爱德华·斯特林汉姆（Edward Stringham），他编辑了《私营企业杂志》的特刊，其中收录了我以前的学生为我写的文章，这是为了配合亚当·斯密奖而组织的。我从这些学生身上学到的东西比他们想象到的还要多。因为他们，我才能在我的整个职业生涯中享有教授经济学的美妙经历，我惟愿他们也能拥有这样的经历。谢谢你们！

"经济学教育的任务"最初发表于《乔治·梅森大学经济学工作论文》(*GMU Working Paper in Economics*)第10期。我感谢允许重印。2010年11月5日至8日，在由亚利桑那州图森市自由与繁荣学院主办的"经济自由与高中课程"会议上,我曾提供了一个较早的版本。我感谢史蒂文·海斯勒(Stephen Haessler)邀请我出席会议,并邀请与会者向我提供宝贵的反馈。

"奥地利学派贴合实际的经济学教学"最初发表于《经济与金融教育杂志》(Journal of Economics and Finance Education)。我感谢允许重印。

"自发秩序下,诞生于大众的经济学如何服务大众"最初发表于《经济行为与组织杂志》(Journal of Economic Behavior and Organization)。我感谢允许重印。本文是为表彰布坎南对自发秩序研究的终身贡献的会议而作。我从克里斯·科恩、比尔·丹尼斯(Bill Dennis)、彼得·利森(Peter Leeson)、施卢蒂·拉贾戈帕兰(Shruti Rajagopalan)和维吉尔·施托尔(Virgil Storr)的评论中受益匪浅。本文适用于通常的限制性条款。

"第一课——汉斯·森霍尔茨:追求现实世界中的相关性"最初发表于《奥派经济学季刊》(The Quarterly Journal of Austrian Economics)。该期杂志是为了纪念汉斯·森霍尔茨博士80岁生日的特刊。我感谢允许重印。

"第二课——穆瑞·罗斯巴德:关于苏联社会主义的理论和实践"由我与克里斯多夫·科恩(Christopher Coyne)合著,最初发表于《奥派经济学季刊》。我感谢允许重印。这篇论文的早期版本于2003年3月在亚拉巴马州奥本大学的米塞斯学院举行的第9届奥地利学者会议上发表。我感谢吉多·许尔斯曼(Guido Hülsman)和约瑟夫·萨勒诺鼓励我在会议上就这个主题发表论文。我们还要感谢安德鲁·法兰特(Andrew Farrant)、彼得·利森、本·鲍威尔(Ben Powell)、爱德华·斯特林汉姆和约翰·罗伯特·苏布里克（John Robert Subrick）、两位匿名推荐者，以及编辑的有益评论。我们也感谢参加2003年春季奥地利市场过程理论课程的学生们的贡献，感谢詹姆斯·布坎南政治经济学中心的哲学、政治和经济学项目以及莫卡特斯中心社会变革项目提供的经费资助。本文适用于通常的限制性条款。

"第三课——肯尼思·博尔丁：以主观主义精神审视市场"由我与戴维·普雷契特科合著，最初发表于L. 莫斯（L. Moss）编辑的《约瑟夫·熊彼特——经济史学家》（*Joseph A. Schumpeter，Historian of Economics*）。我们感谢允许重印。

"第四课——沃伦·萨缪尔斯：让'政治'回归政治经济学"最初发表于斯蒂文·米德玛和杰夫·比德尔（Jeff Biddle）编辑的《经济学泛思：向沃伦·萨缪尔斯致敬的随笔》（*Economics Broadly Conceived：Essays in Honor of Warren Samuels*）。我感谢允许重印。

"第五课——戈登·图洛克：最大化利己主义的行为与市场竞争的力量"最初发表于《公共选择》（*Public Choice*）。我感谢允许重印。

"第六课——奥斯特罗姆夫妇：方法论个人主义和经济学思维方式"由我与克里斯多夫·科恩合著，最初发表于《经济行为与组织杂志》。我们感谢允许重印。布坎南政治经济学中心的哲学、政治与经济学项目和莫卡特斯中心的社会变革项目，以及埃尔哈特基金会提供了经费资助。我们非常感谢许多研究所参与者对本文的早期版本提供了有益的评论，特别是我们的两位正式的评论员——保罗·德拉戈斯·阿里吉卡和迈克尔·麦金尼斯（Michael McGinnis）。本文适用于通常的限制性条款。

"第七课——埃莉诺·奥斯特罗姆：产生合作、避免冲突的自治规则"最初发表于《公共选择》。我感谢允许重印。保罗·德拉戈斯·阿里吉卡、克里斯·科恩、丹尼尔·迪阿米科（Daniel D'Amico）、彼得·利森、斯蒂文·米德玛、马里奥·里佐和丹尼尔·史密斯提供了有益的评论。

"第八课——唐·拉沃伊：读者与作者要实现视野融合"是改编自最初发表在《经济学方法论杂志》（*Journal of Economic Methodology*）上的一篇文章《唐·拉沃伊（1950-2001）讣文》（Obituary Don Lavoie）。我感谢允许重印。

"第九课——彼得·伯格：以人文主义的视角，而不是科学主义的视角看待经济人"最初发表于《社会》。我感谢允许重印。

"第十课——路德维希·冯·米塞斯：分析性叙事方法"由我与彼得·利森合著，最初发表于《社会经济评论》（*Review of Social Economy*）。我们感谢允许重印。我们感谢《社会经济评论》的编辑和两位匿名审稿人提供的有益意见和建议，感谢欧福森·韦弗协会、埃尔哈特基金会和莫卡特斯中心的资助。在接受这项研究时，利森是伦敦政治经济学院的哈耶克研究员。他要感谢经济学和相关学科的国际研究中心和哈耶克协会对这项工作的支持。

"第十一课——伊斯雷尔·柯兹纳：变化与企业家的行动应被纳入经济学理论的核心范畴"为我与弗雷德里克·索特（Frederic Sautet）合著，最初发表于《国家财富和福祉年刊》（*The Annual Preceedings of the Wealth and Well-Being of Nations*）。我们感谢允许重印。

"第十二课——弗里德里希·哈耶克：经济学思维方式的标

识"是2004年10月19日在伦敦政治经济学院发表的哈耶克纪念演讲的删节版,最初发表于《经济事务》(*Economic Affairs*)。我感谢允许重印。我要感谢托比·巴克斯代尔(Toby Baxendale)让我有机会在2004年以哈耶克研究员的身份访问伦敦政治经济学院,也要感谢蒂姆·贝斯勒(Tim Besley)在我访问期间的盛情款待。我要感谢米塞斯学院对伦敦政治经济学院的哈耶克奖学金的资助。我还要感谢詹妮弗·迪米尔(Jennifer Dirmeyer)和詹妮弗·史密斯(Jennifer Smith)帮助我准备出版的手稿。本文适用于通常的限制性条款。

"第十三课——詹姆斯·布坎南:古典传统对形式主义的抵制"最初发表于理查德·霍尔特(Richard Holt)和史蒂文·普雷斯曼编辑的《经济学及其不满:20世纪的异见经济学家》(*Economics and Its Discontents*:*Twentieth Century Dissenting Economists*)。我感谢允许重印。我要感谢詹姆斯·布坎南、杰克·海伊、伊斯雷尔·柯兹纳、马里奥·里佐和凯伦·沃恩对早期草稿的评论。另外,我要特别感谢史蒂文·普雷斯曼的改进意见和建议,感谢来自纽约大学奥派经济学项目的资助。本文若尚存错误,皆由我负责。

"经济学错在哪里"最初发表于《批判性评论》(*Critical Review*)。我感谢允许重印。我要感谢泰勒·考恩、杰弗里·弗里德曼、史蒂文·霍维兹、伊斯雷尔·柯兹纳、丹尼尔·克莱因(Daniel Klein)、戴维·普里契特科、马里奥·里佐和爱德华·韦科(Edward Weick)的评论和建议,并感谢胡佛研究所关于战争、革命与和平的国家研究员项目,以及支持纽约大学奥派经济学项目的萨拉·斯凯夫基金会所提供的资助。本文的早期版本曾在1995年6月圣母大学的经济社会史会议、1993年3月纽约大学奥地利经济讨论会和1993年1月布拉格中欧大学发表。

"人如机器"由我与克里斯多夫·科恩和彼得·利森合著，最初发表于《经济思想史学会年报》(*Annals of the Society for the History of Economic Thought*)。我们感谢允许重印。

"经济学专业知识的局限"由我与史蒂文·霍维兹合著，最初发表于《政治经济史》(*History of Political Economy*)。我们感谢允许重印。我们感谢会议参与者和一位匿名评审员对早期草稿提出的具有挑战性的有益意见。

"高级祭司和低级哲学家"由我与克里斯多夫·科恩和彼得·利森合著，最初发表于《凯斯西部保留地大学法学评论》(*Case Western Reserve University Law Review*)。我们感谢允许重印。

参考文献

1. Adaman, F., and Pat Devine. 1996. "The Economic Calculation Debate: Lessons for Socialists." *Cambridge Journal of Economics* 20 (5): 523–537.

2. Ahrens, J. 2002. *Governance and Economic Development: A Comparative Institutional Approach*. Cheltenham, UK: Edward Elgar Publishing.

3. Albert, H., 1984. "*Modell-Denken und historische Wirklichkeit.*" In *Ökonomisches Denken und soziale Ordnung*, edited by H. Albert, 39–61. Tübingen: J.C.B. Mohr.

4. Aligica, P. Dragos, and Peter J. Boettke. 2009. *Challenging Institutional Analysis and Development: The Bloomington School*. New York: Routledge.

5. Anderson, Gary, and Peter J. Boettke. 1993. "Perestroika and Public Choice: The Economics of Autocratic Succession in a Rent-Seeking Society." *Public Choice* 75 (2): 101–118.

6. _____. 1997. "Soviet Venality: A Rent-Seeking Model of the Communist State." *Public Choice* 93 (1–2): 37–53.

7. Arrow, Kenneth. 1994. "Methodological Individualism and Social Knowledge." *The American Economic Review* 84 (2): 1–9.

8. Atkinson, A. 1987. "James M. Buchanan's Contributions to Economics." *Scandinavian Journal of Economics* 89 (1): 5–15.

9. Ayittey, George. 1994. "The Failure of Development Planning in Africa." In *The Collapse of Development Planning*, edited by Peter J. Boettke. New York: New York University Press: 146–181.

10. Bardhan, Pranab, and John Roemer. 1992. "Market Socialism: A Case for Rejuvenation." *Journal of Economic Perspectives* 6 (3): 101–116.

11. _____, eds. 1993. *Market Socialism: The Current Debate*. New York: Oxford University Press.

12. Barone, Enrico. 1908. "The Ministry of Production in the Collectivist State." In *Collectivist Economic Planning*, edited by F.A. Hayek. Repr., London: Routledge, 1935, 245–290.

13. Barzel, Yoram. 1989. *Economic Analysis of Property Rights*. New York: Cambridge University Press.

14. Bastiat, Frederic. 1964. "A Petition" in *Economic Sophisms*, Irvington-On-Hudson: Foundation For Economic Education.

15. Bateman, Bradley. 2005. "Bringing In The State? The Life and Times of Laissez-Faire in the 19th century United States."

History of Political Economy, 37 ed. Steve Medema, 175–199.

16. Bates, R., A. Greif, M. Levi, J.-L. Rosenthal, and B.R. Weingast. 1998. *Analytic Narratives*. Princeton, NJ: Princeton University Press.

17. Baumol, William J. 1972. "On Taxation and the Control of Externalities." *American Economic Review* 62, 307–322.

18. _____. 2002. *The Free-Market Innovation Machine*. Princeton, NJ: Princeton University Press.

19. Becker, Gary. 1976. *The Economic Approach to Human Behavior*. Chicago: University of Chicago Press.

20. Bellante, Don. 1994. "Sticky Wages, Efficiency Wages, and Market Processes." *Review of Austrian Economics* 8, 21–33.

21. Benson, Bruce. 1990. *The Enterprise of Law*. San Francisco: Pacific Research Institute for Public Policy.

22. Berger, Peter. 1963. *Invitation to Sociology*. New York: Doubleday.

23. Berliner, Joseph. 1957. *Factory and Manager in the USSR*. Cambridge, MA: Harvard University Press.

24. Boehm-Bawerk, E. 1884–1921. *Capital and Interest*, 3 vols. Repr., South Holland, IL: Libertarian Press, 1949.

25. _____. 1891. "The Historical versus the Deductive Method in Political Economy." *Annals of the American Academy of Political Science* 1. In *Classics in Austrian Economics*, edited by Israel M. Kirzner, 109–129. Repr., London: Pickering & Chatto, 1994.

26. Boettke, Peter J. 1987. "Virginia Political Economy: A

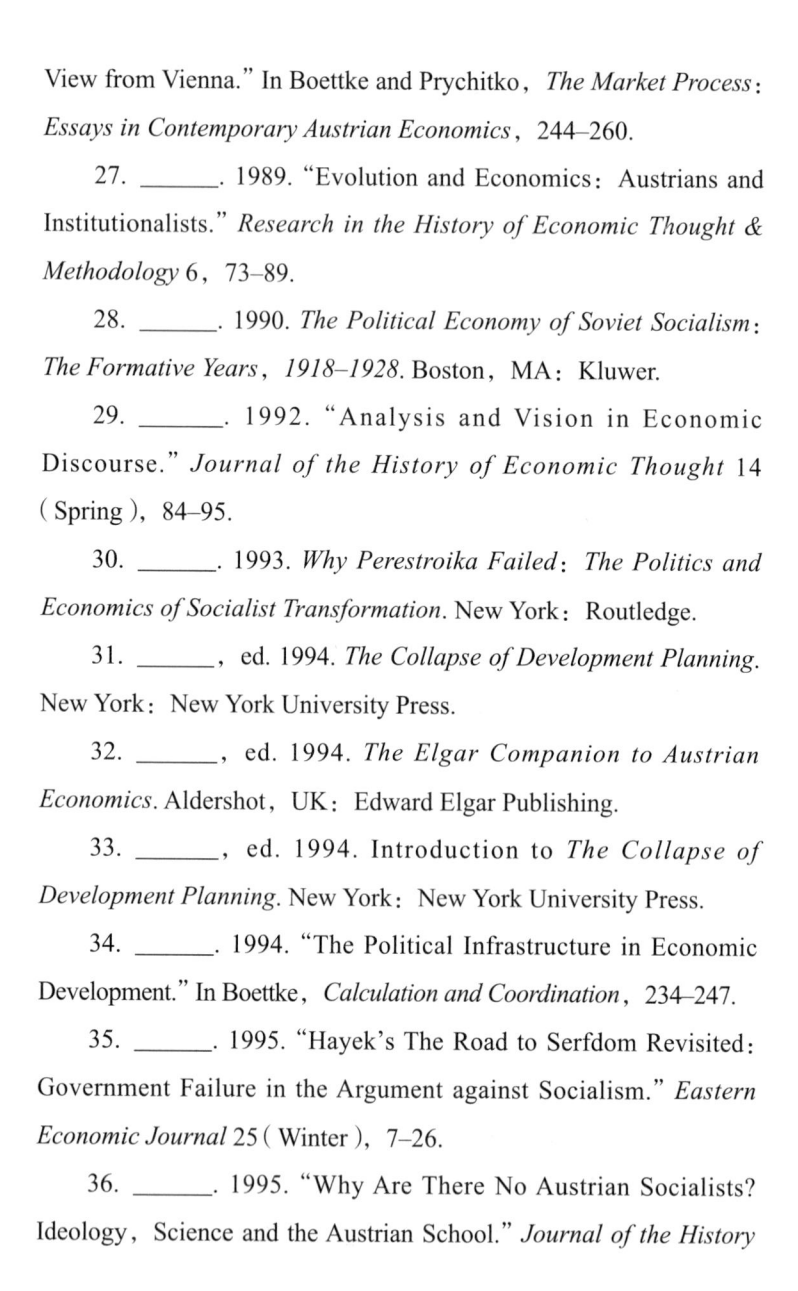

View from Vienna." In Boettke and Prychitko, *The Market Process*: *Essays in Contemporary Austrian Economics*, 244–260.

27. _____. 1989. "Evolution and Economics: Austrians and Institutionalists." *Research in the History of Economic Thought & Methodology* 6, 73–89.

28. _____. 1990. *The Political Economy of Soviet Socialism*: *The Formative Years, 1918–1928.* Boston, MA: Kluwer.

29. _____. 1992. "Analysis and Vision in Economic Discourse." *Journal of the History of Economic Thought* 14 (Spring), 84–95.

30. _____. 1993. *Why Perestroika Failed*: *The Politics and Economics of Socialist Transformation.* New York: Routledge.

31. _____, ed. 1994. *The Collapse of Development Planning.* New York: New York University Press.

32. _____, ed. 1994. *The Elgar Companion to Austrian Economics.* Aldershot, UK: Edward Elgar Publishing.

33. _____, ed. 1994. Introduction to *The Collapse of Development Planning.* New York: New York University Press.

34. _____. 1994. "The Political Infrastructure in Economic Development." In Boettke, *Calculation and Coordination*, 234–247.

35. _____. 1995. "Hayek's The Road to Serfdom Revisited: Government Failure in the Argument against Socialism." *Eastern Economic Journal* 25 (Winter), 7–26.

36. _____. 1995. "Why Are There No Austrian Socialists? Ideology, Science and the Austrian School." *Journal of the History*

of Economic Thought 17 (Spring): 35–56.

37. _____. 1996. Review of *Whither Socialism?* by Joseph Stiglitz. *Journal of Economic Literature* 34 (1) (March): 189–191.

38. _____. 1996. "What Is Wrong with Neoclassical Economics (And What Is Still Wrong with Austrian Economics)." In *Beyond Neoclassical Economics*, edited by Fred Foldvary. Aldershot, UK: Edward Elgar Publishing, 22–40.

39. _____. 1997. "Where Did Economics Go Wrong: Modern Economics as a Flight from Reality." *Critical Review* 11 (1): 11–64.

40. _____. 1998. "Economic Calculation: The Austrian Contribution to Political Economy." *Advances in Austrian Economics* 5: 131–158.

41. _____. 1998. "Is Economics a Moral Science?" *Journal of Markets & Morality* 1 (2): 212–219.

42. _____. 1998. "Ludwig von Mises." In *The Handbook of Economic Methodology*, edited by J. Davis, D. Wade Hands, and U. Maki. Cheltenham, UK: Edward Elgar Publishing, 534–540.

43. _____. 1999. "Which Enlightenment, Whose Liberalism: F.A. Hayek's Research Program for Understanding the Liberal Society." In *The Legacy of F.A. Hayek: Politics, Philosophy, Economics*, edited by Peter J. Boettke, vol. 1, xi–lv. Cheltenham, UK: Edward Elgar Publishing.

44. _____. 2000. *The Intellectual Legacy of F.A. Hayek*, 3 vols. Aldershot, UK: Edward Elgar Publishing.

45. _____, ed. 2000. *Socialism and the Market: The Socialist*

Calculation Debate Revisited, 9 vols. London: Routledge.

46. _____. 2001. *Calculation and Coordination: Essays on Socialism and Transitional Political Economy*. New York: Routledge.

47. _____. 2001. "Why Culture Matters: Economics, Politics, and the Imprint of History." In Boettke, *Calculation and Coordination*, 248–265.

48. _____. 2002. "Relevance as a Virtue in Economics." *Quarterly Journal of Austrian Economics* 5 (4): 31–36.

49. _____. 2008. "The Austrian School of Economics." In *A Concise Encyclopedia of Economics*, edited by David Henderson. http://www.econlib.org/library/Enc/Austrian SchoolofEconomics.html.

50. _____. 2009. "Institutional Transition and the Problem of Credible Commitment." *Annual Proceedings of the Wealth & Well-Being of Nations* 1: 41–51.

51. _____. 2009. Review of Eric Jones's *Cultures Merging*. *Economic Development & Culture Change*, 57 (January): 434–437.

52. _____, ed. 2010. *The Handbook of Contemporary Austrian Economics*, Cheltenham, UK: Edward Elgar Publishing.

53. Boettke, Peter J., and Christopher J. Coyne. 2003. "Entrepreneurship and Development: Cause or Consequence?" *Advances in Austrian Economics* 6: 67–88.

54. _____. 2004. "Swedish Influences, Austrian Advances: The Contributions of the Swedish and Austrian Schools to Market

Process Theory." In *The Evolution of the Market Process: Austrian and Swedish Economics*, edited by M. Bellet, S. GloriaPalermo, and A. Zouache, 20–31. New York: Routledge.

55. _____. 2006. "The Role of the Economist in Economic Development." *Quarterly Journal of Austrian Economics* 19 (2): 47–68.

56. _____. 2009. "Best Case, Worse Case, and the Golden Mean in Political Economy." *Review of Austrian Economics* 22 (2): 123–125.

57. Boettke, Peter J., Christopher J. Coyne, and Peter T. Leeson. 2003. "Man as Machine: The Plight of 20th Century Economics." *Annals of the Society for the History of Economic Thought* 43: 1–10.

58. _____. 2006. "High Priests and Lowly Philosophers: The Battle for the Soul of Economics." *Case Western Reserve Law Review* 56 (3): 551–568.

59. _____. 2008. "Institutional Stickiness and the New Development Economics." *American Journal of Economics & Sociology* 67 (2): 331–358.

60. Boettke, Peter J., and Steven Horwitz. 2005. "The Limits of Economic Expertise." Annual supplement, *History of Political Economy* 37: 10–39.

61. Boettke, Peter J., and Peter T. Leeson. 2003. "The Austrian School of Economics, 1950–2000." In *The Blackwell Companion to the History of Economic Thought*, edited by Warren

J. Samuels, Jeff E. Biddle, and John B. Davis. Oxford: Basil Blackwell Publishers, 445–453.

62. _____. 2004. "Liberalism, Socialism and Robust Political Economy." *Journal of Markets & Morality* 7 (1): 99–111.

63. _____. 2006. *The Legacy of Ludwig von Mises: Theory and History*, 2 vols. Aldershot, UK: Edward Elgar Publishing.

64. Boettke, Peter J., and David L. Prychitko, eds. 1994. *The Market Process: Essays in Contemporary Austrian Economics*. Aldershot, UK: Edward Elgar Publishing.

65. _____. 1996. "Mr. Boulding and the Austrians." In *Joseph Schumpeter, Historian of Economics*, edited by L. Moss, 250–259. New York: Routledge.

66. _____. 1998. *Market Process Theories*, 2 vols. Aldershot, UK: Edward Elgar Publishing.

67. Boettke, Peter J., and Karen I. Vaughn. 2002. "Knight and the Austrians on Capital and the Problems of Socialism." *History of Political Economy* 34 (1), 155–176.

68. Boulding, Kenneth E. 1936. "Time and Investment." *Economica* 10 (May): 196–220.

69. _____. 1941. *Economic Analysis*. New York: Harper & Brothers.

70. _____. 1948. "Samuelson's Foundations: The Role of Mathematics in Economics." *Journal of Political Economy* 56 (June): 187–199.

71. _____. 1950. *A Reconstruction of Economics*. New York:

John Wiley & Sons.

72. _____. 1956. *The Image*. Ann Arbor: University of Michigan Press.

73. _____. 1958. *The Skills of the Economist*. Cleveland: Howard Allen.

74. _____. 1962. *Conflict and Defense*. New York: Harper & Row.

75. _____. 1966. *The Impact of the Social Sciences*. New Brunswick, NJ: Rutgers University Press.

76. _____. 1970. *Economics as a Science*. New York: McGraw-Hill.

77. _____. 1971. "After Samuelson, Who Needs Adam Smith?" *History of Political Economy* 3 (Fall): 225–237.

78. _____. 1971. "Introduction." In *Collected Papers*, vol. 1. Boulder: Colorado Associated University Press, vii–xi.

79. _____. 1973. "The Misallocation of Intellectual Resources in Economics." In *Collected Papers*, vol. 3. Boulder: Colorado Associated University Press, 535–552.

80. _____. 1978. *Ecodynamics*. New York: Sage.

81. _____. 1981. *Evolutionary Economics*. New York: Sage.

82. _____. 1985. "My Life Philosophy." *The American Economist* 29 (Fall): 5–14.

83. _____. 1985. "Systems Research and the Hierarchy of World Systems." *Systems Research* 2: 7–11.

84. _____. 1990. *Three Faces of Power*. New York: Sage.

85. Brennan, Geoffrey, and James M. Buchanan. 1980. *The Power to Tax*. New York: Cambridge University Press.

86. _____. 1985. "The Reason of Rules." In Buchanan, *Collected Works*, vol. 10. Indianapolis, IN: Liberty Fund, Inc.

87. Buchanan, James M. 1954. "Social Choice, Democracy and Free Markets." In Buchanan, *Collected Works*, vol. 1, 89–102. Indianapolis, IN: Liberty Fund, Inc.

88. _____. 1958. *Public Principles of Public Debt*. Homewood, IL: Irwin.

89. _____. 1959. "Positive Economics, Welfare Economics, and Political Economy." In Buchanan, *Collected Works*, vol. 1, 191–209.

90. _____. 1960. *Fiscal Theory and Political Economy*. Chapel Hill: University of North Carolina Press.

91. _____. 1962. "What Should Economists Do?" In Buchanan, *Collected Works*, vol. 1, 28–42.

92. _____. 1967. "Politics and Science." In Buchanan, *Collected Works*, vol. 1. 230–243.

93. _____. 1969. *Cost and Choice*. In Buchanan, *Collected Works*, vol. 6.

94. _____. 1972. "Politics, Property and the Law." *Journal of Law & Economics. In Freedom in Constitutional Contract*, 94–109. Repr., College Station: Texas A&M University Press, 1979.

95. _____. 1975. *The Limits of Liberty: Between Anarchy and Leviathan*. In Buchanan, *Collected Works*, vol. 7.

96. _____. 1977. *Freedom in Constitutional Contract*. College Station: Texas A&M University Press.

97. _____. 1977. "Law and the Invisible Hand." In Buchanan, *Collected Works*, vol. 17.

98. _____. 1979. "Politics without Romance." In Buchanan, *Collected Works*, vol. 1, 45–59.

99. _____. 1979. *What Should Economists Do?* Indianapolis, IN: Liberty Press.

100. _____. 1982. "Order Defined in the Process of Its Emergence." In Buchanan, *Collected Works*, vol. 1, 244–245.

101. . 1983. "Political Economy: 1957–1982." In Buchanan, *Collected Works*, vol. 19, 38–49.

102. _____. 1986. "Better than Plowing." In Buchanan, *Collected Works*, vol. 1, 11–27.

103. _____. 1986. "Cultural Evolution and Institutional Reform." In Buchanan, *Collected Works*, vol. 18, 311–323.

104. _____. 1986. *Liberty, Market and State*. New York: New York University Press.

105. _____. 1986. "The Potential for Tyranny in Politics as Science." In Buchanan, *Collected Works*, vol. 17, 153–170.

106. _____. 1991. *The Economics and Ethics of Constitutional Order*. Ann Arbor: University of Michigan Press.

107. _____. 1992. *Better than Plowing*. Chicago: University of Chicago Press.

108. _____. 1993. "Asymmetrical Reciprocity in Market

Exchange." In Buchanan, *Collected Works*, vol. 12, 409–425.

109. _____. 1996. "Economics as a Public Science." In Buchanan, *Collected Works*, vol. 12, 44–51.

110. _____. 1999–2001. *The Collected Works of James M. Buchanan*, 20 vols. Indianapolis, IN: Liberty Fund.

111. _____. 2001. "The Qualities of a Natural Economist." In Buchanan, *Collected Works: Ideas, Persons, and Events*, vol. 19, 95–107.

112. Buchanan, James M., and G. F. Thirlby, eds. 1973. *L.S.E. Essays on Cost*. London: London School of Economics.

113. Buchanan, James M., R.D. Tollison, and G. Tullock, eds. 1980. *Towards a Theory of the Rent-Seeking Society*. College Station: Texas A&M University Press.

114. Buchanan, James M., and Gordon Tullock. 1962. *The Calculus of Consent*. In Buchanan, *Collected Works*, vol. 3.

115. Buchanan, James M., and V. Vanberg. 1991. "The Market as a Creative Process." In Buchanan, *Collected Works*, vol. 18, 289–310.

116. Buchanan, James M., and Richard Wagner. 1977. *Democracy in Deficit: The Political Legacy of Lord Keynes*. In *Collected Works*, vol. 8.

117. Buchanan, James M., and J.Y. Yoon, eds. 1994. *The Return of Increasing Returns*. Ann Arbor: University of Michigan Press.

118. Caldwell, Bruce. 1984. "Praxeology and Its Critics: An

Appraisal." *History of Political Economy*: 363–379.

119. _____. 1988. "Hayek's 'The Trend of Economic Thinking.'" *Review of Austrian Economics* 2, 175–178.

120. _____. 1989. "Austrians and Institutionalists: The Historical Origins of Their Shared Characteristics." *Research in the History of Economic Thought & Methodology* 6, 91–100.

121. _____. 1997. "Hayek and Socialism." *Journal of Economic Literature* 35 (4): 1 856–1 890.

122. _____. 2004. *Hayek's Challenge: An Intellectual Biography of F.A. Hayek*. Chicago: University of Chicago Press.

123. Campbell, Donald. 1995. *Incentives: Motivation and the Economics of Information*. New York: Cambridge University Press.

124. Chafuen, Alejandro A. 2003. *Faith and Liberty: The Economic Thought of the Late Scholastics*. Lanham, Md.: Lexington Books, 2003.

125. Cheung, S. 1973. "The Fable of the Bees: An Economic Investigation." *Journal of Law & Economics* 16 (1): 11–33.

126. Coase, Ronald. 1959. "The Federal Communications Commission." *Journal of Law & Economics* 2 (1) 1–40.

127. _____. 1960. "The Problem of Social Cost." *Journal of Law & Economics* 3 (1): 1–44.

128. _____. 1988. *The Firm, the Market and the Law*. Chicago: University of Chicago Press. Coddington, Alan. 1975. "Creaking Semaphore and Beyond: A Consideration of Shackle's 'Epistemics and Economics.'" *British Journal of the Philosophy of Science 26*,

151–163.

129. Collins, Randall. 1998. *The Sociology of Philosophies: A Global Theory of Intellectual Change*. Cambridge, MA: Belknap Press of Harvard University Press.

130. Converse, Philip E. 1964. "The Nature of Belief Systems in Mass Publics." In *Ideology and Discontent*, edited by David E. Apter. New York: Free Press, 206–261.

131. Cottrell, Allin, and W. Paul Cockshot. 1993. "Calculation, Complexity and Planning." *Review of Political Economy* 5 (1): 73–112.

132. Cowen, Tyler. 2007. *Discover Your Inner Economist: Use Incentives to Fall in Love, Survive Your Next Meeting, and Motivate Your Dentist*. Boston, MA: Dutton Adult.

133. Cowen, Tyler, and R. Fink. 1985. "Inconsistent Equilibrium Constructs: Mises and Rothbard on the Evenly Rotating Economy." *American Economic Review* 75: 866–869.

134. Coyne, Christopher J. 2005. "The Institutional Prerequisites for Post-Conflict Reconstruction." *Review of Austrian Economics* 18 (3/4): 325–342.

135. _____. 2007. *After War: The Political Economy of Exporting Democracy*. Stanford, CA: Stanford Economics & Finance.

136. Coyne, Christopher J., and Peter T. Leeson. 2004. "The Plight of Underdeveloped Countries," *Cato Journal* 24 (3): 235–249.

137. Cushman, R. 1994. "Rational Fears." *Lingua Franca* (November/December): 42–54.

138. Davidson, Paul. 1989. "The Economics of Ignorance or Ignorance of Economics?" *Critical Review* 3 (3–4): 467–487.

139. De Roover, Raymond. 1976. *Business, Banking, and Economic Thought in Late Medieval and Early Modern Europe.* Chicago: University of Chicago Press.

140. De Soto, H. 1989. *The Other Path.* New York: Harper Collins.

141 Demsetz, Harold. 1969. "Information and Efficiency." *Journal of Law & Economics* (March), 1–22.

142. Dixit, Avinash. 1996. *The Making of Economic Policy: A Transaction-Cost Politics Perspective.* Cambridge, MA: MIT Press.

143. Domar, Evsey. 1957. *Essays in the Theory of Economic Growth.* New York: Oxford University Press.

144. Durbin, E.F. 1945. "Professor Hayek on Economic Planning and Political Liberty." *Economic Journal* 55 (December): 357–370.

145. Easterly, William. 2001. *The Elusive Quest for Growth: Economists' Adventures and Misadventures in the Tropics.* Cambridge, MA: MIT Press.

146. Ehrlich, Alexander. 1960. *The Soviet Industrialization Debate, 1924–1928.* Cambridge, MA: Harvard University Press.

147. Elster, Jon. 2009. *Alexis de Tocqueville: The First Social Scientist.* New York: Cambridge University Press.

148. Engels, Frederick. 1892. *Socialism: Utopian and Scientific*. Repr., New York: International Publishers, 1972.

149. Epstein, R. 1995. *Simple Rules for a Complex World*. Cambridge, MA: Harvard University Press.

150. Euken, W. 1940. *The Foundations of Economics*. Repr., Chicago: University of Chicago Press, 1951.

151. Evans, Peter B., Dietrich Rueschmeyer, and Theda Skocpol, eds. 1985. *Bringing the State Back In*. New York: Cambridge University Press.

152. Fisher, Franklin. 1983. *Disequilibrium Foundations of Equilibrium Economics*. New York: Cambridge University Press.

153. _____. 1991. "Organizing Industrial Organization: Reflections on the *Handbook of Industrial Organization*." *Brookings Papers: Microeconomics* 1991: 201–240.

154. Fleischacker, Samuel. 2004. *On Adam Smith's Wealth of Nations*. Princeton, NJ: Princeton University Press.

155. Foss, Nicolai. 2000. "Austrian Economics and Game Theory: A Stocktaking and an Evaluation." *Review of Austrian Economics* 13: 41–58.

156. Friedman, Jeffrey. 1995. "Economic Approaches to Politics." *Critical Review* 9 (1–2): 1–24.

157. _____. 1996. "Introduction: Economic Approaches to Politics." In *The Rational Choice Controversy: Economic Models of Politics Reconsidered*, edited by Jeffrey Friedman. New Haven, CT: Yale University Press, 1–24.

158. _____. 1996. "Public Opinion and Democracy." *Critical Review* 10 (1): i–xii.

159. Friedman, Milton. 1947. "Lerner's Economics of Control." *Journal of Political Economy* 55 (5): 405–16.

160. _____. 1953. *Essays in Positive Economics*. Chicago: University of Chicago Press.

161. _____. 1962. *Capitalism and Freedom*. Chicago: University of Chicago Press.

162. Friedman, Milton, and Rose Friedman. 1980. *Free to Choose*. New York: Harcourt, Brace & Jovanovich.

163. Frye, T. 2000. *Brokers and Bureaucrats*. Ann Arbor: University of Michigan Press.

164. Fukuyama, F. 2004. *State-Building: Governance and the World-Order in the 21st Century*. Ithaca, NY: Cornell University Press.

165. Garrison, Roger. 1984. "Time and Money." *Journal of Macroeconomics* 6 (2)(Spring), 197–213.

166. _____. *Time and Money: The Macroeconomics of Capital Structure*. New York: Routledge.

167. Gerschenkron, A. 1962. *Economic Backwardness in Historical Perspective*. Cambridge, MA: Harvard University Press.

168. Goethe, Johann Wolfgang von. 1995. *Scientific Studies*, vol. 12. Translated by Douglas Miller. Princeton, NJ: Princeton University Press.

169. Gordon, Robert. 1990. "What Is New-Keynesian

Economics?" *Journal of Economic Literature* 28 (3) (September), 1 151–1 171.

170. Granick, David. 1954. *Management and the Industrial Firm in the USSR*. Repr., Westport, CT: Greenwood Press, 1980.

171. Greaves, P. 1974. *Mises Made Easier: A Glossary for Ludwig von Mises's* Human Action. New York: Free-Market Books.

172. Gregory, Paul. 2003. *The Political Economy of Stalinism*. New York: Cambridge University Press.

173. Grice-Hutchinson, Marjorie. 1952. *The School of Salamanca: Readings in Spanish Monetary Theory, 1544–1605*. Oxford University Press.

174. _____. 1978. *Early Economic Thought in Spain 1177–1740*. London: Allen & Unwin. Grossman, Gregory. 1977. "The 'Second Economy' of the USSR." In *The Soviet Economy*, edited by Morris Bornstein. Repr., Boulder, CO: Westview, 1981.

175. Grossman, Sanford. 1976. "On the Efficiency of Competitive Stock Markets Where Traders Have Diverse Information." *Journal of Finance* 31 (May), 573–585.

176. _____. 1989. *The Informational Role of Prices*. Cambridge, MA: MIT Press.

177. Grossman, Sanford, and Joseph Stiglitz. 1976. "Information and Competitive Price Systems." *American Economic Review* 66 (May), 246–253.

178. _____. 1980. "On the Impossibility of Informationally Efficient Markets." *American Economic Review* 70 (June), 393–

408.

179. Hahn, Frank. 1973. *On the Notion of Equilibrium in Economics*. Cambridge: Cambridge University Press.

180. Hamilton, Alexander. 1787. *The Federalist Papers #1*. http://thomas.loc.gov/home/histdox/fed_01.html.

181. Hayek, F.A. 1931. "Reflections on the Pure Theory of Money of Mr. J.M. Keynes." In Hayek, *Collected Works*, vol 9. Repr., Chicago: University of Chicago Press, 1995, 121–146.

182. _____. 1933. "The Trend of Economic Thinking." *Economica* (May): 121–137. In Hayek, *Collected Works*, vol. 3, 17–34.

183. _____, ed. 1935. *Collectivist Economic Planning*. London: Routledge.

184. _____. 1937. "Economics and Knowledge." In Hayek, *Individualism and Economic Order*, 33–56.

185. _____. 1941. *The Pure Theory of Capital*. Chicago: University of Chicago Press.

186. _____. 1943. "The Facts of the Social Sciences." In Hayek, *Individualism and Economic Order*, 57–76.

187. _____. 1944. *The Road to Serfdom*. Chicago: University of Chicago Press.

188. _____. 1945. "The Use of Knowledge in Society." In Hayek, *Individualism and Economic Order*, 77–91.

189. _____. 1946. "Individualism: True and False." In Hayek, *Individualism and Economic Order*, 1–32.

190. _____. 1948. *Individualism and Economic Order*. Repr., Chicago: University of Chicago Press, 1996.

191. _____. 1952. *The Counter-Revolution of Science*. Repr., Indianapolis, IN: Liberty Fund, 1979.

192. _____. 1952. *The Sensory Order*. Chicago: University of Chicago Press.

193. _____. 1960. *The Constitution of Liberty*. Chicago: University of Chicago Press.

194. _____. 1964. "Kinds of Rationalism." In *Studies in Philosophy, Politics and Economics*. Repr., Chicago: University of Chicago Press, 1967, 82–95.

195. _____. 1967. "The Results of Human Action but Not of Human Design." In *Studies in Philosophy, Politics and Economics*. Chicago: University of Chicago Press, 96–105.

196. _____. 1973. *Law, Legislation and Liberty*, 3 vols. Chicago: University of Chicago Press.

197. _____. 1978. *New Studies in Philosophy, Politics, Economics and the History of Ideas*. Chicago: University of Chicago Press.

198. _____. 1991. *The Fatal Conceit: The Errors of Socialism*. In Hayek, *Collected Works*, vol. 1. Chicago: University of Chicago Press.

199. _____. 1988–2010. *The Collected Works of F.A. Hayek*, edited by Bruce Campbell, 19 vols. Chicago: University of Chicago Press.

200. Hazlitt, Henry. 1946. *Economics in One Lesson.* New York: Harper & Brothers.

201. _____. 1959. *The Failure of the "New Economics."* Princeton, NJ: Van Nostrand.

202. _____, ed. 1960. *The Critics of Keynesian Economics.* Princeton, NJ: Van Nostrand.

203. Heilbroner, Robert, and William Milberg. 1995. *The Crisis of Vision in Modern Economic Thought.* New York: Cambridge University Press.

204. Heyne, Paul, Peter J. Boettke, and David L. Prychitko. 2010. *The Economic Way of Thinking*, 12th ed. Upper Saddle River, NJ: Prentice Hall.

205. Hicks, John. 1967. "The Hayek Story." In *Critical Essays in Monetary Theory.* Oxford: Clarendon Press, 203–215.

206. High, Jack. 1990. *Maximizing, Action, and Market Adjustment: An Inquiry into the Theory of Economic Organization.* Munich: Philosophia Verlag.

207. Hirschman, Albert O. 1977. *The Passions and the Interests.* Princeton, NJ: Princeton University Press.

208. _____. 1986. "Against Parsimony: Three Easy Ways of Complicating Some Categories of Economic Discourse." In *Rival Views of Market Society.* Cambridge, MA: Harvard University Press, 142–160.

209. Hoover, Kevin. 1994. "New Classical Economics." In *The Elgar Companion to Austrian Economics*, edited by Peter J.

Boettke. Aldershot, UK: Edward Elgar Publishing, 576–581.

210. Horwitz, Steven. 1996. "Money, Money Prices and the Socialist Calculation Debate." *Advances in Austrian Economics 3*: 59–77.

211. _____. 2000. *Microfoundations and Macroeconomics: An Austrian Perspective*. New York: Routledge.

212. Hume, David. 1758. *Essays Moral, Political, and Literary*. Repr., Indianapolis, IN: Liberty Fund, 1985.

213. Hutchison, T.W. 1938. *The Significance and Basic Postulates of Economic Theory*. Repr., New York: Augustus M. Kelley, 1965.

214. Hutt, W.H. 1936. *Economists and the Public*. Repr., New Brunswick, NJ: Transaction Publishers, 1990.

215. _____. 1940. "The Concept of Consumer Sovereignty." *Economic Journal 50* (March): 66–77.

216. Ickes, B., and Clifford Gaddy. 1998. "Russia's Virtual Economy." *Foreign Affairs* 77 (5)(Fall), 53–67.

217. Inman, R. 1987. "Markets, Governments, and the 'New' Political Economy." In *The Handbook of Public Economics*, edited by A. Auerbach and M. Feldstein, vol. 2, 647–777. Amsterdam: North-Holland.

218. Jones, Eric. 2006. *Cultures Merging*. Princeton, NJ: Princeton University Press.

219. Kamath, Shyam. 1994. "The Failure of Development Planning in India." In *The Collapse of Development Planning*,

edited by Peter J. Boettke. New York: New York University Press, 90–145.

220. Kant, Immanuel. 1958. *The Critique of Pure Reason*. Translated by N.K. Smith. New York: St. Martin's Press.

221. Kaufmann, Felix. 1944. *The Methodology of the Social Sciences*. London: Oxford University Press.

222. Keenan, Sean. 1994. "New Keynesian Economics." In *The Elgar Companion to Austrian Economics*, edited by Peter J. Boettke. Aldershot, UK: Edward Elgar Publishing, 582–587.

223. Keynes, John Maynard. 1936. *The General Theory of Employment, Interest, and Money*. Repr., New York: Harcourt, Brace & Jovanovich, 1964.

224. Keynes, John N. 1891. *The Scope and Method of Political Economy*. Cambridge, MA: C. J. Clay, M.A. & Sons, at the University Press.

225. Kirtzner, Israel M. 1960. *The Economic Point of View*. Princeton, NJ: Van Nostrand.

226. _____. 1963. *Market Theory and the Price System*. Princeton, NJ: Van Nostrand.

227. _____. 1978. *Competition and Entrepreneurship*. Chicago: University of Chicago Press.

228. _____. 1979. *Perception, Opportunity and Profit*. Chicago: University of Chicago Press.

229. _____. 1984. "Economic Planning and the Knowledge Problem." *Cato Journal 4* (Fall), 407–425.

230. _____. 1987. "The Economic Calculation Debate: Lessons for Austrians." *Review of Austrian Economics* 2, 1–18.

231. _____. 1992a. *The Meaning of Market Process: Essays in the Development of Modern Austrian Economics.* New York: Routledge.

232. _____. 1992b. "Prices, the Communication of Knowledge, and the Discovery Process." In *The Meaning of the Market Process: Essays in the Development of Modern Austrian Econmoics.* London: Routledge, 130–151.

233. _____. 1997. "Entrepreneurial Discovery and the Competitive Market Process: An Austrian Approach." *Journal of Economic Literature* 35 (March), 60–85.

234. _____. 2000. Foreword to *An Entrepreneurial Theory of the Firm*, by Frederic Sautet. London, Routledge, xiii–xiv.

235. _____. 2001. *Ludwig von Mises.* Wilmington, NC: ISI Books.

236. _____. 2006. "Lifetime Achievement Award Acceptance Speech." Society for the Development of Austrian Economics, Charleston, SC, November, 19, 2006.

237. _____. 2009. *The Economic Point of View*, edited by Peter J. Boettke and Frederic Sautet. Indianapolis, IN: Liberty Fund, Inc.

238. Klamer, Arjo. 1984. *Conversations with Economists.* New York: Rowman & Littlefield.

239. Klamer, Arjo, and David Colander. 1990. *The Making of*

an Economist. Boulder, CO: Westview.

240. Klein, Dan, ed. 1999. *What Do Economists Contribute*? New York: New York University Press.

241. _____. 2001. *A Plea to Economists Who Favour Liberty: Assist the Everyman*. London: Institute for Economic Affairs.

242. Klein, Peter. 1996. "Economic Calculation and the Limits of Organization." *Review of Austrian Economics* 9（2）: 3–28.

243. Knight, Frank H. 1921. *Risk, Uncertainty and Profit*. Repr., Chicago: University of Chicago Press, 1971.

244. _____. 1935. *The Ethics of Competition*. Repr., New York: Augustus M. Kelley, 1951.

245. _____. 1940. "What Is Truth in Economics?" *Journal of Political Economy* 48: 1–32.

246. _____. 1951. "The Role of Principles in Economics and Politics." *American Economic Review* 41（1）: 1–29. In *Selected Essays of Frank H. Knight*, edited by Ross Emmett, vol. 2, 361–391. Repr., Chicago: University of Chicago Press, 1999.

247. _____. 1960. *Intelligence and Democratic Action*. Cambridge, MA: Harvard.

248. Koppl, Roger. 2002. *Big Players and the Economic Theory of Expectations*. New York: Palgrave Macmillan.

249. Kornai, Janos. 1992. *The Political Economy of Communism*. Princeton, NJ: Princeton University Press.

250. Kreps, David. 1997. "Economics—The Current Position." *Daedalus*（Winter）, 59–85.

251. Krugman, Paul. 1994. *The Age of Diminished Expectations: U.S. Economic Policy in the 1990s*. Cambridge, MA: MIT Press.

252. _____. 1994. *Peddling Prosperity*. New York: Norton.

253. _____. 1995. *Development, Geography, and Economic Theory*. Cambridge, MA: MIT Press.

254. _____. 1999. *The Return of Depression Economics*. New York: Norton.

255. Kuhn, T.S. 1959. "The Essential Tension: Tradition and Innovation in Scientific Research." In *The Third University of Utah Research Conference on the Identification of Scientific Talent*, edited by C.W. Taylor, 162–174. Salt Lake City: University of Utah Press.

256. Kukathas, C. 2003. *The Liberal Archipelago: A Theory of Diversity and Freedom*. New York: Oxford University Press.

257. Kuran, Timur. 1995. *Private Truths, Public Lies*. Cambridge, MA: Harvard University Press.

258. Lange, Oskar. 1936–1937. "On the Economic Theory of Socialism." In *On the Economic Theory of Socialism*. Repr., Minneapolis: University of Minnesota Press, 1938, 55–129.

259. Lavoie, Don. 1985. *National Economic Planning: What Is Left?* Cambridge: Ballinger.

260. _____. 1985. *Rivalry and Central Planning*. New York: Cambridge University Press.

261. Leeson, Peter T. 2005. "Endogenizing Fractionalization." *Journal of Institutional Economics* 1 (1): 75–98.

262. _____. 2007. "Trading with Bandits." *Journal of Law &*

Economics 50（2）：303–321.

263. _____. 2009. "The Laws of Lawlessness." *Journal of Legal Studies* 38（2）：471–503.

264. _____. 2009. *The Invisible Hook：The Hidden Economics of Pirates*. Princeton，NJ：Princeton University Press.

265. Leijonhufvud, A. 1981. "Life among the Econ." In *Information and Coordination*, 347–359. New York：Oxford University Press.

266. Lerner, Abba. 1944. *The Economics of Control*. London：Macmillan.

267. Levy, David M. 1990. "The Bias in Centrally Planned Prices." *Public Choice* 67：213–226, 213–216.

268. _____. 2002. *How the Dismal Science Got Its Name：Classical Economics and the UrText of Racial Politics*. Ann Arbor：University of Michigan Press.

269. Lewin, Peter. 1999. *Capital in Disequilibrium：The Role of Capital in a Changing World*. New York：Routledge.

270. Lewis, Michael. 2003. *Moneyball：The Art of Winning an Unfair Game*. New York：Norton.

271. Lucas, Robert E. 1972. "Expectations and the Neutrality of Money." *Journal of Economic Theory* 4：103–124.

272. Lucas, Robert E., and Thomas Sargent, eds. 1981. *Rational Expectations and Econometric Practice*, 2 vols. Minneapolis：University of Minnesota Press.

273. Machlup, Fritz. 1978. *Methodology of Economics and*

Other Social Sciences. New York: Academic Press.

274. Magnusson, Lars. 2003. "Mercantilism." In *The Blackwell Companion to the History of Economic Thought*, edited by Warren J. Samuels, Jeff E. Biddle, and John B.Davis. Malden, MA: Blackwell, 46–60.

275. Mahovec, Frank. 1995. *Perfect Competition and the Transformation of Economics.* New York: Routledge.

276. Mankiw, Gregory, and David Romer, eds. 1991. *New Keynesian Economics*, 2 vols. Cambridge, MA: MIT Press.

277. Marget, Arthur. 1938–1942. *The Theory of Prices*, 2 vols. Repr., New York: Augustus M. Kelley, 1966.

278. Marshall, Alfred. 1920. *Principles of Economics.* Philadelphia: Porcupine Press.

279. _____. 1961. *Principles of Economics*, 9th ed. New York: Macmillan.

280. Marx, Karl. 1906. *Capital.* New York: Modern Library Edition.

281. Mayer, Hans. 1932. *Der Erkenntniswert der Funktionellen Priestheorien* [The cognitive value of functional theories of price]. In *Classics in Austrian Economics: A Sampling in the History of a Tradition*, edited by Israel M. Kirzner, vol. II, *The Interwar Period.* Repr., London: Pickering & Chatto, 1994, 55–168.

282. Mayer, Thomas. 1993. *Truth versus Precision in Economics.* Aldershot, UK: Edward Elgar Publishing.

283. _____. 2009. *Invitation to Economics.* New York: Wiley.

284. McCloskey, Deirdre N. 1987. *The Writing of Economics*. New York: Macmillan.

285. _____. 1991. "The Arrogance of Economic Theorists." *Swiss Review of World Affairs* (October).

286. _____. 1995. "Kelly Green Golf Shoes and the Intellectual Range from M to N." *Eastern Economic Journal* 21 (3) (Summer): 411–414.

287. _____. 1996. *The Vices of Economists, The Virtues of the Bourgeoisie*. Amsterdam: Amsterdam University Press.

288. _____. 2006. *The Bourgeois Virtues: Ethics for an Age of Commerce*. Chicago: University of Chicago Press.

289. _____. 2010. *Bourgeois Dignity: Why Economics Cannot Explain the Modern World*. Chicago: University of Chicago Press.

290. McGinnis, M., ed. 1999. *Polycentricity and Local Public Economies: Readings from the Workshop in Political Theory and Policy Analysis*. Ann Arbor: University of Michigan Press.

291. _____, ed. 1999. *Polycentric Governance and Development: Readings from the Workshop in Political Theory and Policy Analysis*. Ann Arbor: University of Michigan Press.

292. _____, ed. 2000. *Polycentric Games and Institutions: Readings from the Workshop in Political Theory and Policy Analysis*. Ann Arbor: University of Michigan Press.

293. McKenzie, R., and Gordon Tullock. 1989. *The New World of Economics*. Homewood, IL: Irwin.

294. Meardon, Stephen. 2005. "How TIRPs Got Legs: Copyright, Trade Policy, and the Role of Government in 19th Century American Economic Thought," *History of Political Economy*, 37(Suppl 1): 145–174.

295. Medema, Steven G. 1994. *Ronald H. Coase*. New York: St. Martin's Press.

296. _____. 2009. *The Hesitant Hand*. Princeton, NJ: Princeton University Press.

297. Menger, Carl. 1871. *Principles of Economics*. Repr., New York: New York University Press, 1981.

298. Milgrom, Paul, and John Roberts. 1992. *Economics, Organization and Management*. Englewood Cliffs, NJ: Prentice Hall.

299. Mill, John Stuart. 1848. *Principles of Political Economy*. Repr., New York, NY: Augustus M. Kelley, 1976.

300. Mirowski, Philip. 1989. *More Heat than Light: Economics as Social Physics, Physics as Nature's Economics*. Cambridge: Cambridge University Press.

301. _____. 2002. *Machine Dreams: Economics Becomes a Cyborg Science*. New York: Cambridge University Press.

302. Mises, Ludwig von. 1912. *The Theory of Money and Credit*. Repr., Indianapolis, IN: Liberty Press, 1980.

303. _____. 1920. *Economic Calculation in the Socialist Commonwealth*. Repr., Auburn, AL: Ludwig von Mises Institute, 1990.

304. _____. 1922. *Socialism: An Economic and Sociological Analysis.* Repr., Indianapolis, IN: Liberty Fund, 1981.

305. _____. 1927. *Liberalism.* Repr., Irvington-on-Hudson, NY: Foundation for Economic Education, 1985.

306. _____. 1933. *Epistemological Problems of Economics.* Repr., New York: New York University Press, 1981.

307. _____. 1944. *Omnipotent Government.* New Haven, CT: Yale University Press.

308. _____. 1949. *Human Action: A Treatise on Economics.* Repr., Indianapolis, IN: Liberty Fund, 2010.

309. _____. 1957. *Theory and History.* New Haven, CT: Yale University Press.

310. _____. 1978. *Notes and Recollections.* South Holland, IL: Libertarian Press.

311. _____. 1978. *The Ultimate Foundation of Economic Science.* Kansas City, KS: Sheed & McMeel.

312. Mitchell, W.C., and R.T. Simmons. 1994. *Beyond Politics: Markets, Welfare, and the Failure of Bureaucracy.* Boulder: Westview.

313. Mokyr, Joel. 2010. *The Enlightened Economy: An Economic History of Britain 1700–1850.* New Haven, CT: Yale University Press.

314. Moss, Laurence S., ed. 1993. *Economic Thought in Spain.* Aldershot, England: Edward Elgar, 1993.

315. Mueller, D. 1989. *Public Choice II.* New York:

Cambridge University Press.

316. Murrell, Peter. 1983. "Did the Theory of Market Socialism Answer the Challenge of Ludwig von Mises? A Reinterpretation of the Socialist Controversy." *History of Political Economy* 15 (1): 92–105.

317. Nelson, Robert H. 1991. *Reaching for Heaven on Earth.* Lanham, MD: Rowman & Littlefield.

318. _____. 2002. *Economics as Religion: From Samuelson to Chicago and Beyond.* University Park: Penn State University Press.

319. Neuman, W. Russell. 1986. *The Paradox of Mass Politics: Knowledge and Opinion in the American Electorate.* Cambridge, MA: Harvard University Press.

320. North, Douglass. 1981. *Structure and Change in Economic History.* New York: Norton.

321. _____. 2004. *Understanding the Process of Economic Change.* Princeton, NJ: Princeton University Press.

322. Nove, Alec. 1969. *An Economic History of the USSR.* Baltimore, MD: Penguin.

323. Nozick, Robert. 1974. *Anarchy, State and Utopia.* New York: Basic Books.

324. Nutter, G. Warren. 1962. *The Growth of Industrial Production in the Soviet Economy.* Princeton, NJ: Princeton University Press.

325. O'Driscoll, Gerald P., and Mario J. Rizzo. 1985. *The Economics of Time and Ignorance.* New York: Basil Blackwell.

326. Olson, Mancur. 1996. "Big Bills Left on the Sidewalk: Why Some Nations Are Rich, and Others Poor." *Journal of Economic Perspectives* 10 (2): 3–24.

327. _____. 2000. *Power and Prosperity*. New York: Basic Books.

328. Osterfeld, David. 1992. *Prosperity versus Planning: How Government Stifles Economic Growth*. New York: Oxford University Press.

329. Ostrom, Elinor. 1990. *Governing the Commons: The Evolution of Institutions for Collective Action*. New York: Cambridge University Press.

330. _____. 1998. "A Behavioral Approach to the Rational Choice Theory of Collective Action" (presidential address, American Political Science Association 1997). *American Political Science Review* 92 (1), 1–22. In *Polycentric Games and Institutions: Readings from the Workshop in Political Theory and Policy Analysis*, edited by M. McGinnis. Repr., Ann Arbor: University of Michigan Press, 2000.

331. _____. 2005. *Understanding Institutional Diversity*. Princeton, NJ: Princeton University Press.

332. Ostrom, Elinor, C. Gibson, S. Shivakumar, and K. Andersson. 2002. *Aid, Incentives, and Sustainability: An Institutional Analysis of Development Cooperation*. Stockholm: Swedish International Development Cooperation Agency.

333. Ostrom, Vincent. 1973. *The Intellectual Crisis in*

American Public Administration. Tuscaloosa, AL: University of Alabama Press.

334. _____. 1997. *The Meaning of Democracy and the Vulnerability of Democracies.* Ann Arbor: University of Michigan Press.

335. Pareto, Vilfredo. 1909. *Manual of Political Economy.* Repr., New York: Augustus M. Kelley, 1971.

336. Poteete, A., M. Janssen, and Elinor Ostrom. 2010. *Working Together: Collective Action, the Commons, and Multiple Methods in Practice.* Princeton, NJ: Princeton University Press.

337. Powell, Benjamin. 2006. "In Reply to Sweatshop Sophistries." *Human Rights Quarterly* 28 (4): 1 031–1 042.

338. Prychitko, David L. 1993. "After Davidson, Who Needs the Austrians? Reply to Davidson." *Critical Review* 7 (2–3): 371–380.

339. _____. 1996. Review of *Whither Socialism?* by Joseph Stiglitz. *Cato Journal* 16 (Fall), 280–289.

340. Rajan, Raghuram. 2004. "Assume Anarchy? Why an Orthodox Economic Model Might Not Be the Best Guide for Policy." *Finance & Development* 41 (3): 56–57.

341. Rizvi, S. Abu Turab. 1994. "Game Theory to the Rescue." *Contributions to Political Economy* 13: 1–28.

342. Rizzo, Mario. 2005. "The Problem with Moral Dirigisme: A New Argument Against Moralistic Legislation." *NYU Journal of Law & Liberty* 1 (2): 790–844.

343. Robbins, Lionel. 1932. *Essay on the Nature and Significance*

of Economic Science. London: Macmillan.

344. _____. 1947. *Economic Problems in Peace and War*. London: Macmillan.

345. Roberts, Paul Craig. 1971. *Alienation and the Soviet Economy: The Collapse of the Socialist Era*, New York: Holmes & Meier.

346. _____. 2002. "My Time with Soviet Economics." *The Independent Review* 7（2）: 259–264.

347. Rodrik, Dani. 2007. *One Economics, Many Recipes: Globalization, Institutions, and Economic Growth*. Princeton, NJ: Princeton University Press.

348. Roemer, John. 1994. *A Future for Socialism*. Cambridge, Mass.: Harvard University Press.

349. _____. 1995. "An Anti-Hayekian Manifesto." *New Left Review*（May/June）, 112–129.

350. Romer, T. 1988. "On James Buchanan's Contributions to Public Economics." *Journal of Economic Perspectives* 2（1）（Fall）: 165–179.

351. Rosenberg, Alexander. 1992. *Economics—Mathematical Politics or Science of Diminishing Returns?* Chicago: University of Chicago Press.

352. Rothbard, Murray N. 1957. "In Defense of Extreme Apriorism." *Southern Economic Journal* 23（3）: 314–320.

353. _____. 1962. *Man, Economy, and State*, 2 vols. Princeton, NJ: D. Van Nostrand.

354. _____. 1963. *America's Great Depression*. Princeton, NJ: D. Van Nostrand.

355. _____. 1972. "Praxeology: The Method of Austrian Economics." In *Foundations of Modern Economics*, edited by E. Dolan. Repr., Kansas City, KS: Sheed & Ward, 1976.

356. _____. 1974. *Egalitarianism as a Revolt against Nature*. Auburn, AL: Ludwig von Mises Institute, 2000.

357. _____. 1992. "How and How Not to Desocialize." *Review of Austrian Economics* 6 (1): 65–77.

358. _____. 1995. *An Austrian Perspective on the History of Economic Thought: The Classical Economists*. Cheltenham, UK: Edward Elgar Publishing.

359. _____. 2006. *For a New Liberty: The Libertarian Manifesto*. Auburn, AL: Ludwig von Mises Institute.

360. _____. 2009. *Man, Economy, and State*. Auburn, AL: Ludwig Von Mises Institute.

361. Rothschild, Emma. 2001. *Economic Sentiments*. Cambridge, MA: Harvard University Press.

362. Sah, Raaj K., and Joseph Stiglitz. 1985. "Human Fallibility and Economic Organization." *American Economic Review* 75 (May), 292–297.

363. _____. 1986. "The Architecture of Economic Systems." *American Economic Review* 76 (September)., 716–727.

364. Salerno, Joseph. 1993. "Mises and Hayek Dehomogenized." *Review of Austrian Economics* 6 (2): 113–146.

365. Samuels, Warren J. 1971. "Interrelations between Legal and Economic Processes." *Journal of Law & Economics.* In *Essays on the Economic Role of Government: Volume 1—Fundamentals*, 139–155. Repr., New York: New York University Press, 1992.

366. _____. 1972. "In Defense of a Positive Approach to Government as an Economic Variable." *Journal of Law & Economics* 15(October): 453–459.

367. _____. 1989. "Austrians and the Institutionalist Compared." *Research in the History of Economic Thought & Methodology* 6, 53–72.

368. _____. 1989. "The Legal-Economic Nexus." *George Washington Law Review.* In *Essays on the Economic Role of Government: Volume 1—Fundamentals*, 162–186. Repr., New York: New York University Press, 1992.

369. Samuels, Warren J., and James M. Buchanan. 1975. "On Some Fundamental Issues in Political Economy: An Exchange of Correspondence." *Journal of Economic Issues.* In *Essays on the Methodology and Discourse of Economics*, 201–230. Repr., New York: New York University Press, 1992.

370. Samuelson, Paul A. 1947. *Foundations of Economic Analysis.* Cambridge, MA: Harvard University Press.

371. _____. 1948. *Economics*, 1st ed. New York: McGraw-Hill.

372. _____. 1961. *Economics*, 5th edition. New York: McGraw-Hill.

373. Samuelson, Paul A., and William D. Nordhaus. 1989. *Economics*, 13th ed. New York: McGraw-Hill.

374. Sandmo, A. 1990. "Buchanan on Political Economy: A Review Article." *Journal of Economic Literature* 28 (1)(March): 50–65.

375. Sautet, Frederic. 2000. *An Entrepreneurial Theory of the Firm*. New York: Routledge.

376. Say, Jean Baptiste. 1821. *Letters to Mr. Malthus*. Repr., New York: Augustus M. Kelley, 1967.

377. Schelling, Thomas. 1978. *Micromotives and Macrobehavior*. New York: Norton.

378. Schotter, A. 1981. *The Economic Theory of Social Institutions*. New York: Cambridge University Press.

379. Schumpeter, Joseph. 1954. *A History of Economic Analysis*. New York: Oxford University Press.

380. 2008. *Capitalism, Socialism, and Democracy*. New York: Harper Perennial.

381. Schutz, Alfred. 1967. *The Phenomenology of the Social World*. Evanston, IL: Northwestern University Press.

382. Selgin, George A. and Lawrence H. White. 1994. "How Would the Invisible Hand Handle Money?" *Journal of Economic Literature* 32 (4): 1 718–1 749.

383. Sen, Amartya. 1987. *On Ethics and Economics*. Oxford: Blackwell.

384. _____. 1995. "Rationality and Social Choice." *American*

Economic Review 85（1）(March)：1–24.

385. Sennholz, Hans F. 1955. *How Can Europe Survive?* Princeton, NJ: D. Van Nostrand.

386. _____. 1979. *Age of Inflation*. Belmont, MA: Western Islands.

387. _____. 1985. *Money and Freedom*. Spring Mills, PA: Libertarian Press.

388. _____. 1987. *Debts and Deficits*. Spring Mills, PA: Libertarian Press.

389. _____. 1987. *The Politics of Unemployment*. Spring Mills, PA: Libertarian Press.

390. Shackle, G.L.S. 1972. *Epistemics and Economics*. Cambridge: Cambridge University Press.

391. Shivakumar, S. 2005. *The Constitution of Development: Crafting Capabilities For Self-Governance*. New York: Palgrave.

392. Shleifer, Andrei, S. Djankov, E. Glaeser, R. La Porta, and F. Lopez-de-Silanes. 2003. "The New Comparative Economics." *Journal of Comparative Economics* 31 (December): 595–619.

393. Shleifer, Andrei, and Robert Vishny. 1998. *The Grabbing Hand*. Cambridge, MA: Harvard University Press.

394. Simmel, Georg. 1908. "How Is Society Possible?" In *On Individuality and Social Forms*, edited by Donald N. Levine. Repr., Chicago: University of Chicago Press, 1971.

395. Simons, Henry C. 1983. *Simons' Syllabus*, edited by Gordon Tullock. Fairfax, VA: Center for the Study of Public

Choice.

396. Skidelsky, Robert. 1992. *John Maynard Keynes: The Economist as Savior, 1920-1937*. New York: Penguin.

397. Smith, Adam. 1759. *The Theory of Moral Sentiments*. Repr., Indianapolis, IN: Liberty Fund, 1982.

398. _____. 1776. *An Inquiry into the Nature and Causes of the Wealth of Nations*, edited by Edwin Cannan. Repr., Chicago: University of Chicago Press, 1976.

399. Smith, B. 1990. "Aristotle, Menger, Mises: An Essay in the Metaphysics of Economics." *History of Political Economy*, Annual Supplement to vol. 22: 263-288.

400. _____. 1994. "Aristotelianism, Apriorism, Essentialism." In Boettke, *The Elgar Companion to Austrian Economics*, 33-37.

401. _____. 1996. "In Defense of Extreme (Fallibilistic) Apriorism." *Journal of Libertarian Studies* 12: 179-192.

402. Smith, Vernon. 1998. "The Two Faces of Adam Smith." *Southern Economic Journal*, 65 (1): 2-19.

403. _____. 2003. "Constructivist and Ecological Rationality in Economics." *American Economic Review* 93 (3): 465-508.

404. Snowdon, Brian, Howard Vane, and Peter Wynarczyk. 1994. *A Modern Guide to Macroeconomics: An Introduction to Competing Schools of Thought*. Aldershot, UK: Edward Elgar Publishing.

405. Solow, Robert. 1997. "How Did Economics Get That Way and What Way Did It Get?" *Daedalus* (Winter), 39-58.

406. Stark, Rodney. 2005. *The Victory of Reason: How*

Christianity Led to Freedom, Capitalism, and Western Success. New York: Random House.

407. Steele, David Ramsey. 1992. *From Marx to Mises*. La Salle, IL: Open Court.

408. Stewart, Dougald. 1793. "Account of the Life and Writings of Adam Smith, L.L.D." *In Essays on Philosophical Subjects*, edited by W.P.D. Wrightman, 269–351. Repr., Oxford: Oxford University Press, 1980.

409. Stigler, George. 1946. *Theory of Price*. Chicago: University of Chicago Press.

410. _____. 1961. "The Economics of Information." *Journal of Political Economy* 16 (3) (June), 213–225.

411. _____. 1975. *The Citizen and the State.* Chicago: University of Chicago Press.

412. Stiglitz, Joseph. 1993. *Economics*. New York: Norton.

413. _____. 1994. *Whither Socialism?* Cambridge, MA: MIT Press.

414. _____. 2002. *Globalization and Its Discontents*. New York: Norton.

415. Stringham, Edward P. 2003. "The Extralegal Development of Securities Trading in Seventeenth Century Amsterdam." *Quarterly Review of Economics and Finance* 43 (2): 321–344.

416. Summers, Lawrence. 1990. *Understanding Unemployment*. Cambridge, MA: MIT Press.

417. Swedberg, Richard. 1998. *Max Weber and the Idea of*

Economic Sociology. Princeton, NJ: Princeton University Press.

418. _____. 2009. *Tocqueville's Political Economy*. Princeton, NJ: Princeton University Press.

419. Tabarrok, Alex. 2009. "Elinor Ostrom and the Well-Governed Commons." *Marginal Revolution*, October 12. Accessed 20 January 2010. http://www.marginalrevolution.com/marginalrevolution/2009/10/elinor-ostrom-and-the-wellgoverned-commons.html.

420. Thomsen, Esteban. 1992. *Prices and Knowledge: A Market-Process Perspective*. New York: Routledge.

421. Tullock, Gordon. 1983. Preface to *Simons' Syllabus*, by Henry C. Simons. Fairfax, VA: Center for the Study of Public Choice.

422. _____. 1994. *The New Federalist*. Vancouver: Fraser Institute.

423. _____. 2004. "Entry Barriers in Politics." In *The Selected Works of Gordon Tullock: Virginia Political Economy*, edited by C.K. Rowley, vol. 1, 69–77. Indianapolis, IN: Liberty Fund.

424. _____. 2004. "The Welfare Costs of Monopolies, Tariffs, and Theft." In *The Selected Works of Gordon Tullock: Virginia Political Economy*, edited by C.K. Rowley, vol. 1, 169–179. Indianapolis, IN: Liberty Fund.

425. _____. 2006. "Adam Smith and the Prisoners' Dilemma." In *The Selected Works of Gordon Tullock: Economics without Frontiers*, edited by C.K. Rowley, vol. 10, 429–437. Indianapolis, IN: Liberty Fund.

426. Vaughn, Karen I. 1980. "Does It Matter That Costs Are

Subjective?" *Southern Economic Journal* 46（1）（January）: 702–715.

427. _____. 1980. "Economic Calculation under Socialism: The Austrian Contribution." *Economic Inquiry* XVIII: 535–54.

428. _____. 1994. *Austrian Economics in America*. New York: Cambridge University Press.

429. Veblen, Thorstein. 1899. "Why Is Economics Not an Evolutionary Science?" In *The Portable Veblen*, edited by M. Lerner, 215–240. Repr., New York: Viking Press, 1948.

430. Wagner, Richard E. 1989. *To Promote the General Welfare*. San Francisco: Pacific Research Institute.

431. _____. 2004. "Public Choice as an Academic Enterprise." *American Journal of Economics & Sociology* 63（January）: 55–74.

432. _____. 2007. "Value and Exchange." *Review of Austrian Economics* 20（2–3）: 97–103.

433. _____. 2009. *Fiscal Sociology and the Theory of Public Finance: An Exploratory Essay*. Northampton, UK: Edward Elgar Publishing.

434. Walicki, A. 1995. *Marxism and the Leap into the Kingdom of Freedom: The Rise and Fall of Communist Utopia*. Stanford, CA: Stanford University Press.

435. Weber, Max. 1904–1905. *The Protestant Ethic and the Spirit of Capitalism*. Repr., New York: Scribners, 1958.

436. _____. 1927. *General Economic History*. Repr., New Brunswick, NJ: Transaction, 1995.

437. _____. 1956. *Economy and Society: An Outline of*

Interpretive Sociology, edited by Guenther Roth and Claus Wittich, vol. 1. Repr., Berkeley: University of California Press, 1978.

438. Weingast, Barry. 1995. "The Economic Role of Political Institutions." *Journal of Law, Economics and Organization* 11 (1): 1–31.

439. Wicksteed, Philip H. 1910. *The Common Sense of Political Economy: Including a Study of the Human Basis of Economic Law.* London: Macmillan.

440. _____. 1914. "The Scope and Method of Political Economy in Light of the 'Marginal' Theory of Value and Distribution." In *The Common Sense of Political Economy*, 2 vols. Repr., London: Routledge, 1938.

441. Wieser, F. von. 1927. *Social Economics.* New York: Adelphi.

442. Williamson, Claudia. 2009. "Informal Institutions Rule." *Public Choice* 139 (3): 371–387.

443. Wright, Robert. 1988. "Kenneth E. Boulding," in *Three Scientists and Their Gods.* New York: Harper and Row.

444. Young, Jeffrey. 2005. "Unintended Order and Intervention: Adam Smith's Theory of the Role of the State," *The Role of Government in the History of Economic Thought, Annual Supplement to Volume 37, History of Political Economy*, edited by Steve Medema, 91–119.

445. Zaller, John. 1992. *The Nature and Origins of Mass Opinion.* Cambridge: Cambridge University Press.

446. Zingales, Luigi. 2009. "Keynesian Principles: The Opposition's Opening Remarks." *The Economist*, March 10. http://www.economist.com/debate/days/view/276.